海城区年鉴

HAICHENGQU NIANJIAN

2021

北海市海城区地方志编纂委员会 编

方志出版社
Publishing House of Local Records

图书在版编目（CIP）数据

海城区年鉴．2021 / 北海市海城区地方志编纂委员会编．-- 北京 ：方志出版社，2021.11

ISBN 978-7-5144-5014-9

Ⅰ．①海… Ⅱ．①北… Ⅲ．①区（城市）—北海市—2021—年鉴 Ⅳ．①Z526.74

中国版本图书馆 CIP 数据核字(2021)第 275627 号

海城区年鉴（2021）

编　　者：北海市海城区地方志编纂委员会
责任编辑：顾　洁

出 版 者：方志出版社
地址　北京市朝阳区潘家园东里 9 号（国家方志馆 4 层）
邮编　100021
网址　http://www.zgfzcb.cn
发　　行：方志出版社图书营销中心
电话（010）67110500
经　　销：各地新华书店
装帧设计：南宁市佳彩广告设计有限公司
印　　刷：深圳市精一瑞兰印刷有限公司

开　　本：890 × 1240　1/16
印　　张：23.5
字　　数：565 千字
版　　次：2021 年 11 月第 1 版　2021 年 11 月第 1 次印刷
印　　数：001 ～ 600 册

ISBN 978-7-5144-5014-9　定价：260.00 元

北海市海城区地方志编纂委员会

主　任：苏矿峰

副主任：沈智敏　周仁权　包倡先　黎建杨　叶贵林　李穗军
　　　　周利强　陈庆武　陈艳阳

委　员：蔡卓岳　凌云驹　陈东明　李元才　顾能文　何开华
　　　　彭　力　包基丹　颜训青　张　奕　谢东波　龚敬锦
　　　　李天骄　陈丹玲　梁嘉勰　钟春华　叶固禄　高志亮
　　　　莫彩凤　龙光坤　肖柏丰　韦翠珠　杨茜雯　周开鸿
　　　　龙永昌　戴秉章

《海城区年鉴（2021）》编辑部

总　审：黎建杨

主　编：李桂枝　陈艳阳

副主编：魏永霞

总　纂：李桂枝　陈艳阳

副总纂：魏永霞

编　辑：李桂枝　陈艳阳　魏永霞　陈德媚　于思晋

编　务：陈德媚　于思晋

编辑说明

一、《海城区年鉴(2021)》是北海市海城区人民政府组织、北海市海城区地方志编纂委员会承编的年度资料性文献。《海城区年鉴(2021)》编纂始终坚持以马克思列宁主义、毛泽东思想、邓小平理论、“三个代表”重要思想、科学发展观、习近平新时代中国特色社会主义思想为指导,坚持辩证唯物主义和历史唯物主义的立场、观点和方法,存真求实,为党政机关、企事业单位和社会各界了解和研究海城区提供较全面的信息资料。

二、《海城区年鉴(2021)》全面、系统、客观地记载海城区自然、政治、经济、文化、社会、生态等方面情况。

三、《海城区年鉴(2021)》采用分类编辑法,设类目、分目和条目三个层次,以条目为主要载体,部分条目下设子目。全书不同层次的标题,通过字体、字号和版式设计加以区别,条目标题统一用黑体字加【 】表示,便于读者查阅。全书设 33 个类目,依次是:特载、大事记、北海市海城区概览、中国共产党北海市海城区委员会、北海市海城区人民代表大会、北海市海城区人民政府、中国人民政治协商会议北海市海城区委员会、纪检监察、群众团体、法治、军事、工业、农业农村・水利、渔业、交通・邮政、城乡规划建设和管理、环境保护、商贸业・旅游业、信息产业、财政・税务、银行・保险、经济行政管理和监督、科学技术、教育、文化・体育、医疗卫生・计划生育、侨务、台湾事务、社会事务、乡镇(街道)、先进人物、附录、索引。

四、《海城区年鉴(2021)》所载资料均由海城区各机关、企事业单位提供,经《海城区年鉴(2021)》编辑部编辑、整理后再反馈原单位核对,经海城区政府审定而成。某些专业性数据由主管部门提供。

五、《海城区年鉴(2021)》计量单位使用国家法定规定,其中长度单位用“米”“千米”,重量单位用“克”“千克”“吨”;在记述运输事项时,按照现行行业惯例使用“吨公里”“人公里”;在记述体育赛事时,个人重量级按照现行行业惯例使用“公斤级”;在记述农业事项时,土地面积单位保留“亩”,1 亩 =666.67 平方米,随文不再括注同比例平方米数。

六、《海城区年鉴(2021)》中部分数据合计数或相对数由于四舍五入的原因而存在误差,均未做机械调整。

七、《海城区年鉴(2021)》配备书后检索系统。索引采用内容分析法,款目按汉语拼音(同音字按声调)排列,索引范围详及条目、图片和表格等。

海城区行政区划图

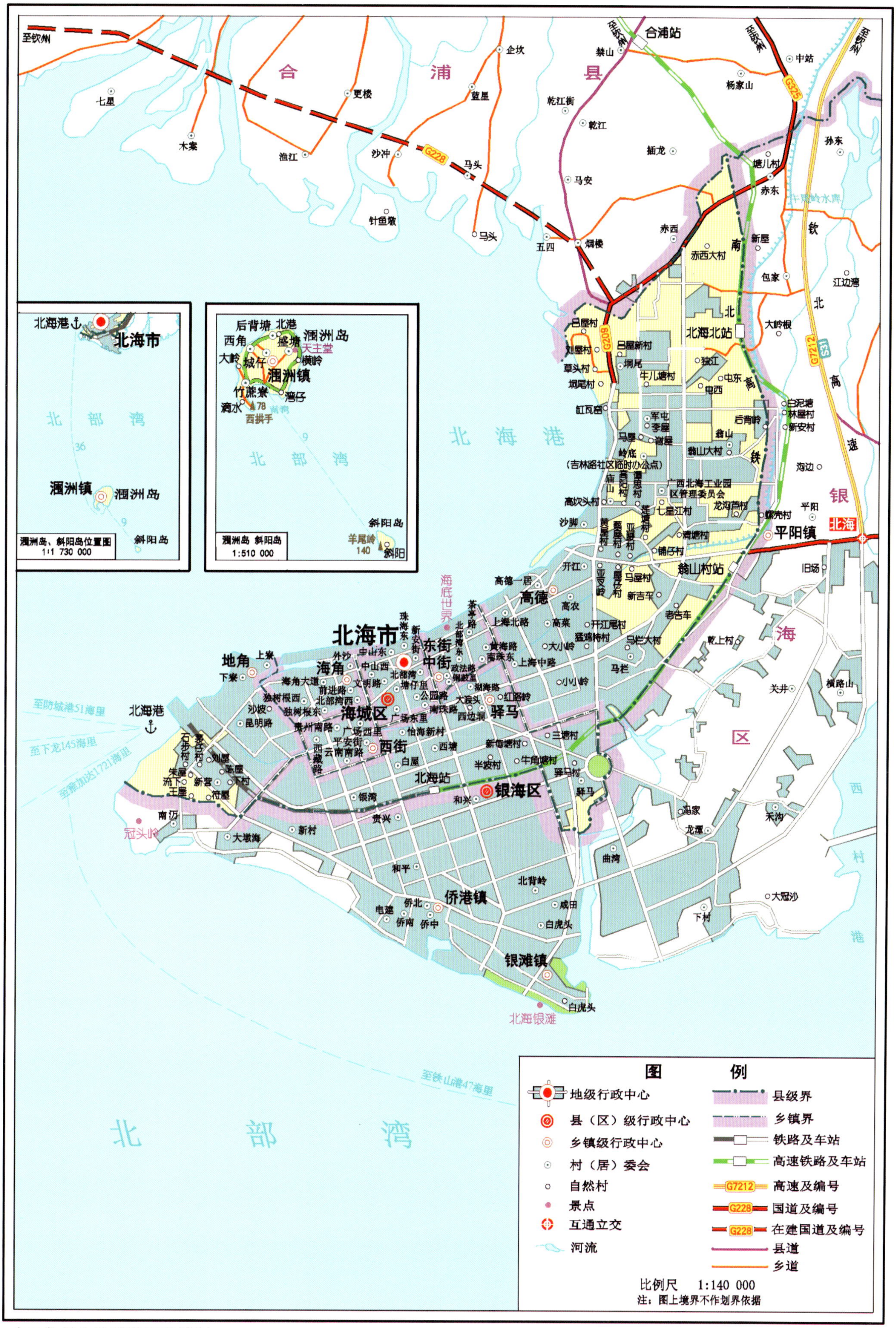

广西壮族自治区地图院编制
审图号:桂S（2017）102号
2017年9月

1

2

1 市花公园和城区一角　谭瑞军摄
2 海景大道城区一角　陈华倩摄
3 航拍富丽华大酒店　陈华倩摄
4 海城区地角街道嘉和冠山海一角　陈华倩摄
5 海城区北岸夜景　叶国建摄

李安洪

严治党政治责任“书记点题谈”（第三期）

中街街道党群服务中心
中街街道党群服务中心启用仪式

厦门城市党建学院
2020年海城区城市党建和旅游发展业务专题培训班

来真好
解决百姓“三事”
助力美好生活
北部湾社区“三事”供需对接平台

7

8

1 区委书记李安洪在主持“书记点题谈” 区纪委监委供图

2 2020 年 12 月 31 日，海城区落实全面从严治党政治责任“书记点题谈”（第三期）举行 区纪委监委供图

3 2020 年 7 月 1 日，海城区中街街道党群服务中心启用仪式举行 区委宣传部供图

4 2020 年 10 月 26 日，海城区城市党建和旅游发展业务专题培训班在厦门城市党建学院开班 区委组织部供图

5 2020 年 12 月 11 日，海城区中街街道北部湾社区“大党委”成员在北部湾社区“解忧超市”认领微心愿 北部湾社区供图

6 2020 年 12 月 23 日，学习贯彻中共十九届五中全会精神宣讲报告会在海城区东街街道茶亭路社区举行 区委宣传部供图

7 2020 年 12 月 31 日，海城区委理论学习中心组 2020 年第四季度集中学习会召开 区委宣传部供图

8 2020 年，海城区东街街道茶亭路社区党群服务中心大楼 区委组织部供图

城区新型冠状病毒感染的肺炎疫情防控工作会议

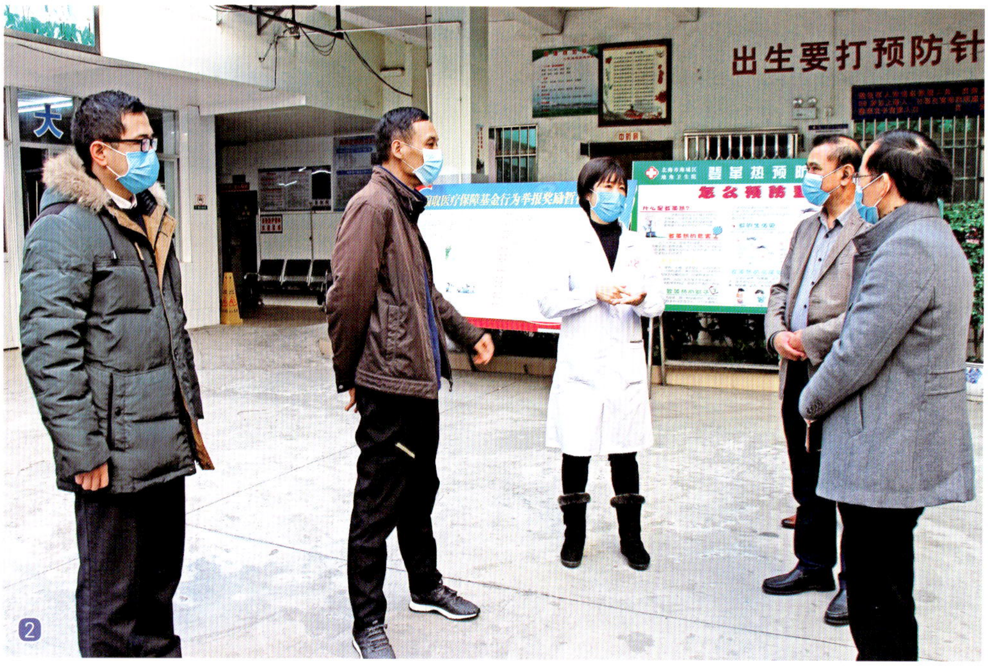
出生要打预防针

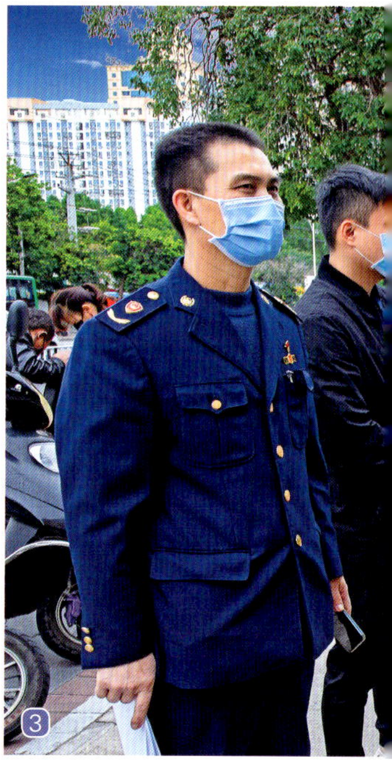

1 2020 年 1 月 26 日，海城区召开新型冠状病毒感染的肺炎疫情防控工作会议　区委宣传部供图

2 2020 年 1 月 30 日，海城区区长裴相春（左二）等领导到地角卫生院检查新冠疫情防控工作　区卫健局供图

3 2020 年 2 月 19 日，海城区区长裴相春（右一）到贵州路便民市场检查新冠肺炎疫情防控工作　区市场监管局供图

4 2020 年 2 月 7 日，北海市委常委、宣传部部长刘伯贤（右三），在海城区委常委、宣传部部长、副区长叶卫国（左二）陪同下，到海城区中街街道北部湾社区检查疫情防控宣传工作　刘芳摄

5 2020 年 1 月 29 日，地角女民兵参加疫情防控工作　地角街道办事处供图

6 2020 年 1 月 30 日，医护人员在维也纳酒店对住宿人员进行体温检测　区卫健局供图

1 2020 年 2 月 6 日，海角街道对海湾明珠小区住户实施封闭管控　　区委宣传部供图

2 2020 年 2 月 2 日，西街街道办事处干部走街串巷宣传疫情防控工作　　西街街道办事处供图

3 2020 年 2 月 3 日，东街街道干部、社区干部和志愿者入户宣传疫情防控知识　　东街街道办事处供图

4 2020 年 2 月 4 日，中街街道广场东里社区卫生服务中心医务人员，对管辖区内的酒店及居民楼湖北籍人员进行体温和身体状况跟踪监测　　区卫健局供图

5 2020 年 2 月 11 日，中街街道中山路社区烟糖宿舍临时党支部全体党员面向党旗宣誓，坚决打赢抗疫之战　　中街街道办事处供图

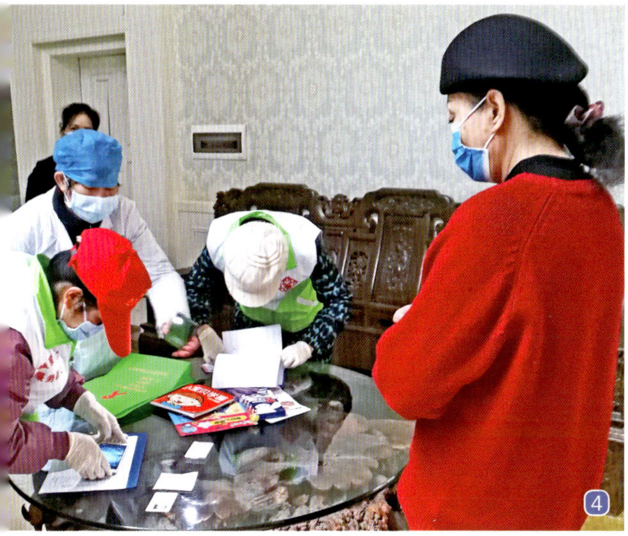

6 2020 年 2 月 18 日，高德街道赤西村爱心人士捐赠给海城区 3 卡车蔬菜，支持海城区抗疫工作　区委宣传部供图

7 2020 年 2 月 19 日，北海黑珍珠海洋生物科技有限公司向海城区政府捐赠抗疫物资　区委宣传部供图

8 2020 年 2 月 19 日，西街街道社区卫生服务中心医务人员，在定点隔离酒店开展消杀工作　区卫健局供图

9 2020 年 2 月 24 日，新冠疫情得到控制后，广西北海利博盛安全用品有限公司迅速复工复产。图为车间一角　区委宣传部供图

①

②

③

1 2020 年 11 月 12 日，北海市委常委、秘书长彭鸣达（左二）在海城区领导的陪同下，到新欧鹏教育产业城现场调研项目拆迁情况　区土地房屋征收中心供图

2 2020 年 2 月 28 日，高德文旅综合体项目建设现场　区委宣传部供图

3 2020 年 5 月 29 日，北海东盟国际商贸城项目一期工程——富安居家居建材广场试营业开幕会　区委宣传部供图

4 2020 年 7 月 28 日，海城区 2019 年度县域经济发展分类考核工作对接会召开　区委宣传部供图

5 2020 年 9 月 17 日，海城区“三企入桂”合作恳谈会暨项目集中签约仪式在香格里拉大酒店举行　区委宣传部供图

1

2

3

1 2020 年 5 月 9 日，海城区第八小学银河校区项目建设完成
区发改局供图

2 2020 年 10 月 29 日，区发改局工作人员到中街街道中山路社区党群服务中心查看项目建设情况 区发改局供图

3 2020 年 10 月 20 日，海城区高德街和大小岭村棚户区（城中村）改造项目一期建设现场 区发改局供图

4 2020 年 10 月 20 日，海城区武昌路建设现场
区发改局供图

5 2020 年 10 月 21 日，海城区安利达商业大厦项目建设现场
区发改局供图

北海市
海城区第二小学南珠校区
HAI CHENG QU DI ER XIAO XUE NAN ZHU XIAO QU
1

2

3

1 2020 年 11 月 18 日，海城区第二小学南珠校区（搬迁工程）项目建设完成　区发改局供图

2 2020 年 10 月 21 日，海城区北海之星项目建设现场　区发改局供图

3 2020 年 10 月 22 日，海城区外沙海丝首港项目建设完成　区发改局供图

4 2020 年 10 月 22 日，海城区东街街道谭屋村背街小巷建设完成　区发改局供图

5 2020 年 10 月 22 日，海城区中街街道珠海外街背街小巷建设现场　区发改局供图

6 2020 年 10 月 29 日，海城区疾病预防控制中心项目建设现场　区发改局供图

1 2020 年 10 月 24 日，党旗引领 普惠金融 助力乡村振兴——服务乡村振兴战略工作暨整村授信工作启动仪式在高德街道赤西村举行 区委宣传部供图

2 2020 年 3 月 30 日，高德街道赤西村委塘儿村大棚蔬菜基地农户在采摘苦瓜 区扶贫移民局供图

3 2020 年，驻村工作队员与高德街道工作人员到高德街道赤西村委村民农田验收申报奖补的农产品 区扶贫移民局供图

4 2020 年 4 月 3 日，海城区地角街道新营社区流下村一角　　区文旅局供图
5 2020 年，海城区地角街道新营社区流下村邻舍设计师酒店一角　　区文旅局供图
6 2020 年 4 月 3 日，海城区地角街道新营社区流下村一角　　区文旅局供图
7 2020 年，海城区地角街道新营社区流下村一角　　区文旅局供图
8 2020 年，海城区地角街道新营社区流下村梵俪小院一角　　郭元供图

1

2

3

1 2020 年 11 月 20 日，“流下盛宴 · 山海相约”首届流下村文化艺术节新闻发布会召开　区委宣传部供图

2 2020 年 4 月 3 日，海城区地角街道流下村半山半海民宿　区文旅局供图

3 2020 年 8 月 12 日，海城区高德街道赤西乡村休闲旅游度假区综合体之休闲生态农耕康养中心项目　北海康投公司供图

4 2020 年 9 月 26 日，市民和游客在高德街道赤西村参与旱地龙舟、手推车等活动，体验农耕文化　区委宣传部供图

5 2020 年，海城区地角街道新营社区紫霞湾体育旅游精品景区　郭元供图

1 2020 年 6 月 22 日，北海市委常委、统战部部长、市第七征地搬迁工作组组长杨斌（前排左二）和副市长李克纯（前排左三）到湖北路（茶亭路—北部湾东路段）征地现场调研　　区土地房屋征收中心供图

2 2020 年 6 月 23 日，北海市第七征地搬迁工作组组织北海市综合行政执法局、海城区土地房屋征收中心、海城区公共事务服务大队、高德街道办事处和项目业主单位，对重庆路（河南路—湖北路段）项目用地进行清场　　区委宣传部供图

3 2020 年 7 月 18 日，海城区开展创城大行动。图为海城区志愿者向居民宣传创城工作　　区委宣传部供图

④ 2020 年 11 月 25 日，海城区 2020 年度公共租赁住房保障实物配租抽签仪式举行　　区委宣传部供图

⑤ 2020 年 8 月 2 日，驿马街道交通稽征处宿舍整改前　　区创城办供图

⑥ 2020 年 8 月 20 日，驿马街道交通稽征处宿舍整改后　　区创城办供图

工行大厦
ICBC
华夏口才
海丝韵
汉服文化馆
国美电器
童画国际美术
昂立教育
TNT正能量
街舞艺术教育
千朵美术
北海龙门武道
俊杰跆拳道
小荷书院
海城区“创城青联盟”志愿
1

2

3

1 2020 年 7 月 22 日，海城区“创城青联盟”志愿服务活动启动仪式在华美广场举行　区委宣传部供图

2 2020 年 5 月 21 日，海城区中街街道农资小区整治前　区委党史研究室供图

3 2020 年 6 月 9 日，海城区中街街道农资小区整治后　区委党史研究室供图

4 2020 年 6 月 13 日，海城区高德街道办事处工作人员正在清除辖区垃圾　区委宣传部供图

5 2020 年 7 月 23 日，海城区中街街道油行村二巷背街小巷整治后　区委党史研究室供图

6 2020 年 7 月 24 日，海城区志愿者到中街街道所辖的“三无小区”开展创建全国文明城市问卷调查　区委党史研究室供图

要坚持把国家主权和安全放在第

1

海城区纪念五四运动101周年系列活动
“五四”主题读书会
绽放战疫青春
坚定制度自信
疫情之下
青年有担当

2

2020年海城区
绿色出行

3

生命至上 安全第一
北海大都房地产开发有限公司
海城区2019年度
纳税贡献大户

4

海城区启动仪式

5

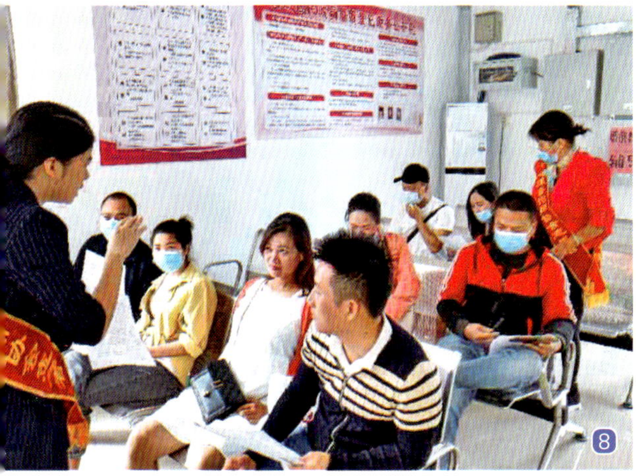

1. 2020年6月14日，中央军委国防动员部部长盛斌（前排右二），在北海市委书记王乃学（二排右二），北海市市长蔡锦军（左三）陪同下，考察地角女民兵连　　区人武部供图
2. 2020年4月30日，海城区纪念五四运动101周年系列活动“五四”主题读书会在东街街道茶亭路社区举行　　区委宣传部供图
3. 2020年7月4日，海城区政府主办，区发改局、区机关后勤服务中心承办的，2020年海城区“绿水青山节能增效”节能宣传周——“绿色出行从我做起”新能源汽车推广暨创建全国文明城市活动在北海市工人文化宫南广场举行　　区委宣传部供图
4. 2020年7月8日，海城区区长裴相春（右五）到北海大都房地产开发有限公司送2019年度纳税贡献大户牌匾　　区委宣传部供图
5. 2020年7月15日，海城区红色传奇进校园系列活动启动仪式在海城区第八小学举行　　区委宣传部供图
6. 2020年9月29日，北海市“听党话、感党恩、跟党走”宣讲活动在高德街道赤西村举行　　区委宣传部供图
7. 2020年9月18日，海城区委宣传部、区新闻办、区网研中心主办的海城区2020年国家网络安全宣传周“进校园”活动在海城区第八小学举行　　区委宣传部供图
8. 2020年10月10日，海城区婚姻登记服务中心工作人员给准备办理结婚登记的青年人进行婚前教育辅导　　区民政局供图

1 2020 年 9 月 16 日，海城区召开第七次全国人口普查动员大会暨综合业务培训班　区委宣传部供图
2 2020 年 9 月 24 日，海城区组织人员清理“三无船舶”　区委宣传部供图
3 2020 年 10 月 22 日，海城区区长裴相春（右三）重阳节到冠头岭开展森林防火灭火安全检查　区委宣传部供图

4 2020 年 10 月 30 日，自治区党委讲师团特聘教授（专家）“建设壮美广西　决胜全面小康”主题宣讲活动（海城区专场）举行　区委宣传部供图

5 2020 年 12 月 4 日，海城区 2020 年“12·4”国家宪法日集中宣传暨法律咨询活动在海门广场举行　区委宣传部供图

6 2020 年 12 月 31 日，2020 年海城区为立功受奖军人集体送喜报仪式现场　区委宣传部供图

1 2020年10月10日，海城区翁山果蔬种植示范区内种植的优质稻　区委宣传部供图
2 2020年4月8日，海城区高德街道赤西村委塘儿村果蔬产业示范区内种植的苦瓜　区委宣传部供图
3 2020年8月13日，海城区地角街道冠头岭以西金鲳鱼网箱养殖基地养殖的金鲳鱼喜获丰收　区海洋局供图
4 2020年10月21日，海城区高德街道马栏村鸿福罗汉松示范点种植的罗汉松　区委宣传部供图
5 2020年12月23日，海城区地角街道源生珍珠养殖示范点海上养殖基地　区委宣传部供图

《海城区年鉴(2021)》编写组

（排名按文稿刊出先后为序）

中国共产党北海市海城区委员会办公室

廖　明　廖烈芳　李　抒　吴　剑

张雪晶

北海市海城区人民代表大会常务委员会办公室

曾　伟　刘　文　李锡贵　陈治兰

北海市海城区人民政府办公室

李穗军　郑强安　蔡卓丽　黄家伟

徐辉翌　卢世华　王飞杨

中国人民政治协商会议北海市海城区委员会办公室

梁雪梅　叶贵林　刘敏燕　江志珊

蔡章程　杨万军

北海市海城区发展和改革局

陈东明　吴　艳　钟家娴　李诗琴

北海市海城区财政局

莫肇元　张　洁

北海市海城区民政局

黄全富　邓润才　刘耀斌　吴扬聪

吴　冰　郭维政　陈远亮　苏　捷

谢振宁　黎　菲　陈世坤

中国共产党北海市海城区委员会党史研究室　北海市海城区地方志编纂委员会办公室

李桂枝　魏永霞　陈德媚

北海市海城区农业农村和水利局

蔡卓岳　莫彩凤　陈德丽　陈　扬

李远珍　裴　凤　刘志忠　黄　森

刘　科

北海市海城区统计局

高志亮　黄宏梅　许　庆

北海市海城区民族宗教侨务局

符志平

中国共产党北海市海城区委员会组织部

姬　伟　黄雨辉　黄　鹰　郑义龙

邬蕙霞　杨家俊　苏世珍　谢　琳

黄海洁　裴　宾　林　刚

北海市海城区商务和投资促进局

谢石真　蒙日茜

北海市海城区精神文明建设委员会办公室

叶卫国　李　花　陶文静　吕　莎

中国共产党北海市海城区全面深化改革委员会办公室

李桂枝　钟铭冬

中国共产党北海市海城区委员会宣传部

叶卫国　李　花　胡荣健　陶文静

刘　芳　王圣菁

中国共产党北海市海城区委员会统一战线工作部

翁　澜　谢诗瑜

中国共产党北海市海城区委员会老干部局

姬　伟　黄雨辉　林　刚

中国共产党北海市海城区直属机关工作委员会

朱懋斌　冯晓艳

中国共产党北海市海城区委员会机构编制委员会办公室

凌云驹　郑光瑶　李国珍　欧琳香

王　敏　梁树春　黄秀华

中国共产党北海市海城区委员会　北海市海城区人民政府信访局

张正强　李贵明　叶乾荣

中国共产党北海市海城区委员会北海市海城区人民政府督查绩效考评办公室

张坚娟　陈彦妤　梁　鑫

中国共产党北海市委党校海城区分校

姬　伟　黄雨辉　裴　宾

北海市海城区机关后勤服务中心

张　迪　黄艳丽

北海市海城区政务服务中心

刘北康　李梓毓

北海市海城区应急管理局

叶固禄　郭　钧　陈延卫　王　瑶

李雨杭

北海市海城区消防救援大队

邵响亮　韦承校　李　卓　黄启华

北海市海城区土地房屋征收中心

徐善良　赵汝芬　梅英丽

北海市海城区人力资源和社会保障局

包基丹　卢勇前　袁　珏　伍　丽

黄　浩　杨承达　赖德荣　邓琼瑜

罗健峰　陈慧海

中国共产党北海市海城区纪律检查委员会

北海市海城区监察委员会

蔡欣蓉　李　解

中国共产党北海市海城区委员会巡察工作领导小组办公室

陈智贤　石维华

北海市海城区总工会

邓炳忠　谭宝磊　王　林　曾　艳

苏达宇　周　铨　陈　霞

中国共产主义青年团北海市海城区委员会

杨贞纯　莫晓良

北海市海城区妇女联合会

周远红　廖慧娟　李佳航

北海市海城区科学技术协会

郑春金　宁英芬

北海市海城区残疾人联合会

张新强　王　嫔

北海市海城区工商业联合会

曹汝琦　林　燕

中国共产党北海市海城区委员会政法委员会

潘　洁　黄　尧

北海市公安局海城分局

宁远高　陈云凤

北海市海城区人民检察院

杨　军　陈　健

北海市海城区人民法院

叶大敌　黎　峰　廖洁华

北海市海城区司法局

庞陈春　陈家堂　张燕红　邓　佳　刘倩雯　林雪静　周　绚

中国人民解放军广西北海市海城区人民武装部

吴洪涌　王　鑫　潘　尊

北海市海城区人民防空和海防办公室

谢东坡　黄贻宁

北海市海城区退役军人事务局

包添辉　陈丽莉

北海市海城区工业和信息化局

何开华　杨国香　吴天铭

北海廉州湾投资开发有限公司

孙荣贵　莫　芳　伍冬梅　陈志敏

广西喷施宝股份有限公司

刘东生　李开坚　陈治梅

广西北海利博盛安全用品有限公司

韦光武

北海市海城区自然资源局

石　娟　李路明　郭　柱　黄芳芳　裴婉君

北海市海城区扶贫开发和水库移民工作局

彭　力　罗卫波　邓亚宁　黄　轲　黄家敏　张俊杰

北海市海城区海洋局

蒋伟添　邱洁云　曾芝艳　姚诂霖　王贤丰　周　丽　梁剑明　张嫩炀　闭海源

北海市海城区住房城乡建设和交通局

谢东波　黄贻宁

中国邮政集团公司北海市分公司

陈宗胜　陈　健　王晶晶　顾裕金

北海市海城区文体广电旅游局

陈丹玲　周　明　阚晓丹

北海市海城生态环境局

张　奕　黄鸿甫

中国电信股份有限公司北海市分公司

杨　波　陈贞贵　何　莉

中国移动通信集团广西有限公司北海城区分公司

易虹谷

中国联合网络通信有限公司北海市分公司

李　静　冯业宁　何庆凤　孔宪杰　黄　勇　邓　艺　谭日清

北海市海城区人民政府采购中心

叶海涛

国家税务总局北海市海城区税务局

刘德新　谢雨蝶

中国银行股份有限公司北海分行

范子超　李春宏　蔡艳冬

中国建设银行股份有限公司北海分行

祝焕媚　满靖雯

北海市区农村信用合作联社

马世坚　欧健男　梁翠玉

中国人寿保险股份有限公司北海分公司

范俊山　麦喜庆

中国太平洋财产保险股份有限公司北海中心支公司

尹志强　罗一锋　陈　刚

北海市海城区市场监督管理局

庞海涛　陈继强　洪　梅　黄家骏　韩世东　苏永锋　李文军　蔡家伟　张桂碧

北海市海城区审计局

刘玉红　刘珂莹

北海市海城区科学技术局

杨　堃　孙海棠　石姚燕　傅森森　陈仪霖

北海市海城区教育局

沈　恒　戴秉章　李元才　庞乾珍

北海市海城区档案局

北海市海城区档案馆

吴　剑　陈艳阳　吴扬康

北海市海城区卫生健康局

梁嘉勰　张　云　李　杜　龙先绣　赖美绍　张　燕　覃凤仙　林小英　李乙方　李侃鸿　林柳群　杨海英　姜　妃　周　怡　叶志敏

北海市海城区医疗保障局

张　丽　文冬梅

中国共产党北海市海城区委员会台湾工作办公室

北海市海城区人民政府台湾事务办公室

朱懋斌　谢诗瑜

北海市海城区涠洲镇人民政府

杜喜阳　黄　清　陈昭蓉　黄　浩　睢会真　曹锡楠　陈星余

北海市海城区人民政府东街街道办事处

杨贞纯　肖柏丰　陈秋言　何远辉　沈杨琼　黄　颖

北海市海城区人民政府中街街道办事处

杜琴艳　李天骄　邓　晓　庞舒宁

北海市海城区人民政府西街街道办事处

陈芳丽　陈国栋

北海市海城区人民政府海角街道办事处

杨茜雯　蔡文秋

北海市海城区人民政府地角街道办事处

陆振冲　邓华昌　庞春燕

北海市海城区高德街道办事处

莫积俊　陈均昌　杨舒婷　潘政霖　莫小兰

北海市海城区人民政府驿马街道办事处

郑小春　冯　娟　马裕鹏　吴玉福

目　录

特　载

大事记

北海市海城区概览

中国共产党北海市海城区委员会

北海市海城区人民代表大会

北海市海城区人民政府

中国人民政治协商会议北海市海城区委员会

纪检监察

群众团体

法　治

军　事

工　业

农业农村·水利

渔　　业

交通·邮政

城乡规划建设和管理

环境保护

商贸业·旅游业

信息产业

财政·税务

银行·保险

经济行政管理和监督

科学技术

教 育

文化·体育

医疗卫生·计划生育

侨　　务

台湾事务

社会事务

乡镇（街道）

先进人物

附　录

索　引

特　　载

继续奋斗　勇往直前　携手开创海城高质量发展新征程

——中共北海市海城区第十届委员会第十二次全体会议报告

中共北海市海城区委员会书记　李安洪

2021 年 1 月 28 日

这次区委全会的主要任务是:深入学习贯彻习近平新时代中国特色社会主义思想,全面贯彻落实中共十九届五中全会、中央经济工作会议和自治区党委十一届九次全会、全区经济工作会议以及市委十一届十一次全会精神,总结区委十届十次全会以来的工作,部署 2021 年的主要任务,审议通过《中共北海市海城区委员会关于制定国民经济和社会发展第十四个五年规划和二〇三五年远景目标的建议》,动员全区各级党组织和广大党员干部,树牢新发展理念,继续奋斗、勇往直前,携手开创海城高质量发展新征程。

一、真抓实干、奋力拼搏,区委十届十次全会以来工作卓有成效

一年来,区委坚持以习近平新时代中国特色社会主义思想为指导,全面贯彻中共十九大和十九届二中、三中、四中、五中全会精神、全国“两会”精神和自治区党委、市委工作要求,扎实做好“六稳”工作,全面落实“六保”任务,带领广大党员干部迎难而上、克难攻坚,坚决打好疫情防控保卫战、脱贫攻坚收官战,全力抓实复工复产,经济社会发展持续恢复向好,虽受新冠疫情严重冲击,以及电子信息业产值大幅下降影响,2020 年仍能实现农林牧渔业总产值同比增长 3%,城镇居民人均可支配收入同比增长 3.3%,农村居民人均可支配收入同比增长 7.5%。规模以上工业总产值、区本级固定资产投资、财政收入等指标保持稳定在合理区间。同时,地区生产总值年均增长 7.1%,财政收入年均增长 18.49%,城镇居民人均可支配收入年均增长 5.4%,农村居民人均可支配收入年均增长 9.2%,实现了“十三五”规划圆满收官。

一年来,区委主要抓了以下七个方面工作:

(一)旗帜鲜明讲政治,切实学懂弄通做实习近平新时代中国特色社会主义思想

把深入学习贯彻习近平新时代中国特色社会主义思想、中共十九届五中全会精神作为当前和今后一个时期的重大政治任务,区委常委会率先垂范,召开 21 次区委常委会会议传达学习。

区委理论中心组 4 次专题学习。区委常委带头到联系点开展党课宣讲，其他处级领导和各部门单位、各街道班子成员深入挂点基层党支部上专题党课，迅速兴起学习宣传贯彻中共十九届五中全会精神的热潮，进一步统一思想、指导实践、推动工作。科学谋划海城“十四五”经济社会发展，研究提出《规划建议》，推动中央、自治区党委重大决策和市委部署要求在海城落地生根、开花结果。

（二）守住疫情防控底线，持续稳定恢复经济

面对突如其来的新冠疫情，我们准确研判，快速反应，建立城区大战区→街道小战区→社区细网格的三级防控机制，组织全区 50 多个部门单位 630 多名党员干部到村（社区）一线，在“三无小区”成立 878 个居民自治小组及 58 个临时党支部，招募党员志愿者 2737 名。充分运用“大数据 +”手段，筛查统计各类数据 19 万余条，排查入境人员 1.27 万人。投入疫情防控财政资金 1227 万元。疫情得到初步控制后，我们及早谋划，指导企业逐步有序复工复产。在北海市率先推出“企业开复工审核平台”，为企业提供线上服务。累计实现减税降费 2.87 亿元，发放补贴补助资金 3406 万元，落实各项疫情防控期间“稳就业保就业”补贴政策。累计帮助 4177 名群众出具抵返岗证明，大力支持务工人员外出返岗，有力助推企业复工复产，取得了疫情防控与统筹经济社会发展的双胜利。

（三）经济运行企稳向好，项目建设稳步推进

高位推进招商引资，全年全区招商引资项目 67 个，实际到位资金 93.6 亿元，完成全年目标任务的 110.17%，新签约项目 51 个，合同投资总额 220 亿元。全力优化营商环境，率先在全国启用企业开办“7 合 1”一网通办 + 智能秒批营业执照系统，率先实现新设企业电子营业执照和电子印章同步免费发放。有序推进北海曲江新鸥鹏教育产业城项目、高德滨海文旅综合体、广西北投综合体等一批重点项目建设；扎实推进征地搬迁工作，全年共签订 320.33 公顷征地协议，协议签订率和清场率达到 98.3%。打造海洋经济新增长点，争取中央渔港建设资金 3000 万元改扩建高德渔港。建成 66.67 公顷海城区海水珍珠养殖基地。引入社会资本 2 亿元建设生态海洋牧场，实现广西民营企业海洋牧场建设零的突破，获国家级海洋牧场示范区称号。

（四）基层改革不断深化，社会治理日趋完善

集中实施城市基层党建、综合行政执法、社会管理服务等改革举措系统集成，有力推动了街道管理体制改革、网格化治理改革、信息化全科政务改革、社会保障体系改革。明确了街道职能定位，完善街道职责清单。打造海城版“街道吹哨，部门报到”基层治理模式。构建“全要素网格”，实现“一网统管”。建立“一窗受理”“一网通办”服务模式，区直部门进驻政务服务中心的依申请权力事项共 809 项，政务服务事项网上可办率 100%，网上办事指南准确率 100%，实现群众“最多跑一次”就能把事情办好的目标。实行积分制与“绩效”双重管理，探索出符合社区实际的“老人点单—社区接单—志愿者上门服务”的“时间银行”养老志愿服务的新模式。通过政府购买服务，为 880 名老人提供居家养老上门服务时长近 4 万小时。

（五）突出重点补齐短板，三大攻坚战扎实有效

脱贫攻坚任务圆满完成。攻坚克难，圆满完成脱贫攻坚全年任务，贫困户人均收入达 1.93 万元，村级集体经济总收入达 175.7 万元。同时，统筹推进脱贫攻坚与乡村振兴有机衔接，投入财政专项扶贫资金 707.98 万元，建设 6 个基础设施项目和赤西村旅游配套设施项目。流下村、赤西村分别获评“第二批全国乡村旅游重点村”和“自治区级生态示范村”。农村承包地确权登记颁证工作获中央农办、农业农村部通报表扬。风险防范坚决有力。科学合理防范政府债务风险和金融风险，加强限额内地方政府债券管理，2020 年安排政府债务还本付息支出 3287 万元，债务率处于较低水平。年内化解政府隐性债务 3.1 亿元，超额完成年度化解任务。举办防范非法集资宣传月活动，推动非法集资源头治理。实施政府投资平台公司合并优化，加快市场化转型。污染防治纵深推进。齐心协力推进生态文明建设，全力打好污染防治攻坚战，全面推进环保问题整改。全区生态环境质量总体保持良好，全年空气质量优良率为 97.8%；水质监测达到《城市黑臭水体整治工作指南》中不黑不臭的标准；生活垃圾、建筑垃圾、医疗废物、危险废物实现安全无污染处置，处置率均达 100%。

（六）民生保障持续加强，幸福指数大幅提升

全年民生支出 10.16 亿元，同比增长 12%，占财政支出总量的 84%。发放低保金、特困人员供养金、医疗救助、高龄津贴、优抚优待金等各类补助金共 3615.2 万元。开工建设 2 所公办小学，新建、扩建 4 所公办幼儿园，组建 5 个学前教育集团，入选广西基础教育教学改革示范区创建名单。争取抗疫特别国债 9760 万元，推进地角卫生院、区疾控中心以及泰和苑社区卫生服务中心等项目建设；争取转贷政府专项债券 5800 万元用于棚户区改造。筹措区本级财政资金和争取市财政资金 7.6 亿元的 1801 条背街小巷改造提升工程完成，25 个老旧小区改造项目陆续开工建设；辖区养老机构 100% 提供医疗条件，区综合福利院公办养老机构改革被民政部办公厅、国家发改委办公厅评为公办养老机构改革优秀案例。区残联专项改革试点夯基础、抓精准、强保障“海城模式”工作经验在自治区基层残联组织改革工作视频会议交流，并在全国发行的《残疾人工作要情》刊发推广。对辖区学校、幼儿园食堂和校园周边食品经营检查全覆盖。强化风险防控，安全生产形势持续稳定。高质量完成第七次全国人口普查工作，顺利通过北海市和自治区对海城区“七五”普法和法治政府建设(2016—2020 年）检查验收。自主成功研发“涉案财物管理信息平台”，在自治区涉案财物突出问题集中整治现场会上做经验介绍。攻坚侦破 7 件 17 年以上陈年命案积案，实现自 2018 年以来现发命案 100% 侦破。连续 4 年重大敏感节点“零非访”，2020 年度安全感满意度排名自治区第 21 位，创下历史新高。

（七）全面加强党的建设，政治统领不断强化

意识形态工作全面加强。组建了新时代文明实践“百姓宣讲团”“海上流动宣讲团”，常态化开展特色宣讲活动。推动中心组学习会前“意识形态半小时”全覆盖。唱响主旋律，在国家、自治区级媒体发稿 900 余篇。驿马村的“建设宜居幸福乡村绘就乡村振兴新图景”，获中宣部全面建成小康社会“百城千县万村”调研活动典型宣传。党建基础不断夯实。区委常委会 5 次专题研究党建工作。实施街道管理体制改革，为各个街道办增加各岗位工作人员 12 名—20 名。探索建立“党建 + 网格化”社会治理机制，为 591 个网格配备 686 名网格员，建立 339 个网格党支部。打造名座小区党群服务中心等项目 7 个，试点创建 41 个“红旗小区”。常态化开展“红色星期六”等活动 620 余场次。在全市率先推进以建设“解忧超市”为载体，创建“无忧社区”的“三事通解”工作，探索建立解决群众“急难愁盼”问题的工作机制。干部队伍建设持续加强。调配干部 6 个批次，提拔重用 19 人。开展各类干部教育培训班 39 场次，培训超 3000 人次。提前谋划村级换届工作，新选和调整充实村（社区）党组织书记 15 名，把 6 名村（社区）干部安排在副书记岗位重点培养。建立村（社区）优秀人才库，储备村（社区）“两委”后备人才 206 名，其中后备书记 19 名。从严治党扎实推进。组织开展“书记点题谈”活动 256 次，组织 893 人次参加警示教育大会，组织签订承诺书 884 份。组建 7 个巡察组，常规巡察区直部门（单位）党组织 12 个，巡察社区党组织 9 个，区委巡察和村级党组织巡察覆盖率均达 100%，圆满完成本届巡察工作任务。全年立案 87 件，给予党纪政纪处分 75 人，批评教育 4 人次，罢免(取消)当选资格 4 人次，解聘 1 人，移送公安机关、司法机关 4 人。积极落实基层减负专项机制，发文数量比 2019 年度减少 65%，开会数量比 2019 年度减少 85%；全区纳入清单的督查检查考核事项比 2019 年度减少 10%。

同时，区委总揽全局、协调各方，支持人大及其常委会依法履行职能，支持政协政治协商、民主监督、参政议政。支持各民主党派、工商联、无党派人士开展工作，加强民族、宗教、侨务工作。充分发挥工会、共青团、妇联等群团组织的积极作用，党管武装、国防动员和双拥工作扎实有效推进。

在肯定成绩的同时，我们也要清醒看到全区面临的困难和存在的不足：一是经济结构、产业结构调整步伐不快，新增长点乏力，被其他兄弟县区赶超的趋势日趋明显。二是区位、文化、资源等优势未能充分发挥，尚未转化为推动经济发展的有效支撑。三是干部思想解放不够，庸懒散拖作风仍存，工作效率、服务能力有待提升，廉政建设仍需强化。以上问题，我们必须坚决采取有效措施加以解决。

二、凝心聚力、奋发有为，确保“十四五”发展开好局起好步

2021 年是中国共产党建党 100 周年，是实施“十四五”规划的开局之年，是乘势而上开启全面建设社会主义现代化国家新征程、向第二个百年奋斗目标进军的第一年。当前和今后一个时期，是海城高质量发展的重要战略机遇期。要坚持以习近平新时代中国特色社会主义思想为指导，落实中共十九届五中全会、中央经济工作会议、自治区党委十一届九次全会和自治区经济工作会议、市委十届十次全会的决策部署，树牢服务大局、主动发展、争创一流的意识，勇于在北海实现新一轮跨越发展的机遇中，主动作为，积极开创海城发展新局面。

2021 年的主要预期目标是：地区生产总值增长 10%左右，财政收入增长 10% 左右，规模以上工业增加值增长 16% 左右，固定资产投资增长 12% 左右，居民人均可支配收入增长与经济增长基本同步。为实现上述目标，必须按照“起步就要提速，开局就要争先”的要求，重点抓好以下七个方面工作：

(一)紧扣培育创新发展新动能，促进产业经济提质增效

积极融入全市发展大局，围绕做大做强向海经济，重点培育电子信息、海洋产业、高端服务业等主导产业集群，着力打造竞争力强、支撑力强的现代产业体系。

——狠抓优势产业发展壮大。着力推进电子信息产业发展。致力于推动电子信息产业向高端化、智能化和海洋应用方向发展，打造电子信息等高新技术产业集群，主动服务两大园区加快发展，全面完成惠科电子北海产业新城、中电北部湾信息港等项目征迁任务，确保项目早日落地见效。制定电子信息产业人才创新产业鼓励办法，引进产业链配套企业落地海城。着力加快现代服务业高质量发展。致力于提升楼宇经济发展质量，打造新经济产业集群，依托现代服务业集聚区，以互联网 +、大数据、总部经济、金融服务等为重点，研究完善系列政策，加大对重点服务业企业和项目的扶持力度，狠抓“四上”企业上规上限入统工作，培育和引进一批“新企业”“新产业”，推动产业越做越大。着力推动蓝色经济发展。利用海洋资源优势，做大海洋产业。继续利用深海发展海洋养殖业，以海洋牧场建设为抓手，打造国家级海洋牧场示范区。鼓励发展旅游用海，做大休闲渔业。积极创建南珠养殖标准化示范基地，推动南珠养殖、加工，振兴南珠产业。完善海洋产业园区基础设施，加快发展海洋生物医药、冷链物流、水产深加工等产业，提升园区产业集聚发展能力。

——狠抓重点项目建设稳定投资。继续加大力度抓项目，强化项目建设要素保障，加快推进

新鸥鹏教育产业城、新营国际文旅康养综合体、地之角小镇等项目建设，高德渔港改造项目 3 月份开工建设。进一步完善项目推进协调工作机制，组建重大项目工作组，加强对项目包装策划、前期工作推进，统筹重大项目推进建设，推动项目早落地、早建设、早投产。继续加大征地搬迁工作力度，严格按照要求完成市里下达的征地任务，为重大项目落地提供用地保障。组建资产盘活融资工作组，清理整合全区非公益性资产，谋划实施一批有良好收益的经营项目，做大做强国有平台企业，推动政府投资项目建设。

——狠抓精准招商增强活力。聚焦“三大三新”“双百双新”“两新一重”等重点领域，开展精准招商，着力引进一批龙头企业、补链企业，加快补齐产业链、供应链。重新成立区招商引资工作组，结合产业定位，加大研究城区招商方向，细化招商重点，继续出台针对性强、助力作用强的产业扶持政策，压紧压实招商引资责任，积极主动抓招商。强化服务保障和考核，提升项目履约率、资金到位率、开工率和竣工率，着力形成新的增长点。

（二）紧扣文化旅游资源保护与开发利用，打造文化旅游强区

坚持在保护中开发，在开发中保护，致力于最大化、最优化整合发挥文化和旅游资源，着力推动文旅产业发展。

——强力推进文旅项目建设。重点推进北海国际邮轮母港、海丝首港、高德文旅综合体等一批文旅重大项目，积极盘活利用“僵尸企业”资产、闲置国企厂房，策划引进一批工业特色或文化旅游型的文旅项目，拓展海城文旅体验多元化。完善公共文化体育设施建设，建设一批酷跑跑道、公共篮球场、健身路径等文体设施，进一步改善街道、村（社区）文化广场、文化活动中心等公共文化体育场所条件。

——加快文旅产业融合发展。大力发展“旅游 +”产业，建设新营康养综合体和一批小型康养服务中心，发展滨海度假、候鸟旅居、度假养老等业态。打造新营海上运动基地，发展滨海高端体育旅游。深入挖掘海城本土文化，继续开发海丝文化、南珠文化和疍家文化，升级培育一批海城特色多元产品。完善乡村旅游配套设施，重点打造流下村、赤西村 2 个乡村旅游区。积极挖掘海洋生态景观、革命历史文物、红色文化等资源，打造学术交流、主题教育、文化体验、研学为一体的旅游线路。研发具有海城特色的旅游产品，打造“海城礼物购物产业体系”。

——积极打造文旅品牌。充分挖掘海城本土民风民俗，依托文艺演出、艺术展览等平台，打造“流下村文化艺术节”“地角美食节”等文旅品牌活动，进一步推广海城文化。积极争取举办海钓、风帆、摩托艇等海上运动赛事和具有产业优势和地方特色的展会及论坛，高质量服务好 2021 年全区文化旅游发展大会，扩大海城旅游知名度。用足全域旅游发展系列重大政策和激励措施，积极创建国家全域旅游示范区。

（三）紧扣注入高质量发展动力，推动改革创新落地见效

聚焦重点、突破难点，全面深化各领域改革，持续激发创新创造活力，持之以恒优化营商环境，以务实高效状态，推动高质量发展。

——深化重点领域改革。推动全区基层治理改革集成全面发展，加快试点项目建设，初步形成区、街道、村（社区）三级服务网络体系，进一步建立全科网格管理机制，完善网格化服务管理体系，实现“多网合一、一员多能”。进一步推进预算公开，加快建设全面规范透明、标准科学、约束有力的预决算制度。完善税收征管机制，强化税源动态监测，强化非税收入征管，适当提高非税收入比例。推动实现预算绩效管理全面覆盖，大幅提升预算管理水平和政策实施效果。研究解决一批阻碍全区经济社会发展稳定的难点堵点问题，进一步释放体制机制活力。

——激发创新创造活力。建立以企业为主体、市场为导向、产学研深度融合的技术创新体系。加快科技企业孵化器、众创空间等创新创业平台的建设，培育和引进专业化的科技服务，支持科技服务中介机构对企业提供全方位辅导服务。积极鼓励、引导和支持企业加强高新技术的研究开发、成果转化和产业化，提高企业科技成果转化能力。推动“大众创业、万众创新”，提升科技服务能力，壮大科技人才队伍，完善科技创新服务平台建设。

——持续优化营商环境。持续深化“放管服”改革，进一步优化完善政府权责清单。紧盯全市推动营商环境提档升级的措施要求，争当北海实现营商环境“三连冠”的排头兵。探索整合政务服务中心、党群服务中心、远程教育中心、公共服务中心、社会救助窗口，打造集政务公开、行政审批、公共服务等综合服务功能于一体的综合服务平台。建立多部门协同的工作机制，为审批提速创造条件。大力推行“网上办”，拓展自助办理，更好实现一窗受理、限时办结、最多跑一次。举办解决企业困难“直通车”活动，持续优化民营经济发展环境。

（四）紧扣城市品质提档升级，着力打造美丽富饶和谐幸福新海城

研究现代城市发展规律，主动担起作为北海主城区的城市治理职责，加强城市建设和管理，助力北海建设成为高品位的现代滨海名城。

——努力提升城市品质。积极转变城市管理的理念和意识，按照城市景区化发展的逻辑，对全域城乡进行风貌特色改造，着重做好老街、北部海岸和铁路沿线“一街、一岸、一线”风貌改造工作。围绕廉州湾新城规划主动作为，扎实推进廉州湾新城建设，借势做好海城发展文章。加强城市滨海区域（“金海岸带”）景观环境建设，塑造城市特色，推进城市有机更新。推动实施老街小型道路系统改造提升计划，提升城市街区艺术美感和文化内涵。加快统筹规划建设城市停车场所。加大“三无小区”的整治力度，推行长效的小区管理机制。积极争取市政府给予政策支持，研究闲置工业厂房的改造利用，推进城中村、老旧小区改造工作，逐步推进解决三大城市“疮疤”。从东街示范片区着手，以点带面推进海城区生活垃圾分类实施。积极开展新一轮全国文明城市创建工作，在不断完善提升城市建设的同时，采取系列提升市民文明素质的措施，不断提升市民文明素质和社会文明程度。

——努力提升市域治理水平。坚持“整合资源、集成应用、强化服务、融合发展”原则，依托集成改革综合指挥平台项目建设，推动城市管理向智慧化转变。健全城市网格化基层治理机制，全面实施网格化管理。重点打造区—街道—社区（乡村）“三级网格”，搭建舆情处理、民生服务、安全监管、治安管理“四大平台”，把管理、服务、自治纳入网格中。制定城市网格化管理工作标准和信息系统技术标准。建立完善城市信息化基础设施和数字管理平台，不断提升新型社会治安防控体系建设，创出市域基层社会治理海城模式。

（五）紧扣农业农村现代化建设，全力推进乡村振兴

全面推进乡村振兴，是党中央做出的重大战略决策，是“三农”工作重心的历史性转移。我们要集中人财物力打造全辖区三农精品，聚力推动乡村振兴。

——巩固提升脱贫攻坚成果。严格落实“四个不摘”要求，保持现有帮扶政策、资金支持、帮扶力量总体稳定。努力探索建立贫困预警监测机制，实施防贫动态监测，坚决防止脱贫户返贫。注重农村与城市贫困人口的统筹兼顾，健全社会保障和救助制度，强化农村和社区低收入人口常态化帮扶。优化帮扶方式，细化帮扶措施，重在产业帮扶助力脱贫户增收，全面巩固提升脱贫成果，提高脱贫质量和成色。加强职业技能培训和扶贫公益性岗位开发力度，着力激发贫困群众内生动力。

——建设示范型精品乡村。积极落实“人、规、地、产、城”乡村振兴五个关键要素，加大乡村振兴工作培训，以赤西村为重点，加快编制涉农街道乡村总体规划和产业发展、村庄建设等规划。整合各类涉农资金，多元投资发展村集体经济产业。加快现代特色农业示范区、园、点创建。加快推进农田水利设施建设，提高农田有效灌溉面积。加大力度探索确权成果的应用模式，规范农村土地经营权流转行为。以农村改厕、生活垃圾处理、污水治理、村容村貌提升为重点，加快补齐农村人居环境短板。

——推动海洋全产业链融合发展。立足高德、地角靠海优势，积极引导高德、地角群众发展海洋产业，助推乡村振兴。以能人带动或合作社经营的模式，推动海城区渔业从捕捞、渔家宴、渔家乐等以食为主的传统方式向玩、游、乐一体的现代休闲方式发展，大力发展休闲渔业，推动海上旅游发展，促进渔民增收。突出打造以渔业生产为主的全产业链条，推动海水育苗养殖、远洋捕捞等一产与海洋食品加工、海洋生物医药、休闲渔业、冷链物流等二、三产业深度融合，提高渔业附加值，做好农业发展“接二连三”的文章。全力做好供海用海工作，保障海上旅游开发、休闲渔业、渔业集约化养殖等经营性用海和码头、渔业基础设施等公益性项目建设开发用海。加快建设北海内港、高德渔港经济区，大力促进渔区劳动力转移。

（六）紧扣践行绿色发展理念，厚植美丽海城生态底色

紧紧牢记习近平总书记“让良好生态环境成为人民生活质量的增长点、成为展现美丽形象的发力点”的殷切嘱托，坚持生态优先、绿色发展，全力打造生态海城。

——筑牢生态安全屏障。始终高举“生态立区”大旗，注重生态保护，合理控制空间开发强度，促进人口、经济和资源环境的空间均衡，将各类开发活动严格限制在资源环境承载能力之内。坚决守住距海岸沙滩 300 米范围内严禁新建非公共类建筑的底线，严禁非法填海、圈占沙滩和红树林。

——推动绿色低碳发展。强化国土空间规划和用途管控，落实生态保护、永久基本农田、城镇开发等空间管控边界。加快推进工业、农业、建筑业、服务业绿色化发展，提升循环经济发展水平。积极落实新能源汽车充电桩布局安装，提倡绿色生活，推动形成文明节约、绿色低碳的生活方式和消费模式。

——持续改善环境质量。坚决落实好中央环保督察“回头看”反馈问题整改。打好“蓝天保卫战”，加大对建筑工地、道路扬尘污染等问题整治力度。推进实施江河湖库专项治理，切实维护江河湖库生态环境。加强污水治理和排污口整治，加大整治近岸海域污染。加大景区景点、城乡接合部、城中村环境综合整治力度，突出抓好“两违”整治。有序推进生活垃圾分类，加快推进环卫清洁 PPP 项目，进一步加强城乡生活垃圾收集处理。严厉打击非法采砂、非法排污等危及生态环境行为。

（七）紧扣人民群众生活质量和幸福指数提升，持续保障和改善民生

增进民生福祉是发展的根本目的。要坚守人民情怀，大力办好民生实事，全面发展社会事业，使人民群众获得感、幸福感、安全感更加充实、更有保障、更可持续。

——多层次完善民生保障。全面落实就业优先政策，拓展就业渠道，提高就业质量。统筹做好被征地农民参加基本养老保险、最低生活保障、特困人员供养、临时救助等工作。做好双拥共建工作，进一步完善退役军人服务保障体系，提高管理和服务水平。逐步完善居家养老体系，开展社区养老服务模式探索，推进基层医院与养老机构合作，鼓励民营医疗机构转型为养老机构，提升养老服务能力和水平，逐步打造夕阳产业。

——全方位发展社会事业。推进高质量的均衡教育发展，加快建设自治区基础教育教学改革示范区。加快区第二十一小学、区第二十二小学教育信息化 PPP 项目建设，启动区第二十三小学项目建设，稳步扩大新优质教育资源。推进学前教育集团化，深入实施“童子功 1+N”素质教育计划。全面推行“县管校聘”改革。推进健康海城建设，坚决做好疫情防控工作。加大公共卫生投入，大力开展爱国卫生运动，创建健康促进区，加快建设高德医院、地角卫生院搬迁项目，推动海城区疾控中心正常运行。加强公共文化体育场地设施建设和使用。深入挖掘城区优秀基层文艺资源，打造更多文艺精品节目。

——立体化推进平安建设。认真贯彻落实《法治社会建设实施纲要》，推进区、街道、村（社区）综治中心规范化建设，打造规范化标准化功能化的法律服务平台。构建多元互补的调解工作联动机制，着力化解基层矛盾纠纷。强化天网规划建设，完善城乡接合部、城中村天网补点。深入贯彻总体国家安全观，加强国家安全宣传教育。坚决防范重特大生产安全事故发生。加强食品药品安全监管，确保群众饮食、用药安全。创新推行“三事通解”工作机制，实现“解忧超市”全覆盖，增强解决“三事”实效。

三、强根铸魂、勇于担当，为在新阶段下实现海城高质量发展提供坚强保证

我们要坚持党的全面领导，毫不动摇地推进全面从严治党，不断提高党把方向、谋大局、定政策、促改革的能力和定力，领导海城高质量发展。

——坚定不移抓好政治建设。党的政治建设是最重要的，是统领、是核心，是党的根本性建设，是其他方面建设的根和魂。全区各级党组织和广大党员、干部要深入学习贯彻习近平新时代中国特色社会主义思想和习近平总书记考察广西及北海的重要讲话精神，坚持持续跟进学、融会贯通学、联系实际学，以理论上的清醒确保政治上的坚定，不断提高政治判断力、政治领悟力、政治执行力，切实增强“四个意识”，坚定“四个自信”，做到“两个维护”。高质量举办好庆祝建党 100 周年的系列活动，大力宣传党的光辉历程和丰功伟绩。

——坚定有力发挥党的统领作用。发挥好党总揽全局、协调各方的核心作用，支持人大、政府、政协和纪监委、法院、检察院依法依章程履行职能、开展工作、发挥作用。充分发挥统一战线优势，广泛凝聚各方面力量，努力营造上下同心、同频共振的良好政治局面。切实加强党对经济工作的全面领导，成立以常委班子成员牵头，四家班子成员协同发力的专项工作组，统筹推进全区重点工作。各级党员领导干部要提高政治站位，把党中央和自治区党委决策部署以及市委工作要求贯彻到经济工作各方面，确保海城经济始终沿着正确方向前进。

——大刀阔斧打造铁军队伍。坚持“以德为上、以干为先、以成为尺”选人用人理念，以换届为契机，选优配强各级领导班子，尤其是党政“一把手”和村（社区）党组织书记。坚持在疫情防控、重大项目建设等急难险重一线考察识别干部，继续培育优秀年轻干部，统筹做好女干部、少数民族干部和党外干部的选配工作。继续推进公务员职级晋升工作。进一步完善干部考核评价机制、激励机制和容错纠错机制，激发广大干部干事创业热情。加强区、街道两级党校建设，以党校为主阵地，高质量教育培训干部，培养造就忠诚干净担当的高素质干部队伍。

——持之以恒抓实基层党建。突出一年一主题，加强各领域各行业基层党建工作整体策划，着力补短板、强弱项、扬优势。创新开展“抓党建促乡村振兴”，推动村级集体经济提质增效，扎实开展“抓党建促基层治理”扩大街道管理体制机制改革成效。进一步推进“红旗小区”创建工作，打造提升街区党旗红、小区党旗红等系列示范片区。继续擦亮“红色星期六”党建品牌，优化调整网格党组织，深化“党建＋网格化”社会治理机制。实施两新组织党组织星级化管理，继续做好发

展党员工作，完成党支部达标创优考核验收和组织生活质量提升行动，全面推进党支部标准化规范化建设，着力构建行业有特色、区域有亮点、整体有提升的基层党建工作新格局。

——驰而不息推进正风肃纪。各级党组织要认真学习贯彻《党委（党组）落实全面从严治党主体责任规定》，把党中央各项决策部署抓实抓细抓落地。广大党员领导干部要始终带头做到“三个不动歪心思”和“三个不许伸手”，始终做到知敬畏、存戒惧、守底线。纪检监察机关精准运用“四种形态”，跟进监督、全程监督，保持“严”的主基调不动摇，锲而不舍纠治“四风”。扎实开展“海城区干部作风建设提升年”活动，改变干部“昏、慵、懒、散、拖”作风，持续深化整治形式主义、官僚主义顽疾，持续强化不敢腐的震慑，切实扎牢不能腐的笼子，不断增强不想腐的自觉，一体推进不敢腐、不能腐、不想腐体制机制。

北海市海城区人民代表大会常务委员会工作报告

——在北海市海城区第十届人民代表大会第六次会议上

北海市海城区人大常委会主任　曾　伟

2021 年 5 月 8 日

2020 年的工作回顾

2020 年是全面建成小康社会和“十三五”规划收官之年，在区委的正确领导下，区人大常委会坚持以习近平新时代中国特色社会主义思想为指导，全面贯彻中共十九大和十九届二中、三中、四中、五中全会精神以及习近平总书记关于坚持和完善人民代表大会制度的重要思想，紧扣疫情防控、“六稳”、“六保”、打赢三大攻坚战，扎实履行宪法和法律赋予的职责，先后召开了常委会会议 8 次，听取和审议了“一府两院”专项工作报告 16 个，做出决议决定 9 项，提出了审议意见 18 条，全面完成区十届人大五次会议确定的任务，有 2 项工作经验在自治区人大工作会议上交流，有 1 项工作经验在市委有关工作会议做交流发言，并获市委、市政府主要领导赞扬。

一、提高政治站位，坚持党的领导

常委会旗帜鲜明讲政治，遵守政治纪律和政治规矩，自觉接受区委领导，严格重大事项请示报告制度，自觉贯彻区委意图，通过人大法定程序，把区委的决策部署变为人民的共同意志。巩固拓展“不忘初心、牢记使命”主题教育成果，坚持把深入学习贯彻习近平新时代中国特色社会主义思想、习近平总书记关于地方人大及其常委会工作的重要指示精神，作为常委会党组会议、常委会会议、主任会议、理论学习中心组学习会议以及机关党支部“三会一课”的主要内容，通过集中研学、个人自学、在线教育等方式，把学习领会习近平治国理政思想与学习贯彻习近平总书记关于坚持和完善人民代表大会制度重要思想结合起来、与学习贯彻十九届五中全会精神结合起来，增强“四个意识”，坚定“四个自信”，做到“两个维护”。

二、坚持服务大局，落实党委决策部署

坚决贯彻市委、区委决策部署，牢牢把握全区工作大局，紧紧围绕区委工作中心，党组班子组织

人大机关党员、干部、职工以及人大代表恪守职责，锐意进取，务实重行，把区委决策部署落到实处。

一是全力防控新冠肺炎疫情。人大党组认真贯彻落实习近平总书记关于疫情防控的重要讲话精神，落实中央、自治区、市委、区委的决策部署，组织和发动人大代表积极投入疫情防控和经济发展一线。党组班子以身作则，带头并组织机关干部职工到防控排查一线，不分节假日全力做好新冠肺炎疫情防控工作，支持企业有序复工复产，支持政府调整预算支出结构，优先保障疫情防控工作经费，确保“六稳”“六保”，为打赢新冠肺炎疫情战役贡献力量。落实自治区人大常委会部署的“推动爱国卫生运动，强化疫情防控，倡导文明健康主题活动”，组织人大代表深入社区、卫生防疫部门调研视察，助推筑起抗击疫情防疫防线。

二是主动参与和服务重点项目建设。在时间、工作安排上充分保障挂点联系项目建设的班子成员全身心投入到工作中，完成了 18 条续建道路项目和 187.62 公顷土地征收工作，南珠市民文化休闲广场和海南路等一大批重大项目完成，得到市委、市政府、市征地搬迁指挥部的高度肯定和赞扬，并在全市重大项目、重点片区征地搬迁工作推进会上做经验介绍。

三是全力支持“双创”工作。在创建全国文明城市、国家卫生城市工作中，人大常委会机关包干负责最大的“三无小区”丰登小区的环境整治工作，常委会勇于担当，主动作为，组织党员、干部、职工不辞辛劳，放弃节假日，攻坚克难，扎实开展“三无小区”环境整治工作，发动居民群众积极参与，治理飞线，清理卫生死角，使“三无小区”面貌大为改观。

同时，认真完成脱贫攻坚、伏季休渔期、防控非洲猪瘟值守等工作。在精准扶贫工作中，致力为贫困户解决实际问题和难题，为贫困户争取爱心企业捐赠资金、物资共 5 万多元。

三、持续强化监督，增强监督工作实效

贯彻新发展理念，紧扣区委提出的发展思路、改革措施、法治要求，坚持问题导向、效果导向，精准监督，提高监督实效，推动高质量发展。

（一）助推经济发展

听取区政府关于落实“六保”“六稳”工作情况报告和招商引资工作情况报告，全力支持做好“六保”“六稳”工作；启动人大预算联网在线监督，听取和审议了 2020 年度预算执行情况的报告，审查和批准了预算调整方案和 2019 年度财政决算；加强国有资产管理情况的监督，听取了区政府国有自然资源管理情况的报告，提出完善报告制度，强化防范风险主体责任，对国有资产科学有效监督等建议；加强审计监督，听取和审议了区本级预算执行和其他财政收支审计情况的报告、审计查出问题整改情况的报告，跟踪督促问题整改。坚决贯彻《中华人民共和国预算法》，力倡平衡预算，依法督促政府规范融资行为，有效防范化解财政金融风险。助推区政府严格执行预算法和区人大常委会的审议意见，预算安排已连续 3 年不安排赤字，维护了预算法的严肃性，助推全区经济依法有序运行。

（二）助推全域旅游示范区创建

组成调研组深入基层调研，充分听取各行各业对创建国家全域旅游示范区的意见建议，召开常委会会议，听取和审议区政府关于创建国家全域旅游示范区工作情况报告，安排常委会领导及有关人员全程参与创建评审活动，提出加强创建国家全域旅游示范区统筹工作，优化旅游产品，加强旅游基础设施建设，提升旅游公共服务水平，营造全域旅游优质环境等意见建议，助推海城区旅游事业的蓬勃发展。

（三）助推民生工作

常委会牢固树立“以人民为中心”的发展思路，以保障和改善民生为监督重点，切实保障人民

群众的根本利益。通过调研视察，听取和审议了养老服务体系建设工作情况报告，提出了强化认识，把养老服务体系建设纳入经济社会发展总体规划，拓宽融资渠道，鼓励居家养老等意见建议，助推全区养老服务工作进一步发展。听取和审议了公共卫生服务工作情况报告，提出完善公共卫生服务体系建设规划，加快公共卫生基础设施建设，提高全民防控意识，做好重大传染病防控和疫情常态化防控工作的意见建议，有力助推全区公共卫生服务工作。组织代表开展小街小巷建设视察、调研工作，提出改进意见，支持督促财政资金超八成投入民生领域。

（四）守护生态环境安全

全力支持伏季休渔管理工作，听取和审议了海城区海洋渔业资源保护工作情况报告，在肯定成绩的同时，指出海洋渔业资源保护工作中存在的不足，提出要充分发挥政府主导作用，严格落实海洋功能区划，狠抓陆源污染的控制，切实解决海上养殖问题等意见建议，有力推进全区海洋事业发展。

（五）助推社区矫正工作

听取和审议了开展社区矫正工作情况报告，提出进一步加强社区矫正工作，加大经费投入，充实社区矫正队伍，完善社区矫正协调机制，强化信息共享等意见建议，助推社区矫正进一步融入社会工作，努力减轻司法成本和社会成本，取得良好社会效果和法律效果。

（六）保障法律贯彻实施

强化宪法意识，增强法律观念，实行国家机关工作人员任职法律知识考试和宪法宣誓制度。定期听取法院、检察院工作报告。听取和审议了区法院适用认罪认罚从宽制度工作情况的报告，在肯定区法院自开展适用认罪认罚从宽制度工作以来，加强人权司法保障，优化司法资源配置，努力提高刑事诉讼审判效率，减少司法成本及社会成本等社会效果和法律效果的同时，提出在适用认罪认罚从宽制度工作中，要加强与检察、公安、司法机关的沟通协作，解决工作中存在的问题，共同形成合力，共同推动适用认罪认罚从宽制度的开展，提高审判效率，促进司法公正。

四、严格法定程序，依法选举任免

坚持党管干部和人大依法行使任免权相统一，任免国家机关工作人员16人次，任免人民陪审员67人次，接受人大代表辞职5人，补选人大代表11人。组织拟任职人员法律知识考试81人次，组织宪法宣誓9人次，不断提高任免工作规范化水平。

五、突出主体地位，发挥代表作用

积极拓展代表履职方式和路径，实现代表工作和常委会工作深度融合，为代表履职提供平台，为人大作为增添活力。

（一）加强代表学习培训

为每位人大代表订阅《全国人大》《广西人大》《北海人大》等刊物，推动集中学习培训与个人自学相结合。年内分别组织人大代表到崇左市委党校开展“新时代人大工作和红色革命精神”专题教育培训，到北海市委党校开展代表履职能力培训。

（二）加强代表联系群众制度和平台建设

推行常委会组成人员联系基层代表和群众制度，深入街道、社区、农村调研，督促指导代表联络站（点）建设。突出“十有”和“十个一”软硬件设施建设。创建了以北部湾社区、茶亭路社区、西藏路社区、海角大道社区和翁山村为示范的10个代表联络站和31个代表点。创新建设直选代表履职活动清单管理机制，在北部湾社区、茶亭路社区、海角大道社区试点推行代表履职测评制度，做到代表联系群众规范化和制度化。各站点抓好特色制度的建设，如北部湾社区代表联络站的“三访三动”制度，茶亭路社区的“茶亭十联”制度等，为基层人大代表开展履职活动提供了制度保障。

（三）增强代表主题活动效果

按照自治区人大“混合编组、多级联动、履职为民”工作部署要求，各代表联络站（点）组织各级人大代表300多人次入站开展“推动爱国卫生运动，强化疫情防控，倡导文明健康”主题活动，得到自治区党委、自治区人大和北海市人大领导的好评，《北海日报》进行了宣传报道，在自治区人大召开的工作经验交流会上，区人大常委会代表北海一县三区做经验交流。北部湾社区人大代表联络站“三访三动”工作经验得到全国人大、自治区人大、北海市人大领导好评并多次接受区内外人大参观学习。

（四）重视代表意见建议办理工作

组织办理代表意见建议51件，代表满意率为100%。

六、加强自身建设，夯实履职基础

适应新时代对人大工作提出的新要求，进一步巩固拓展“不忘初心、牢记使命”主题教育成果，全面加强人大常委会机关建设，夯实基层基础，提高机关服务水平。

（一）加强政治建设

认真履行全面从严治党主体责任，严格执行中央八项规定及其实施细则精神，持续加强党风廉政建设，开展警示教育，加强党组建设和党支部建设，加强意识形态工作。

（二）加强人大机关和街道人大工委建设

加强人大常委会机关各委室的领导和工作指导，明确工作要求，优化服务保障。各委室围绕人大常委会年度工作要点，依法履职，为人大常委会审议有关议案、听取和审议“一府两院”专项工作报告、调查研究等做了大量基础性工作，发挥了职能作用。贯彻落实区委关于加强新时代人大工作意见，加强街道人大工委建设，去年全区7个街道均正式挂牌设立街道人大工委，列入编制序列，街道人大工作迈出新步伐。

（三）加强信访工作

常委会把做好人大代表和人民群众的来信来访工作当作了解社情民意、倾听群众呼声、反映群众要求、帮助群众解决困难和维护社会稳定的重要工作来抓。年内共接待来访群众5人次，信访件21件，来信来访均能按职权范围内予以热情接待和认真答复，推动了信访问题妥善处理，为化解社会矛盾、解决群众合法权益发挥了积极作用。在自治区人大系统信访工作经验交流会上，自治区人大领导充分肯定我们的信访工作。

各位代表，一年来，区人大常委会依法履职，各方面工作都取得了新的成绩。成绩的取得，是区委正确领导的结果，是区人大代表、常委会组成人员以及机关工作人员辛勤努力的结果，是“一府一委两院”支持配合的结果，是全区人民大力支持的结果，在此，我代表区人大常委会向所有关心、支持、帮助人大工作的同志们、朋友们表示崇高的敬意和衷心的感谢！

在总结成绩的同时，我们也清醒地认识到，区人大常委会的工作与新形势新任务的要求和人民群众的期望还存在一定的差距，主要表现在：决定重大事项工作还有待进一步探索，监督工作的实效性有待进一步提高，代表工作和常委会自身建设还需进一步加强。这些问题和不足，常委会将在今后工作中努力克服和解决。

2021 年的工作任务

2021 年是中国共产党成立 100 周年，是开启全面建设社会主义现代化国家新征程的第一年，也是“十四五”规划实施的开局之年，是市、县区、乡镇换届选举之年。常委会要坚持以习近平新时代中国特色社会主义思想为指导，全面贯彻中共十九大和十九届二中、三中、四中、五中全会精神，深入贯彻习近平法治思想和关于坚持和完善人民代表大会制度的重要思想，深入贯彻习近平总书记对广西工作的重要指示，立足新发展阶段，全面贯彻新发展理念，积极融入新发展格局，紧紧围绕区委十届十二次全会的决策部署，树牢服务大局，主动发展，争创一流的意识，坚持党的领导、人民当家做主、依法治国有机统一，高质量推进各项工作。

一、加强政治建设

强化人大及其常委会的政治机关属性，始终不渝坚持党的领导，旗帜鲜明站稳人民立场，坚定不移地担当起宪法和法律赋予的各项职责，自觉做到党有所指、我有所向，民有所呼、我有所应，法有所赋、我有所为，始终在思想上政治上行动上同与习近平总书记为核心的党中央保持高度一致。坚持党对人大工作的全面领导，不断提高政治判断力、政治领悟力、政治执行力，紧紧围绕区委中心任务谋划推进人大工作，及时向区委请示报告人大重大事项、重要工作、重要会议、重要活动。综合运用各项法定职权，努力推动中央决策部署和自治区党委、市委、区委要求落地生根、取得成效。

二、做好换届选举

根据自治区党委、市委、区委部署要求，依法依规开展市、县区、乡镇人大换届选举的各项工作。常委会要担负起组织协调换届选举工作的职责，提前谋划，精心组织，制订方案，成立领导小组和工作组，加强选举工作人员学习培训，加强工作指导协调，坚持新时期选人用人标准，严肃选举纪律，严格审查把关，确保换届选举工作风清气正、顺利完成。

三、增强监督实效

坚持正确监督、有效监督。综合运用多种方式，贴近民生，突出重点，依法开展对“一府一委两院”的法律监督、工作监督，保证法律法规有效实施，助力经济社会高质量发展，推动群众反映强烈的民生问题得到解决。进一步完善政府组成部门定期向人大报告工作制度，将听取审议乡村振兴、国有资产管理情况、生态环境保护工作情况报告。深入推进预算联网监督工作。进一步增强监督实效，行使审议、问询、质询等法定职权，加强对“一府一委两院”在推进落实区委决策部署工作情况监督，通过法定程序助推区委决策部署落实到位。

四、发挥代表作用

加强代表思想政治建设，加大代表履职培训，举办新一届代表履职培训班，提高代表政治站位、履职能力，加强代表履职平台建设，改进“混合编组、多级联动、履职为民”工作，提升示范点创建水平，持续开展“人民选我当代表、我当代表为人民”系列主题活动，支持和保障代表依法履职、完善“双联”制度机制，深化常委会同代表、代表同人民群众联系工作，不断提升人大代表参与管理国家事务、管理经济和文化事业、管理社会事务的能力。

五、加强自身建设

坚持学习制度，改进学习方法，拓展学习途径，促进真学真用，扎实开展党史学习教育，不断提高常委会组成人员政治理论水平和履职能力，进一步增强“四个意识”，坚定“四个自信”，坚决做到“两个维护”，不断加强纪律建设、作风建设和党风廉政建设，促进机关规范高效运行。

北海市海城区人民政府工作报告

——在北海市海城区第十届人民代表大会第六次会议上

北海市海城区人民政府代区长　苏矿峰

2021 年 5 月 8 日

一、2020 年工作回顾

回顾 2020 年，极具考验、极不平凡。一年来，我们坚持以习近平新时代中国特色社会主义思想为指导，深入贯彻落实中共十九大和十九届二中、三中、四中、五中全会精神，全面贯彻落实区委的工作部署，在区人大、区政协的监督支持下，坚持稳中求进的工作总基调，扎实做好“六稳”工作，全面落实“六保”任务，疫情防控取得重大成果，经济持续恢复向好，“十三五”规划确定的目标任务总体完成，决战脱贫攻坚、全面建成小康社会取得决定性成就，为开启全面建设社会主义现代化海城新征程奠定了坚实基础。在疫情背景下，受各种因素影响，部分经济指标难以完成年初确定的目标任务，全区地区生产总值下降 2.7%，但经济发展仍呈现不少新亮点。地区生产总值、第三产业增加值、社会零售品销售总额、城镇居民收入等总量位居市辖县区第一。第三产业增加值同比增长 12.7%。规模以上营利性服务业营业收入同比增长 68.1%，总量占全市的 83.3%。城镇居民和农村居民人均可支配收入同比分别增长 3.6% 和 8.0%。

一年来，区政府主要做了以下工作：

（一）筑牢防线抗疫情，发展信心更加坚定

面对突如其来的新冠肺炎疫情，区政府坚持人民至上、生命至上，积极应对中心城区人流物流密集的严峻考验，严格落实“四早”措施，投入疫情防控专项资金 1200 万元，发动各界人士捐资捐物 600 多万元，建立城区大战区、街道小战区、社区细网格的三级防控体系，由街道“大工委”、社区“大党委”协同区直部门分片包干 467 个“小网格”，推动机关干部、公安民警、志愿者下沉基层网格。组织区直部门单位 630 多名党员干部深入村（社区）一线，招募 2737 名党员志愿者协助 655 个“三无小区”开展群防群控、联防联控。疫情得到初步控制后，进一步完善“外防输入、内防反弹”各项措施，扎实做好常态化疫情防控。在确保安全稳妥的前提下，全面有序推动复工复产复学。深入开展“大走访大调研大服务”活动，实施走企连心解困、护商除乱、问政督效行动，帮助企业特别是中小微企业渡过难关。在北海市率先上线企业开复工审核平台。与市小微企业融资担保公司深度合作，为 160 家企业提供融资担保，12 月底在保余额超过 6 亿元。落实各类补贴补助 3406 万元，减税降费 3.18 亿元。分批分次安全有序推进复教复学，6 月 1 日实现全面复学。疫情期间，广大党员干部特别是医务人员、社区工作者放弃休息、投身防控一线，广大群众积极支持配合防控工作，举全区之力筑起抗击疫情的强大防线，守住了一方平安，交出了大战大考的优异答卷。海城疫情防控和经济社会发展“双战双胜”的成绩，必将为海城在新征程迈出更大步伐汇聚起强大的信心和力量！

（二）做优产业促转型，发展质效更加趋优

以新经济引领产业转型，三次产业结构调整为 5.3：32：62.7。科学研究和技术服务业收入同比增长 547.5%，总量和增速均位居市辖县区第一。持续推进高端服务业集聚区建设，引进广西农实实业投资有限公司等 5 家非总部经济类高端服务业企业。大力推进“旅游+”融合发展，涠洲岛南湾鳄鱼山获评国家 AAAAA 级旅游景区，全区实现旅游收入 285.74 亿元。鼓励支持企业科技创新，中海石油涠洲作业公司新采油平台等项目开工。加快现代农业提质增效，海城区农产品加工集聚区通过市级验收，3 家企业申报广西农产品加工示范企业，培育创建现代特色农业示范点 8 个，以食用菌、绿色果蔬为代表的农业品牌效应不断提升。建成 66.67 公顷海水珍珠养殖基地。引进广西精工海洋科技有限公司投入 2 亿元建设精工南珠海洋牧场，实现了广西民营企业海洋牧场建设零的突破，荣获国家级海洋牧场示范区称号。

（三）决胜脱贫攻坚战，发展基础更加坚实

严格落实“四个不摘”要求，深入开展“拉网排查、问题清零”行动和“五个一遍”活动，新时代脱贫攻坚目标任务如期完成。加大贫困帮扶力度，投入财政专项扶贫资金 700 多万元。突出抓好产业扶贫，实施产业扶贫项目 12 个。促进贫困群众稳定脱贫，建档立卡贫困户外出务工率达 88%。扎实推进脱贫攻坚与乡村振兴有效衔接。加快村庄规划“多规合一”，完成 5 个行政村村庄规划编制工作。加快农村一二三产业融合发展，村集体经济收入全部超过 6 万元。赤西村、流下村成功创建北海市乡村振兴示范村，流下村入选第二批全国乡村旅游重点村。海城区上榜全国农村承包地确权登记颁证工作典型地区，成为北海市唯一获此殊荣的县区。

（四）狠抓项目扩投资，发展动力更加强劲

成功举办“三企入桂”合作恳谈会暨项目集中签约仪式，签约“三企入桂”项目 26 个，合同投资总额 96 亿元。持续推行招商引资“一把手”工程，招商引资项目 67 个，实际到位资金 93.6 亿元，完成年度目标任务的 110.17%；新签约 5G+ 智慧社区、保利通信数字经济产业园等项目 51 个，合同投资总额 220 亿元。持续开展“重大项目落地建设投产助推行动”，5 个中央预算内投资项目开工率 100%，投资支付率、投资完成率均超额完成年度目标任务，连续 8 期 16 次进入自治区红榜；5 个自治区层面统筹推进的重大项目投资完成率达 160.9%；17 个市级重点项目开工，9 个项目竣工，投资完成率达 106.33%。北海·新鸥鹏教育产业城图书馆开馆，东盟国际商贸城富安居家居建材广场建成并投入运营。组织签订中电北部湾信息港、惠科光电智能显示终端产业新城等项目征地协议 320 公顷，2019—2020 年获批的 9 个批次建设用地交付使用，协议签订率和清场率达 98.3%。

（五）深化改革抓创新，发展环境更加优化

区综合福利院入选全国公办养老机构改革优秀案例，是广西唯一获此殊荣的县区。启动基层治理改革集成试点工作，成为北海市唯一列入自治区试点的县区。基层残联组织专项改革“海城模式”在广西推广。成功入选广西教育教学改革示范区创建名单。深入推进供给侧结构性改革，稳妥清理“僵尸企业”，依法完成北海市造船厂、北海市桂南饮料厂破产清算工作，妥善安置企业职工，收回国有工业用地 6.39 公顷。完成政府投资平台公司合并，资源配置得到优化。深入实施知识产权强区战略，每万人拥有发明专利数位居市辖县区第一，北海银河科技产业城被评定为国家级小微企业创业基地，北海安讯科技有限公司荣获广西科学技术进步三等奖。持续优化营商环境，率先在全国启用企业开办“7 合 1”一网通办 + 智能秒批营业执照系统，企业开办实现一点登录、一键审批；清理拖欠民营企业中小企业账款 235 万元，缓解了企业资金压力，提振了企业发展信心。

（六）聚焦民生强保障，发展底色更加亮丽

民生支出占比达 84%，同比增长 12%。扎实开展“双创”工作，成功创建国家卫生城市。坚持把改善生态环境作为最普惠的民生福祉，全力以赴打赢污染防治攻坚战，生态系统格局整体稳定。投资 7.6 亿元的 1801 条背街小巷改造提升工程项目完工，25 个老旧小区改造项目开工，13 座市政公厕建成并投入使用，垃圾分类工作有序推进。加快实施学校建设“三三零”工程，二小南珠校区和八小银河校区教学楼全面竣工并正式启用。大力实施“薄改”项目，维修 4 所学校教学楼及综合楼。加快发展普惠学前教育，新建、扩建 4 所公办幼儿园，组建 5 个学前教育集团，公办幼儿园在园幼儿占比超过 50%，普惠性幼儿园覆盖率达 84%。争取抗疫特别国债 9760 万元，加快建设一批医疗卫生项目，疾控中心主体已完成验收，泰和苑社区卫生服务中心开业。实现北钦防就医结算一体化，医保公共服务进一步优化。保持就业持续稳定，城镇登记失业率为 3.03%，成功引进两个市级退役军人创业就业孵化基地。实行政府购买居家养老服务新模式，老年人生活质量进一步提升。困难群众、退休人员生活保障水平继续提高，发放各类补助金 1.04 亿元。切实维护被征地农民合法权益，6200 名被征地农民参加基本养老保险。深入开展解决老百姓“三事”行动，打造了一批社区“解忧超市”。统筹抓好防灾减灾救灾和应急管理，深入开展“强监管严执法年”专项行动，安全生产形势持续稳定向好。不断强化食品药品安全监管，连续 3 年食品安全工作评议考核被评为 A 级。建成 14 个“智慧小区”“海城样本”获自治区领导点赞。自主研发“涉案财物管理信息平台”，在自治区涉案财物突出问题集中整治现场会上做经验介绍。群众对扫黑除恶专项斗争成效评价、社会稳定动态工作考评排名在广西 111 个县区中分别位列第 7 位和第 25 位，居市辖县区第一。侦破 7 件 17 年以上陈年命案积案，实现 2018 年以来现发命案侦破率 100%，攻坚成果两次得到自治区领导肯定性批示。连续两次在自治区打击盗窃犯罪专项行动推进会上做经验介绍。连续四年重大敏感节点“零非访”。平安建设成效进入广西第一方阵，群众安全感、满意度再创新高。

各位代表，一年来，我们坚持党的全面领导，持续加强政府自身建设，巩固拓展“不忘初心、牢记使命”主题教育成果，增强“四个意识”，坚定“四个自信”，做到“两个维护”，政府执行力和公信力进一步提升。全面推进依法治区，法治政府建设和“七五”普法工作通过自治区检查验收。自觉接受人大法律监督、工作监督和政协民主监督，人大代表建议、政协委员提案办结率和满意率均达 100%。规范区直部门权责清单，完善街道职责清单，政府职能精细化管理水平不断提高。推行“一窗受理”“一网通办”服务模式，政务服务事项网上可办率、办事指南准确率均达 100%。严守政治纪律和政治规矩，推进政府系统党风廉政建设，严抓巡视巡察反馈问题整改。加强行政监督、审计监督和社会监督，推进政务公开、办事公开。科学合理防范政府债务风险和金融风险，政府债务率处于较低水平。严格执行中央八项规定及其实施细则精神，大力整治文山会海等形式主义、官僚主义问题，文件和会议数量分别下降 65% 和 85%。

此外，妇女儿童、共青团、残疾人、红十字等事业取得新进步，外事、侨务、民族宗教、档案、政府采购、水库移民、统计改革、审计等工作取得新进展，国防动员和后备力量建设、双拥优抚等工作取得新成绩。高质量完成第七次全国人口普查入户登记工作。区卫健局荣获第一届广西健康科普技能大赛最佳创意奖。

在看到成绩的同时，我们也清醒地认识到，在前进的道路上，我们还面临不少困难和问题。比如，产业链条延伸不足，新旧动能转换任重道远；教育、医疗等难题仍待破解，改善民生还须付出更大努力；少数干部服务企业和群众的主动性不够，政府服务质量和办事效率与群众期待还有差距，等等。我们将直面问题，迎难而上，采取有效措施，切实加以解决。

二、2021 年工作安排

各位代表,2021 年是中国共产党成立 100 周年、"十四五" 规划开局之年,也是开启全面建设社会主义现代化国家新征程、向第二个百年奋斗目标进军的第一年。我们要以习近平新时代中国特色社会主义思想为指导,全面贯彻中共十九大和十九届二中、三中、四中、五中全会和中央经济工作会议精神,认真落实自治区党委十一届九次全会和自治区经济工作会议精神,按照市委、市政府和区委的统一部署,树牢服务大局、主动发展、争创一流的意识,坚持稳中求进工作总基调,以高质量发展为目标,以"六稳""六保"为主线,加快实施"七大行动",努力建设美丽富饶和谐幸福新海城。

今年全区经济社会发展的主要预期目标是:地区生产总值增长 10% 左右,财政收入增长 10% 左右,规模以上工业增加值增长 16% 左右,固定资产投资增长 12% 左右,居民人均可支配收入增长与经济增长基本同步。

为实现上述目标,必须以"起步就要提速、开局就要争先"的奋斗姿态抓好以下工作:

(一)实施产业升级行动,在"质量高"上再迈新台阶

围绕做大做强向海经济,聚焦高端服务业、海洋产业、电子信息等主导产业,加快推动集聚集群发展,着力构建支撑高质量发展的现代产业体系。

——加快高端服务业提质升级。致力于打造新经济产业集群,重点培育和发展总部经济、现代金融、软件信息等高端服务业,增进产业链耦合深度,打造特色鲜明、富有竞争力和虹吸效应的资源、信息、要素集聚中心,创建一批具有较强知名度和影响力的集聚区品牌。实施"以楼聚产"工程,提升楼宇经济发展质量。加快服务消费升级,培育智能消费、定制消费等新业态。打造一批新零售示范企业、高品位特色街区,繁荣活跃夜间经济。加快建设北海·新鸥鹏教育产业城等城市综合体,促进商贸服务业提档升级。坚持政府引导、部门协作、企业主体、社会参与的多元模式,推进集聚区配套基础设施建设,着力打造政务服务、信息服务、研发设计等公共服务平台,进一步提高集聚区服务水平和承载能力。加大服务业"大走访大调研大服务"活动力度,推进商事制度改革,全面落实各项扶持政策,培育形成一批具有较强支撑作用的骨干企业和龙头企业,进一步提升服务业核心竞争力。

——加快工业产业创新升级。加快培育电子信息产业和数字经济集群,大力发展云计算、区块链、物联网等新技术信息服务,加速推动产业创新发展。优化联系机制,精准服务企业,推动企业发展壮大、上规入统。鼓励企业加强科技创新和技术改造,力争黑珍珠公司技改项目早日完工投产。加快海洋产业园区提档升级,完善园区基础设施,提升产业集聚发展能力。全力服务北海工业园区、北海综合保税区建设,全面完成惠科电子产业新城、中电北部湾信息港等项目征地搬迁工作,促进一批重点企业发展壮大。

——加快海洋渔业转型升级。统筹海洋渔业资源开发,提升科学用海水平,有序推进海洋牧场提质增效。加快冠头岭海域多功能深水养殖区建设,发展深水网箱养殖等现代渔业,提升渔业规模化集约化发展水平。推进海洋渔船更新改造,拓展外海和远洋渔业。建设海城区南珠产业基地,推动南珠养殖、加工转型升级。延伸渔业产业链,发展海洋生物医药、海洋新能源等新兴产业,着力打造优质海产品、休闲渔业等区域品牌。加快推进高德渔港改扩建工程,提高渔业防灾减灾能力,建设北海内港、高德渔港经济区。

(二)实施文旅强区行动,在"业态优"上增添新亮点

坚持守正创新,筑牢文化自信,深化文旅融合,凝心聚力挖潜能、铸品牌,打造全域旅游新亮点，厚植多元发展新优势。

——推进“旅游＋”产业提升工程。依托滨海生态旅游资源，深入挖掘海丝文化、汉文化、南珠文化、疍家文化等特色元素，培育壮大滨海旅游产业集群。加快海丝首港、地之角文旅综合体、新营国际文旅康养综合体等重大文旅项目建设，力促新营海上运动基地、印象1876景区二期工程等项目开工建设，确保北部湾国际邮轮母港、高德滨海文旅综合体一期工程竣工。立足业态创新，推进文旅与教育、海洋、康养、体育等产业深度融合，加快影视文化、汉服文化、动漫创意、艺术品交易等平台建设，大力发展文化创意、康养休闲、户外体育、民俗文化体验等多元业态，持续做大文旅版图。

——推进文旅特色品牌提升工程。注重文化引领、创新创造和营销推广，加快构建多层级、宽领域、特色化的文旅品牌体系，着力打造国际化滨海旅游文化名城。提升特色产品品牌。实施“区域品牌＋企业品牌”发展战略，支持企业创建驰名商标，做大做强南珠等品牌产品，扩大区域品牌影响力。深入挖掘“老字号”品牌底蕴，积极开发本土特色伴手礼，做精做优“阿礁叔”等特色产品，打造高品质的“海城礼物”。培育赛事会展品牌。高质量服务好广西文化旅游发展大会，巩固提升“流下村文化艺术节”“地角美食节”“赤西研学游”等活动品牌，培育打造动漫展等专业展览，积极办好国际海钓、沙滩足球等体育赛事。促进非遗活化传承，建立非遗项目库，做好本土非遗产品升级开发，打造以咸水歌为主题的实景舞台剧。打造城市旅游品牌。推动旅游城市改造升级，积极发展城市体验式旅游，加快构建城市绿道、骑行公园等慢行系统，塑造一批街景小品、小型绿地等城市“微景观”。讲好海城故事，推广精品线路，包装提炼一批城市宣传片、短视频、微电影等文艺作品，全方位展示海城文化底蕴。

——推进文旅服务品质提升工程。用好用足全域旅游发展系列重大政策和激励措施，积极创建国家全域旅游示范区，着力打造复合型全域旅游目的地。建设一批星级酒店，发展一批精品民宿，打造以生态康养、文化风情、休闲体验为主的度假区，丰富文旅产业链，提升区域承载能力。推进景区提档升级，进一步完善游客中心、旅游厕所、休闲驿站、标识标牌等公共设施。加快建设智慧旅游景区，完善旅游信息基础建设，创新旅游公共服务模式。深入开展文化惠民活动，完善公共文体服务设施，建设齐白石纪念馆，提高老城历史文化馆、地角女民兵连史馆、涠洲岛红色旅游景区等场馆综合利用水平。强化文旅市场综合监管，加强从业人员素质培训，营造安全有序的文化旅游发展环境。

（三）实施投资扩量行动，在“经济强”上实现新突破

坚持把项目建设作为转型发展、动能转换的主抓手，不断扩大有效投资，进一步提升经济发展后劲。

——全力以赴招大引强。聚焦“三大三新”“双百双新”“两新一重”等重点领域，瞄准世界500强、民企和央企百强企业及行业领军企业，持续开展精准招商、产业链招商。坚持向存量要增量，大力开展“存量招商”，鼓励企业通过资产租赁、联营、收购等方式引进合作项目，加快项目嫁接改造。打好招商引资“主动仗”，建立健全招商考核激励、项目跟踪服务等机制，激发全员招商积极性，推动更多意向项目转为落地项目，提高引资履约率、资金到位率、项目开工率和投产达效率。强化招商宣传推介，有针对性地开展大型主题招商活动，全方位、多层次宣传海城、展示海城。

——狠抓项目攻坚提速。强化要素保障，强力推动在建项目加快建成、签约项目及早落地，促进有效投资较快增长。加快项目前期推进速度，想方设法破解用地、资金、基础设施配套等瓶颈问题，着力提升签约项目开竣工率，力促保利通信数字经济产业园等项目及早开工，确保高德滨海文旅综合体、北海·新鸥鹏教育产业城等项目早日建成运营。持续发力、集中攻坚,全力以赴完成重点区域、重点项目征地搬迁任务,打通征迁交地“最后一公里”。坚持区领导联系督导重点项目机制,注重现场发现问题、现场协调问题、现场解决问题,狠抓工作落实,强化问责问效,确保项目建设提速提效。

(四)实施创新培育行动,在“机制活”上激发新动能

坚持创新驱动发展,深化改革开放,扩大合作空间,集聚发展要素,为高质量发展注入强劲动力。

——持续优化营商环境。把营商环境提档升级作为“一号改革工程”,推进一批接地气的改革,打造更有温度的营商环境。对标一流标准,按照“四最”要求,持续改善营商环境软硬条件,着力营造高效的审批环境、诚信的政务环境、公平的市场环境、透明的政策环境和亲清的政商环境。推行工程建设项目全流程在线审批。推进政务服务异地通办、一窗受理、一表申请、容缺受理等改革。支持民营经济发展壮大,帮助企业降成本、解难题、增效益。培育壮大资本、技术、人才、物流等要素市场,进一步优化企业生长环境。

——持续深化改革创新。加快建立健全现代财税金融制度、现代企业制度,深化预算管理制度、国有企业混合所有制等体制机制改革。规范政府性债务管理,有效防范化解财政金融等领域风险。加快推进廉投公司市场化转型,组建广西光远投资发展集团有限公司,有序整合全区优质国有资产和企业,加快做大做强国有企业,提高企业经营效益和市场竞争力。加快处置“僵尸企业”,盘活存量资产。深入推进基层治理集成改革试点。完善以企业为主体的技术创新体系,培育一批创新型企业。扶持科技企业孵化器、众创空间等研发平台建设,促进5G、物联网、区块链等新技术转化应用。加快培养科研领军人才和产业创新人才,持续深入推进大众创业、万众创新,不断激发全社会创新活力。

——持续扩大开放合作。围绕落实“三大定位”新使命,主动融入服务“一带一路”和“西部陆海新通道”建设,着力打造高水平的开放高地。抓住用好RCEP协议签署及中国和东盟互为第一大贸易伙伴等新机遇,加强与“一带一路”沿线和东盟国家的经贸往来。主动融入“南向、北联、东融、西合”新格局,全面对接“粤港澳大湾区”产业转移,服务推进北钦防一体化发展。深化桂台交流合作,鼓励有条件的企业开拓境外市场,推动开放型经济发展向更宽领域、更高水平迈进。

(五)实施城市更新行动,在“城市美”上展现新风貌

坚持高起点规划、高标准建设、高水平治理,把海城打造成为更有品位、更具特色、更富内涵的宜居之城。

——加快城市更新步伐。注重规划设计,优化功能布局,创新城市更新多元模式,着力构筑产城融合、错位发展的现代化主城区。加快建设廉州湾新城,着力推进“三无小区”、老旧小区、棚户区(城中村)改造,大力实施小街区品质提升试点工程、补光增亮改造工程,打造一批精品街巷、文化街巷、特色街巷。加快完善城市生活功能、生态功能、文化功能、安全功能,打造高品质城市生活空间。推进“产业+地产”融合发展,以土地换产业,实现城市建设和产业发展良性互动、可持续发展。

——提升精细化管理水平。建立健全城市现代管理体制,推进智慧城市建设,促进城市管理精细化、数字化、智能化。深化部门协作联勤整治机制,完善网格化管理模式,落实“门前三包”责任制,持续开展环境综合治理,突出抓好“两违”整治,着力打造一批严管街、示范路。专项整治“三无”小区,打造星级物业服务小区。发挥东街片区示范引领作用,以点带面推进垃圾分类全覆盖。深化环卫市场化改革,推进环卫作业一体化和垃圾回收分类PPP项目,进一步提高环卫服务水平。启动新一轮全国文明城市创建工作,以“八大提升”行动为抓手,聚焦重点,攻克难点,不断提升市民文明素质和社会文明程度。

——持续巩固生态环境优势。树牢绿色发展理念，严格落实环境保护"党政同责、一岗双责"，持续打好污染防治攻坚战，积极创建国家生态文明示范区，进一步提高生态宜居水平。坚持问题导向，扎实推进中央环保督察反馈问题整改。抓好海洋生态保护，严厉打击违法用海、非法采砂等行为，推进廉州湾滨海生态公园建设，加快修建亲水岸线。深化实施"双总河长制"，加强入海排污口专项整治，完善污水处理及港口设施，提升治理能力和水平，持续改善水环境。创新"生态+"发展模式，大力发展生态经济。提倡绿色生活，推动形成文明节约、绿色低碳的生活方式和消费模式。

（六）实施固农强基行动，在"乡村振兴"上走出新路径

推进脱贫攻坚与乡村振兴有效衔接，激活"人、规、地、产、城"关键要素，在塑造乡村"形、实、魂"上下功夫，推动乡村更美、产业更旺、农民更富、治理更优，努力走出一条具有海城特色的乡村振兴之路。

——巩固拓展脱贫攻坚成果。严格落实"四个不摘"要求，保持主要帮扶政策总体稳定，抓好产业帮扶、就业帮扶、基础设施建设、公共服务提升等方面衔接，推动脱贫攻坚向乡村振兴平稳过渡。健全防止返贫动态监测和帮扶机制，完善农村社会保障和救助制度，强化农村低收入人口常态化帮扶，坚决防止贫困反弹，促进脱贫群众在新起点实现更好发展。

——发展强农富民产业。加快现代农业核心示范区提质升级，扶持发展一批农业产业化龙头企业，培育一批新型农业经营主体，打造一批"三品一标"农产品品牌。推进农村一二三产业融合发展，延伸拓展农业产业链，进一步壮大乡村旅游、农耕体验、冷链物流等乡村产业，建设一批共享农庄、乡村民宿、田园综合体。立足乡村特色，丰富农事节庆活动，创新农产品营销模式，进一步提升农业品牌知名度和美誉度。

——建设美丽宜居乡村。实施全域土地综合整治，不断夯实农业农村发展基础。持续推进农田水利建设、农村危旧房改造等工作，加快赤西村、流下村提档升级建设，打造乡村风貌示范带，建设一批精品示范型村庄、"乡村振兴"示范村。加强农房建设管控，推进农村宅基地房地一体化确权登记。抓好新时代文明实践中心建设，打造新型农民队伍。大力弘扬时代新风，深入推进移风易俗，培育文明乡风、良好家风、淳朴民风。

——全面促进农村发展。积极推进空间规划体系建设，因地制宜编制"多规合一"的实用性村庄规划，全域、全要素、全方位推进乡村振兴。加快建立农村产权交易平台，落实鼓励农村土地流转奖补政策，进一步盘活农村资产资源。加大投入力度，创新投入方式，推动更多社会资本投向农村，加快公共服务向农村延伸、社会事业向农村覆盖、生产要素向农村流动，着力培育农业农村发展新动能。

（七）实施幸福共享行动，在"生活好"上获得新提升

始终把人民群众对美好生活的向往作为奋斗目标，着力保障和改善民生，让海城的发展更有温度、老百姓的幸福更有质感。

——发展更高质量的现代教育。建设广西基础教育教学改革示范区，实施教育信息化建设PPP项目，打造义务教育强区。优化教育资源配置，积极稳妥推进学校布局调整。深入推进"三三零"工程，建成二十一小、二十二小，开工建设二十三小，启动十五小扩建工程，稳步扩大义务教育阶段优质教育资源。加快建设九幼、十幼、十一幼、实验幼，提高幼儿园公办园幼儿占比和普惠率。推进学前教育集团化建设，创建一批示范幼儿园。支持和规范社会力量兴办教育。全面实施"童子功1+N"素质教育计划，促进学生全面发展。

——打造更高水平的健康海城。毫不放松抓好常态化疫情防控,确保不出现规模性输入和反弹。加大公共卫生投入,扩充优质医疗资源,加快补齐医疗卫生事业短板,促进基本公共卫生计生服务均等化。大力推进医疗基础设施建设,新建高德医院,续建地角卫生院,建成区疾控中心。强化医防结合,着力解决小区防疫功能不完善、公共空间防疫设施不足等问题,切实提高基层应对突发重大公共卫生事件的能力水平。深入开展爱国卫生运动,不断巩固国家卫生城市创建成果。争取通过国家级慢病综合防控示范区复审。积极创建健康促进区,加快推动全民健身与全民健康深度融合,提高人民群众健康素养。

——建设更加完善的保障体系。多渠道增加城乡居民收入,确保城乡居民收入增长与经济增长基本同步。持续推动公共就业服务、职业技能培训、援企稳岗政策延伸覆盖,努力实现更加充分更高质量的就业。着力根治拖欠农民工工资问题,进一步巩固和谐劳动关系。实施全民参保计划,完善异地就医直接结算政策。统筹城乡社会救助体系,全力做好困难群体兜底保障工作。推进居家和社区养老服务点建设,促进养老事业均衡发展。健全农村留守儿童、老年人、残疾人关爱服务体系。

——构筑共建共治共享的社会治理格局。推进市域社会治理现代化,完善党委领导、政府负责、民主协商、社会协同、公众参与、法治保障、科技支撑的市域社会治理体系。全面推进市县乡村四级综治中心规范化建设。深入开展解决“三事”行动,推行“三事通解”,提升“解忧超市”覆盖率和工作实效。落实安全生产责任制,建立健全风险分级管控和隐患排查治理双重预防体系,加强防灾减灾救灾和应急管理,有效防范和遏制重特大事故发生。稳步推进食品安全示范城市创建工作,保障群众饮食用药安全。严格执行综治领导责任制,完善社会治安防控体系,健全扫黑除恶、打击传销、禁毒严打、电信诈骗等整治长效机制,保持对各类违法犯罪严打的高压态势,大力实施法治信访,着力化解矛盾纠纷,努力建设更高水平的平安海城、法治海城。

三、加强政府自身建设

为人民服务,对人民负责,受人民监督,让人民满意,是政府必须坚守的信念。新的一年,我们要持续加强政府自身建设,切实提升政府治理能力和水平,努力打造更高效率、更优作风的服务型政府。

(一)一以贯之抓好政治建设

始终把党的政治建设放在首位,坚持思想引领、学习在先,提高“八种本领”,增强“四个意识”,坚定“四个自信”,做到“两个维护”。全面落实从严治党主体责任,认真落实意识形态工作责任制,全力以赴推动党中央各项决策部署落地生根,坚决落实市委、市政府和区委的工作安排。

(二)一以贯之抓好法治建设

坚持把依法行政贯穿政府工作全过程,主动接受区人大法律监督、区政协民主监督,确保政府工作始终在区委领导下统筹推进、法律监督下依法推进、民主监督下协商推进。大力推进政务公开,健全法律顾问工作机制,落实“三重一大”事项决策制度,切实提升政府决策的民主化和科学化水平,让政府政策执行更透明、权力运行更透明、办事流程更透明。

(三)一以贯之抓好作风建设

持续倡导“三坚持两改变”,大力推行“一线工作法”,着力营造合力干事环境。坚决防止“四风”问题反弹回潮,持续纠治形式主义、官僚主义,切实为基层减负。完善抓落实的工作体系、责任体系和考核体系,建立健全工作专班制度,推动决策部署落地见效。坚持严管厚爱结合、激励约束并重,推行容错纠错正负面清单制度,努力营造“以发展为重、以担当为荣、以实干为本”的良好局面。

（四）一以贯之抓好廉政建设

认真落实党风廉政建设有关规定，全面履行“一岗双责”，驰而不息推进正风肃纪反腐。严格执行中央八项规定，强化公共资金、国有资产、项目招投标等领域的审计监管，从源头上预防和遏制腐败行为发生。继续压减一般性支出，严控“三公”经费。强化行政问责和效能监察，努力创造更清明的政治生态、更优越的发展环境。

热点词解释（以热点词在报告中出现的顺序排列）

1.“六稳”：稳就业、稳金融、稳外贸、稳外资、稳投资、稳预期工作。

2.“六保”：保居民就业、保基本民生、保市场主体、保粮食能源安全、保产业链供应链稳定、保基层运转。

3.“四早”：早发现、早报告、早隔离、早治疗。

4.“三无小区”：无物管、无主管部门、无人防物防的院落、楼栋。

5.“三企入桂”：批央企、民企、湾企加速布局广西自贸试验区。

6.“三三零”工程：市委、市政府提出从2019年开始，力争3年时间内筹措资金不少于30亿元，新引进、新建、改扩建中小学校超过30所。

7.老百姓“三事”：老百姓的操心事、烦心事、揪心事。

8.“解忧超市”：为民服务的对接平台，切实解决老百姓操心事、烦心事、揪心事。

9.“智慧小区”：利用各种智能技术和方式，整合社区现有的各类服务资源，为社区群众提供政务、商务、娱乐、教育、医护及生活互助等多种便捷服务的模式。

10.“一窗受理”：指按照行政审批“受理权和审核权、决定权相对分离”原则，在县党务政务服务中心设立综合窗口，对外一窗受理政务服务事项申请，转后台审批部门分类办理，办理结果由综合窗口统一发件。

11.“一网通办”：指企业和群众在政务服务网申请办理政务服务事项，网上提交申请材料、网上缴费、网上取件、网上评价，审批部门后台审批，全流程网上办理，实现“审批不见面”。

12.“三大三新”：“三大”即大健康、大数据、大物流；“三新”即新制造、新材料、新能源。

13.“双百双新”产业项目：“双百”项目是指投资超过百亿或产值超过百亿的重大产业项目；“双新”项目是指新产业、新技术项目，“双百双新”重大产业项目建设是自治区党委、政府的一项重大战略工程。

14.“两新一重”：新型基础设施建设，新型城镇化建设，交通、水利等重大工程建设。

15.“四最”：审批事项最少、办事效率最高、投资环境最优、市场主体和人民群众获得感最强。

16.“三大定位”：构建面向东盟的国际大通道、打造西南中南地区开放发展新的战略支点、形成21世纪海上丝绸之路和丝绸之路经济带有机衔接的重要门户。

17.“一带一路”：一带一路是丝绸之路经济带和21世纪海上丝绸之路的简称，一带一路贯穿欧亚大陆，东边连接亚太经济圈，西边进入欧洲经济圈，无论是发展经济、改善民生还是应对危机、加快调整，许多沿线国家同我国都有着共同利益。

18.“西部陆海新通道”：以重庆为运营中心，以广西、贵州、甘肃、青海、新疆等西部省份为关键节点，利用铁路、海运、公路等运输方式，向南经广西北部湾通达新加坡等东盟国家的陆海贸易新通道。

19.“南向、北联、东融、西合”新格局：“南向”深化与东盟的合作；“北联”加强与渝、黔、川、甘等省市的合作，连通“渝新欧”，贯通“一带一路”；“东融”主动融入珠三角、粤港澳大湾区，借力长三角、京津冀等沿海发达地区，承接产业转移，着力招商引资；“西合”联合云南等省，深度参与澜沧江湄公河区域合作。

20.“粤港澳大湾区”：指的是由广州、佛山、肇庆、深圳、东莞、惠州、珠海、中山、江门9市和香港、澳门两个特别行政区形成的城市群。

21.“双总河长制”：区、街道分别设立总河长、河长。区总河长由区委区政府主要领导担任，各街道行政区域总河长由同级街道党工委和办事处主要领导担任。

22.“形、实、魂”：重点实施乡村风貌提升行动和农村人居环境整治提升行动，塑造美丽乡村之“形”；实施现代特色农业高质量发展重大工程，促进农村一二三产业融合发展，充盈乡村产业之“实”；着力提高农民科技文化素质，深入开展乡风文明建设，铸牢乡村文明之“魂”，推动农业农村现代化建设迈出坚实步伐。

23.“四个不摘”：摘帽不摘责任、摘帽不摘政策、摘帽不摘帮扶、摘帽不摘监管。

24.“三品一标”：指的是无公害农产品、绿色食品、有机农产品和农产品地理标志。

25.“多规合一”：在一级政府一级事权下，强化国民经济和社会发展规划、城乡规划、土地利用规划、环境保护、文物保护、林地与耕地保护、综合交通、水资源、文化与生态旅游资源、社会事业规划等各类规划的衔接，确保“多规”确定的保护性空间、开发边界、城市规模等重要空间参数一致，并在统一的空间信息平台上建立控制线体系，以实现优化空间布局、有效配置土地资源、提高政府空间管控水平和治理能力的目标。

26.“童子功1+N”：每所小学主打1个特色培训项目，同时开展N项其他特色培训项目。

27.“三事通解”：在全市社区建设“解忧超市”供需对接平台，完善解决群众“急难愁盼”问题的工作机制，推动群众的操心事、烦心事、揪心事进一步解决。

28.“八种本领”：习近平总书记提出的当前领导干部迫切需要提高的“八种本领”，即学习本领、政治领导本领、改革创新本领、科学发展本领、依法执政本领、群众工作本领、狠抓落实本领、驾驭风险本领。

29.“三坚持两改变”：坚持让亲力亲为实干成事成为北海的工作文化，坚持让时时刻刻紧锣密鼓成为北海的工作精神，坚持让不断线不拖延不推诿问不倒成为北海的工作作风，改变官腔习惯，改变辩解习惯。

中国人民政治协商会议北海市海城区委员会常务委员会工作报告

——在政协第五届北海市海城区委员会第六次会议上

北海市海城区政协主席　梁雪梅

2021年5月6日

一、2020年工作回顾

2020年是极不平凡的一年。在中共海城区委的坚强领导下，区政协及其常委会坚持以习近平新时代中国特色社会主义思想为指导，全面贯彻落实中共中央、自治区党委和市委政协工作会议以及海城区委的工作部署要求，持续推进政协工作提质增效，委员履职取得新进展，为助推海城高质量发展和打赢疫情防控攻坚战、阻击战贡献了政协智慧和力量。年内，区政协推进政协协商与基层协商有效衔接等工作做法、经验3次在自治区政协会议上交流，获评自治区2018年度政协工作提质增效先进单位，2020年10月受到自治区政协表彰。全国政协领导1人、自治区政协领导2人、市政协领导班子成员及各专委会负责人先后到海城区考察指导，对区政协工作给予高度评价。区委区政府主要领导多次对区政协的履职报告做出批示。

一年来，我们聚焦区委、区政府中心工作，坚持建言资政和凝聚共识双向发力，主要做了以下工作。

（一）强化思想政治引领，广泛凝聚政治共识

一是强化理论武装，打牢共同奋斗的思想政治基础。区政协坚持把学习培训作为加强思想政治引领的有效途径，通过党组中心组理论学习（扩大）会议、主席会议、常委会会议、党课、专题研讨、委员培训、在线教育、微信议政等多种形式，持续深化"不忘初心、牢记使命"主题教育成果，深入学习习近平新时代中国特色社会主义思想和中共十九大、十九届四中、五中全会精神；学习中共中央及各级党委政协工作会议精神，特别是习近平总书记关于加强和改进人民政协工作的重要思想；学习习近平总书记考察广西及北海重要讲话及重要指示批示精神，切实增强"四个意识"，坚定"四个自信"，做到"两个维护"，不断增强做好新时代人民政协工作的责任感和使命感。

二是坚持从严治党，落实党对政协工作的全面领导。贯彻落实中共中央办公厅印发的《关于加强新时代人民政协党的建设工作的若干意见》及自治区、北海市相关文件精神，切实发挥政协党组把方向、管大局、保落实的作用，把党的决策部署全面贯彻落实到政协工作的各方面和全过程。积极探索加强和改进政协党建工作的新思路新方法，依托专门委员会设立3个功能型党小组，将所有党员委员全部分组编入其中，实现党员委员组织关系一方隶属，参加双重组织生活，组织引导党员委员自觉接受政协党组织的教育管理。在全会期间成立临时党组织，建立实施中共党员委员联系党外委员制度，发挥党组织战斗堡垒作用和党员委员先锋模范作用，推进党的组织对党员委员和党的工作对政协委员"两个全覆盖"。严格执行重大问题请示报告制度，坚持政协年度协商计划、常委会工作报告、全体会议、常委会会议及党组重要工作、政协重大事项、重要情况及时向区委请示报告，自觉接受区委对政协工作的全面领导，确保政协工作始终沿着正确的政治方向前进。

三是切实落实意识形态工作主体责任，树立政协良好形象。始终把意识形态工作作为政协工作重要内容，纳入党组落实主体责任清单。通过全面部署意识形态工作，召开会议分析研判意识形态领域情况，进一步落实意识形态工作职责。在大会发言、委员培训授课、委员提案、微信议政等重要环节、重要活动中严格审查把关，严防政治风险。始终坚持团结稳定鼓劲、正面宣传为主，积极借力《广西政协报》等媒体宣传发声，讲好政协故事，传播政协声音，树立政协良好形象。年内在《广西日报》《广西政协报》《北海日报》《北海晚报》等媒体发稿11篇。区政协推送的理论文章《强化政协委员责任担当的思考》在全市政协理论研讨会上发言交流。

（二）服务中心大局，助推海城高质量发展

一是聚焦中心建言资政。充分发挥政协作为社会主义协商民主重要渠道和专门协商机构作用，坚持党委政府工作推进到哪里，政协工作就跟进到哪里，党委定什么，政治协商什么；政府干什么，政协帮什么。聚焦党委政府中心工作，规范制定实施年度协商计划，通过专题议政性常委会会议协商、专题协商、对口协商、界别协商、提案办理协商等多种协商形式，为助推海城高质量发展统一认识、汇聚力量，共同推动党委决策部署更快更有效落实。全年组织开展10项调研协商、视察考察、专项监督并形成专题报告，提出意见建议73条，有力助推了海城区相关工作落实。区委区政府主要领导先后对5篇议政报告做出批示，转相关部门研究采纳，协商成果有效转化。

二是助推产业发展和项目建设。按照市、区两级的安排和要求，全力支持3位班子成员积极参与重点项目征地搬迁工作，破解难题，参与完成征地搬迁任务共73.33公顷，有效推进相关工作，得到市有关领导的充分肯定。组织委员围绕"助推海城区楼宇经济发展""助推海城区商贸服务业发展""加强公共法律服务在小微企业发展中的作用""南珠文化的保护利用""海城区深海养殖产业发展""赤西村乡村旅游项目建设"等课题开展调研协商、视察，有效助推产业发展。认真落实上级政协的工作要求，组织开展"引企入桂·委员行动"，发动委员以商招商，助推"三企入桂"。通过委员引进企业4家，总投资1.65亿元，计划引进企业2家，预计投资0.35亿元。

三是有力助推社会治理和公共服务。组织召开专题议政性常委会会议，围绕加强海城区社区基层治理的探索和创新进行协商议政，提出建议。组织发动机关人员及政协委员支持、参与扫黑除恶专项斗争相关工作。与市政协联动，参与组织完成了加强城市建成区公共厕所建设与管理、城中村改造、校园食品安全管理等议题的调研协商、专项视察监督，助推社区基层治理能力和公共服务水平提升。

四是努力增进民生福祉。督促区政协机关各帮扶人严格按要求做好精准扶贫各项工作，如期完成脱贫攻坚任务并持续巩固脱贫成果。在"双创"工作中，高质量完成所负责的"三无小区"整改，获区创城办红榜表扬。认真落实市委、市政府决策部署，组织协调联系村社区的三级政协委员积极参与"三事"行动。通过访"三事"主题周活动，走进基层、走进群众，听取意见建议，收集群众"操心事、烦心事、揪心事"，汇集到社区"解忧超市"，或通过上报社情民意信息、提案等，积极推进问题解决。同时，组织委员利用周末逛社区"解忧超市"，主动认领解决群众"急难愁盼"问题，帮助群众圆梦"微心愿""微心事"，从政协的角度合力推进"三事通解"。2020年，政协委员参与走访接待群众360多人次，收集群众反映的"三事"等意见建议290多条，协调推进或直接解决的"三事"58件。

五是积极投身新冠疫情防控。在疫情防控工作中，充分发挥政协资源优势，组织政协机关全体人员积极参与疫情防控，配合社区做好重点人员排查和"三无小区"值守；倡议全体委员支持疫情防控工作，发动委员及所在企业捐款捐物折合人民币累计416.6万元。积极开展"走企连心"活动，区政协班子及专委会人员走访企业76家，努力为企业协调解决转产审批、用工、资金等困难和问题；争取政策支持，协调解决4家企业融资难问题，有效助力企业复工复产达产。

（三）坚持务实创新，推进履职提质增效

一是继续推进政协协商与基层协商有效衔接。持续发挥政协专门协商机构作用，认真总结指导西藏路社区开展基层协商的经验做法，按计划推进和完成13个社区政协委员工作室建设。组织委员在联系村（社区）工作中加强社区协商指导，通过探索微协商、简易协商、上门协商等形式，助推基层社会治理，切实把人民政协制度优势转化为基层治理效能，真正将"协商于民、协商为民"落到实处。2020年，全国政协副主席汪永清和时任自治区政协党组书记孙大伟、副主席李康先后到北部湾社区考察，对区政协指导社区创新开展的“五步微协商”工作法高度点赞。2020 年 12 月，市政协以“实施‘五步微协商’工作法推动政协协商与基层协商有效衔接”为题在自治区政协推动政协协商与基层协商有效衔接经验交流会议上做口头交流发言。

二是创新委员服务管理。落实届内委员轮训计划，与银海区、铁山港区政协联合组织了委员专题培训。出台《委员履职量化考评办法（试行）》，完善委员履职考核考勤及通报制度，严格执行《海城区政协委员履职管理细则》，推荐政协委员接受市政协专访和宣传报道，在文史馆专版介绍委员风采，促进委员充分发挥主体作用。启动“书香政协”活动并组织第一期委员读书分享会，向委员赠送《百年大变局·世界与中国》等书籍，倡议政协委员多读书、读好书、善读书，增强履职本领、提高建言资政能力。

三是加强政协机关队伍建设。以落实自治区党委政协工作会议重点任务为契机，积极争取党委重视、政府支持，推进解决“两个薄弱”问题，修订完善 10 余项工作制度、规则，有效提升政协工作规范化、科学化水平。持续改进作风、提振精神，增强责任感、紧迫感，激发各专委会工作积极性、主动性，按要求落实政协机关党支部联系点建设任务，多次组织参与挂点基层党组织活动、党组成员带头宣讲主题党课、协调解决实际问题，并动员委员积极支持参与相关工作。协调市科协为茶亭路社区争取青少年科普基地项目专项资金 15 万元。

四是推进政协经常性工作常做常新。不断改进提案工作，充分发挥政协提案在建言献策和凝聚共识双向发力中的作用。坚持质量导向，严格立案审查。五届五次会议以来，共收到提案 69 件，经审查立案 63 件，转为意见建议 6 件。创新重点提案遴选方式，继续强化提案督办工作，规范程序，跟踪督办，不断提高提案办理质量和效果。建立实施评选大会优秀发言制度，进一步提高了全会、专题议政性常委会会议委员及相关单位发言质量。注重发挥社情民意“直通车”作用。以专委会为依托，发动委员在联系村（社区）工作中收集反映社情民意，促进有关部门改进工作，并及时跟踪问效。借助市政协“信息专报”平台，上报社情民意信息 36 条，被市政协采用 23 条，转送市直有关部门办理 20 条。统筹政协文史馆建设工作，不断完善展陈方案，广泛收集文史资料，紧盯工程质量和筹建进度，有序推进建馆进程，确保高质量顺利建成开馆。继续发挥委员微信平台作用，组织委员围绕区委区政府重点工作及群众关心的热点、难点问题进行网络议政监督。

在总结 2020 年政协工作成绩的同时，我们也清醒地看到存在的不足和差距，如政协界别作用的发挥不够明显、政协建言资政的质效还需进一步提高、委员联系服务群众的平台建设还需加强、政协工作制度体系建设还需进一步完善等，有待我们在今后的工作中努力改进。

二、2021 年主要任务

2021 年是中国共产党成立 100 周年和“十四五”规划开局之年。区政协常委会工作的总体要求是：坚持以习近平新时代中国特色社会主义思想为指导，增强“四个意识”，坚定“四个自信”，做到“两个维护”，立足新发展阶段，贯彻新发展理念，构建新发展格局，坚持团结和民主两大主题，围绕区委决策部署，充分发挥专门协商机构作用，创新工作方法，打造工作亮点，坚持建言资政和凝聚共识双向发力，为海城区“十四五”开好局、起好步凝心聚力、建言献策，做出新的贡献。

（一）持续强化理论武装，把牢正确政治方向

充分运用党组中心组学习（扩大）会议、常委会会议学习、委员培训和“书香政协”委员读书活动等形式及微信公众号等平台，深入学习习近平新时代中国特色社会主义思想，学习中共十九届五中全会精神和习近平总书记最新重要讲话精神，不断提高政协领导班子和委员的政治判断力、政治领悟力、政治执行力。坚持把学习作为加强思想政治引领的有效途径，围绕中国共产党成立100周年，组织开展中共党史学习教育，用党的创新理论团结教育引导各党派团体和各族各界代表人士，进一步凝聚团结奋进的共识和力量。

（二）压实责任严肃纪律，全力做好换届工作

一要进一步统一思想，做到届末人心不散，精力不减，精神不懈，工作不松，以高度的政治责任感做好政协换届的各项筹备工作，为新一届政协工作打好基础；二要在区委统一领导下，层层落实责任，配合有关部门，切实做好政协委员人选的推荐提名工作；三要认真梳理总结五届政协的工作成效，高质量完成常委会工作报告；四要严明纪律风气。把纪律和规矩挺在前面，坚持教育在先、警示提醒在先、预防严管在先，用铁的纪律确保换届风清气正。精心筹备开好六届一次全会，确保政协工作承前启后、继往开来。

（三）紧扣大局建言资政，助推重点工作落实

树牢服务大局、主动发展、争创一流的意识，围绕海城经济社会发展重大问题和人民群众普遍关心关注的热点难点问题以及海城区“十四五”规划，聚焦助推产业经济提质增效、打造文化旅游强区、改革创新、城市品质提档升级、乡村振兴、生态海城建设和民生改善等重点工作，组织制定、实施好2021年年度协商计划，围绕“推动海城区楼宇经济高质量发展”“加快城市更新　建美管好城市”“推动海城区海洋渔业发展”“加快海城区文旅产业发展”4个重点课题深入调查研究，积极协商建言，为区委区政府科学决策提供参考。发挥政协民主监督助推落实的独特优势，继续选派委员担任优化营商环境监督员，协助区委区政府更好地发现问题、推动落实。健全政协提案办理工作机制，深化提案办理协商，强化提案督办落实。继续支持做好重大项目征地搬迁工作，为项目落地提供用地保障。坚持协商于民，协商为民，积极助力教育、医疗、卫生等民生事业发展。加强政协各专委会同各界别的联系，聚焦打造美丽富饶和谐幸福新海城目标，协助做好解疑释惑、协调关系、理顺情绪、化解矛盾的工作。

（四）聚焦主业探索创新，打造政协特色品牌

加强社区委员工作室建设，支持中街、西街两个基层协商议事平台建成投入使用，逐步推进其他有条件的街道及社区建设委员联络服务站和协商议事室，不断完善政协协商实施办法，着力推动政协协商向基层延伸。继续推进委员联系村社区工作与助推“三事”行动有效衔接，广泛发动委员进社区、进农村，深入了解百姓“三事”，及时反映“三事”，从政协角度助推群众急难愁盼问题有效解决，助力提升“三事通解”实效。

（五）强化两支队伍建设，政协事业提质增效

始终坚持以党的政治建设为统领，持续加强政协系统党建工作，充分发挥政协党组织战斗堡垒作用、党员委员的先锋模范作用，推动政协党建与履职工作深度融合，逐步实现从“有形覆盖”向“有效覆盖”的转变。严格落实机关各项规章制度，加强督促检查，强化制度执行，形成用制度管人、管事的长效机制。进一步压实全面从严治党主体责任，落实意识形态工作责任制，加大对机关干部教育管理监督力度，驰而不息正风肃纪，大刀阔斧打造铁军队伍。持续推进一流机关建设，激发机关干部干事创业激情，提高服务保障能力和水平。进一步加强委员履职管理，不断完善考核指标体系，强化对考核结果的运用。继续加强委员履职能力培训，增强学习培训的针对性和实效性。推动“书香政协”读书活动常态化开展，丰富委员活动载体，组织机关干部和广大政协委员多读书、读好书、善读书，提高个人修养，提升能力素质，更好担负起新时代人民政协的职责使命。

大 事 记

1月

3日　海城区税务局第一税务分局获全国税务系统先进集体称号。

8日　公安部副部长孟庆丰在自治区公安厅副厅长陈一平陪同下到北海市公安局高德派出所走访慰问。

14日　海城区委组织部、海城区中街街道办事处、中街街道南珠路社区、中街街道公园路社区、北海益众社工中心和北海市民间志愿者协会，共同开展“爱满社区，志愿同行”社区关爱老年人志愿服务项目启动仪式暨春节前慰问活动。60余名社会各界志愿者参加。

同日　区总工会在海角街道独树根东广场举行“英模广场”建成启动仪式。

16日　中街街道开展“挥毫迎春送祝福墨香飘逸暖人心”——“候鸟”人才志愿服务活动，邀请北海开明书画苑6名“候鸟”书画家现场为群众写春联。

19日　海城区召开2019年度平安建设新闻发布会，向新闻媒体通报海城区2019年度平安建设工作情况。

21日　海城区“不忘初心、牢记使命”主题教育总结大会召开。会议深入学习贯彻中共中央总书记习近平、自治区党委书记鹿心社及北海市委书记王乃学分别在全国、自治区、北海市“不忘初心、牢记使命”主题教育总结大会上的讲话精神，总结海城区“不忘初心、牢记使命”主题教育取得的主要成效、成功经验及重要启示，进一步巩固拓展主题教育成果。

25日　北海市涠洲岛旅游区接收长风木屋民宿、探索海洋潜水运动基地有限责任公司和天之凯文化投资有限公司捐赠的2.1万个口罩并第一时间发给全岛居民，涠洲岛成为全市第一个实现所有居民都免费领到口罩的地区。

26日　受新型冠状病毒感染的肺炎疫情影响，涠洲岛暂停接待游客，旅游景区暂停开放。

27日　海城区新型冠状病毒感染的肺炎疫情防控工作领导小组指挥部第一次会议召开。

2月

4日　在北海市率先颁布《北海市海城区在疫情防控阻击战中关爱激励党员干部担当作为的十项措施》，激励广大党员干部主动作为。

6日　北海市委常委、副市长辛红梅到大润发、大参林药店检查指导疫情防控工作。

7日　北海市委常委、宣传部部长刘伯贤到中街街道北部湾社区检查指导疫情防控工作。海城区委常委、宣传部部长、副区长叶卫国陪同。

8日　海城区新型冠状病毒感染的肺炎疫情防控工作会议召开。

10日　海城区新型冠状病毒感染的肺炎防控期间复工复产工作协调会召开。

21日　北海市委常委、副市长辛红梅到金癸市场、德正市场检查指导疫情防控工作。

同月 区工信局实施对北海市造船厂依法破产改制。3月6日,北海市中级人民法院裁定受理破产,指定破产管理人办结各项合法程序后,北海市造船厂依法破产退出,标志北海市国有关停企业首例以“破产清算”方式改制的企业处置完成。

同月 海城区建立城区大战区、街道小战区、社区细网格的三级防控体系,协同区直部门分片包干“小网格”,开展新型冠状病毒感染的肺炎群防群控、联防联控。

3月

3日 新型冠状病毒感染的肺炎疫情得到控制,北海—涠洲岛航线恢复,涠洲岛鳄鱼山景区(含五彩滩景点)开放。

5日 中央电视台新闻频道(CCTV-13)《新闻直播间》报道涠洲岛技术、资金双扶持助力复耕情况。

同日 召开中共北海市海城区第十届委员会第十次全体会议。会议传达学习自治区党委十一届七次全会、自治区经济工作会议、市委十一届九次全会精神,听取和审议常委会工作报告,研究2020年工作。

6日 涠洲解放70周年纪念活动改在网上进行。

同日 海城区住房城乡建设和交通局下属海城区环境卫生保洁站由财政差额拨款变更为财政全额拨款。

10日 中国共产党北海市海城区第十届纪律检查委员会第五次全体会议召开。

11日 涠洲岛入选广西首批自治区级中小学生研学实践教育基地。

13日 北海市海城区新冠肺炎疫情防控应急预案推演在机关大院主二楼会议室举行。

16日 北海市委常委、政法委书记李伟章一行到驿马街道综治中心调研。

18日 涠洲岛推出全国医护工作者景区免票、船票五折优惠政策,优惠时间3月1日至12月31日。

26日 自治区党委政法委副书记李玉振一行在北海市委常委、政法委书记李伟章等领导陪同下到驿马街道调研,对驿马街道织密织牢基层疫情防控网的工作给予肯定。

27日 北海市区农村信用合作联社综合办公大楼项目举办开工奠基仪式。

4月

1日 北海市税务局联合海城区税务局举办“疫”去春来——税企携手迎春风暨第29个税收宣传月启动仪式。

2日 海城区税务局北海大道20号新办税服务厅正式启用。

同日 海城区人民法院互联网金融巡回法庭、金融纠纷多元化解中心在区政务服务中心揭牌成立。

3日 自治区文明办主任赖荣生一行到中街街道北部湾社区调研文明城市创建工作。北海市委常委、宣传部部长刘伯贤,市创城办副主任、督查队队长黄若虹,海城区委常委、宣传部部长、副区长叶卫国陪同。

17日 海城区文旅局联合相关部门围绕“战疫情、奔小康、奋进新时代”主题,突出“不一样的三月三”,以线上活动为主,特别策划推出“壮美广西·三月三暖心生活节”活动,带动零售、住宿、餐饮、旅游、文娱等传统服务业数字化转型。其间,发放暖心消费券,让利于民,回暖消费信心。

22日 海城区召开歼灭传销专项行动动员部署会。会议落实市委、市政府关于发起传销“歼灭战”的重大决策,对海城区歼灭传销专项行动进行动员部署。

28日 投资140万元的海城区海洋产业园排污管道工程建设完工并投入使用。

29日 中共海城区委批复同意设立中共北海市海城区应急管理局委员会,叶固禄任书记。

4月—6月 受新冠肺炎疫情影响,海城区中(小)学、幼儿园2020年春季学期,分别于4月7日、5月6日、5月18日、6月1日分4批错峰、错时开学。

5月

13日—14日　中国人民政治协商会议第五届北海市海城区委员会第五次会议召开。

14日—15日　海城区第十届人民代表大会第五次会议召开。

15日　海城区召开2020年全国“两会”期间维稳工作部署会。对海城区在全国“两会”期间的维稳工作进行具体部署,提出工作要求。

同日　海城区召开2020年第一轮县区“交叉巡察”、十届区委第七轮巡察、海城区第四轮社区党组织巡察动员部署会。会后,各被巡察党组织陆续召开巡察进驻动员会。

20日—21日　海城区妇联举办2020年海城区妇女“领头雁”素质提升暨技能培训班,各级妇联(妇委会)干部、执委、妇女致富带头人共90人参加。

21日　北海市公安局涠洲岛分局举行揭牌仪式。

25日　海城区文明委命名高德街道高莱村民委员会为海城区文明村。

28日　海城区税务局案件举报中心正式挂牌。

28日—31日　北海市涠洲岛旅游区管委会联合桂林银行北海分行开展“爱心助农,漂洋过海的香蕉”为主题的助农开心团团购活动,结合线上线下方式4天内帮助销售香蕉2.75吨,交易金额3.3万元。

29日　海城区档案馆自1999年成立以来,首次接收重大活动“不忘初心、牢记使命”主题教育、突发事件新冠肺炎疫情防控工作以及改制企业档案(部分)进馆。

同月　海城区正式启动学校教职工“县管校聘”管理改革试点工作。全区26所小学1967名教职工全员参与“县管校聘”竞聘工作。

6月

3日　涠洲岛“微车管”业务在北海市交警支队第五大队正式开办,实现“车管业务不出岛,服务事项一窗办”,进一步提升涠洲岛群众办理车驾管理事项效率。

5日　广西消防救援总队总队长郑西带队到北海消防救援支队海城大队实地调研指导,慰问基层一线指战员。北海消防救援支队支队长邓智勇、政委罗玉彬陪同。

6日　SSI涠洲岛珊瑚保育活动在涠洲岛南湾海上运动基地举行,近100名志愿者参加活动开幕式,26名来自全国各地的潜水员参与该次珊瑚保育活动,在南湾海域通过分苗、打钉、捆绑等操作种植近700株珊瑚幼苗。

11日至7月3日　第七次全国人口普查北海市试点工作在海城区天赐花园开展。试点工作及时总结人口普查工作的好经验、好做法向全市推广。

12日　北海市市长蔡锦军一行到东街街道谭屋小区调研背街小巷改造情况,现场与谭屋小区的居民交谈,了解居民对该项民生工程的看法、感受、建议,并现场对相关部门提出工作要求。

14日　中央军委国防动员部部长盛斌在北海市委书记王乃学、北海市市长蔡锦军陪同下,视察地角女民兵连。

15日　海城区第三小学、海城区第八小学、海城区第十一小学、海城区逸夫小学被命名为海城区第二届文明校园。

22日　海城区应急管理指挥中心建成投入使用。

同日　北海市委常委、统战部部长、市第七征地组组长杨斌和副市长李克纯到湖北路(茶亭路—北部湾东路段)调研。

28日　北海市委办副秘书长、办公室副主任、市档案局局长(兼)赵京峰到海城区档案馆调研扶贫档案。

29日 《红色传奇》进校园系列活动北海市启动仪式在涠洲红色景区举行。

同日 冠头岭海城区地角林区发生森林火灾，地角街道领导及党员、干部第一时间到现场救火。

7月

9日 自治区人力资源和社会保障厅劳动保障监察局副局长钟枫，带队到海城区开展保障农民工工资支付工作考核调研。

10日 海城区政府组织区应急管理局、区海洋局、海城公安分局、区消防救援大队、地角街道区渔政渔监等部门在地角内港码头开展伏季休渔期渔港灭火救援联合演练。

15日 海城区科技局与北海市委组织部、北海市科技局、合浦县科技局联合举办2020年北海市推进科技扶贫工作暨科技特派员培训交流会。

22日 北海市廉州湾大道工程开工仪式在高德大桥旁花海公园举行。北海市委书记王乃学宣布工程开工，北海市市长蔡锦军在开工仪式上致辞。项目全长60.43千米，总投资74.68亿元，工期2年。

同日 北海—涠洲岛航线豪华高速客轮“北游26”正式投入运营，北海—涠洲岛水上航行时间缩短至50分钟（不含候船和停港时间）。

25日 海城区文旅局推送的舞蹈《战疫》在第八届自治区基层群众文艺会演参演中获评舞蹈类节目二等奖。

28日 自治区县域经济考核组到海城区组织召开座谈会进行实地考核。经评定，海城区考核得分82.158分，在广西21个城市主城区中排名第四名。

29日 海城区人民法院、北海市涠洲岛旅游区工会委员会劳动争议调解工作室，在涠洲法庭揭牌成立。

31日 北海市组织召开市域社会治理现代化试点现场会，会上向全市推广驿马街道、东街街道茶亭路社区先进的工作经验、做法。与会人员90多人到驿马街道参观学习。

8月

2日 涠洲岛1名女游客突然腹腔大出血，“南海救102”救助船凌晨紧急出动，将该危急重症游客转移至北海120救援中心，经抢救该游客转危为安。

4日 涠洲岛旅游区海上搜救分中心揭牌仪式在涠洲岛海事处举行。

12日 海城区东街街道在富钰大厦写字楼建成北海市首个楼宇党群服务中心。

18日 自治区政协副主席李康一行到中街街道北部湾社区调研，肯定区政协指导北部湾社区创建“五步微协商”工作法。北海市政协主席毛艳琼和区政协主席梁雪梅陪同。

24日 国家统计局第五统计督察组进驻北海市，对海城区防范和惩治统计造假、弄虚作假进行延伸督察。海城区受督察的企业均能做到数出有据，体现海城区防范和惩治统计造假、弄虚作假工作取得成效。

同日 北海广播电视台拍摄的纪录片《铁蹄下的涠洲》，记录1938年9月13日起长达7年的日军侵略涠洲的历史。

26日 海城区地角街道新营社区流下村获第二批全国乡村旅游重点村称号。

9月

11日 召开中共北海市海城区第十届委员会第十一次全体会议。传达学习自治区党委十一届八次全体（扩大）会议、市委十一届十次全会精神，听取和审议常委会工作报告

同日 中国少年先锋队北海市海城区第三次代表大会召开。

15日 海城区审计局计算机审计成果演示获得第八届自治区审计机关计算机审计成果演

示县级组三等奖。

同日　广西水生生物联合实验室组织发起的科考行动"布氏鲸基线调查行动"正式启动，科考人员在涠洲岛海域发现布氏鲸。

17 日　北海市海城区医疗保障局和北海市海城区医疗保障服务中心在海城区政务服务中心一楼正式挂牌成立。

同日　海城区举办"三企入桂"合作恳谈会暨项目集中签约仪式，邀请北京等地各领域近 200 家企业 230 余人参会。会上签约项目 26 个，合同投资总额约 96 亿元。

21 日　北海市涠洲岛旅游区医院揭牌，正式全面开诊。

24 日　海城区综合福利院养老机构改革工作被民政部办公厅、国家发展改革委办公厅评为养老机构改革优秀案例。

26 日　海城区庆祝"中国农民丰收节"暨农特（扶贫）产品展销活动在高德街道赤西村举行。

28 日　北海市庆祝中华人民共和国成立 71 周年暨抗击新冠肺炎疫情表彰大会召开。大会授予高德街道办事处北海市新冠肺炎疫情防控工作先进集体称号，是海城区唯一获此殊荣的街道。

29 日　北海市市长蔡锦军到北京路市场开展国庆节、中秋节前检查。

同日　区纪委监委在中街街道北部湾社区开展"廉洁自律　勇于担当　不忘初心　永葆本色"廉行读书会活动。

同月　区委宣传部被授予北海市新冠肺炎疫情防控工作先进集体。

10 月

12 日　海城区妇联联合区工商联动员爱心企业为海城区 238 名脱贫妇女捐赠"关爱家庭健康保险"，每人 1 份 100 元，共 2.38 万元。

15 日　海城区区长裴相春带队到华为总部深圳片区、深圳市真迈生物科技有限公司招商、考察。

16 日　海城区马栏幼儿园开园。

18 日　海城区机关幼儿园开园。

21 日　自治区档案馆《北部湾经济区档案人才培养机制研究》课题调研组到海城区档案馆调研。

22 日　北海市海城区发展壮大村级集体经济工作领导小组在高德街道马栏村举行海城区发展壮大村级集体经济产业园揭牌仪式。海城区委常委、组织部部长姬伟参加。

同月　海城区被评为全国农村承包地确权登记颁证工作典型地区，受到农业农村部通报表扬。

同月　海城区高德街道商会第一届第一次会员大会成功召开，选举产生高德街道商会第一届理事会理事和监事会监事，标志着北海市首个街道商会成立。

11 月

1 日　第七次全国人口普查入户登记工作全面开展，海城区招募 2579 名普查员、443 名指导员开展人口普查工作。

3 日　《印象·1876》历史文化景区成功申报国家 AAAA 级旅游景区，地角街道新营社区流下村获广西四星级乡村旅游区称号，荷缘生态农庄获广西五星级农家乐称号。

同日　海城区委宣传部被授予北海市对外宣传突出贡献奖先进集体称号。

9 日　海城区政府在谭屋小区举行主题为"关注消防　生命至上"的 2020 年海城区 119 消防宣传月启动暨消防主题公园开园仪式。区委常委、宣传部部长、副区长叶卫国出席。

10 日　海城区群众安全感、满意度"双提升"冲刺誓师大会召开。

11 日　自治区省（部）级老领导及家属到地角街道新营社区参观考察流下村项目建设。

12 日　海城区委统战部举办以"凝心聚力再出发、砥砺奋进新征程"为主题的新的社会阶层人士联谊团建活动。

同日　北海市委常委、秘书长彭鸣达到第四征地组指导征地开展工作。海城区委常委、区委办主任廖明，区委常委、组织部部长姬伟陪同。

16日　自治区党委督查室安全生产督查组到海城区谭屋片区开展安全生产督查工作。北海市副市长李克纯陪同。

同日　七星江桥危桥改造工程开工建设。

19日　海城区召开创建国家卫生城市冲刺攻坚大会。

23日　北海市“三事通解”现场推进会在海城区中街街道北部湾社区召开。海城区、东街街道、中街街道北部湾社区分别在会上做经验介绍。

24日—26日　“流下盛宴·山海相约”首届流下村文化艺术节在地角街道新营社区流下村举办。北海市人大常委会副主任、市总工会主席柳金红，海城区副区长曾碧春出席开幕式。其间，“海上丝路、地角飞霞”中国体育旅游精品路线（景区）项目由北海廉州湾投资开发有限公司和广西廉州湾游艇俱乐部有限公司与地角街道新营社区签约，主要是以帆船、游艇、专业摩托艇赛事等高端船舶业态为载体，打造融合“帆船游艇运动＋精品景点”于一体的体育旅游路线。

25日　海城区举行租赁住房实物配租抽签分配仪式。

28日　海城区区长裴相春带队到华润集团广西总部，实地考察万象华府旧城改造项目、广西华润大厦项目、南宁万象城项目，双方就项目落地北海等合作事宜进行洽谈。

12月

7日　海城区人民法院涠洲生态旅游法庭在涠洲法庭揭牌成立。

9日　涠洲岛旅游区首个“解忧超市”——涠洲镇后背塘村党群服务中心“解忧超市”揭牌运行，倾力解决老百姓的操心事、烦心事、揪心事。

11日　全国政协副主席汪永清到中街街道北部湾社区考察，肯定区政协指导北部湾社区创建“五步微协商”（委员问事进社区、百姓说事提议题、二五议事出主意、及时办事亮结果、定期评事有反馈）工作法。自治区政协党组书记孙大伟、北海市委书记王乃学、市长蔡锦军、市政协主席毛艳琼和区政协主席梁雪梅陪同。

12日　海城区市场监督管理局驿马市场监督管理所所长林炳礼获得国家市场监督管理总局授予全国市场监管系统抗击新冠肺炎疫情先进个人称号。

29日　文化和旅游部发布《关于确定21家旅游景区为国家AAAAA级旅游景区的公告》，涠洲岛南湾鳄鱼山景区正式晋升为国家AAAAA级旅游景区，是北海市首个国家AAAAA级旅游景区。

30日　海城区“厕所革命”收官，13座市政公厕完工并交付使用。

同日　海城区人社局认定北海市海城区社会保险经办中心、北海市海城区公共就业服务中心为北海市海城区就业见习基地。

31日　北海市政府同意海城区东街街道办事处、中街街道办事处、西街街道办事处、海角街道办事处4个街道办事处变更新办公地址。

北海市海城区概览

海城区概况

【地理位置】 海城区位于北海市大陆半岛西南部，地处北纬 20° 26′—21° 55′、东经 108° 5′—109° 47′，东南与银海区相邻，西北临海，北与合浦县接壤。辖区包括大陆和海岛两大部分，大陆部分位于北海半岛北岸，海岛有地处北海半岛南面的涠洲岛、斜阳岛。

（区志办）

【自然资源】

土地资源 2020 年，海城区自然资源丰富，耕地总量 1713.5 公顷。2018—2019 年区累计征用耕地 667 公顷，2020 年累计征地 200 多公顷，目前剩余耕地 400 多公顷。2020 年，海城区农作物总播种面积 3345.22 公顷，同比减少 6.38%。其中粮食作物播种面积 938.22 公顷（稻谷播种面积 241.79 公顷，玉米播种面积 409 公顷，薯类播种面积 286.63 公顷），同比增长 2.43%；经济作物播种面积 2407 公顷，同比减少 9.41%。其中油料作物播种面积 398 公顷，甘蔗播种面积 42 公顷，蔬菜播种面积 1676 公顷，瓜果类（西甜瓜）播种面积 147 公顷，木薯播种面积 144 公顷。

旅游资源 2020 年，海城区共有 A 级旅游景区 6 处，其中 AAAAA 级旅游景区 1 处（涠洲岛南湾鳄鱼山景区），AAAA 级旅游景区 3 处（海底世界、北海老城、印象·1876 景区），AAA 级旅游景区 2 处（南珠博物馆、贝雕博物馆）。有星级农家乐 2 家，其中五星级农家乐 2 家（邻·舍创意客庄、荷缘生态农庄）。地角街道新营社区流下村获全国乡村旅游重点村及广西四星级乡村旅游区，高德街道赤西村获广西三星级乡村旅游区。

海洋资源 海城区濒临的北部湾是中国四大著名渔场之一。区内有北海内港 1 个优良天然港湾；海城区管辖海岸线 28.35 千米，管辖海域面积 994.827 平方公里，可养殖面积 4.7 万公顷；渔业资源丰富，渔业产业基础雄厚，是中国国内重要的渔业生产基地。

矿产资源 海城区拥有丰富的石英砂矿、钛铁矿、陶土矿、石膏矿等。 （区志办）

【气候·水文】 海城区地处北部湾畔，属低纬度，北回归线南部，属亚热带气候。受南亚热带季风气候和热带气旋活动的影响，雨量充沛，光照充足，台风入侵频繁，2020 年影响海城区的台风有 5 个，其中台风“森拉克”影响较大。海城区气温高、蒸发量大，农作物生长常受旱。多年平均气温 22.9 摄氏度，多年平均降雨量 1670.5 毫米，丰水年降雨量 1826.0 毫米，平水年降雨量 1642.8 毫米，枯水年降雨量 1429.8 毫米，年最大降雨量 2565.9 毫米（1995 年），年最少降雨量 862.9 毫米（1962 年）；降雨量年内分配不均，主要集中在 5 月—9 月，尤以夏季（6 月—8 月）最多，由于受热带低气压的影响，5 月—9 月降雨量约占全年总雨量的 80%；冬春季的 10 月至次年 4 月，则干旱少雨，降雨量仅占全年的 20%。实测最长降雨日数 18 天（1973 年），最长无雨日数为

63天(1958年)。多年平均风速2.9米/秒。（黄森）

【建置沿革】 海城区辖境，清道光年间(1821—1850年)为合浦县靖海团局驻辖；清咸丰年间(1851—1861年)，为珠场司衙驻辖。清末至民国初，为靖海团局驻辖。1926年，裁撤靖海团局，改市建制，成立北海市政筹备处。1931—1945年，先后属合浦县自治第二区北海镇(1931年设)、第五行政区和第三行政区北海东镇、西镇(1941年设)，历为区署驻地。1946年裁撤第三行政区，区境仍归北海东镇、西镇管辖，直属合浦县。

1949年12月4日北海解放，海城区辖境属北海东街、西街人民政府管辖。1950年3月6日涠洲解放，6月建立健全乡街人民政权，为北海镇人民政府辖。1951年1月，北海脱离合浦县成为直属广东省的地级市，同年5月转托广西省领导。1952年3月，北海正式划归广西省，海城区属北海第二区、第三区分辖。1953年1月，属第一区人民政府管辖。1955年5月，改属广东省，建制不变。1956年，归属合浦专区的北海市(县级市)。1958年11月，改属合浦县北海人民公社。1959年6月，北海改属湛江专区县级镇，海城区境归合浦县北海镇的城镇、涠洲、郊区3个公社分辖。1964年10月，北海复为县级市，海城区境分属城镇、涠洲、高德、地角、西塘公社。1965年，北海归属广西壮族自治区，为县级市，建制沿旧。1983年10月，北海恢复地级市。1984年9月11日，撤销公社和街道办事处，建立海城区。

1990年7月21日，广西壮族自治区人民政府批准：北海市郊区的地角镇和西塘乡的徐屋、谭屋、张屋、大冚、体育里、塘仔、石子岭、三合口、沈四、油行、火烧床、屋仔、发宝、红坎、沙井头、丁屋、劳屋、上村、陈屋、莫屋、后塘、李屋22个自然村，以及高德镇的勒棚村划归海城区管辖；同时，将地角镇改为地角街道办事处，作为海城区人民政府的派出机构。1994年12月17日，经国务院批准：扩大海城区的行政区域，将原郊区的涠洲镇(含斜阳岛)，高德镇的马栏、军屯、开江、垌尾、翁山、赤西、高农8个村公所和第一、第二、沙脚、岭底、庙山5个居委会及平阳村公所的螺壳村、龙沟芦村，西塘镇的西塘、西边垌、驿马3个村公所划归海城区管辖。海城区人民政府驻北部湾路。2011年1月1日，涠洲镇成建制委托给北海市涠洲岛旅游区管理。（区志办）

【行政区划】 2020年，海城区属北海市辖区、三级政区。位于北海市西南部。市政府所在地位于该区。总面积141.24平方千米。辖东街、中街、西街、海角、地角、高德、驿马7个街道和涠洲镇1个镇、43个社区、19个村。

东街街道辖政法路社区、铜鼓里社区、南珠东社区、黄海路社区、北部湾东社区、茶亭路社区6个社区。

中街街道辖幸福里社区、中山路社区、塘仔里社区、新安街社区、公园路社区、南珠路社区、北部湾社区、广场东里社区8个社区。

西街街道辖西藏路社区、平安街社区、贵州南路社区、云南南路社区、广场西里社区5个社区。

海角街道辖前进路社区、外沙社区、海角大道社区、独树根东社区、独树根西社区、北部湾西社区6个社区。

地角街道辖上寮社区、下寮社区、新营社区、昆明路社区4个社区。

高德街道辖高德一居社区、岭底社区、庙山社区、沙脚社区、上海中路社区、上海北路社区、吉林路社区、翁山村、高农村、高菜村、开江村、马栏村、军屯村、垌尾村、赤西村7个社区和8个村。

驿马街道辖白屋社区、怡海新村社区、湖海路社区、银湾社区、西塘社区、驿马村、西边垌村5个社区和2个村。

涠洲镇辖东湾社区、南湾社区、百代寮村、盛塘村、公山村、荔枝山村、后背塘村、城仔村、西角村、竹蔗寮村、斜阳村2个社区和9个村。（陈世坤）

【人口】 2020年年末，海城区

户籍人口 32.85 万人，其中涠洲镇户籍人口 1.93 万人。按城乡人口分：海城区城镇人口 31.53 万人，乡村人口 1.32 万人；按性别分：男性 16.20 万人，女性 16.65 万人；按年龄段分，0—17 岁 7.45 万人，18—34 岁 6.69 万人，35—59 岁 12.88 万人，60 岁及以上 5.83 万人。按统计口径，全区常住人口 52.86 万人，其中城镇人口 51.76 万人，城镇化率 97.92%。（许庆）

【民族】 2020 年，海城区共有壮族、苗族、瑶族、侗族、仫佬族、毛南族、回族、彝族、水族、傣族、高山族、藏族、黎族、蒙古族、土家族、维吾尔族等 20 多个少数民族，其中壮族人口约 9000 人，少数民族常住人口近 2 万人，约占全区总人口的 6%。

【宗教】 2020 年，海城区有伊斯兰教、天主教、基督教 3 个宗教，有宗教团体 2 个，有正式登记宗教活动场所 5 个，共有信教群众 5000 多人。伊斯兰教信教群众约 850 人，在海城区内有伊斯兰教活动场所 1 个，位于北海市重庆路逢时商城花园。天主教信教群众约 1500 人，在海城区内有宗教活动场所 2 个，是北海市公园路 1 号天主教堂和解放里下村 2 号路德圣母堂。基督教信教群众约 3000 人，在海城区内有宗教活动场所 2 个，是北海市珠海西路基督教礼拜堂、太合路基督教堂。（符志平）

国民经济和社会发展

【国民经济概况】 2020 年，海城区地区生产总值 479.64 亿元，比上年下降 2.7%。其中第一产业增加值 25.55 亿元，比上年增长 0.7%；第二产业增加值 153.39 亿元，下降 23.1%；第三产业增加值 300.71 亿元，增长 12.7%。三次产业结构的比例为 5.3 : 32 : 62.7。财政收入 18.34 亿元，比上年下降 19.5%。规模以上工业增加值 118.21 亿元，比上年下降 26.5%。社会消费品零售总额 193.79 亿元，比上年下降 11.5%。

【产业发展】

农林牧渔业 2020 年，海城区实现农林牧渔业总产值 40.92 亿元。其中种植业产值 2.97 亿元，林业产值 182 万元，畜牧业产值 0.31 亿元，渔业产值 34.54 亿元，农林牧渔服务业收入 3.08 亿元。全年粮食播种面积 938.22 公顷，完成粮食产量 0.32 万吨。生猪存栏 0.27 万头。水产品总产量 23.85 万吨。

工业 2020 年，海城区规模以上工业企业 121 家，累计完成工业产值 471.87 亿元，占全市比重的 28.7%，比上年下降 29.5%。规模以上工业增加值 118.21 亿元，比上年下降 26.5%。年内，区本级完成工业产值 63.5 亿元，比上年下降 9.4%；工业园区完成工业总产值 346.12 亿元，下降 33.9%；综合保税区完成总产值 62.3 亿元，下降 19.2%。

服务业 2020 年，海城区限额以上批发业销售额 116.3 亿元，比上年增长 31.5%；限额以上零售业销售额 50.8 亿元，下降 0.6%；限额以上住宿业营业额 2.5 亿元，下降 41.1%；限额以上餐饮业营业额 1.02 亿元，下降 46.9%。全区其他营利性服务业实现营业收入 276.85 亿元，比上年增长 68.12%。

旅游业 2020 年，海城区接待国内游客 2182.7 万人次，比上年下降 21.44%；入境旅游人数 1145 人次，下降 98.92%；实现国内旅游消费收入 285.74 亿元，下降 25%；国际旅游收入 49.06 万美元，下降 98.98%。

【固定资产投资和项目建设】

固定资产投资 2020 年，海城区固定资产投资比上年下降 4.8%。其中区本级固定资产投资比上年下降 13.5%，北海工业园区固定资产投资增长 11.4%，北海综合保税区（A 区）固定资产投资下降 41.9%，涠洲岛旅游区固定资产投资下降 52.5%。

项目建设 2020 年，海城区持续开展重大项目落地建设投产助推行动。海城区作为第一责任单位或项目业主的北海市级“四定”重点项目 77 个，项目总投资 630.31 亿元，年度累计完成投资 33.76 亿元，年

2020 年 11 月 4 日，2020 年海城区重点项目推进会召开

区发改局供图

度投资完成率 135.15%，年度计划开工 16 个，实际开工 24 个，开工率 150%；年度计划完工 5 个，实际完工 9 个，完工率 180%。北海·新鸥鹏教育产业城图书馆开馆，东盟国际商贸城富安居家居建材广场建成投入运营。组织签订中电北部湾信息港、惠科光电智能显示终端产业新城等项目征地协议 320 公顷，2019—2020 年获批的 9 个批次建设用地交付使用，协议签订率和清场率达 98.3%。

【中央投资项目】 2020 年，海城区有中央预算内投资项目 5 个，项目总投资 1.59 亿元，中央预算内投资总额 2250 万元。5 个项目分别是海城区第八小学银河校区项目，海城区第二小学南珠校区（马栏小学搬迁）项目，北海市海城区老旧小区改造二期（振业小区）项目，淀粉厂宿舍、医药站宿舍、市机电公司宿舍、丽珠小区、渔轮厂宿舍项目，海宁小区、松涛花园、粉厂宿舍项目。年内项目开工率 100%。累计完成投资 1.15 亿元，总投资完成率 72.11%。中央预算内资金支付 2021 万元，支付率 89.82%。地方政府专项债券项目 1 个，债券金额 5800 万元，用于高德街和大小岭村棚户区（城中村）改造项目建设，年内项目实现开工，支付率 100%。

【县域经济】 2020 年 7 月 28 日，海城区完成自治区 2019 年度县域经济发展分类考核迎检工作，海城区考核得分 82.16 分，在自治区 21 个城市主城区中排第四名，连续 3 年在城市主城区综合得分排名前四名，县域经济得到良好发展。产业结构进一步优化，第三产业比重加大。数字经济产业发展成效明显，获得自治区督查激励表扬。完成脱贫攻坚全年任务。成功创建国家卫生城市。背街小巷改造提升工程项目顺利完工，城市面貌焕然一新。

【社会事业】

教育事业 2020 年，海城区入选广西基础教育教学改革示范区建设名单。推进中小学“三三零”工程建设，海城区第八小学银河校区、海城区第二小学南珠校区投入使用。加快发展普惠学前教育，新建公办幼儿园 2 所，普惠性幼儿园覆盖率达 83.9%。推动教育创新

2020 年 10 月 12 日，2020 年海城区优化营商环境工作阶段总结暨第四季度重点任务部署会召开

区发改局供图

发展，实行“县管校聘”制，打破“铁交椅”“大锅饭”和“终身制”。建档立卡贫困家庭学生及非建档立卡贫困家庭学生失学辍学实现“双清零”。

文化和体育事业　2020年，海城区大力推进“旅游+”融合发展，涠洲岛南湾鳄鱼山获评国家AAAAA级旅游景区。地角街道新营社区流下山海休闲艺术村项目、高德街道赤西田园综合体项目顺利完工。地角街道新营社区流下村成功申报第二批全国乡村旅游重点村及广西四星级乡村旅游区。全年全区举办线上线下文化活动约60场次，其中“流下盛宴　山海相约”首届流下村文化艺术节、“壮族三月三·海城嘉年华”等文化旅游活动精彩纷呈。年内海城区文体活动中心球馆全面对公众开放。

卫生和医保　2020年，海城区医疗卫生基础设施建设得到推进，区疾控中心完成主体封顶，泰和苑社区卫生服务中心开业。实现北（海）钦（州）防（城港）就医结算一体化，医保公共服务进一步优化。通过国家级慢性疾病示范区复审。制订《北海市海城区乡村医生“乡聘村用”实施方案（试行）》，组建家庭医生团队72个共239人。

科技事业　2020年，海城区9家企业通过科技部认定为高新技术企业，23家企业被认定为广西科技型中小企业；6项科技成果实现转化，成果广泛应用在生产上。加强产学研合作，促使国家海洋二所、中山大学、广东海洋大学、北部湾大学、广西水科院等高校和科研机构与海城区海水养殖企业进行技术合作。

【人民生活和社会保障】

人民生活　2020年，海城区城镇居民可支配收入39057元，比上年增长3.6%；农村居民可支配收入17964元，增长8%。城乡收入比为2.17，比上年缩小0.1，城乡收入差距进一步缩小。

社会保障　2020年，海城区城市低保保障标准850元/人·月，农村低保保障标准500元/人·月。全区有孤儿13人，事实无人抚养儿童16人，全年全区共发放无人抚养儿童保障金30.97万元。提高残疾人“两项补贴”，由每人每月80元提高到每人每月120元。保持就业持续稳定，城镇登记失业率为3.03%。维护被征地农民合法权益，6200名被征地农民参加基本养老保险。年内海城区建档立卡贫困人口全部脱贫摘帽。

【生态环境建设】　2020年，海城区成立北海市海城区生态环境保护委员会，对全区生态环境实行统一监管。年内无重大污染事故发生。全年空气质量优良率97.8%。水环境质量良好，饮用水水质已经连续3年稳定达标，近岸海域水质优良率100%，廉州湾水质明显改善。完成全区降碳考核目标任务。土壤环境、声环境、辐射环境质量保持正常。（钟家娴）

招商引资

【招商引资机构及工作概况】2020年，北海市海城区商务和投资促进局（简称区商投局）扎实做好招商引资工作。全区招商引资项目67个，实际到位资金93.64亿元，完成全年目标任务的110.17%，新签约项目51个，合同投资总额220.56亿元。数字经济产业发展成效明显，获自治区人民政府督查激励。

【“三企入桂”工作】　2020年，海城区成立海城区“三企入桂”工作领导小组，制订《海城区“三企入桂”工作方案》《海城区2020年参加“三企入桂”活动总指挥部办公室工作方案》。区委、区政府主办，区商投局承办，以“开放发展　合作共赢”为主题的海城区“三企入桂”合作恳谈会暨项目集中签约仪式，邀请来自北京等地各领域近200家企业230多人参会。会上签约项目26个，合同投资总额约96亿元，其中央企项目5个，湾企项目2个，民企项目19个，项目内容涵盖文旅、教育、数字经济、5G互联网、海洋经济、现代物流、商业地产、新能源等领域。

【推进投资促进工作】　2020年，海城区持续推行招商引资

"一把手"工程,全年"走出去"开展投资促进活动7批次,对接14家企业,洽谈项目14个;接待来访客商187批次、375人次,洽谈项目140个。

助力外引内联　2020年,区商投局策划、组团参加第17届中国—东盟博览会、中国—东盟商务与投资峰会,组织企业参会参展,拓展外引内联,助力合作发展。

推进高端服务业集聚区建设　2020年,区商投局持续推进高端服务业集聚区建设,年内引进广西农实实业投资有限公司等6家高端服务业企业。

创新招商引资模式　2020年,区商投局推动"以商招商""委托招商""不见面招商"等模式,开展精准招商,签约引进生产性及科技服务平台、5G+智慧社区、保利通信数字经济产业园、冠岭西坞湾等一批项目。

重点项目建设　2020年,区商投局推行"保姆式"无缝对接服务,互联网软件开发及应用服务平台等高端服务业、北海新·鸥鹏教育产业城图书馆、东盟国际商贸城富安居家居建材广场建成投入运营;"互联网+"智慧城市信息化建设、高德滨海文旅、新鸥鹏教育产业城等一批在建项目以及地之角文旅综合体、新营国际文旅康养综合体等一批前期项目顺利推进。

营商环境优化　2020年,区商投局聚焦营商环境发力,以优化服务提升执行力。积极发挥招商引资项目帮办服务、投资投诉、政企沟通3个平台作用,真正做到请上马、送全程,实现招商引资项目零投诉、零障碍、快落地、快发展,构建亲商清商政商环境,全年完成帮办101起。　(谢石真　蒙日茜)

精神文明建设

【精神文明建设机构及工作概况】　2020年,北海市海城区精神文明建设委员会办公室(简称区文明办)在区委宣传部挂牌,承担指导、协调和组织实施全区精神文明建设各项工作。

【群众性精神文明创建】　2020年,海城区持续开展"身边好人"推选评议活动,共推出120人,其中龙先风被中央宣传部、中央文明办评为中国好人。精神文明繁花似锦,推出黄海路社区、海城区第三小学等一批区级以上文明单位、文明村镇、文明家庭、文明校园。在全区范围内采取多种形式常态化宣传《新时代公民道德建设实施纲要》《新时代爱国主义教育实施纲要》《自治区文明行为促进条例》,推动理想信念教育常态化、制度化。遴选优秀作品参加自治区青少年爱国主义读书教育活动,分别获小学组二等奖、三等奖。

【新时代文明实践工作】　2020年,海城区通过建设区、街道、村(社区)三级新时代文明实践中心(所、站),充分调动各方力量,全力整合现有基层公共服务阵地资源,搭建起理论宣讲平台、教育服务平台、文化服务平台、科技与科普服务平台、健身体育平台"五大平台",因地制宜开展经常性、面对面、基层群众喜闻乐见的文明实践活动,大力推进新时代文明实践中心工作,用中国特色社会主义文化、社会主义思想道德占领基层思想文化阵地。年内,海城区有1个新时代文明实践中心,7个街道有新时代文明实践所,51个行政村(社区)有新时代文明实践站。全区新时代文明实践中心(所、站)实现全覆盖。因地制宜、与时俱进,开展邻里守望、扶困济弱、道德讲堂、"我们的节日"等活动3200余场次,惠及干部群众40万人次。同时,建立理论宣讲、巾帼宣讲、文明风尚、脱贫攻坚等10支文明实践志愿服务队,《广西日报》和"学习强国"平台多次报道海城区新时代文明实践活动。

【未成年人思想道德建设】　2020年,海城区加强青少年思想道德建设,区文明委成员单位、区各级文明单位共为未成年人办好事实事100余件。广泛开展"新时代好少年"评选学习宣传活动,2人获2020年度北海市"新时代好少年"称号。开展六一儿童节期间慰问活动，共计慰问 44 人。持续深入开展“扣好人生第一粒扣子”等主题教育实践活动，不断深化未成年人思想道德建设。持续深化文明校园创建工作，除新建的 2 所实验学校没参评，其他公办学校参评全覆盖。海城区第六小学、海城区第九小学获自治区第二届文明校园称号。持续深入推进“童子功 1+N”素质教育项目，努力打造“一校一品”特色教育。推荐逸夫小学原创作品《田爸爸》参加自治区“我邀明月颂中华”爱国诗词诵读大赛，获自治区优秀奖；《龟仔创城记》等原创粤剧小戏在北海市范围内演出；《我要找校长》等优秀原创微电影被“学习强国”总平台采用。

2020 年 4 月 17 日，海城区创建全国文明城市网上申报工作培训会召开 刘芳摄

【志愿服务】 2020 年，海城区按照“六有”创建标准开展志愿服务活动，注册志愿团队 438 个，志愿者 7.2 万人。持续深化“红色星期六 + 创城”、辖区党员“党组织活动日 + 创城”、巾帼半边天“培育良好家风家训”“文明海城”城市健身走以及“环境大提升　争创文明城”万人大行动等特色品牌志愿服务活动。各街道、村（社区）也打造独具特色的志愿服务品牌：地角女民兵连宣传讲述红色故事，独树根东社区银发巡逻队齐心协力，发挥余热，经常协助社区开展“三无小区”整治。海城区还以时间银行、爱心银行、市民驿站、社区厨房、爱心驿站、听竹亭、街区党旗红等宣传阵地为依托，深入辖区开展志愿服务，动员群众参与志愿服务活动，共同建设美好家园。

【全国文明城市创建】 2020 年，海城区建立区领导挂点街道的“领导挂帅、部门包干”工作机制、创城工作联席会议制度、“三无小区”包干责任制、督查通报机制以及创城红黑榜机制，明确各单位职责，压实创城工作责任。广泛发动群众，通过采用进入“三无小区”召开治理提升社区之“板凳会”、议事商讨会之“大家有话说”等方式，不断破解难题、闯出“三无小区”的整治新路。对全区 2694 个点位进行梳理，一一细化，梳理出重点和难点点位。紧盯“三无小区”、城中村、城乡接合部等难点点位，街道、社区场所、学校、公厕、背街小巷等重点点位，开展相关整治工作。11 月，北海市创城办对海城区开展高标准、严要求的验收，有 115 个“三无小区”通过达标验收，有 154 个“三无小区”基本达标；“三无小区”整治成效显著。此外，投入资金改造提升全区 1801 条背街小巷，助力北海市“创城”。

（陶文静）

生态文明建设

【生态环境建设】 2020 年，北海市海城区生态保护委员会办公室做好辖区内入海排污口整治清理工作：高德七星江入海排污口纳入高德片区污水整治项目，由北海市市政管理局负责修建，已经建设完成并交付使用；辖区外沙内港的 65 个污水排放口已经全部完成截流。根据北海市市政管理局《北海市工业企业废水超标排放整治方案》，开展辖区内小散乱工业企业、小作坊废水排放情况排查，并督促业主整改。结合背街小巷提升改造工程，全面加强配套管网建设，提高城镇污水收集率。抓好宣传教育引导，做好渔船船主、渔民、港地周边居民、企业的宣传教育工作，严禁将污水、垃圾直排或直接倒入内港。及时打捞港地的漂浮垃圾在岸边定点堆放，收集油污定点处理，并督促北海京环公司及时清运。（黄鸿甫）

【生态农业建设】 2020 年，海城区开展农业生态与资源保护各项工作，抓好农业面源污染防治，推动海城区绿色生态农业和产业高质量发展。完成海城区农用地土壤环境质量类别划分，建立分类清单，加强耕地质量保护和监测。开展农用地安全利用工作，逐步改善土壤环境质量。实施化肥农药零增长行动，推广绿色植保技术、测土配方施肥技术、水肥一体化技术、秸秆还田及综合利用等清洁田园生产技术。年内完成推广测土配方施肥 666.67 公顷，秸秆还田 733.33 公顷，冬种绿肥 20 公顷，中低产田改良 266.67 公顷。

（刘志忠）

【生态林业建设】

义务植树　2020 年，区自然资源局围绕“营造山清水秀自然生态”主题和践行“绿水青山就是金山银山”理念，组织区四套班子领导和各有关单位干部职工在高德街道独江村种植黄花风铃木 200 棵，为宜居乡村增添一道黄色风景线。同时，充分利用空闲林地，科学制订植树方案，借助植树节这一重要节点和春季植树的有利时机，大力开展宣传教育活动，积极引导社会各界参与到义务植树活动中，营造全民积极参与植树造林的浓厚氛围，全年全区完成义务植树 5 万棵。

造林绿化项目建设　2020 年，海城区投资 20 万元实施高德街道军屯村委独江村村屯绿化景观提升项目，种植龙蒙、黄花风铃木等彩叶、开花、芳香乡土乔木、灌木，达到四季有花开、各季景色不同、花香四溢的效果，进一步美化农村人居环境，助推宜居乡村建设。

（郭柱）

【生态海洋建设】 2020 年，海城区加强海域监测，开展海洋生态环境保护活动，定期清理海滩、渔港垃圾。通过监测海水增养殖区海域环境，掌握海域环境状况的变化状态、生态环境和重要环境敏感目标受影响程度。6 月 8 日，第十二个“世界海洋日”和第十三个“全国海洋宣传日”，开展“保护红树林保护海洋生态”主题活动，组织清理高德垌尾红树林自然保护区湿地，拔除互花米草 3000 多株，清理沙滩面积近 300 平方米。加强渔港巡查，定期清理渔港垃圾，累计出动清洁人员 1080 人次，作业艇 540 艘次，打捞和清运垃圾 7560 车。全年共清理海滩垃圾 4279 吨，运输垃圾 2981 车次，清理海滩卫生死角 1516 处，清理杂草 3.83 万平方米，清理积沙 3668 立方米，保洁海岸线 112.8 千米。

（区海洋局）

【生态工业建设】 2020 年，区工信局推动节能改造，推进区辖工业企业固体废物综合利用工作。北海市管道燃气有限公司涠洲分公司发电机余热回收利用项目每年节能 2452 吨标准煤。

（何开华　杨国香　吴天铭）

2020 年，区海洋局执法人员放生中华鲎

区海洋局供图

组织机构及负责人名录

中共北海市海城区委员会

书　记:熊赤锋(任至 9 月)
　　　李安洪(11 月任职)
副书记:裴相春
　　　李　军
常　委:王　鑫
　　　白银冰(任至 7 月)
　　　叶卫国
　　　翁　澜(女)
　　　张　会(女)
　　　姬　伟
　　　廖　明
　　　郑仕桂
　　　徐富诚(挂职)

北海市海城区人民代表大会常务委员会

主　任:曾　伟
副主任:杨玲玲(女,任至 10 月)
　　　严焕媚(女,任至 10 月)
　　　刘　文
　　　邓炳忠

北海市海城区人民政府

区　长:裴相春
副区长:白银冰(任至 8 月)
　　　叶卫国
　　　徐富诚(挂职)
　　　潘　娟(女,挂职,任至 7 月)
　　　邓章辉(任至 8 月)
　　　陈征全
　　　龙少云(任至 8 月)
　　　周　畅
　　　曾碧春(女,8 月任职)
　　　梁彩坤(8 月任职)

政协北海市海城区委员会

主　席:梁雪梅(女)
副主席:陈　然(女)
　　　朱　丹(女)
　　　包倡先
　　　叶贵林

中共北海市海城区纪律检查委员会、北海市海城区监察委员会

书记(主任):张　会(女)
副书记(副主任):蔡欣蓉(女)
纪委常委:姚卫国
　　　　李　强
监委委员:姚卫国
　　　　李伟新
　　　　王英民

中共北海市海城区委工作部门

中共北海市海城区委办公室[区委保密委员会办公室(区国家保密局)、区委机要局(区国家密码管理局)、区档案局]

主　任:廖　明
区委保密委员会办公室(区国家保密局)
主任(局长):廖烈芳(兼)
区委机要局
局　长:李　抒(女,兼)
区档案局
局　长:吴　剑(兼)

中共北海市海城区委组织部(区委非公有制经济组织和社会组织工作委员会、区委老干部局、区公务员局)

部　长:姬　伟
区委非公有制经济组织和社会组织工作委员会
书　记:黄　鹰(女)
区委老干部局
局　长:黄雨辉
区公务员局
局　长:郑义龙(兼)

中共北海市海城区委宣传部(区精神文明建设委员会办公室、区政府新闻办公室、区新闻出版局)

部　长:叶卫国
区精神文明建设委员会办公室
主　任:陶文静(女)
区政府新闻办公室
主　任:胡荣健
区新闻出版局
局　长:(空缺)

中共北海市海城区委统战部[区委台湾工作办公室(区政府台湾事务办公室)、区民族宗教侨务局]

部　长:翁　澜(女)
区委台湾工作办公室(区政府台湾事务办公室)
主　任:朱懋斌(1 月任职)
区民族宗教侨务局
局　长:李继寿

中共北海市海城区委政法委员会

书　记:郑仕桂

中共北海市海城区委机构编制委员会办公室(区事业单位登记管理局)

主　任:凌云驹
区事业单位登记管理局
局　长:(空缺)

中共北海市海城区直属机关工作委员会

书　记:苏思恩

中共北海市海城区委巡察工作领导小组办公室

主　任:戚继英(女)

中共北海市海城区委区政府督查绩效考评办公室

主　任:张坚娟(女)

中共北海市海城区委区政府信访局

局　长:张正强

北海市海城区人大专门委员会和内设机构

办公室主任:李锡贵

监察和司法法律委员会

主任委员:叶愈腾

财政经济委员会

主任委员:黄四达

教科文卫与民族工作委员会

主　任:尹小玲(女)

农业农村与环资城建工作委员会

主　任:许承文

选举联络工作委员会

主　任:刘　云(4月任职)

北海市海城区人民政府工作部门

北海市海城区人民政府办公室(区机关事务管理局)

主　任:李穗军

区机关事务管理局

局　长:(空缺)

北海市海城区发展和改革局

局　长:陈东明

北海市海城区教育局

局　长:沈　恒

北海市海城区科学技术局

局　长:杨　堃(女)

北海市海城区工业和信息化局

局　长:何开华

北海市海城区民政局

局　长:黄全富

北海市海城区司法局(区调解处理土地山林水利纠纷办公室)

局　长:吴家运

区调解处理土地山林水利纠纷办公室

主　任:庞陈春

北海市海城区财政局(区国有资产监管和金融工作局)

局　长:莫肇元

区国有资产监管和金融工作局

局　长:莫肇元(兼)

北海市海城区人力资源和社会保障局

局　长:包基丹

北海市海城区自然资源局(区林业局)

局　长:颜训青

区林业局局长:高世俊(兼)

北海市海城区住房城乡建设和交通局(区人民防空和海防办公室)

局　长:梁　源

区人民防空和海防办公室

主　任:吴　滔(兼,任至10月)

　　　　(空缺)

北海市海城区农业农村和水利局

局　长:蔡卓岳

北海市海城区商务和投资促进局

局　长:谢石真(女)

北海市海城区文体广电旅游局

局　长:陈丹玲(女)

北海市海城区卫生健康局

局　长:梁嘉勰

北海市海城区退役军人事务局

局　长:钟春华

北海市海城区应急管理局

局　长:叶固禄

北海市海城区审计局

局　长:刘玉红(女)

北海市海城区统计局

局　长:高志亮(女)

北海市海城区扶贫开发和水库移民工作局

局　长:彭　力

北海市海城区海洋局

局　长:罗远权

北海市海城区医疗保障局

局　长:张　丽(女,7月任职)

政协北海市海城区委员会内设机构

秘书长:韦基金(女,任至5月)

　　　　王　敏(5月任职)

提案法制委员会

主　任:蔡德荣

经济联谊委员会
主　任:韦基金(女)
科学教育文化卫生委员会
主　任:周志勇

法院、检察院

北海市海城区人民法院
院　长:李文菁(任至8月)
副院长、代院长:叶大敬(8月任职)

北海市海城区人民检察院
检察长:梁广平

北海市海城区直属正科级事业单位

中共北海市海城区委党史研究室、北海市海城区地方志编纂委员会办公室
主　任:李桂枝(女)

北海市海城区档案馆
馆　长:陈艳阳(女)

北海市海城区机关后勤服务中心
主　任:(空缺)

北海市海城区土地房屋征收中心
主　任:王自钦

群众团体

北海市海城区总工会
主　席:邓炳忠(兼)

共青团北海市海城区委员会
书　记:杨贞纯(女)

北海市海城区妇女联合会
主　席:周远红(女)

北海市海城区残疾人联合会
理事长:张新强

北海市海城区科学技术协会
主　席:郑春金

北海市海城区社会科学界联合会
主　席:胡荣健(兼)

北海市海城区计划生育协会
会　长:(空缺)

北海市海城区工商业联合会
主　席:叶贵林

北海市海城区法学会
会　长:李　军(任至6月)
　　　　郑仕桂(6月任职)

街道

东街街道党工委
书　记:吴丽霞(女,任至8月)
　　　　(空缺)

东街街道办事处
主　任:郭一舟

中街街道党工委
书　记:杜琴艳(女)

中街街道办事处
主　任:李天骄

西街街道党工委
书　记:谢东波

西街街道办事处
主　任:龚敬锦

海角街道党工委
书　记:万德华

海角街道办事处
主　任:陈克泽

地角街道党工委
书　记:李钟玲(女,任至8月)
　　　　(空缺)

地角街道办事处
主　任:陆振冲

高德街道党工委
书　记:莫积俊

高德街道办事处
主　任:陈均昌

驿马街道党工委
书　记:李远军

驿马街道办事处
主　任:郑小春

(区委组织部　黄海洁供)

中国共产党北海市海城区委员会

区委综述

【区委概况】 2020年，中国共产党北海市海城区委员会（简称区委）坚持以习近平新时代中国特色社会主义思想为指导，全面贯彻中共十九大和十九届二中、三中、四中、五中全会精神、全国“两会”精神和自治区党委、北海市委工作要求，扎实做好“六稳”工作，全面落实“六保”任务，带领广大党员干部迎难而上、攻坚克难，坚决打好疫情防控保卫战、脱贫攻坚收官战，全力抓实复工复产，经济社会发展持续恢复向好。

【思想教育】 2020年，海城区旗帜鲜明抓实政治思想引领，把深入学习贯彻习近平新时代中国特色社会主义思想、中共十九届五中全会精神作为重大政治任务，区委常委率先垂范，召开区委常委会传达学习，区委理论中心组专题学习4次。区委常委带头到联系点开展党课宣讲，其他处级领导和各部门单位、街道班子成员深入挂点基层党支部上专题党课，迅速兴起学习宣传贯彻中共十九届五中全会精神的热潮，进一步统一思想、指导实践、推动工作。科学谋划海城区“十四五”经济社会发展，研究提出规划建议，推动中央、自治区党委重大决策和北海市委部署要求在海城区落地。

【经济发展】 2020年，海城区受新冠疫情严重冲击，电子信息业产值大幅下降，农林牧渔业总产值实现比上年增长3%，城镇居民人均可支配收入比上年增长3.3%，农村居民可支配收入比上年增长7.5%。规模以上工业总产值、区本级固定资产投资、财政收入等指标保持稳定在合理区间，实现“十三五”规划圆满收官。

【项目建设】 2020年，海城区高位推进招商引资，引进项目67个，实际到位资金93.6亿元，完成全年目标任务的110.17%；新签约项目51个，合同投资总额220亿元。全力优化营商环境，率先在全国

2020年9月25日，中国南方唯一一家以民营企业为投资主体的海洋牧场——精工南珠海洋牧场项目在海城区社会投资海洋牧场建设海域投放人工鱼礁
区海洋局供图

2020 年 10 月 11 日，北海·新鸥鹏教育产业城图书馆开馆

区发改局供图

启用企业开办“7 合 1”一网通办+智能秒批营业执照系统，率先实现新设企业电子营业执照和电子印章同步免费发放。有序推进北海·新鸥鹏教育产业城项目、高德滨海文旅综合体、广西北投综合体等一批重点项目建设。扎实推进征地搬迁工作，全年共签订 320.34 公顷土地征地协议，协议签订率和清场率达到 98.3%。打造海洋经济新增长点，争取中央渔港建设资金 3000 万元改扩建高德渔港。建成 66.67 公顷海城区海水珍珠养殖基地。引入社会资金 2 亿元建设生态海洋牧场，实现广西民营企业海洋牧场建设零的突破，获国家级海洋牧场示范区称号。

【脱贫攻坚工作】 2020 年，海城区攻坚克难，圆满完成脱贫攻坚全年任务，贫困户人均收入达 1.93 万元，村级集体经济总收入 175.7 万元。同时，统筹推进脱贫攻坚与乡村振兴有机衔接，投入财政专项扶贫资金 707.98 万元，建设 6 个基础设施项目和赤西村旅游配套设施项目。地角街道新营社区流下村、高德街道赤西村分别获评第二批全国乡村旅游重点村和自治区级生态示范村。农村承包地确权登记颁证工作获中央农办、农业农村部通报表扬。

【债务和金融风险防范】 2020 年，海城区科学合理防范政府债务风险和金融风险，加强限额内地方政府债券管理。全年安排政府债务还本付息支出 3287 万元，债务率处于较低水平；化解政府隐性债务 3.1 亿元，超额完成年度化解任务。举办防范非法集资宣传月活动，推动非法集资源头治理。实施政府投资平台公司合并优化，加快市场化转型。

【污染治理】 2020 年，海城区纵深推进生态文明建设，全力打好污染防治攻坚战，全面推进环保问题整改。全区生态环境质量总体保持良好，全年空气质量优良率为 97.8%；水质监测达到《城市黑臭水体整治工作指南》中不黑不臭的标准；生活垃圾、建筑垃圾、医疗废物、危险废物实现安全无污染

2020 年 9 月，海城区地角街道新营社区流下村被文化和旅游部评为全国乡村旅游重点村

区文旅局供图

处置,处置率均达 100%。

【民生保障】 2020 年,海城区民生支出 10.16 亿元,比上年增长 12%,占财政支出总量的 84%。发放低保金、特困人员供养金、医疗救助、高龄津贴、优抚优待金等各类补助金共 3615.2 万元。争取转贷政府专项债券 5800 万元用于棚户区改造。筹措区本级财政资金和争取市财政资金 7.6 亿元对 1801 条背街小巷改造提升工程完成,25 个老旧小区改造项目陆续开工建设;辖区养老机构 100% 提供医疗条件,区综合福利院公办养老机构改革被民政部办公厅、国家发改委办公厅评为公办养老机构改革优秀案例。区残联专项改革试点夯基础抓精准强保障"海城模式"工作经验在自治区基层残联组织改革工作视频会议交流,并在全国发行的《残疾人工作要情》刊发推广。

【教育卫生】 2020 年,海城区开工建设 2 所公办小学,新建、扩建 4 所公办幼儿园,组建 5 个学前教育集团,入选广西基础教育教学改革示范区创建名单。争取抗疫特别国债 9760 万元,推进地角卫生院、区疾控中心及泰和苑社区卫生服务中心等项目建设。

【从严治党】 2020 年,区委组织开展"书记点题谈"活动 256 期,组织 893 人次参加警示教育大会,组织签订承诺书 884 份。组建 7 个巡察组,常规巡察区直部门(单位)党组织 12 个、社区党组织 9 个,区委巡察和村级党组织巡察覆盖率均已达 100%,圆满完成该届区委巡察工作任务。全年立案 87 件,给予党纪政纪处分 75 人,批评教育 4 人次,罢免(取消)当选资格 4 人次,解聘 1 人,移送公安机关、司法机关 4 人。

区委重大决策和工作部署

【意识形态工作】 2020 年,海城区全面加强意识形态工作。组建新时代文明实践"百姓宣讲团""海上流动宣讲团",常态化开展特色宣讲活动。推动中心组学习会前"意识形态半小时"全覆盖。唱响主旋律,在国家、自治区级媒体发稿 900 余篇。驿马村的"建设宜居幸福乡村　绘就乡村振兴新图景",获中宣部全面建成小康社会"百城千县万村"调研活动典型宣传。探索建立"党建+网格化"社会治理机制,为 591 个网格配备 686 名网格员,建立 339 个网格党支部。打造名座小区党群服务中心等项目 7 个,试点创建 41 个"红旗小区"。常态化开展"红色星期六"等活动 620 余场次。在全市率先推进以建设"解忧超市"为载体,创建"无忧社区"的"三事通解"工作,探索建立解决群众"急难愁盼"问题的工作机制。

【基层改革和社会治理】 2020 年,海城区集中实施城市基层党建、行政综合执法、社会管理服务等改革举措,有力推动街道管理体制改革、网格化治理改革、信息化全科政务改革、社会保障体系改革。

基层改革　年内,区委明确街道职能定位,完善街道职责清单。打造海城版"街道吹哨,部门报到"基层治理模式。构建"全要素网格",实现"一网统管"。建立"一窗受理""一网通办"服务模式,区直部门进驻政务服务中心的依申请权力事项共 809 项,政务服务事项网上可办率 100%,网上办事指南准确率 100%,实现群众"最多跑一次"就能把事情办好的目标。实行积分制与"绩效"双重管理,探索出符合社区实际的"老人点单—社区接单—志愿者上门服务"的"时间银行"养老志愿服务新模式。通过政府购买服务,为 880 名老人提供居家养老上门服务时长近 4 万小时。积极落实基层减负专项机制,发文数量比上年度减少 65%,开会数量比上年度减少 85%;全区纳入清单的督查检查考核事项比上年度减少 10%。

社会治理　年内,区委对辖区学校、幼儿园食堂和校园周边食品经营检查全覆盖。强化风险防控,安全生产形势持续稳定。自主成功研发“涉案财物管理信息平台”,在全区涉案财物突出问题集中整治现场会上做经验介绍。攻坚侦破7件17年以上陈年命案积案,实现自2018年以来现发命案100%侦破。连续4年重大敏感节点“零非访”,2020年度安全感满意度排名自治区第21位。顺利通过北海市和自治区对海城区“七五”普法和法治政府建设(2016—2020)检查验收。

【防疫抗疫】 2020年,区委面对突如其来的新冠疫情,准确研判,快速反应,建立城区大战区—街道小战区—社区细网格的三级防控机制,组织全区50多个部门、单位630多名党员干部到村(社区)一线,在“三无小区”成立878个居民自治小组及58个临时党支部,招募党员志愿者2737人。充分运用“大数据+”手段,筛查统计各类数据19万余条,排查入境人员1.27万人。投入疫情防控财政资金1227万元。疫情得到初步控制后,区委及早谋划,指导企业逐步有序复工复产。在北海市率先推出“企业开复工审核平台”,为企业提供线上服务。累计实现减税降费2.87亿元,发放补贴、补助资金3406万元,落实各项疫情防控期间“稳就业保就业”补贴政策。累计帮助4177名群众出具抵返岗证明,大力支持务工人员外出返岗,有力助推企业复工复产,取得疫情防控与统筹经济社会发展的双胜利。

区委重要会议

【海城区“不忘初心、牢记使命”主题教育总结大会】 2020年1月21日召开。会议深入学习贯彻中共中央总书记习近平关于“不忘初心、牢记使命”主题教育的重要讲话和重要指示批示精神、自治区党委书记鹿心社在全区“不忘初心、牢记使命”主题教育总结大会上的讲话精神及北海市委书记王乃学在全市“不忘初心、牢记使命”主题教育总结大会上的讲话精神,总结海城区“不忘初心、牢记使命”主题教育取得的主要成效、成功经验及重要启示,进一步巩固拓展主题教育成果,加强“不忘初心、牢记使命”的制度建设,保持党的生机活力,凝心聚力实现全面建成小康社会奋斗目标,推动北海产业、城市、生态高质量发展。

【海城区宣传统战政法工作会议】 2020年3月26日召开。会议总结2019年宣传、统战、政法工作,研究部署2020年宣传、统战、政法工作;部署2020年“三月三”、清明节期间安全生产防范暨森林防灭火工作。

【全区领导干部会议】 2020年3月25日召开。会议对海城区领导班子和领导干部进行2019年度考核工作,并结合开展领导干部政治素质考察考核、选人用人“一报告两评议”、书记抓党建主体责任、人才述职评议、市管“一把手”素质能力考核等工作。

【中共北海市海城区第十届委员会第十次全体会议】 2020年3月5日召开。会议传达学习自治区党委十一届七次全会、自治区经济工作会议、市委十一届九次全会精神,听取和审议区委常委会工作报告,研究2020年工作。

【中共北海市海城区第十届委员会第十一次全体会议】 2020年9月11日召开。会议传达学习自治区党委十一届八次全体(扩大)会议、市委十一届十次全会精神,听取和审议区委常委会工作报告。

【区委常委会会议】 2020年,海城区召开第十届区委常委会会议共22次。1月18日,召开第十届区委常委会第123次会议,传达学习中共中央总书记习近平在“不忘初心、牢记使命”主题教育总结大会和中央政治局“不忘初心、牢记使命”主题教育专题民主生活会上的重要讲话精神。1月30日，召开第十届区委常委会第124次（扩大）会议暨区新冠肺炎疫情防控工作领导小组第3次会议。2月3日，召开第十届区委常委会第125次（扩大）会议暨区新冠肺炎疫情防控工作领导小组第7次会议，传达学习2月3日习近平在中共中央政治局常委会议上重要讲话精神；传达学习全国、自治区组织部门贯彻落实中共中央总书记习近平重要指示精神、党中央决策部署和自治区党委有关要求电视电话会议精神；听取各相关街道、部门关于新冠肺炎疫情防控情况汇报，研究部署下一步工作措施。2月10日，召开第十届区委常委会第126次（扩大）会议暨区新冠肺炎疫情防控工作领导小组第10次会议。3月11日，召开第十届区委常委会第129次会议专题传达学习习近平在决战决胜脱贫攻坚座谈会上重要讲话精神，研究贯彻落实措施。4月10日，召开第十届区委常委会第130次会议，组织学习习近平关于扶贫工作重要论述，传达学习鹿心社、陈武在中央脱贫攻坚专项巡视“回头看”暨国家脱贫攻坚成效考核反馈意见整改工作电视电话会议上的讲话精神以及自治区党委落实中央脱贫攻坚专项巡视“回头看”和国家脱贫攻坚成效考核反馈广西意见整改方案；审议《海城区落实中央脱贫攻坚专项巡视“回头看”和国家脱贫攻坚成效考核反馈广西意见整改工作方案》，研究部署下一步措施。5月28日，召开第十届区委常委会第133次会议，组织学习习近平对脱贫攻坚工作的重要论述，学习习近平对毛南族实现整族脱贫作出的重要指示精神和鹿心社、陈武对落实习近平重要指示精神的批示。9月11日，召开第十届区委常委会第139次会议，集中学习中共中央总书记习近平在全国抗击新冠肺炎疫情表彰大会上的重要讲话精神。

（张雪晶）

全面深化改革工作

【全面深化改革工作机构及工作概况】 2020年，中国共产党北海市海城区委员会全面深化改革委员会办公室（简称区委改革办）设在区委办。年内，海城区部署重点改革任务40项，完成率95%。海城区入选自治区改革集成第一批试点单位，承担基层治理改革集成任务。全年改革信息报送总分得分在一县三区中排名第一名。乡村振兴示范村——流下村、赤西村分别获评第二批全国乡村旅游重点村和自治区级生态示范村；农村承包地确权登记颁证工作获中央农办、农业农村部通报表扬；北海冠头岭西南海域精工南珠国家级海洋牧场获第六批国家级海洋牧场示范区；区残联专项改革试点工作经验在自治区基层残联组织改革工作视频会议交流，并在《残疾人工作要情》上刊登，在全国残联系统推广。

【经济体制改革】 2020年，海城区深化行政审批制度，严格落实权力清单、责任清单、中介服务清单等制度。持续开展重大项目落地建设投产助推行动，5个中央预算内投资项目开工率100%，投资支付率、投资完成率均超额完成年度目标任务，连续8期、16次进入自治区红榜；5个自治区层面统筹推进的重大项目投资完成率160.9%；17个市级重点项目开工，9个项目竣工，投资完成率106.33%。全力优化营商环境，率先在全国启动企业开办“7合1”一网通办+智能秒批营业执照系统，率先实现新设企业电子营业执照和电子印章同步免费发放。实施走企连心解困、护商除乱、问政督效行动，帮助企业特别是中小微企业渡过难关。与北海市小微企业融资担保公司深度合作，为160家企业提供融资担保，12月底在保余额超过6亿元。落实各类补贴、补助3406万元，减税降费3.18亿元。大力推进“旅游+”融合发展，涠洲岛南湾鳄鱼山景区进入国家AAAAA级旅游景区行列。建立“企业+农户”科技创新，加快现代农业提质增效，海城区农产品加工集聚区通过市级验收，3家企业申报广西农产品加工示范企业，培育创建现代特色农业示范点8个，以食用菌、绿色果蔬为代表的农业品牌效应不断提升。打造海洋经济新增长点，争取中央渔港建设资金3000万元改扩建高德渔港，建成66.67公顷海城区海水珍珠养殖基地，引入社会资金2亿元建设生态海洋牧场，实现广西民营企业海洋牧场建设零的突破，获国家级海洋牧场示范区称号。

【开放合作体制改革】 2020年，海城区制订《海城区工商联所属商会改革和发展的工作方案》指导商会规范化建设，高德街道商会、地角街道商会召开第一届第一次会员大会，选举产生第一届理事会、监事会。持续推行招商引资"一把手"工程，坚持"走出去""请进来"，落实招商引资项目67个，实际到位资金93.6亿元，完成年度目标任务110.17%，新签约5G+智慧社区、互联网软件技术开发及应用服务平台等项目51个，合同投资总额220亿元。深入开展"三企入桂"活动，成功举办"三企入桂"合作恳谈会暨项目集中签约仪式，签约"三企入桂"项目26个，合同投资总额96亿元。

【农村和生态体制改革】 2020年，海城区打造全国第四批农村集体产权制度，全区18个行政村（涉农社区）成立股份经济合作社及登记赋码工作。海城区上榜全国农村承包地确权登记颁证工作典型地区，成为北海市唯一获此殊荣的县区。加快村庄规划"多规合一"，完成5个行政村村庄规划编制工作。加快农村一二三产业融合发展，村集体经济收入全部超过6万元。推动建设6个基础设施项目和赤西村旅游配套设施项目。高德街道赤西村、地角街道新营社区流下村成功创建为北海市乡村振兴示范村，流下村、赤西村分别获评"第二批全国乡村旅游重点村"和"自治区级生态示范村"。

2020年，区政务服务中心为群众提供企业开办"7合1"优质快捷服务

区委改革办供图

【民主法治和社会体制改革】 2020年，海城区落实城镇困难群众帮扶政策，社会民生得到保障，全年民生支出10.16亿元，比上年增长12%，占财政支出总量的84%。全区发放低保补贴、医疗救助、高龄津贴和残疾人"两项补贴"等各类补助金共3615.2万元。发放优抚优待金、退役士兵自主就业等补贴金共740.61万元。启动人大预算联网在线监督，加强国有资产管理，力促平衡预算，督促政府规范融资行为，助推区预算连续3年不安排赤字。推进政协工作向基层延伸，建立13个社区委员工作室和创建"五步微协商"工作法，助力解决"三事"，推进政协协商与基层协商有效衔接。深改司法体制改革，创建新型审理机制，成立互联网金融巡回法庭，受理案件1904件。高质量通过北海市和自治区对海城区"七五"普法和法治政府建设(2016—2020年)检查验收。自主成功研发"涉案财物管理信息平台"，在全区涉案财物突出问题集中整治现场会上做经验介绍。群众对扫黑除恶专项斗争成效评价、社会稳定动态工作考评排名在广西111个县区中分别位列第七位和第二十五位，位列北海市辖县区第一位。推进"智慧安防"建设，已完成14个"智慧小

区”建设,“海城样本”获自治区领导表扬。连续4年重大敏感时点“零非访”,平安建设成效进入广西第一方阵,群众安全感、满意度再创新高。

【文化教育卫生体制改革】2020年,海城区大力推进新时代文明实践中心工作,全区新时代文明实践中心(所、站)实现全覆盖,组建新时代文明实践“百姓宣讲团”“海上流动宣讲团”,常态化开展特色宣讲活动。打造赤西新时代文明实践站等一批北海市新时代文明实践示范点。推出的驿马村建设宜居幸福乡村绘就乡村振兴新图景,获中央宣传部全面建成小康社会“百城千县万村”调研活动典型宣传。深入推进学区制管理改革,启动“县管校聘”改革试点工作,教师由“学校人”向“系统人”转变,盘活学校人事制度改革,调动教师工作积极性。创建“以养伴医、以医伴养”两种医养结合方式,打造海城医养结合典范。深化医疗保障制度改革,完善公共卫生应急管理机制,筑牢横向到边、纵向到底的疫情防控网。提升公共卫生服务体系建设,加快建设一批医疗卫生项目,区疾控中心主体封顶,泰和苑社区卫生服务中心开业。

【党的建设制度改革】2020年,海城区探索建立“党建+网格化”社会治理机制,为591个网格配备686名网格员,建立339个网格党支部。“红旗小区”“两新”党建领域亮点品牌不断增加,地角“海上党旗红”党建示范阵地进一步完善。巩固深化“不忘初心、牢记使命”主题教育成果,在北海市率先推行“三事通解”工作,探索建立解决群众“急难愁盼”问题的工作机制,通过各种方式收集“三事”3003件,解决2847件,办结率94.81%。

【基层治理改革集成试点】2020年,海城区基层治理改革推进“1+4”模式。放权赋能,理顺街道管理体制推进“强街扩权”。以街道管理体制改革为着力点,优化街道机构设置,综合设置“一部四室一队”(党群工作部,党政综合办公室、公共服务办公室、公共管理办公室、社会治理办公室,综合行政执法大队);梳理街道职责清单,明确街道承担7大类共115项职责事项;整合编制资源,编制向街道倾斜。一网统管,创新基层治理模式解决群众“三事”。建立“一网统管、事事入格”的全要素网格管理制度,探索实行“哨源形成—分析研判—街道(社区)吹哨—平台受理—部门报到—评价监督—结果反馈”的闭环处“事”流程。推广“城市党建+社区警务+N”治理模式,把法院、司法、信访、卫健等部门的资源和服务下沉到网格,让群众少跑腿、不跑腿,在网格内高效解“三事”。“一窗通办”,推行全科政务服务提升服务品质。全面梳理社保、计生、民政等便民服务事项并汇编成标准化办事指南,优化升级窗口服务功能,推行“全科政务”服务,将16个单位、107项事项全部纳入无差别“一窗通办”。充分运用“互联网+”思维,坚持“线上”与“线下”并行,搭建信息化平台,推行

2020年12月11日,北海市委副书记廖立勇(前一)率全市60个单位代表,到驿马街道政务服务全科窗口检查基层治理改革成果

区委改革办供图

"网上办""掌上办"。年内,海城区各区直部门进驻政务服务中心的依申请权力事项共556项,政务服务事项网上可办率100%,网上办事指南准确率100%,大幅提升群众办事效率。服务下沉,完善社会保障制度促进民生改善。街道标准化社区卫生服务中心实现全覆盖,实行医养护理上门,优先为失能、高龄或行动不便的老年患者提供家庭病、居家护理或日间护理、上门巡诊等医疗服务,全年已服务老人超1万人次。打造"时间银行"志愿服务平台,实行积分制与"绩效"双重管理。年内,志愿者服务老人830余名,服务时长超1.7万小时。

(李桂枝　钟铭冬)

组织工作

【组织机构及工作概况】 中国共产党北海市海城区委员会组织部(简称区委组织部)是区委主管组织工作、干部工作、人才工作、公务员工作以及老干部工作的职能部门。2020年,区委组织部坚持以习近平新时代中国特色社会主义思想为指导,深入学习贯彻中共十九大和十九届二中、三中、四中、五中全会精神,严格按照全国、自治区组织部长会议和北海市组织工作会议部署要求,认真做好全区干部工作、基层党建工作、人才工作等。

【干部工作】 2020年,海城区共计调配干部6批次。举办年轻干部和引进人才、城市党建和旅游发展业务主体班次2期,组织100余名干部到浙江、福建厦门等示范地区学习。筹备建设地角街道党工委党校,解决党员教育"最后一公里"问题。推进公务员职务与职级并行工作,全区239人完成职级套转,优先为30名表现突出的干部办理一级主任科员职级晋升。继续做好公务员招录工作,年内招录定向选调生3名、选调生1名、公务员3名。规范机关事业单位借调人员,清理长期借调人员24人。实行差别化街道绩效奖励政策,街道办事处机关在职在编工作人员按区直机关相应职务层级奖金标准的1.1倍发放。推进街道管理体制机制改革,印发《北海市海城区街道管理体制机制改革实施方案》,设置街道"一部四室执法队"和公共事业服务管理中心,设立街道人大工作委员会,配备主任、专职副主任各1名,统筹机关事业人员使用,街道机关和事业单位在编人员均可选拔担任"一部四室"领导职务。增核街道事业编制90名,充实街道工作力量。

【基层党建工作】 2020年,海城区在北海市率先推行"三事通解"工作。以黄海路社区、北部湾社区为试点,推进以建设"解忧超市"为载体,创建"无忧社区"的"三事通解"工作,成功承办北海市"三事通解"现场推进会,海城区、东街街道、北部湾社区分别在会上做经验发言。《广西北海海城区聚焦解决百姓操心事、烦心事、揪心事,构建党建引领基层治理"海城模式"》被《中国

2020年4月9日,海城区2020年组织工作会议召开

区委组织部供图

改革报》刊载。推进党建引领城乡基层治理，主动承担“基层治理改革集成试点”任务。加快建立“党建+网格化”社会治理机制。探索党建引领小区治理新路径，打造小区党旗红、街区党旗红示范片区项目7个，试点推进“红旗小区”创建。分类施策推进各领域基层党建，开展机关党建“灯下黑”问题专项整治。开展“三有三送”和“百日攻坚”工作，两新组织覆盖率95.92%，比上年提高0.96个百分点。率先打造全市首个楼宇党群服务中心，组建富钰大厦楼宇党建联盟，填补楼宇党建空白点。提前谋划村（社区）换届工作，出台《海城区2021年村（社区）“两委”换届准备工作任务清单》，实行挂图作战，扎实做好村（社区）换届前期准备工作。全力以赴抓党建促脱贫攻坚，继续发展壮大村级集体经济，行政村集体经济收入比上年增长10.83%，建成海城区首个发展壮大村级集体经济产业园。坚持党建引领乡村振兴，流下村、赤西村分别获评“第二批全国乡村旅游重点村”和“自治区级生态示范村”，驿马村党建引领乡村发展做法获中共中央宣传部关注。

【人才工作】2020年，海城区加大人才引进力度，依托区公务员和引进人才服务中心，加快机关事业单位引进人才蓄水池建设，核定人才专项编制8名，用于引进和储备急需紧缺人才。年内，新进选调生4名、公务员3名，党政机关引进人才9名，教育卫生部门引进人才106名。优化人才发展环境，制订《北海市海城区“优秀青年企业家人才”遴选工作方案》，填补海城区企业人才政策空白。加强本土人才培养，遴选首批优秀青年企业家人才10名及第二批“海城教育领航人才”10名。加强人才培养锻炼，选派7名选调生到村工作，9名年轻干部担任脱贫攻坚工作队员。组织全区50余名年轻干部和引进人才到浙江大学开展素质能力提升培训，举办海城青年知行读书会6期。

【新冠肺炎疫情防控工作】2020年，海城区在北海市率先出台《北海市海城区在疫情防控阻击战中关爱激励党员干部担当作为的十项措施》，联合区纪委制定印发《海城区新型冠状病毒感染的肺炎疫情防控工作容错纠错实施办法》，激励广大党员干部主动作为。及时下拨专项党费15万元，助力疫情防控工作。迅速集结抗疫力量，将全区50多个部门单位630多名党员、干部分配到各村（社区），充实基层防控力量。招募志愿者2737名到655个“三无小区”协助开展疫情防控。关爱防疫一线工作人员，用好北海市划拨的党员支持新冠肺炎疫情防控自愿捐款资金35万元，慰问抗疫一线工作人员350名。疫情防控期间，区委组织部机关干部到村（社区）协助开展疫情防控217人次；结合创建全国文明城市、创建全国卫生城市活动，机关干部到挂点村（社区）、“三无小区”开展志愿服务活动30余次。

（谢琳）

2020年11月23日，北海市“三事通解”现场推进会在海城区召开
区委组织部供图

宣传工作

【宣传机构及工作概况】 2020年，中国共产党北海市海城区委员会宣传部（简称区委宣传部）（含区文明办、区政府新闻办、区互联网新闻传播研究中心）扎扎实实做好理论武装工作、意识形态工作、新闻宣传工作、网信工作等，取得新的成绩。年内，推出高莱村农家书屋获评“第八届全国服务农民服务基层文化建设先进集体”；推出北部湾社区获评全国“扫黄打非”进基层示范点，“扫黄打非”工作在北海市“扫黄打非”工作会议上做经验发言。

【理论武装工作】 2020年，区委宣传部组建“青年党史故事讲师团”“新时代文明实践百姓宣讲团”“海上流动宣讲团”“桂姐姐宣讲队”等宣讲队伍10余支，常态化开展特色宣讲活动。充分发挥好各级党校、各级新时代文明实践中心（所、站）、青藤空间、市民驿站等阵地作用，采取“上渔船下田间”等多形式开展分层分众的特色理论宣讲500余场，推动党的创新理论“飞入寻常百姓家”。“学习强国”典型学习经验被“学习强国”广西学习平台采用。推选优质稿件被“学习强国”广西学习平台采用在一县三区中排名第一。

【意识形态工作】 2020年，区委常委会定期专题研究意识形态工作。推行“会前意识形态半小时”活动，各级中心组会时刻紧绷意识形态这根弦。严格落实意识形态工作责任制，增强意识形态工作的针对性和时效性。进一步健全完善和坚持执行宣传思想和意识形态工作领导小组机制、意识形态工作督查机制、重大意识形态舆情事件应急处置机制和问责机制，不断推进意识形态工作规范化，确保意识形态主体责任落到实处。7月底，开展意识形态工作专项督查，全面做好各级巡视巡察海城区意识形态存在问题的整改，整改成效明显。

2020年10月16日，2020年海城区委宣传思想和意识形态工作领导小组会议召开 刘芳摄

【新闻宣传工作】 2020年，区委宣传部将全区近百项重点工作列为重点，加大在市级以上主流媒体报道力度，围绕海城区服务全市发展大局的主动作为和大胆创新，在市级以上主流媒体刊发稿件2000多篇，其中中央和自治区级主流媒体刊发稿件900多篇。新冠肺炎疫情防控宣传成效突出，在中央电视台、人民网、《广西日报》等自治区级以上主流媒体上稿100多篇，在市级媒体上稿400多篇（条），政务新媒体发稿7000多篇。国家传统主流媒体和自治区传统主流媒体报道扶贫工作稿件完成自治区全年任务的300%以上。学习贯彻落实中共十九届五中全会精神、新冠肺炎疫情防控、扶贫、背街小巷改造、创城等重点工作新闻报道取得显著成效，形成电视电台有声像、报纸网站有图文的立体化宣传模式。

【网信工作】 2020年，区委宣传部策划开展系列网上重大主题宣传。建设完善区级政务新

2020年9月18日，区委宣传部在海城区第八小学开展2020年海城区网络安全宣讲进校园活动　　韩漫婷摄

媒体平台，统筹全区政务新媒体统一发声，加大信息发布、政策解读力度，“海城发布”公众号发稿1000多篇。及时处理人民网—地方领导留言板网友反馈的问题，在一县三区人民网—地方领导留言板的答复率最高。开展网络安全宣传进社区、进校园、进机关活动。年内，辖区内没有发生重大网络舆情。　（王圣菁）

统战工作

【统战工作概况】 2020年，中国共产党北海市海城区委员会统一战线工作部（简称区委统战部）围绕中心服务大局，较好地完成全年各项统一战线工作任务。中国共产党北海市海城区委员会台湾工作办公室、北海市海城区人民政府台湾事务办公室（简称区台办）和北海市海城区民族宗教侨务局（简称区民宗侨务局），在区委统战部挂牌。年内，区委统战部发动统一战线各界人士捐款捐物折款超过185万元支持全区疫情防控工作，统一战线志愿服务队积极支援街道、村（社区）开展入户排查、值守路口等工作，非公经济代表人士结合行业特色为支援湖北的英雄提供各类优惠服务活动，为辖区21家非公企业的办公场所进行全面消毒。年内，驿马街道西边垌村被评为自治区民族团结进步创建示范村，区委统战部、驿马街道西边垌村、西街街道贵州南路社区被评为北海市民族团结进步创建示范单位。

【党外人士工作】

调研工作　2020年，区委统战部制订调研工作方案，召开各民主党派座谈会，鼓励各民主党派、无党派人士和非公经济人士围绕海城区中心工作深入调研，积极建言献策。年内，区委统战部组织完成调研报告7份，向海城区“两会”提交议案、提案9件，为区委、区政府科学决策提供参考，营造党外代表人士建言献策的良好氛围。

同心活动　2020年，区委统战部在中街街道北部湾社区成立试点，创立海城区统一战线“同心书画室”，通过书法

2020年9月7日，区委常委、统战部部长翁澜（左二）到富钰大厦调研　　区委统战部供图

2020 年 11 月 12 日，区委统战部在地角街道新营社区举办“凝心聚力再出发、砥砺奋进新征程”为主题的 2020 年新的社会阶层人士联谊团建活动

区委统战部供图

和绘画等项目服务活动，为留守儿童、青少年等人士提供服务。年内，区委统战部在北部湾社区举办书法和绘画兴趣班 42 次，服务青少年 630 人次，志愿者参与活动 130 人次，志愿服务时长 195 小时。依托高德街道赤西村“同心工作室”，支持各民主党派每月轮流在赤西村开展相关教学扶智、法律知识讲堂、环保志愿服务等乡村振兴相关活动，全年开展活动 4 次。

新的社会阶层人士统战工作　2020 年，区委统战部开展海城区新的社会阶层人士联谊会会员走访活动和新的社会阶层人士联谊团建活动，充分调动新的社会阶层人士的积极性、主动性和创造性。在富钰大厦和文邦国际打造新的社会阶层人士统战工作实践创新基地，为海城区新的社会阶层人士开展思想教育活动和创新创业活动提供阵地舞台。

【区委统战部民族宗教工作】2020 年，区委统战部联合区直属机关工委、团区委、区妇联、区文体广电旅游局共同举办“壮美三月三　海城旅游购助农产品电商云销售活动”。以元旦、中秋节等节日为契机，开展文体宣传活动 6 次。培育区委统战部、高德街道赤西村、海角街道独树根西社区、海城区第十二小学、广西啧施宝有限公司 5 个海城区民族团结进步创建示范单位。年内，区委统战部以宗教政策法规学习月为契机，在各宗教活动场所展览法规宣传板报，发放《宗教事务条例》宣传手册，加强宗教法规宣传，提高宗教教职人员和信教群众的法治意识，自觉依法开展宗教活动。发挥三级网络两级责任制作用，与街道、村（社区）定期对涉宗教领域进行排查，并重点加强对在大型商场和车站发放基督教宣传单、在沿海借助放生行动宣传藏传佛教等乱象的巡查。加强与公安、消防等执法部门联防联控，在重大宗教节日期间对宗教活动场所进行检查，安排人员在活动现场进行安保，维护现场安全稳定。

【非公有制经济人士工作】2020

2020 年 9 月 14 日，区委统战部在富钰大厦举办海城区楼宇统战工作示范点和新的社会阶层人士统战工作实践创新基地揭牌仪式

区委统战部供图

年，区委统战部发挥以商招商平台优势，为重点项目引进提供工作线索。年内，区委统战部组织1个批次到海南、深圳开展招商引资活动，引进广州市翔照塑料科技有限公司、广东大匠荟网络科技有限公司等3家企业到海城区考察投资。区委统战部将高德街道赤西村沙沟垌20公顷农田打造成1个集农业产业、乡村旅游观光为一体的无公害、绿色、有机农业基地，辐射带动周边形成农业产业基地。年内，区委统战部引导企业主动消费海城区农产品，优先购买所帮扶村的农产品，共购买各类农产品2000千克；为4名贫困户增添物资，为2名困难职工、4名贫困户解决资金困难、医疗困难等问题。在"万企帮万村"台账上线管理工作中，区委统战部全年共录入扶贫台账信息749条，在广西各县区位列第一名，获自治区工商联关于广西"万企帮万村"精准扶贫行动台账管理工作先进基层单位的通报表彰，工作方法、经验得到全国政协常委、自治区政协副主席、自治区工商联主席磨长英的肯定批示。

2020年11月10日，区委统战部、区司法局等单位，联合举办2020年海城区统战系统民法典专题知识讲座　　区委统战部供图

【港澳台工作】 2020年，区委统战部做好港澳台工作。结合北海市台办组织到广东省湛江市考察台湾特色种养项目暨学习交流活动的契机，积极引导台商到辖区发展产业，引进台湾新品种、新技术、新理念和新模式。同时，定期走访辖区台商、台胞，服务、解决台商、台胞诉求12次。

【归侨侨眷工作】 2020年，区委统战部在中街街道中山路社区举办"海上明月传党情　民族团结一家亲"喜迎国庆中秋双节群众灯会；与区民宗侨务局在西街街道贵州南路社区举办"我们的节日——党群暖心迎重阳"文艺游园活动；与北海市委统战部、市侨联在高德华侨新村举办送医送药活动，为高龄归侨侨眷义诊。做好辖区"三侨考生"身份认定工作，确保每一名符合条件的"三侨考生"都能够享受政策优惠，维护归侨侨眷的合法权益。全年共办理"三侨考生"证明24份、归侨侨眷认定2份。

【业务培训】 2020年，区委统战部组织统战干部及各界人士参加统战成员业务专题培训班，举办《中华人民共和国民法典》专题知识讲座和民族宗教政策法规培训会。区委统战部组织6期非公经济人士到南宁参加广西民营企业高级人才培训班，组织非公经济人士到中国海洋大学、上海交通大学开展培训。区委统战部举办党旗领航·战疫必胜——"蓝天"守护复工季非公经济人士理想信念教育实践活动，举办"坚定不移跟党走·砥砺奋进新时代"为主题的2020年新的社会阶层人士联谊团建活动。

（谢诗瑜）

老干部工作

【老干部机构及工作概况】 中国共产党北海市海城区委员会老干部局（简称区委老干部局）

在区委组织部挂牌。2020年，区委老干部局以提升老干部工作科学化水平为目标，切实加强离退休干部思想政治建设，继续完善离退休干部服务保障体系，持续发挥老干部独特优势。12月，北部湾社区离退休干部服务点因较好利用社区资源就近关心照顾离退休干部获自治区党委老干部局通报表扬。

【老干部思想政治建设】 2020年，区委老干部局全面落实离退休干部政治待遇、生活待遇，高度重视离退休干部思想政治建设，组织保障老干部阅读文件、参加重要会议和重大活动，宣传学习全国老干部“双先”典型事迹，引导老干部进一步增强“四个意识”，坚定“四个自信”，做到“两个维护”。为离休干部赠阅《北海日报》《老年知音》《离退休干部党支部学习参考》等刊物，采取送学上门、专题辅导、集中培训、巡回宣讲等形式，组织引导广大离退休干部学习贯彻习近平新时代中国特色社会主义思想，加强离退休干部思想政治建设。

【老干部活动场地建设】 2020年，海城区继续加大资金投入力度，进一步升级离退休干部党建阵地。创办地角街道党工委党校，紧紧围绕离退休党员干部的现实需求开展培训，直接解决离退休党员干部现实问题。积极推进党性教育与实际接轨，推动离退休党员干部在学习和生活中，自觉履行职责，严格要求，自觉践行党员的先锋模范作用和带头作用。为全面做好新形势下的老年教育工作，满足老年人多样化学习需求，海城区依托文体活动中心，挂牌成立北海市海城区老年大学（老干部活动中心），通过建设场地、引进师资、开设课程等工作，为离退休干部提供优质、高效服务，进一步丰富离退休老干部的精神文化生活。

【老干部日常管理服务】 2020年，区委老干部局加快推进离退休干部工作信息化平台建设，联合各部门做好离退休干部信息梳理、分类、平台录入工作，做好广西离退休干部综合服务管理平台维护、运营工作，推进离退休干部服务管理更加规范化、标准化、精准化。创新和改进落实离退休干部政治待遇的方式方法，在不违反政策的前提下，灵活创新，妥善为企业离休干部吴文周解决物业补贴发放问题。积极协调街道办事处、社区及施工队，为离休干部遗属邓秀英家庭住宅进行加固和修复，切实服务好老干部。严格按照“五必访”要求，由区委老干部局牵头组织各级各部门加强对离退休干部的走访慰问工作。年内，累计走访慰问全区离退休干部及其遗属800余人次，发放慰问品和慰问金29万余元。

【老干部工作成效】 2020年，区委老干部局充分发挥“五老”优势，引导广大离退休干部永葆先进，继续为党和人民的事业增添正能量，以实际行动为全面建成小康社会贡献力量。在市委组织部举办的第三届“海丝秋韵”文化活动月中，海城区广大离退休干部踊跃报名，积极参与，并取得较好成绩。其中，英娇艺术团表演的《丰收渔鼓》获广场舞大赛一等奖，林述琳的毛笔行书《扶贫攻坚诗二首》、曾芝宁的自作词《浣溪沙·脱贫国策显成威》和冯庆的《不忘初心守使命》荣获书法类优胜奖，黄俊源的《母亲的荣誉》获绘画类优秀奖。

（林刚）

机关党建工作

【机关党建机构概况】 中国共产党北海市海城区直属机关工作委员会（简称区直属机关工委）是区委派出机构，代表区委领导区直属机关党的工作。2020年，区直属机关工委下辖49个机关直属党组织，其中1个党委，1个党总支部，47个党支部。共有党员599名，其中党务干部（含党支部书记）102人。

【思想建设】 2020年，海城区组织区直机关党员干部开展新时代文明实践百姓宣讲活动，分别深入企业、机关、农村、民兵训练基地联系点，开展“基层宣讲零距离　送法进村近民心”、学习贯彻中国共产党十九届四中全会精神、海城区新时代文明实践百姓宣讲之总体国家安全观下的安全生产走进北海广物汽车销售服务有限公司、2020年海城区新时代文明实践百姓宣讲团进海上民兵训练基地暨海城区民兵连党课活动专题宣讲4场，覆盖党员群众500余人次。年内，区直属机关工委充分运用“学习强国”APP等网络载体，督促党员干部跟进学好中共中央总书记习近平重要讲话精神，坚持以习近平新时代中国特色社会主义思想为指导，为各支部选购发放《习近平谈治国理政》第三卷、《习近平的七年知青岁月》《之江新语》等理论读物400册，让学习形成自觉、成为习惯，强化理论武装。采取“线上网络答题”的模式，创新方式检验党员干部学习成效，进一步提升党员干部综合素质，推动机关党员干部学懂、弄通、做实上起表率作用。

【组织建设】 2020年，区直属机关工委坚持把教育培训作为提升机关党务干部和党员干部素质能力的重要抓手，分别举办机关换届选举培训班、机关发展党员培训班，培训党员干部200多人次。全年发展党员12人，有入党申请人120人，入党积极分子81人。年内，海城区印发《中共北海市海城区委组织部关于做好基层党支部标准化规范化建设达标创优考核验收工作的通知》，深入贯彻落实《中国共产党党和国家机关基层组织工作条例》，各党支部逐一对照“六个基本”（基本组织、基本队伍、基本制度、基本活动、基本作用、基本保障）具体标准进行规范。此外，区直属机关工委开展“传承红色基因　创建模范机关”海城区直机关红色定向悦跑赛。区直属机关工委抓好基层党建，引导各部门机关党组织和机关党员干部深化“双报到双报告”工作，深入联系村、社区，开展志愿服务活动，推进“访三事”活动。把49个机关党组织划分为7个党建联盟小组，以“资源联享、工作联促、队伍联建、活动联办、理论联学”为主要内容，结合各单位中心工作开展党建活动。全年共开展联盟活动28场，建立起各支部互帮互学、共创共赢的新机制。注重发挥机关党员干部的模范作用，结合庆祝建党99周年，在“七一”期间通报表扬优秀基层党组织7个、优秀党务工作者15名，优秀共产党员20名，促进党员发挥先锋模范作用，推动机关党建比学赶超活动，完成机关党建工作任务。

【作风建设】 2020年，区直属机关工委利用扶贫攻坚平台，主动联系服务基层群众。定期走访联系贫困户，逐户核实信息，填写扶贫手册，建立“一户一档”，落实帮扶措施，切实帮助贫困户解决生产和生活上的困难。通过加强规划、提升观念、产业帮扶，生产生活环境明显改善，贫困户实现脱贫致富。实行“销号”管理措施。区直属机关工委针对2020年度区

2020年6月24日，海城区在高德街道赤西村开展传承红色基因创建模范机关——2020年海城区直属机关红色定向悦跑赛

区直属机关工委供图

直机关党组织书记抓党建工作述职评议中自己查、上级点和群众评指出的突出问题，建立问题整改台账，实行问题"销号"管理；根据上级组织巡察中反映的基层组织建设问题，分清共性和个性，对于"三会一课"制度落实不严、《入党志愿书》填写不规范等共性问题，组织党务干部专题研究，及时安排部署。区直属机关工委在窗口单位设立"共产党员先锋岗"建设，推进"戴党徽、亮身份、做表率"活动，坚决杜绝"门难进、脸难看、话难听、事难办"现象，努力打造机关党员干部新作风、新形象。

【文化建设】 2020年，区直属机关工委加强党建文化建设，组织开展"书香润机关 经典咏流传"全民阅读进机关活动暨《共产党宣言》原著朗读会，进一步推动学习常态化、规范化、制度化建设，扎实推进学习型党组织建设的深度和广度，营造浓厚书香氛围。新建完善7个机关党员活动室，使机关党员有一个固定的"家"，促进党组织活动常态化、规范化、制度化，增强党员的归属感、荣誉感，促进党员之间的学习和交流，提升党建新活力、弘扬党建新风尚。

【廉政建设】 2020年，区直属机关工委落实管党治党政治责任，按照管党治党的要求，对基层党支部层层压实责任，紧盯基层党支部弱化、虚化、边缘化，"挂空挡""打瞌睡"问题，加强对基层党支部的督促检查，促使基层党支部发挥"管到人头"的优势，严格党员教育管理监督，依靠党支部把党员管住管好。年内，区直属机关工委严肃党内政治生活，认真贯彻执行《关于新形势下党内政治生活的若干准则》，把严格党的组织生活作为严肃党内政治生活的重要举措，作为夯实全面从严治党组织根基的关键措施。加强对机关、直属单位党组织落实"三会一课"、民主生活会、组织生活会、领导干部双重组织生活和民主评议党员、谈心谈话、请示报告等制度执行情况的监督指导，切实增强党内政治生活的政治性、时代性、原则性、战斗性。区直属机关工委加强党员监督管理，严格按照《中国共产党章程》《中国共产党纪律处分条例》《中国共产党问责条例》和案件查处、审理工作的有关规定，协调好与派驻纪检组的工作，加大对管理的党员干部违反党纪案件的提醒谈话力度。

2020年5月28日，区直属机关工委在东街街道茶亭路社区开展"书香润机关 经典咏流传"全民阅读进机关朗读会　区直属机关工委供图

【群团工作】 2020年，区直属机关工委坚持党建带群建，积极探索新形势下群团组织党建工作新方法。区直属机关工委组织开展"乡村振兴青年行 助农复产大战疫——壮美三月三 海城旅游购 助农产品电商云销售"活动，推进机关青年下基层，察民情。区直属机关工委认真服务妇女发展，精心筹划妇女素养提升、瑜伽锻炼等课程。邀请国家二级心理咨询师周涛作心理健康专题辅导，通过专家讲学、现场互动等教学方式，增强培训效果。关爱干部职工身心健康，完善党内关怀、帮扶、激励机制，加强对生活困难党员和生病党员的关心爱护。全年走访慰问21人次，发出慰问金2.8万元。

（冯晓艳）

2020年9月11日，区直属机关工委在区住建交通局举行“心理健康进机关”关爱活动之《我的情绪，我做主》情绪管理知识讲座

区直属机关工委供图

机构编制工作

【机构编制工作概况】 2020年，中国共产党北海市海城区委员会机构编制委员会办公室（简称区委编办）是区委机构编制委员会的办事机构，是区委主管机构编制的工作部门（正科级），挂北海市海城区事业单位登记管理局牌子。下辖北海市海城区机构编制研究中心。年内，区委编办落实党对机构编制工作的集中统一领导，统筹管理好机构编制资源，推动机构编制工作更好融入区委中心工作，融入全面深化改革大局，融入党的组织工作大局。

【“放管服”改革】 2020年，区委编办持续深化行政审批制度改革，推进政府职能转变和管理创新，抓好“放、管、服”改革工作。

行政审批事项动态管理 年内，区委编办严格按照“法律授权”原则规范核定行政许可事项，认真落实取消和承接行政审批事项的衔接工作。年内，区委编办更新调整行政许可事项目录2次，海城区保留的行政许可事项由163项调整为145项，并公布在区政府门户网站。指导审批部门修订行政审批操作规范和流程图，制订承接、监管方案，加强事中事后监管，防止出现管理“真空”和服务缺位。

权责清单动态管理 年内，区委编办动态管理行政部门权责清单，定期集中公布权责清单。年内，区委编办公布区信访局、区发改局等29个部门保留的权力事项1100项。指导各部门做好本系统权责清单调整备案及公布工作。根据自治区党委编办要求，指导各街道承接好自治区赋权实施的10项行政权力事项，确保下放事项接得住，管得好，规范运行。

项目审批容缺制度实施 年内，区委编办制定印发《北海市海城区贯彻落实自治区投资项目审批容缺后补措施责任分工的通知》，明确投资项目审批容缺后补措施责任单位分工，促进投资项目审批提速提效，积极应对疫情影响，为企业和群众办事提供便利。

【街道管理体制机制改革】 2020年，海城区全面推进街道管理体制机制改革，建立完善街道的权责清单和职责清单“两张清单”，厘清区级与街道事权划分，推动街道工作重心切实转移到加强党的建设和公共服务、公共管理、公共安全治理四个方面。赋予街道党工委国土空间规划参与权，派驻街道职能部门综合执法指挥调度权，区域内事关群众利益重大决策和重大项目建议权，涉及街道的公共事务综合管理权，下沉资金、人员的统筹管理和自主支配权等。整合审批、服务、执法等方面的力量和职能，综合设置街道党政机构“一部四室执法队”，街道站所合并设置为1个事业单位，实行“一个街道两个本”编制管理模式。

2020 年 8 月 19 日,区委编办组织召开海城区街道管理体制机制改革工作推进会

区委编办供图

【重点领域改革】 2020 年,区委编办协同推进各领域重点改革任务,全面提升新时代机构编制工作水平。

教职工"县管校聘"改革 年内,区委编办配合区教育局开展海城区教职工"县管校聘"改革工作,结合全区各小学学生人数变动情况,对小学教职工编制进行调整。指导区教育局开展使用聘用教师控制数人员择优考核入编工作。全年共使用 50 个事业编制安排聘用教师控制数人员择优考核入编。

市场监管、医疗保障体制改革 年内,海城区市场监督管理局由区政府工作部门调整为北海市市场监督管理局的派出机构,完成机构划转及执法人员转隶。北海市医疗保障局海城分局由北海市医疗保障局的派出机构调整为区政府的工作部门,实行属地管辖,成立海城区医疗保障局和海城区医疗保障服务中心,充实医疗保障工作力量。

渔业管理体制改革 年内,区委编办根据北海市级工作部门职能调整情况,结合海城区实际对区农水局的机构编制事项进行调整,将渔业职能和相关事业机构、编制人员划转到区海洋局。

【优化机构编制资源】 2020 年,区委编办按照"控制总量、盘活存量、动态调整、有增有减"的原则,动态管理机构编制,优化配置机构编制资源。年内,区委编办整合优化设置机构,根据单位职能变化调整机构设置,用足用活现有编制资源,充实重点工作力量。街道实行"一个街道两个本"的编制管理模式,打破街道行政、事业单位岗位界限,统筹人员使用。成立区项目服务和大数据发展中心等机构,为重大项目建设等中心工作提供支持。整合优化编制资源,倾斜服务民生社会事业发展。区委编办通过整合职责收回闲置编制用于保障重点领域和民生工作的需要,根据区环卫作业市场化服务转型情况,整合环境卫生管理机构职能,收回事业编制 48 个补充到工作任务重的事业单位,增核街道事业编制 90 个,街道事业编制由原来 22—36 个增至 33—55 个,增强基层一线审批服务执法等工作力量。建立"编制周转池"制度,将机构改革、控编减编、职能调整等工作腾出的编制,放在政务服务中心等"编制周转池"中统筹使用,解决无下属事业单位的行政机关工作人力不足问题。出台人才专项编制管理办法,安排一定数量的人才专项编制由区委组织部统一管理,为全区的机关单位引进高素质人才。

【机构编制制度建设】 2020 年,海城区以《中国共产党机构编制工作条例》为基础印发实施海城区委编委工作规则、区委编办工作细则,进一步规范海城区委编委和区委编办的职责与工作制度,严格落实管理权限和程序,强化机构编制工作的刚性约束。

【事业单位年度报告制度改革】 2020 年,海城区事业单位登记管理局选取海城区第八小学、区第一幼儿园和地角卫生院作为试点单位推行事业单位年度报告制度改革试点工作,试点新的事业单位年报,试点工作有序推进。年内,区委编办完成2019年符合规定的97个事业单位法人年度报告公示,开展事业单位法人公示信息随机抽查工作,及时督促相关单位整改提高。（凌云驹）

信访工作

【信访概况】 2020年,中国共产党北海市海城区委员会北海市海城区人民政府信访局(简称区信访局)着力打造“法治信访”“阳光信访”“责任信访”新格局,开展创建“人民满意窗口”活动,推进信访工作规范化,解决和化解一批信访突出问题。年内,海城区信访形势总体持续向好。年内,区信访局获自治区信访局记集体二等功。

【群众来信来访受理办理】 2020年,海城区共受理群众来信52件,比上年75件减少30.6%。其中上级部门转办交办信访事项28件,全部受理立案,均办理结案,结案率100%;普通信访事项24件,答复处理24件,结案率100%。全年共接待群众来访106批、328人次,与上年112批、117人次相比,批次减少5.3%,人次增长180.3%。其中集体访15批、184人次,与上年16批、215人次相比,批次减少6.25%,人次减少14.4%,年内,已答复处理100件,结案率94%。

【网上信访办理】 2020年,区信访局大力推行网上信访办理,以区级、街道、村(社区)为纽带,建立群众信访服务中心、街道群众信访服务站、村(社区)群众信访服务室,及时为群众代理投诉,有效防止群众越级访问题发生。年内,共收到群众网上投诉430件,比上年75件增加355件,增加473.3%。其中,上级交办转办202件,均办结;区本级共受理228件。年内,群众网上投诉件办结419件,结案率97.4%。信访部门及时受理率100%,满意率96.67%,参评率97.74%。责任部门及时受理率99.74%,按期答复率99.57%,满意率95.31%,参评率94.12%。网上信访占全部来信来访的71.73%。

【信访问题分类】 2020年,海城区信访问题主要包括以下几个方面:城乡建设、违章建筑、政法、城中村改造、征地拆迁、社会救助、社会保障、物业管理、环境保护、农村农业、教育文体、纪检监察等。

【源头预防】 2020年,区信访局开展矛盾纠纷精准排查和精细化解专项活动,着力抓好源头预防工作,全面准确及时排查和化解各类群体性事件苗头的矛盾纠纷,切实把问题化解和矛盾隐患解决在基层。年内,全区开展重点排查行动4次,排查出各类矛盾纠纷和信访问题31件(重点人员24人、重点群体7个),对排查出的不稳定因素进行登记造册,建立台账,实行领导“五包”责任制,在重大敏感时期实行“每日一研判、一事一研判”制度。

【领导干部接访下访】 2020年,区信访局制订《2020年海城区开展四家班子领导干部接访下访活动实施方案》和重要会议、敏感重大节庆日等重大活动期间区四家班子领导接访轮值制度,每周一至周五为四家班子领导接待日,接访领导轮流在海城区群众信访服务中心接待上访群众。通过“四访一包”(定点接访、专题接访、重点约访、带案下访,领导包案)联动,促进矛盾纠纷和信访问题的化解。年内,区领导共下访和接待群众来访51批、150人次,处理解释答复49件,结案率96%。领导阅批信访事项66件。

【信访工作规范化】 2020年,区信访局进一步规范信访事项受理办理程序,引导来访人依法逐级走访,不支持、不受理越级上访,信访秩序明显好转。继续开展领导干部接访下访活动,进一步完善联合接访制度,推动区健全完善联合接访机制,促进联合接访工作规范化、制度化。大力推进“阳光信访”,加快推进全区网上信访系统建设,化解信访突出问题,确保群众诉求得到及时有效处理,实现办理过程结果可查询、可跟踪、可督办、可评价,信访工作透明度和公信力得到提升。

【“三重”信访化解】 2020年,自治区信访局、北海市信访局开展“三重”信访问题治理暨信访积案化解攻坚行动,区信访局收到自治区交办海城区“三重”信访积案3件,已全部化解,化解率100%,做到“案结事了、息诉罢访”,矛盾化解攻坚取得实效。

【信访法规宣传】 2020年,区信访局持续认真组织各街道办事处开展“信访法治建设年”“信访条例”宣传活动,传达学习和深刻领会《信访条例》《引导来访人依法逐级走访的办法》精神实质,结合实际,坚持依法受理信访事项,有效推进诉访分离,积极引导群众依法逐级走访。年内,区信访局结合北海市创建全国文明城市、国家卫生城市活动,深入湖海路社区开展《信访条例》宣传,提高群众理性维权的意识,引导群众依法信访,文明信访。该次宣传活动共有50余名党员干部参加,发放“创城”及信访宣传资料500余份,解答群众信访咨询问题30余个。

(叶乾荣)

督查与绩效考评

【督查与绩效考评概况】 中国共产党北海市海城区委员会北海市海城区人民政府督查绩效考评办公室(简称区委区政府督查绩效办)是区委主管督查绩效方面的工作机关,下辖北海市海城区绩效评估中心。2020年,区委区政府督查绩效办深入贯彻落实习近平新时代中国特色社会主义思想和中共十九大精神,强化责任担当、积极主动作为,发挥督查、督办和绩效管理、考评的导向助推作用,推动重大部署和重点工作任务落实,为海城区疫情防控和经济社会高质量发展奠定坚实基础。

【督查督办工作】

上级决策部署督查 2020年,区委区政府督查绩效办完成北海市委、市政府重大决策部署和市委、市政府领导批示交办事项等督查件8件;跟踪督办市委常委会议定事项5项;收到上级人民政府重大工作(重要事项)督办督查系统任务35件(自治区15件、北海市20件),到期办结率100%。

专项督查 2020年,区委区政府督查绩效办落实区委、区政府决策部署,对新冠肺炎疫情防控、决战决胜脱贫攻坚、创建全国文明城市、背街小巷提升畅通、防范中小学生溺水等重大工作开展专项督查,发出督查专报3期、通报4份,及时反馈问题14个,提出整改建议15个。

区领导批示件办理 2020年,区委区政府督查绩效办对驿马街道东亚村“城中村”项目改造信访问题、驿海路(重庆路—东风路段)周边居民信访问题

2020年6月6日,区信访局工作人员在驿马街道湖海路社区开展《信访条例》修订15周年宣传活动　区信访局供图

等有关批示的落实情况，做好动态跟踪督办及反馈工作。

全区重点要点工作督办　2020年，区委区政府督查绩效办根据区委常委会2020年工作要点及区政府年度工作报告确定的工作任务，跟踪督办区委常委会议定事项6项、区政府常务会议议定事项7项。对中共中央总书记习近平考察广西重要指示批示精神、中央八项规定精神、中央环保督察反馈意见问题整改、优化营商环境等重要事项的推进落实和5份重要文件精神的贯彻执行情况开展督查，发出督查通知32份，督查督办通知单16份，进一步推动全区重点要点工作的高效落实。组织开展海城区解"三事"行动"红黑榜"督查通报工作。对接区网信办及相关责任单位，跟进处理回复人民网网友留言34件。

基层减负专项机制工作　2020年，区委区政府督查绩效办积极抓好基层减负专项机制工作，全区全年发文73份，比上年减少65%；召开会议30个，比上年减少85%；全区纳入清单的督查检查考核事项比上年度减少10%。

【绩效考评管理】

绩效考评工作　2020年，海城区年度北海市级绩效考评确定为一等等次。结合北海市反馈海城区的绩效考评情况，组织海城区各有关单位进行区本级2019年绩效考评工作，形成海城区本级2019年绩效考评结果。不断完善2020年度区本级绩效考评指标体系，组织、指导并审核海城区各有关单位制定考核区辖街道指标细则及区本级部门绩效考评指标细则，力求绩效管理的全面化、精细化。

自治区社会评价反馈意见整改　2020年，海城区印发《海城区2019年度社会评价反馈意见建议整改方案》，细化分解海城区承担的4条意见建议，督促相关责任部门压实责任，积极回应诉求并全部整改完成。

创新争优加分项目　2020年，区委区政府督查绩效办制订《2020年度海城区绩效考评工作加分办法》，在全区树立创新争优意识，引导督促各部门积极对接并配合市直部门申报自治区创新加分项目，争取配合工作加分。同时加强收集单位加分线索，总结提炼工作亮点并做好打造包装。

绩效指标联合督查　2020年，区委区政府督查绩效办强化动态过程监控，提高绩效考评的针对性和时效性，重点围绕教育、脱贫攻坚、群众意见整改、政务服务及自治区为民办实事项目等工作，对承担有北海市绩效考评指标任务的单位进行重点督查，着力查找解决指标理解不到位、台账不完善、工作进度缓慢等难题，推动各部门绩效考评指标任务落实。

（张坚娟　陈彦妤　梁鑫）

2020年1月9日，海城区副区长周畅（左二）陪同北海市政府副秘书长、市委市政府督查绩效考评办公室副主任钟林（左三），到地角街道红坎村督查调研被淹土地环境整治项目进展情况

区委区政府督查绩效办供图

党校工作

【党校机构及工作概况】中国

共产党北海市委党校海城区分校（简称市委党校海城区分校）成立于2012年3月20日。市委党校海城区分校行政上由中共海城区委管理，业务上接受市委党校指导，市委党校海城区分校办公室设在海城区委组织部。2020年，市委党校海城区分校坚持以习近平新时代中国特色社会主义思想为指导，深入学习贯彻中共十九大和十九届二中、三中、四中、五中全会精神，认真谋划推进党校工作。

2020年10月26日—31日，海城区城市党建和旅游发展业务专题培训班在厦门城市党建学院举办　区委组织部供图

【干部教育培训】 2020年，市委党校海城区分校做好干部教育培训工作。

培训模式　2020年，市委党校海城区分校严格按照《2018—2022年北海市海城区干部教育培训规划》，总结吸收近年干部教育培训工作的经验做法，并根据新形势新任务新要求，研究制定《2020年北海市海城区干部教育培训工作要点》；贯彻落实《北海市领导干部上讲台实施办法（试行）》，积极推动领导干部特别是党委、政府领导班子成员上讲台；探索行动学习的推广运用，加强行动学习促进教师队伍建设，注重总结行动学习在推广运用中形成的好经验、好做法，促进行动学习本土化、常态化、持续化。

网络培训　2020年，市委党校海城区分校依托干部在线学习，加大网络培训力度。加强北海领导干部在线教育学院海城区分院规范管理和使用，引进推出“短平快”单视频等系列网络培训优质微课程，全年参与网络学习人数1100多人；发挥网络优势，用好“学习强国”平台和党员远程教育平台，抓好党员、干部日常学习、培训；深化微信公众号平台建设，丰富和扩大“海城先锋”微信公众号的内容和影响力，深化VR党建创建，利用好新媒体平台在开展党务知识宣传、组工业务培训、党内政治文化建设等方面的作用。

精准培训　2020年，市委党校海城区分校紧紧围绕全区中心工作，有计划、有针对性地统筹推进各级各类干部教育培训。牵头在浙江大学继续教育学院举办2020年海城区年轻干部和引进人才素质能力提升班，在厦门城市党建学院举办海城区城市党建和旅游发展业务专题培训班；此外还举办全区干部人事档案专项审核专题培训班、海城区农村党员大培训示范培训班等，指导支持各级各部门办班35场次，集中培训超3000人次。

培训试点建设　2020年，市委党校海城区分校因地制宜打造地角街道党校试点，加快推进街道党校规范化建设。贯彻《中共广西壮族自治区委员会党校关于推动乡镇（街道）党校建设的指导意见》精神，指导创办地角街道党工委党校，整合海城区现有基层党员干部教育培训资源，探索街道党校加区级党校实训基地“1+N”党校教育资源体系，着力构建与市县党校体系互为补充、具有鲜明地方办学特色、符合新时代要求的基层党校新格局。（裴宾）

北海市海城区人民代表大会

区人大综述

【区人大机构改革】 2020年，北海市海城区人大常委会(简称区人大常委会)是区级人大机构；海城区7个街道均正式挂牌设立7个街道人大工作委员会。

【区人大工作概况】 2020年，区人大常委会坚持以习近平新时代中国特色社会主义思想为指导，全面贯彻中共十九大精神以及中共中央总书记习近平关于坚持和完善人民代表大会制度的重要指示，坚持党的领导、人民当家做主、依法治国有机统一，紧紧围绕全区工作大局，依靠全体代表，依法履职，巩固拓展“不忘初心、牢记使命”主题教育成果，紧扣疫情防控、“六稳”“六保”、打赢扶贫三大攻坚战，扎实履行宪法和法律赋予的职责，积极进取，主动作为，各项工作迈出新步伐，取得新成效。提高政治站位，坚持党的领导；坚持服务大局，落实党委决策部署；持续强化监督，增强监督工作实效；严格法定程序，依法选举任免；突出主体地位，发挥代表作用；加强自身建设，夯实履职基础。全年举行人民代表大会1次；开展调研、视察15次；召开常委会会议8次，听取和审议“一府两院”专项工作报告16个，做出决议决定9项，提出审议意见18条；任免国家机关工作人员16人次，任免人民陪审员67人次，接受人大代表辞职5人，补选人大代表11人；组织拟任职人员法律知识考试81人次，组织宪法宣誓9人次；交办代表意见建议51件，代表满意率为100%；接待到访群众5人次，受理信访件21件。

2020年8月，区人大常委会主任曾伟(左二)、副主任杨玲玲(右一)到中街街道为北海市海城区人大常委会中街街道工作委员会揭牌

区人大办供图

区人大重要会议和重大事项

【海城区第十届人民代表大会第五次会议】 2020年5月14日—15日召开。会议听取和审议海城区人民政府区长裴相春

2020 年 5 月 14 日，北海市海城区第十届人民代表大会第五次大会召开。图为开幕会　　区人大办供图

做的政府工作报告、区人大常委会主任曾伟做的人大常委会工作报告、海城区人民法院院长李文菁做的法院工作报告、海城区人民检察院检察长梁广平做的检察院工作报告，书面审议海城区 2019 年预算执行情况和 2020 年预算的报告，并做出决议。

【区人大常委会会议】 2020 年，区人大常委会共举行 8 次会议。

区十届人大常委会第 29 次会议　1 月 17 日，区人大常委会主任曾伟主持召开。会议依法补选李军、白银冰、郑小春为北海市第十五届人大代表；审议通过关于接受刘光群辞去海城区第十届人民代表大会代表职务的决定。区人大常委会副主任杨玲玲、严焕媚、刘文、邓炳忠出席会议。区人大常委会选举联络工委负责人列席会议。

区十届人大常委会第 30 次会议　3 月 23 日，区人大常委会主任曾伟主持召开。会议依法补选李泽进为北海市第十五届人民代表大会代表；听取和审议区人大财经委关于海城区 2019 年预算执行情况和 2020 年预算草案的初审报告；听取区人大常委会办公室关于区十届人大五次会议筹备工作情况的报告；听取和审议区十届人大常委会代表资格审查委员会关于区十届人大五次会议代表出缺情况的报告；审议区十届人大五次会议有关文件。区人大常委会副主任杨玲玲、严焕媚、刘文、邓炳忠出席会议。区政府、区监察委、区人民法院、区人民检察院、区财政局负责人列席会议。

区十届人大常委会第 31 次会议　4 月 24 日，区人大常委会主任曾伟主持召开。会议审议通过有关人事任免，审议通过关于接受郭钧、卢春玲因工作变动提出辞去海城区人大常委会委员职务请求的决定；审议表决通过任命刘云为海城区人大常委会选举联络工作委员会主任；补选陈杰英、李柏强为北海市第十五届人民代表大会代表。区人大常委会副主任杨玲玲、严焕媚、刘文、邓炳忠出席会议。

区十届人大常委会第 32 次会议　6 月 12 日，区人大常

2020 年 6 月 12 日，区人大常委会召开第 32 次常委会会议　　区人大办供图

委会主任曾伟主持召开。会议审议通过有关人事任免事项，任命陈继梅、陈达为北海市海城区人民法院审判员，任命赖立等66人为北海市海城区人民法院人民陪审员；听取和审议区政府关于海城区创建国家全域旅游示范区创建工作情况的报告；听取和审议区政府关于加强海城区养老服务体系建设工作情况的报告。区人大常委会副主任杨玲玲、严焕媚、刘文、邓炳忠出席会议。区政府、区监察委、区法院、区检察院、区文体广电旅游局、区民政局领导列席会议。

区十届人大常委会第33次会议　7月29日，区人大常委会主任曾伟主持召开。会议依法免去潘娟北海市海城区人民政府副区长职务；任命张丽为北海市海城区医疗保障局局长；审议通过关于接受李文菁、林德光辞去北海市第十五届人民代表大会代表职务，熊赤锋辞去北海市第十五届人民代表大会代表、海城区第十届人民代表大会代表职务的决定；依法补选宋云中、陈庆为北海市第十五届人民代表大会代表。区人大常委会副主任杨玲玲、严焕媚、刘文、邓炳忠出席会议。区委组织部、区人大常委会选举联络工委负责人列席会议。

区十届人大常委会第34次会议　8月17日，区人大常委会主任曾伟主持召开。会议审议人事事项，依法免去白银冰、邓章辉、龙少云北海市海城区人民政府副区长职务。听取和审议海城区人民政府关于2019年财政决算草案的报告；审查和批准海城区人民政府2019年财政决算草案；听取和审议海城区人民政府关于2020年上半年预算执行情况的报告；听取和审议海城区人民政府2019年度海城区本级预算执行和其他财政收支情况的审计工作报告；听取和审议海城区人民政府关于开展社区矫正工作情况的报告；听取海城区政府、区法院、区检察院2020年上半年工作情况及下半年工作意见的报告。区人大常委会副主任杨玲玲、严焕媚、刘文、邓炳忠出席会议。区政府、区监察委、区法院、区检察院、区委组织部、区财政局、区审计局、区司法局、区人大常委会选举联络工委负责人列席会议。

区十届人大常委会第35次会议　10月23日，区人大常委会主任曾伟主持召开。会议审议人事事项，通过关于接受杨玲玲、严焕媚辞去北海市海城区人大常委会副主任职务请求的决定；依法补选廖立勇、蔡立华为北海市第十五届人大代表。听取和审议海城区政府关于公共卫生服务工作情况的报告；听取和审议海城区政府关于海洋渔业资源保护工作情况的报告；审查和批准海城区本级2020年预算调整方案；听取海城区政府关于招商引资工作情况的报告。区人大常委会副主任刘文、邓炳忠出席会议。区政府、区监察委、区法院、区检察院以及区政府办、区财政局、区卫健局、区海洋局、区商投局负责人列席会议。

区十届人大常委会第36次会议　12月24日，区人大常委会主任曾伟主持召开。会议审议人事事项；听取和审议区法院关于适用认罪认罚工作情况的报告；听取和审议海城区政府关于办理区十届人大五

2020年12月24日，区人大常委会召开第36次常委会会议

区人大办供图

次会议代表建议、批评和意见的情况报告;听取海城区政府关于2019年度区本级预算执行和其他财政收支审计查出问题整改的情况报告;听取海城区政府关于"六保""六稳"工作情况的报告;听取海城区政府关于2019年度国有资产管理情况的报告;听取海城区政府关于2019年度国有自然资源管理情况的报告。区人大常委会副主任刘文、邓炳忠出席会议。区政府、区监察委、区法院、区检察院、区人大常委会选举联络工委、区政府办、区财政局、区审计局、区自然资源局负责人列席会议。

【重大事项】 2020年,区人大常委会认真贯彻中共中央《关于健全人大讨论决定重大事项制度、各级政府重大决策出台前向人大报告制度的实施意见》,依法行使重大事项决定权,通过法定程序推进区委决策部署的贯彻落实。召开区十届人大五次会议,组织代表认真听取和审议"一府两院"工作报告和人大常委会工作报告并做出相应决定决议。召开人大常委会会议,审查和批准年度财政预算、决算和预算调整方案等重大财政事项,为加强预算管理,保障重点工作开展发挥应有作用。贯彻落实中共中央关于深化党和国家机构改革和地方机构改革的部署要求,稳步推进地方机构改革,依法任命新组建的国家机关工作人员;启动人大预算联网监督系统建设工作,实现预算审查监督信息化和网络化。

区人大监督工作

2020年,区人大常委会贯彻新发展理念,贯彻执行《中华人民共和国各级人民代表大会常务委员会监督法》,紧扣区委提出的发展思路、改革措施、法治要求,坚持问题导向、效果导向,精准监督,提高监督实效,督促和支持"一府一委两院"依法行政、依法执纪、公正司法,推动高质量发展。

【经济发展监督】 2020年,区人大常委会加强预算决算工作监督,助推经济发展。听取区政府关于落实"六保""六稳"工作情况报告、招商引资工作情况报告、关于国有自然资源管理情况的报告。听取和审议2020年度预算执行情况报告、区本级预算执行和其他财政收支审计情况报告、审计查出问题整改情况的报告,审查和批准预算调整方案和2019年度财政决算,并做出相应的决定、决议。在审议过程中,区人大常委会充分肯定全区"六保""六稳"工作取得的成效。加强国有资产管理情况的监督,提出对国有资产科学有效监督等建议,完善报告制度,强化防范风险主体责任,加强审计监督,跟踪督促问题整改。坚决贯彻《中华人民共和国预算法》,力倡平衡预算,依法督促政府规范融资行为,有效防范化解财政金融风险,助推区政府严格执行《中华人民共和国预算法》和区人大常委会的审议意见,预算安排已连续3年不安排赤字,维护《中华人民共和国预算法》的严肃性,助推全区经济依法有序运行。

【专项监督】 2020年,区人大常委会认真听取和审议专项工作报告。听取和审议区政府关于创建国家全域旅游示范区工作情况报告,提出加强创建国家全域旅游示范区统筹工作,优化旅游产品,加强旅游基础设施建设,提升旅游公共服务水平,营造全域旅游优质环境等意见建议,助推海城区旅游事业发展。听取和审议养老服务体系建设工作情况报告,提出深化认识,把养老服务体系建设纳入经济社会发展总体规划,拓宽融资渠道,鼓励居家养老等意见建议,助推全区养老服务工作发展。听取和审议公共卫生服务工作情况报告,提出完善公共卫生服务体系建设规划,加快公共卫生基础设施建设,提高全民防控意识,做好重大传染病防控和疫情常态化防控工作的意见建议,助推全区公共卫生服务工作。听取和审议海城区海洋渔业资源保护工作情况报告,指出海洋渔业资源保护工作中存在的不足，提出要充分发挥政府主导作用，严格落实海洋功能区划，狠抓陆源污染控制，解决海上养殖问题等意见建议，加快推进全区海洋事业发展。在审议工作中，区人大常委会对有关专项工作进行满意度测评，对审议意见进行跟踪督办。

【法律监督】 2020年，区人大常委会认真抓好法律监督，保障法律贯彻实施。听取和审议区法院适用认罪认罚从宽制度工作情况的报告，加强人权司法保障，优化司法资源配置，加强与公安、检察、司法机关的沟通协作，解决工作中存在的问题，形成合力，共同推动适用认罪认罚从宽制度的开展，努力提高刑事诉讼审判效率，促进司法公正。听取和审议区政府关于开展社区矫正工作情况报告，提出进一步加强社区矫正工作，加大经费投入，充实社区矫正队伍，完善社区矫正协调机制，强化信息共享等意见建议，助推社区矫正进一步融入社会工作，努力减轻司法成本和社会成本，取得良好社会效果和法律效果。

区人大代表和信访工作

【代表工作】 2020年，区人大常委会把提升代表履职能力水平作为基础性工作，强化代表履职平台建设。

代表培训学习　年内，区人大常委会为每位人大代表订阅《全国人大》《广西人大》《北海人大》等刊物，推动集中学习培训与个人自学相结合。分别组织人大代表到崇左市委党校开展“新时代人大工作和红色革命精神”专题教育培训，到北海市委党校开展代表履职能力培训，提升代表理论知识和思想政治水平。

代表工作制度建立　年内，区人大常委会推行常委会组成人员联系基层代表和群众制度，深入街道、社区、农村调研，督促指导代表联络站（点）建设和突出“十有”“十个一”软硬件设施建设。创新建设直选代表履职活动清单管理机制，在北部湾社区、茶亭路社区、海角大道社区试点推行代表履职测评制度，做到代表联系群众规范化和制度化。组织代表开展小街小巷建设视察调研工作，提出改进意见，支持督促财政资金超八成投入民生领域。各站点抓好特色制度的建设，北部湾社区代表联络站的“三访三动”制度，茶亭路社区的“茶亭十联”制度等，为基层人大代表开展履职活动提供制度保障。

代表履职平台建设　年内，区人大常委会创建以北部湾社区、茶亭路社区、西藏路社区、海角大道社区和翁山村委会为示范的10个代表联络站和31个代表点，搭建代表履职平台。

代表主题活动　年内，区人大常委会按照自治区人大“混合编组、多级联动、履职为民”工作部署，各代表联络站（点）组织各级人大代表300多人次入站开展“推动爱国卫生运动，强化疫情防控，倡导文明

2020年12月8日，北海市人大常委会主任刘志明（前排左三）一行在区人大常委会主任曾伟（前排右三）、副主任刘文（前排左一）的陪同下，到东街街道茶亭路社区调研　　区人大办供图

健康”主题活动，得到自治区党委、自治区人大常委会、北海市人大常委会领导的好评，获《北海日报》宣传报道，海城区人大常委会在自治区人大常委会召开的工作经验交流会上代表北海市一县三区做经验交流。北部湾社区人大代表联络站“三访三动”工作经验得到上级各级人大好评并多次接受自治区内外人大前来参观学习。

督办代表意见建议　年内，海城区人大代表提出的意见建议51件。区人大常委会加强跟踪督办力度，召开常委会会议，专门听取和审议区政府关于办理代表意见建议情况的报告，代表对意见建议办理情况满意率100%。宁愈莲、黄洁等代表提出的在滨海路段增设人行横道，谢振宁、欧雪萍等代表提出的关于关注职工心理健康，构建和谐劳动关系的意见建议都得到较好落实。

【信访工作】 2020年，区人大常委会把做好人大代表和人民群众的来信来访工作当作了解社情民意、倾听群众呼声、反映群众诉求、帮助群众解决困难的重要工作来抓。年内，区人大常委会共接待来访群众5人次，受理信访件21件，来信来访均能按职权范围内予以热情接待和认真答复，推动信访问题妥善处理，为化解社会矛盾、解决群众合法权益发挥积极作用。11月，在自治区人大系统信访工作经验交流会上，自治区人大常委会领导肯定了区人大常委会的信访工作。

（陈治兰）

北海市海城区人民政府

区政府综述

【区政府工作概况】 2020年，海城区政府坚持以习近平新时代中国特色社会主义思想为指导，深入贯彻落实中共十九大和十九届二中、三中、四中、五中全会精神，全面贯彻落实区委的工作部署，在区人大、区政协的监督支持下，坚持稳中求进的工作总基调，扎实做好“六稳”（稳就业、稳金融、稳外贸、稳外资、稳投资、稳预期）工作，全面落实“六保”（保居民就业、保基本民生、保市场主体、保粮食能源安全、保产业链供应链稳定、保基层运转）任务，疫情防控取得重大成果，经济持续恢复向好，“十三五”规划确定的目标任务总体完成，决战脱贫攻坚、全面建成小康社会取得决定性成就，为开启全面建设社会主义现代化海城新征程奠定坚实基础。受疫情和各种因素影响，部分经济指标难以完成年初确定的目标任务，全区地区生产总值下降2.7%，但经济发展仍呈现不少新亮点。地区生产总值、第三产业增加值、社会零售品销售总额、城镇居民收入等总量位居市辖县区第一。第三产业增加值比上年增长12.7%。规模以上营利性服务业营业收入比上年增长68.1%，总量占全市的83.3%。城镇居民和农村居民人均可支配收入比上年分别增长3.6%和8.0%。年内，海城区上榜全国农村承包地确权登记颁证工作典型地区，成为北海市唯一获此殊荣的县区。

【疫情防控】 2020年，面对突如其来的新冠肺炎疫情，海城区政府坚持人民至上、生命至上，积极应对中心城区人流物流密集的严峻考验，严格落实“四早”（早发现、早报告、早隔离、早治疗）措施，投入疫情防控专项资金1200万元，发动各界人士捐款捐物折款600多万元，建立城区大战区、街道小战区、社区细网格的三级防控体系，由街道“大工委”、社区“大党委”协同区直部门分片包干467个“小网格”，推动机关干部、公安民警、志愿者下沉基层网格。组织区直部门单位630多名党员干部深入村（社区）一线，招募2737名党员志愿者协助655个“三无小区”开展群防群控、联防联控。疫情得到初步控制后，进一步完善“外防输入、内防反弹”各项措施，扎实做好常态化疫情防控。在确保安全稳妥的前提下，全面有序推动复工复产复学。深入开展“大走访大调研大服务”活动，实施走企连心解困、护商除乱、问政督效行动，帮助企业特别是中小微企业渡过难关。在北海市率先上线企业开复工审核平台。与北海市小微企业融资担保公司合作，为160家企业提供融资担保，12月底在保余额超过6亿元。落实各类补贴补助3406万元，减税降费3.18亿元。分批分次安全有序推进复教复学，6月1日，实现全面复学。疫情期间，广大党员干部特别是医务人员、社区工作者放弃休息、投身防控一线，广大群众积极支持配合防控工作，举全区之力筑起抗击疫情的强大防线，守住一方平安，交出大战大考的优异答卷，取得疫情防控和经济社会发展“双战双胜”的成绩。

【产业转型】 2020年，海城区政府以新经济引领产业转型，三次产业结构的比例调整为5.3∶32∶62.7。科学研究和技术服务业收入比上年增长547.5%，总量和增速均位居市辖县区第一。持续推进高端服务业集聚区建设，引进广西农实实业投资有限公司等5家非总部经济类高端服务业企业。大力推进“旅游+”融合发展，涠洲岛南湾鳄鱼山获评国家AAAAA级旅游景区，全区实现旅游收入285.74亿元。鼓励支持企业科技创新，中海石油涠洲作业公司新采油平台等项目开工。加快现代农业提质增效，海城区农产品加工集聚区通过市级验收，申报广西农产品加工示范企业3家，培育创建现代特色农业示范点8个，以食用菌、绿色果蔬为代表的农业品牌效应不断提升。建成66.67公顷海水珍珠养殖基地。引进广西精工海洋科技有限公司投入2亿元建设精工南珠海洋牧场，实现广西民营企业海洋牧场建设零的突破，获国家级海洋牧场示范区称号。

【脱贫攻坚】 2020年，海城区政府严格落实“四个不摘”要求，深入开展“拉网排查、问题清零”行动和“五个一遍”活动，新时代脱贫攻坚目标任务如期完成。加大贫困帮扶力度，投入财政专项扶贫资金700多万元。突出抓好产业扶贫，实施产业扶贫项目12个。促进贫困群众稳定脱贫，建档立卡贫困户外出务工率达88%。扎实推进脱贫攻坚与乡村振兴有效衔接。加快村庄规划“多规合一”，完成5个行政村村庄规划编制工作。加快农村一二三产业融合发展，村集体经济收入全部超过6万元。高德街道赤西村、地角街道流下村成功创建北海市乡村振兴示范村，流下村入选第二批全国乡村旅游重点村。

【项目建设】 2020年，海城区政府成功举办“三企入桂”合作恳谈会暨项目集中签约仪式，签约“三企入桂”项目26个，合同投资总额96亿元。持续推行招商引资“一把手”工程，招商引资项目67个，实际到位资金93.6亿元，完成年度目标任务的110.17%；新签约5G+智慧社区、保利通信数字经济产业园等项目51个，合同投资总额220亿元。持续开展“重大项目落地建设投产助推行动”，5个中央预算内投资项目开工率100%，投资支付率、投资完成率均超额完成年度目标任务，连续8期、16次进入自治区红榜；5个自治区层面统筹推进的重大项目投资完成率达160.9%；17个市级重点项目开工，9个项目竣工，投资完成率达106.33%。北海·新鸥鹏教育产业城图书馆开馆，东盟国际商贸城富安居家居建材广场建成并投入运营。组织签订中电北部湾信息港、惠科光电智能显示终端产业新城等项目征地协议320公顷，2019—2020年获批的9个批次建设用地交付使用，协议签订率和清场率达98.3%。

【深化改革】 2020年，海城区综合福利院入选全国公办养老机构改革优秀案例，是广西唯一获此殊荣的县区。启动基层治理改革集成试点工作，成为北海市唯一列入自治区试点的县区。基层残联组织专项改革“海城模式”在广西推广。成功入选广西教育教学改革示范区创建名单。深入推进供给侧结构性改革，稳妥清理“僵尸企业”，依法完成北海市造船厂、北海市桂南饮料厂破产清算工作，妥善安置企业职工，收回国有工业用地6.39公顷。完成政府投资平台公司合并，资源配置得到优化。深入实施知识产权强区战略，每万人拥有发明专利数位居市辖县区第一，北海银河科技产业城被评定为国家级小微企业创业基地，北海安讯科技有限公司获广西科学技术进步三等奖。

【营商环境优化】 2020年，海城区政府持续优化营商环境，率先在全国启用企业开办“7合1”一网通办+智能秒批营业执照系统,企业开办实现一点登录、一键审批;清理拖欠民营企业中小企业账款235万元,缓解企业资金压力,提振企业发展信心。

【民生保障】 2020年,海城区民生支出10.16亿元,比上年增长12%,占比达84%。扎实开展"双创"(创建国家卫生城市、创建全国文明城市)工作,成功创建国家卫生城市。坚持把改善生态环境作为最普惠的民生福祉,全力以赴打赢污染防治攻坚战,生态系统格局整体稳定。投资7.6亿元的1801条背街小巷改造提升工程项目完工,25个老旧小区改造项目开工,13座市政公厕建成并投入使用,垃圾分类工作有序推进。加快实施学校建设"三三零"工程,海城区第二小学南珠校区和海城区第八小学银河校区教学楼全面竣工并正式启用。大力实施"薄改"项目,维修4所学校教学楼及综合楼。加快发展普惠学前教育,新建、扩建4所公办幼儿园,组建5个学前教育集团,公办幼儿园在园幼儿占比超过50%,普惠性幼儿园覆盖率达84%。争取抗疫特别国债9760万元,加快建设一批医疗卫生项目,区疾控中心主体已完成验收,泰和苑社区卫生服务中心开业。实现北海—钦州—防城港就医结算一体化,医保公共服务进一步优化。保持就业持续稳定,城镇登记失业率3.03%,成功引进两个市级退役军人创业就业孵化基地。实行政府购买居家养老服务新模式,老年人生活质量进一步提升。困难群众、退休人员生活保障水平继续提高,发放各类补助金1.04亿元。切实维护被征地农民合法权益,6200名被征地农民参加基本养老保险。深入开展解决老百姓"三事"行动,打造了一批社区"解忧超市"。统筹抓好防灾减灾救灾和应急管理,深入开展"强监管严执法年"专项行动,安全生产形势持续稳定向好。不断强化食品药品安全监管,连续三年食品安全工作评议考核被评为A级。建成14个"智慧小区""海城样本"获自治区领导点赞。

【综合治理】 2020年,海城区自主研发"涉案财物管理信息平台",在自治区涉案财物突出问题集中整治现场会上做经验介绍。群众对扫黑除恶专项斗争成效评价、社会稳定动态工作考评排名在广西111个县区中分别位列第七位和第二十五位,居市辖县区第一。侦破7件17年以上陈年命案积案,实现2018年以来现发命案侦破率100%,攻坚成果两次得到自治区领导肯定性批示。连续两次在自治区打击盗窃犯罪专项行动推进会上做经验介绍。连续四年重大敏感节点"零非访"。平安建设成效进入广西第一方阵,群众安全感、满意度再创新高。 (蔡卓丽)

区政府重大决策

【生活垃圾分类制度实施】 2020年,海城区政府贯彻落实中共中央、国务院、自治区和北海市的部署要求,扎实开展海城区生活垃圾分类收集处理工作,推进落实生活垃圾无害化、减量化和资源化处理,提高环境卫生水平,制订《海城区生活垃圾分类实施方案》。年内,实现公共机构生活垃圾分类全覆盖,1个街道基本建成生活垃圾分类示范片区。工作任务为:推进生活垃圾源头分类管理,提升生活垃圾分类覆盖率;提升管理水平,建立完善垃圾分类处置体系。实施步骤为:2020年3月底前建立生活垃圾分类工作管理机构;2020年4月至2022年12月,建立海城区生活垃圾分类示范教育宣传基地;2023年1月至2025年12月,基本建成生活垃圾分类处理系统。 (卢世华)

【国家生态文明建设示范区规划(2019—2025)实施】 2020年,海城区政府为进一步落实中共十九大精神,发挥海城区生态环境优势,提出建设国家生态文明建设示范区的目标,印发实施《北海市海城区国家生态文明建设示范区规划(2019—2025)》。规划总体目标为:生态文明建设取得重大进展,国土空间开发格局进一步优化,自然资源高效利用,生态环境质量总体改善,生态文明制度基本确立,生态文明主流价值观在全区得到普遍推行。至 2023 年,全面达到国家生态文明建设示范区各项指标要求。至 2025 年,生态文明建设水平明显提升,国家生态文明建设示范区创建成效显著。规划范围包括海城区全域,含东街、中街、西街、海角、地角、高德、驿马 7 个街道和涠洲镇 1 个镇,43 个社区,19 个行政村。规划基准年为 2018 年,规划期限为 2019—2025 年。规划近期为 2019—2023 年,为全面启动和重点攻关阶段;规划远期为 2024—2025 年,为巩固提升和深化、拓展阶段。 (王飞杨)

区政府重大政务活动

【考察新鸥鹏文化教育控股集团有限公司】 2020 年 6 月 17 日,海城区区长裴相春到西安开展投资促进活动,与西安曲江新鸥鹏文化教育控股集团有限公司就相关领域合作等事宜进行洽谈,并实地考察。

【教师节慰问活动】 2020 年 9 月 9 日,第 36 个教师节前夕,区长裴相春,区委常委、宣传部部长、副区长叶卫国等领导代表区四家班子到海城区第六小学等学校,看望慰问一线教师代表,倾听奋战在教育一线教师的心声,向全区广大教师和教育工作者致以节日问候和美好祝福。

【背街小巷改造工作督导】 2020 年 8 月 27 日,区长裴相春率队到辖区街道各背街小巷施工现场开展督导检查,重点督查各背街小巷施工建设进度以及施工中遇到的问题和困难。裴相春一行首先到东街街道黄海路社区,听取徐屋南片区背街小巷建设工作进展情况汇报,实地查看背街小巷施工现场。裴相春要求,相关部门

2020 年 6 月 17 日,海城区区长裴相春(左排左二)到西安曲江新鸥鹏文化教育控股集团有限公司考察 区政府办供图

2020 年 9 月 9 日,第 36 个教师节前夕,区长裴相春(左五),区委常委、宣传部部长、副区长叶卫国(右四)到海城区第六小学慰问教师代表 区政府办供图

要根据天气情况，加强沟通协调，合理安排施工时间，加快推进沥青路面的铺设进度，确保按时按质完成背街小巷工程任务。当天，裴相春还到西街街道广场西里社区、贵州南路社区、地角街道下寮社区等地开展督查。区委常委、宣传部部长、副区长叶卫国参加督导检查活动。

【“三企入桂”合作恳谈会暨项目集中签约仪式举行】 2020年9月17日，海城区举行“三企入桂”合作恳谈会暨项目集中签约仪式，签约引进保利通信数字经济产业园等26个项目，总投资约96亿元。项目涵盖文旅、教育、数字经济、5G互联网、海洋经济、生产性及科技服务、现代物流、商业地产、文化娱乐、新能源等领域。26个项目中央企项目5个、湾企项目2个、民企项目19个。其中：保利通信数字经济产业园项目总投资10亿元，占地约6公顷，建设内容为高端科技商务楼及配套设施；5G+智慧社区项目总投资5.8亿元，计划对海城区所有社区进行智慧化改造；地之角“不夜港”综合智慧能源项目总投资2亿元，引进“互联网+智慧能源”理念，以现代技术打造“不夜港”；北部湾海域深水抗风浪网箱生态养殖及休闲旅游项目总投资3.5亿元，海域面积266.67公顷，涵盖深海网箱养殖、生态治理、休闲旅游等。年内，海城区共引进“三企入桂”项目31个，投资总额358.5亿元。

【“中国农民丰收节”暨农特(扶贫)产品展销活动举办】 2020年9月26日，2020年海城区庆祝“中国农民丰收节”暨农特(扶贫)产品展销活动在高德街道赤西村举办。市民、游客与农民共同体验和分享收获的喜悦，感受乡村振兴的新变化。年内，海城区大力引进推广种植优良高产水稻品种，超额完成上级下达的粮食生产任务；落实自治区农产品加工及全产业链开发项目补助资金272.5万元，培育玖嘉久、万景等一批农产品加工标杆企业，农产品加工水平得到提升；创建各级现代特色农业示范区(园、点)13个，带动农民群众发展特色种植业；大力发展海洋经济，努力创新海洋开发模式，引导海洋牧场、海水养殖业向深远海、生态型养殖模式转型升级。

【森林防灭火工作检查】 2020年10月22日，区长裴相春率队到冠头岭林区检查森林防灭火工作，对冠头岭森林消防通道建设等工作进行调研。裴相春强调，重阳节期间冠头岭森林防灭火责任重大，任务艰巨，各有关部门和地角街道要充分认识秋冬季节森林防火面临的压力，牢固树立责任意识，压实责任落实措施，全力做好重阳节森林防灭火工作。裴相春一行实地勘查林区植被的密集度，听取了相关部门负责人的工作汇报。裴相春要求，各相关部门和街道办要严格落实市政府的统一部署，盯紧重点时段、重点地域，进一步加强火源管控、隐患排查和巡山排查力度，努力实现全区重阳节期间零火情，确保全区森林防灭火形势平安稳定。

【首届流下村文化艺术节开幕】 2020年11月24日，为期3天的“流下盛宴·山海相约”首届流下村文化艺术节在海城区地角街道新营社区流下村拉开帷幕。流下村是北海市正在创建的10个乡村振兴示范村之一。艺术节充分利用文化艺术成果，把流下村的特色、亮点与乡村振兴有机融合在一起，完善流下村基础配套设施，培育一批以高端民宿业、特色餐饮业、海洋运动业、艺术产业、旅游文创业等为代表的流下品牌，推动流下村乡村振兴和文旅产业深度融合。

（徐辉翌　黄家伟）

区政府重要会议

【区政府常务会议】 2020年，区政府共召开第十届政府常务会议16次。

第58次常务会议　1月10日召开，区长裴相春主持。会议传达学习中共中央总书记、国家主席、中央军委主席习近平 2019 年以来关于扶贫工作重要论述精神，听取全区落实自治区脱贫攻坚“四合一”反馈问题和工作情况汇报，研究下一步工作措施。

第 59 次常务会议　1 月 10 日召开，区长裴相春主持。会议传达学习中央经济工作会议精神并研究贯彻落实措施，审议并原则同意《北海市海城区招商引资接待工作管理意见》《海城区机关事业单位离退休人员生活补助发放方案》。

第 60 次常务会议　2 月 21 日召开，区长裴相春主持。会议传达学习中共中央政治局常务委员会关于研究加强新型冠状病毒感染的肺炎疫情防控工作会议及习近平重要讲话精神，听取全区新型冠状病毒感染肺炎疫情防控工作情况汇报，研究部署下一阶段工作。

第 61 次常务会议　2 月 21 日召开，区长裴相春主持。会议传达自治区纪委通报的 4 起扶贫领域腐败和作风问题典型案例以及海城区的案例，审议并原则同意海城区 2020 年财政专项扶贫资金发展贫困村旅游产业扶持项目实施方案。

第 62 次常务会议　2 月 21 日召开，区长裴相春主持。会议组织学习《优化营商环境条例》，研究 2019 年创建国家文明城市国家检查冲刺阶段突击“三无小区”环境整治、“创城”宣传经费有关事宜，研究 2019 年第四季度海城区小街小巷维修改造道路工程建设经费有关事宜。

第 63 次常务会议　3 月 30 日召开，区长裴相春主持。会议传达学习中共中央总书记习近平和自治区党委书记鹿心社关于决战决胜脱贫攻坚的讲话精神，并研究贯彻落实措施。

第 64 次常务会议　3 月 30 日召开，区长裴相春主持。会议组织学习《广西壮族自治区人民政府办公厅印发关于进一步提高政府系统执行力若干规定的通知》《广西壮族自治区根治拖欠农民工工资工作领导小组办公室关于印发贯彻落实保障农民工工资支付条例工作方案的通知》。会议审议并原则同意《北海市海城区人民政府工作报告(送审稿)》。

第 65 次常务会议　5 月 21 日召开，区长裴相春主持。会议听取全区扫黑除恶专项斗争工作尤其是开展“一十百千万”“六清”行动工作情况汇报，并研究部署扫黑除恶工作。

第 66 次常务会议　5 月 21 日召开，区长裴相春主持。会议传达学习中央领导关于遏制农村乱占耕地建房蔓延势头的批示精神并研究部署贯彻落实措施。会议听取全国“两会”期间海城区安全生产工作汇报并研究部署全区安全生产专项整治三年行动。

第 67 次常务会议　6 月 24 日召开，区长裴相春主持。会议传达学习全国“两会”精神，听取上半年全区防灾减灾救灾和安全生产情况汇报并研究部署近期防汛防洪及下半年应急管理工作。研究人大代表建议、政协委员提案办理工作。

第 68 次常务会议　7 月 15 日召开，区长裴相春主持。会议听取全区禁毒工作、市场监管工作汇报，并分析研究部署下一步工作。会议审议并原则同意《北海市海城区秸秆露天禁烧区划定方案》《关于建设北海市海城区高端服务业集聚区之第二期合作协议》。

第 69 次常务会议　9 月 30 日召开，区长裴相春主持。会议传达学习全国、自治区关于做好疫情防控工作的会议精神，听取海城区疫情防控工作汇报，并研究部署海城区下一步工作。会议审议并原则同意北海市疫情防控工作先进集体和先进个人推荐名单。

第 70 次常务会议　9 月 30 日召开，区长裴相春主持。会议传达学习中央、自治区领导关于合村并居问题的批示精神并研究贯彻落实措施。会议听取区人口普查工作情况汇报并研究人口普查经费相关事宜。

第 71 次常务会议　11 月 25 日召开，区长裴相春主持。会议传达学习中共中央总书记习近平在深圳经济特区建立 40 周年庆祝大会上的重要讲话精神，传达学习中共中央总书记习近平和国务院总理李克强在第七个国家扶贫日到来之际对脱贫攻坚工作做出的重要指示批示。会议审议并原则同意《2020年海城区社区专职工作人员提高待遇方案》《海城区乡村教师生活补助实施方案》。

第72次常务会议　12月2日召开，区长裴相春主持。会议传达学习习近平在第十七届中国—东盟博览会和中国东盟商务与投资峰会开幕式上的致辞、习近平在中央全面依法治国工作会议上的重要讲话精神。会议研究拨付2020年中街街道背街小巷提升畅通行动工程第一期进度款相关事宜。

第73次常务会议　12月15日召开，区长裴相春主持。会议听取区落实各级生态环境保护问题整改完成情况的报告。会议审议并原则同意《北海市海城区义务教育(小学)学校布局专项规划(2020—2030)》《海城区社区服务中心大楼托管用作居家和社区养老服务中心方案》。

2020年11月26日，2020年海城区政企座谈会召开
区政府办供图

【区政府其他重要会议】

创建全国文明城市、国家卫生城市冲刺动员大会　2020年5月6日召开。会议要求全区上下统一思想、振奋精神、齐心协力，以背水一战、志在必胜的信心，全力以赴打好打赢"双创"攻坚战。

优化营商环境工作推进会　2020年5月6日召开。会议深入贯彻落实自治区、北海市相关会议精神，分析当前形势，研究部署下一阶段工作，全力打好优化营商环境这场硬仗，让一流营商环境成为海城区项目建设、招商引资、固定资产投资的"金字招牌"。

2020年人大代表建议、政协委员提案交办会　2020年7月1日召开。通过集中交办的形式，进一步明确任务、落实责任、把握标准，安排部署好全年的办理工作。

2020年创建全国文明城市、国家卫生城市暨迎接营商环境第三方评估决战决胜动员大会　2020年8月27日召开。会议传达贯彻落实北海市委、市政府相关会议精神，通报分析海城区在"双创"工作和营商环境建设中存在的突出问题，统筹部署迎检迎考工作。

背街小巷提升畅通行动工作推进会　2020年9月10日召开。会议学习贯彻9月9日北海市背街小巷提升畅通行动工作推进会精神，研究部署下一步工作。会议强调，要统一思想，提高认识，理清思路，增强信心，迎难而上，确保按质完成背街小巷建设任务，助力创城工作夺取最后胜利。

2020年海城区政企座谈会　2020年11月26日召开。会议进一步畅通政企沟通渠道，优化营商环境，帮助企业解决实际困难，发展壮大海城区民营经济。　（徐辉翌　黄家伟）

机关事务服务工作

【机关事务机构及工作概况】

2020年，北海市海城区机关后勤服务中心(简称区机关后勤服务中心)创新工作方法，提高服务质量，坚持以建设节约型机关为目标，不断健全机制，科学谋划，加强管理，积极完成公共机构节能、办公用房管理和公务用车平台建设等机关后勤服务工作，促进机关事务和疫情期间后勤保障等工作有序开展。年内，区机关后勤服务中心获自治区机关事务管理局全区机关事务优秀集体的通报表扬。

【疫情防控工作】 2020年，区机关后勤服务中心认真贯彻落实区委、区政府关于切实做好新型冠状病毒感染的肺炎疫情防控的部署，加强对疫情防控后勤有关方面工作的服务。从1月24日（农历除夕）开始，区机关后勤车队负责南珠汽车站、海运码头、火车站等场所发热旅客的接送，负责走街串巷宣传防疫知识，负责运送各类防护医疗物资并统一管理，负责运送消毒水、防护服、防疫口罩、酒精等防控物资给各单位和防控一线，共计出动车辆500余辆次。在各机关办公区门口安排人员测温，对各办公区、会议室及食堂进行防控消杀，安排人员到社区值守排查疫情，坚决做好新型冠状病毒感染的肺炎疫情应对处置工作，把好机关办公区疫情防控第一关。

【机关办公用房统筹】 2020年，区机关后勤服务中心按照“建新交旧”“调新交旧”的原则，统筹解决区统计局、区应急管理局、区教育局、区科技局、区科协等10多个单位的办公用房问题，改善机关单位的办公用房条件。区机关后勤服务中心作为业主单位建设的中山路社区党群服务中心是北海市年内重点建设项目。年内，统筹协调海角街道办事处、区海洋局办公区办公用房回收再利用等问题，维修改造后，整合相关单位进驻办公。全年办公用房维修改造面积超过1.1万平方米。

2020年5月12日，区机关后勤服务中心安排专业人员对海城区人大、政协“两会”会场开展疫情防控消杀　　区机关后勤服务中心供图

【机关服务管理】 2020年，区机关后勤服务中心认真做好细化机关服务管理工作。水电设备设施方面，加强对机关各办公楼的水、电设备的维护维修，安排专人定时进行日常电气设备和线路的安全巡查，及时更换残旧设备，排除各类安全隐患。保洁、绿化方面，坚持每天都进行机关的卫生清洁，安排绿化管理员定期对各种观赏类植物修剪、整形、美化和病虫害防治，定期更换室内盆景；全年病虫害防治20次，移栽草坪约200平方米，更新盆栽花卉50余盆。会务安排方面，合理调配会议室的使用，切实做好会场的卫生保洁、会场布置和会议室设备的维护保养，安排专人负责会议音响和会议用水的服务工作，为机关的会议召开提供良好的会务服务；全年提供会议服务400余次，特别是区党代会和区人大、政协“两会”等一系列重要会议的会务工作都做好细致准备，保证会议的顺利举行，得到了区领导的肯定。安全保卫方面，继续加强海城区机关办公场所安保执勤力量，通过政府采购聘请专业保安公司负责全区8个办公区域的安保工作，确保全区办公区域的安全保卫；严格执行人员出入、车辆管理登记制度，加强夜间巡逻，维护机关大院正常工作秩序。

2020 年 7 月 4 日，区机关后勤服务中心联合区发改局在北海市工人文化宫前举办新能源汽车推广暨创建全国文明城市活动

区机关后勤服务中心供图

【节能工作】 2020 年，区机关后勤服务中心认真推进全区垃圾分类等工作，购置垃圾分类垃圾桶 300 余组，分发全区各部门。较好地完成全区公共机构 2020 年的各项节能工作任务及降耗目标。7 月 4 日，联合区发改局在北海市工人文化宫前举办新能源汽车推广暨创建全国文明城市活动，印发生活垃圾分类手册及节能知识宣传手册共计 2000 份，发放节能宣传标语扇子 300 把，积极倡导全区干部职工和广大市民参与，扎实做好自治区节约型机关创建工作。截至年底，在机关各办公区累计完成充电桩建设 45 个，推广试用新能源汽车 70 余次。

【公车平台建设】 2020 年，区机关后勤服务中心根据上级有关公务用车制度改革精神以及北海市、海城区公务用车管理信息平台建设要求，牵头完成公车管理平台建设，将原保留车辆集中纳入平台统一管理，通过平台信息管理系统对车辆出行情况进行记录。区机关后勤服务中心管理的公务车辆 49 辆，除部分车辆涉密及残旧无法正常使用外，其余的车辆均装上北斗定位车载终端，接入公务用车管理服务平台。区辖执法单位保留的 36 辆执法执勤车辆，也全部纳入公务用车平台管理。各单位通过电脑、手机 APP 登录公车平台可 24 小时申请公务用车，管理人员收到申请后进行审核派车。实现公务用车管理服务平台化、信息化工作，建立全区公务出行服务和监督管理“一张网”，有力保障全区的公务出行。全年派车 1500 辆次。

【食堂服务管理】 2020 年，为提升机关食堂膳食服务质量，保证饭菜品种和质量，满足不同需求，区机关食堂每日荤素菜搭配，更换不同菜色，制定较为全面的营养菜谱。创新食堂服务管理，利用网络，建立微信服务群，将每天饮食的菜单发至微信服务群告知，接受大院职工的建议或意见，及时改进。区机关后勤服务中心严格把关食堂的食品卫生安全，每日对餐厅环境进行清洗、打扫，对食

2020 年 9 月 30 日，区直属机关工委联合区机关后勤服务中心在区机关食堂举办“国庆吃面”活动，开展节约粮食、反对浪费的宣传

区机关后勤服务中心供图

用碗筷进行规范的清洁、消毒，不定期开展环境卫生大排查，及时发现和改进卫生盲区，邀请区食品监管部门工作人员专场指导，建立机关食堂食品卫生安全网。9月30日，区机关工委联合区机关后勤服务中心在机关食堂举办“国庆吃面”活动，开展节约粮食、反浪费的宣传活动，倡导干部职工杜绝舌尖上的浪费。在机关大院附近增加不同风格的餐饮店9家，不断提高机关食堂服务水平。此外，大力支持扶贫产品的采购和销售，全年共计采购扶贫产品10多万元，助力销售扶贫产品5万多元，帮助贫困户增加收入。（张迪）

2020年10月13日，群众在区政务服务中心窗口办理业务

区政务服务中心供图

政务服务工作

【政务服务机构及工作概况】 北海市海城区政务服务中心（简称区政务服务中心）是北海市海城区人民政府办公室直属财政全额拨款正科级事业单位，主要职责是推进行政审批项目集中办理，组织区级各职能部门为社会公众和行政管理相对人提供咨询，办理行政许可事项与公共服务事项，并进行规范和监督管理；负责组织审查区级各有关职能部门行政审批和审核事项的授权，并受理相关投诉；负责对涉及两个以上部门行政审批项目联合审批的组织协调；负责对进驻政务服务中心的窗口单位及工作人员进行管理、考核、考评和奖惩。2020年，区政务服务中心认真做好政府信息公开、公共资源统一平台交易、依申请行政权力事项集中办理、“一事通办”改革等工作。

【政府信息公开】 2020年，区政务服务中心强化区政府门户网站作为政务公开政府信息公开主要载体和第一平台的作用，在区政府门户网站设立政府信息公开专栏，并将公众关注度较高的信息发布到门户网站，使公众网上查阅、了解信息更加便捷。年内，全区各部门在区政府门户网站发布政务要闻、工作动态、规范性文件、人事信息、财政预决算、行政审批、教育、医疗、计划生育、重大政策措施、重点工程项目等20余类涉及群众切身利益内容的政府信息。

【公共资源统一平台交易】 2020年，按照“应进必进”的原则，海城区积极推进公共资源交易项目进入统一平台集中交易。建筑工程、服务、货物采购等各类公共资源交易项目按要求进入北海市公共资源交易平台交易，海城区进入北海市公共资源交易中心交易的金额6070.68万元，交易量79次，节约资金296.1万元。

【依申请行政权力事项集中办理】 2020年，海城区各部门将本部门行政许可、行政征收、行政给付、行政确认、行政奖励、行政裁决、其他行政权力事项和公共服务事项等，统一纳入区政务服务中心集中办理。年内，进驻区政务服务中心集中办理的事项共804项，其中行政许可297项、行政征收8项、行政给付26项、行政确认49项、行政奖励35项、行政裁决8项、其他行政权力事项110项、公共服务事项271项。

【“一事通办”改革】 2020年，根据《北海市海城区人民政府关于印发北海市海城区推进“一事通办”改革若干措施的通知》，海城区部署开展“一事通办”改革工作，将任务细化分解落实到各级各部门，限时推进。编制“一次性告知”“最多跑一次”“一次不用跑”3张清单，依托广西数字政务一体化平台，推进政务服务事项“网上办”，进一步提升服务效能。年内，区直各部门进驻区政务服务中心网上可办率100%，“最多跑一次”行政许可事项比例占90.57%，依申请公开6类事项比例占93.01%；“一次不用跑”行政许可事项有15项，比例占5.05%。 （李梓毓）

应急管理

【应急管理机构及工作概况】 2020年，北海市海城区应急管理局（简称区应急管理局）扎实做好安全生产监督管理和自然灾害防御工作，取得新的成绩。

【安全生产专项行动】

安全生产专项整治三年行动 2020年，区应急管理局按照安全生产专项整治三年行动“第一年打基础”的要求，牵头印发涉及2个专题实施方案和6个专项整治实施方案，按照动员部署、排查整治、集中攻坚、巩固提升四步走的流程开展危化品、烟花爆竹、消防安全、渔港渔船、工业园区、危险废物等行业领域专项整治。建立并不断完善由区委、区政府领导班子带头部署、调研，区重点行业领域主管部门开展隐患排查治理、区安委办（设在区应急管理局）督促整改的安全生产专项整治三年行动专班制度，逐步建立起“两个清单”（风险隐患清单、制度措施清单）制度，强化问效问责。

重点行业领域安全监管 2020年，区应急管理局不断强化重点行业领域安全监管，提高安全监管执法队伍建设水平。对重点行业领域紧抓不放，累计检查危险化学品、烟花爆竹、工贸行业企业共126家次，重点整治企业安全投入不足，在安全生产制度建设、安全责任落实、员工培训、应急管理等环节不认真、不负责，甚至弄虚作假、违法违规等安全隐患213项，有效消除一批事故隐患。督促企业安全生产责任落实，年内，召开安全生产培训1次、企业主要负责人集体约谈会2次，定期提醒企业负责人时刻绷紧安全生产这根弦，牢固树立安全发展理念。

安全生产“打非治违”行动 2020年，区应急管理局依法打击烟花爆竹非法违法行为，深刻汲取事故教训，强化危化品储存安全专项检查整治等专项行动。危险化学品监管方面，在广西率先打击取缔2家典型非法经营储存属于危险化学品的“环保油”经营单位，得到自治区党委督查组肯定。烟花爆竹方面，联合有关部门开展5次为期2个月的“打非”专项行动，重点检查香烛商铺、贸易集市等可能出现非法经营、储存烟花爆竹行为的场所。

2020年6月30日，海城区召开2020年上半年海城区重点企业主要负责人安全生产集体约谈会暨全区安全生产专项整治三年行动工作培训班

区应急管理局供图

【安全生产执法检查】 2020年,区应急管理局按照“党政同责、一岗双责”及安全生产“三个必须”的要求,深化重点行业领域安全隐患排查治理,不断增强人民群众安全感,特别是在新冠肺炎疫情防控、重大节假日、重大活动期间及时启动海城区二级、三级应急勤务响应,积极指导企业安全复产复工,切实担负起保安全护稳定政治责任。全年制作下达行政处罚决定书28份,安全生产行政处罚罚没款198.37万元,其中监管处罚62.37万元,事故处罚136万元。

2020年4月17日,区防汛抗旱指挥部组织开展防汛培训演练

区应急管理局供图

【隐患排查和事故查处】 2020年,区应急管理局组织各街道、各单位排查并确认2项县(区)级重点督办事故隐患项目,对其中1项被列为自治区级、市级重点督办的重大事故隐患项目,及时督促、协调有关责任整改单位及监管部门按时按要求完成整改。年内,该2项重大隐患均完成整改、验收及销号,对隐患实施闭环管理。年内,区应急管理局严格查处事故,按照“四不放过”和“科学严谨、依法依规、实事求是、注重实效”的原则,共组织事故调查6起,对事故负有责任的单位和人员依法依规严肃处理。

（王瑶）

【防汛抗旱】 2020年,海城区汛情总体较为平稳,对海城区造成较大风雨影响的台风有“鹦鹉”“森拉克”“海高斯”“浪卡”4个台风,数量上与常年基本持平。通过及时启动防御台风应急响应,迅速组织各有关单位落实防御措施,全区没有出现人员伤亡、房屋倒塌等灾情,实现安全度汛的目标。

应急预案修订　年内,区应急管理局及时调整海城区防汛抗旱指挥部成员,明确指挥部各成员单位的职责分工。编制修订《北海市海城区防御台风应急预案(2020年修订版)》《北海市海城区防御洪涝(潮)应急预案(2020年修订版)》《北海市海城区防御干旱应急预案(2020年修订版)》《北海市海城区低温寒潮灾害应急预案(2020年修订版)》4个防汛抗旱相关预案,确保预案的科学性、有效性。

防汛培训演练　年内,区应急管理局组织区公共事务服务大队应急抢险队伍以及有关部门工作人员约40人开展防汛培训演练,采取专家讲解防汛相关业务知识,进一步帮助干部理解机构改革后各部门的防汛职责和具体工作内容,并对水泵、堵水带等防汛应急救灾装备的使用方法进行了现场教学和演练,有效提高海城区防汛抢险队伍作战能力,为快速有效处置汛情奠定坚实基础。

强化物资保障　年内,海城区先后采购价值20余万元的防汛物资,其中大部分物资下发到各街道办事处,切实提升基层防汛应急能力。同时,通过领取上级应急管理部门的下拨物资、建立部门间物资共享机制等方式,进一步提升海城区防汛物资保障水平。

防汛制度落实　年内,区防汛办严格落实汛期领导带班、工作人员24小时值班制度,及时协调处理汛期防汛突发性事件。督促各街道办事处落实街道干部联系近海作业人员制度，明确每一位近海作业人员的联系方式和负责联系的街道干部。组织各街道办事处对居住在低洼地区的居民房屋、海堤和水利工程持续开展风险隐患排查，并对发现的风险隐患逐一落实防范、整改措施。

【防震减灾】

防震减灾工作　2020年，区应急管理局及时调整海城区防震减灾工作领导小组成员，修订完善海城区地震应急预案。组织开展对辖区建设工程地震安全监管检查，发现抗震设防未达标学校1所。进一步加强区防震减灾群测群防“三网一员”队伍建设，组织“三网一员”相关人员参加2020年度北海市防震减灾“三网一员”培训班，提高队伍业务水平。组织辖区学校进行防震减灾科普示范学校申报。年内，海城区第八小学被认定为北海市防震减灾科普示范学校。

地震监测与震害防御　2020年，区应急管理局继续与郭兴修养鸡场、北海市强丰生物科技有限公司、海底世界3个单位签订地震动物宏观观测点协议，每日开展观测，按时向北海市地震监测预报中心报送监测报表。积极指导、检查辖区地震应急避难场所——海城区第十七小学加强避难场所的日常管理和运行维护情况，督促该校做好标志牌设置不规范、设备设施老旧等问题的整改工作。

地震知识科普与应急演练　2020年，区应急管理局结合“防灾减灾日”“安全生产月”“国际减灾日”等活动，采取悬挂横幅、发放传单、播放宣传片等多种形式，进一步普及防震减灾知识，切实提高群众防震减灾意识和知识水平。11月3日，区应急管理局、区教育局在海城区第一实验小学联合组织开展海城区中小学地震应急避险疏散示范性演练，辖区中小学、幼儿园分管领导及海城区第一实验小学家长代表现场观摩。演练过程迅速、有序，增强学校师生防震减灾意识和提高地震中师生的地震应急避震能力，也为其他学校开展地震应急疏散演练活动起到示范和指导作用。

2020年11月3日，区应急管理局、区教育局在海城区第一实验小学联合举办2020年海城区中小学地震应急避险疏散示范演练

区应急管理局供图

【救灾救济】　2020年，区应急管理局开展冬春救助工作，践行人民至上、生命至上理念，认真组织冬春救助需求调查评估，严格按照工作程序，强化资金投入管理，加强跟踪问效，全年全区实施冬春救助受灾群众40户、122人。年内，海城区公园路社区获全国综合减灾示范社区称号，赤西村委获广西壮族自治区综合减灾示范社区称号。

农房政策性保险　年内，海城区完成7个街道、5336户农村住房政策性保险1.52万元保费的支付，增强农民抵御灾害风险能力，切实保障人民群众切身利益。全年全区无农房因灾害倒塌损坏。

社区减灾准备认证　年内，海城区茶亭路社区、铜鼓里社区、新安街社区、下寮社区、前进路社区、外沙社区、西塘社区、高农村、上海北社区、云南南路社区、广场西里社区等11个村（社区）通过自治区减灾准备认证。　（李雨杭）

消防救援

2020 年 6 月 29 日，区消防救援大队指战员在冠头岭扑灭山林火灾
区消防救援大队供图

【消防救援机构及工作概况】北海市海城区消防救援大队（简称区消防救援大队）下辖重庆路消防站、海南消防站、海上消防站、南珠消防站 4 个消防站。2020 年，区消防救援大队配备各类执勤消防车 21 辆、消防船 2 艘，担负着海城区火灾消防、重大灾害事件的抢险救援任务。年内，区消防救援大队团结协作、率先垂范，强化民主集中制落实，带领全体指战员践行习近平训词精神，开展“践行训词精神、担当神圣使命，坚持五个不动摇”主题教育活动，狠抓队伍教育管理，圆满完成以防火灭火为中心的各项工作任务，实现队伍和社会火灾形势“双稳定”。年内，区消防救援大队选送的“救援利刃”孙健兰获得在广西消防公众号主推，老船长黎洪亮作为广西消防救援总队典型进行事迹宣讲。

【综合应急救援】 2020 年，区消防救援大队坚持以实战为标杆抓实全员岗位大练兵，开展提升初战效能、“三知三会”（知基本消防常识、知消防设施器材使用方法、知逃生自救技能，会查改火灾隐患、会扑救初起火灾、会组织人员疏散）训练。年内，区消防救援大队参加北海市消防救援支队组织的季度考核取得 1 次第一名、2 次第二名。区消防救援大队积极探索推进综合保税区小型消防站建设，并投入经费购买个人防护装备等，把该小型消防站编入支队战斗编程，充实辖区消防力量。区消防救援大队结合“双随机、一公开”（在监管过程中随机抽取检查对象、随机选派执法检查人员，抽查情况及查处结果及时向社会公开）消防监督系统合理制订“六熟悉”（熟悉消防责任区的交通道路、水源情况；熟悉责任区内重点单位的分类、数量及分布情况；熟悉责任区内主要灾害事故处置的对策及基本程序；熟悉责任区内重点单位建筑物使用及重点部位情况；熟悉重点单位内部的消防设施情况；熟悉重点单位的消防组织及其灭火救援任务分工情况）计划和演练。年内，全区出动消防救援警情 1866 起，其中火灾救援 91 起，抢险救援 322 起，公务执勤 1310 起，社会救助 143 起，出动车辆 2874 辆次，出动警力 1.58 万人次，抢救被困人员 31 人次，疏散人员 20 人次，抢救财产价值 220 余万元。成功处置环卫路宿舍“2·16”火灾、冠头岭“6·29”山林火灾等各类灾害事故。圆满完成东盟“两会”“五一”“十一”等重大敏感时间节点的消防安全保卫任务。

【消防指导】 2020 年，区消防救援大队提前介入、主动服务、强化监督、跟踪指导，及时提醒企业做好疫情后复工复产消防安全提示工作，对全区 3 家医院、5 家定点隔离酒店等涉疫工作场所开展技术服务指导和熟悉演练。共指导服务重点单位场所160家次，消除火灾隐患280余处。

【消防“生命通道”创建】 2020年，区消防救援大队推动以区政府名义印发《关于加强消防安全管理的通告》，主动勇挑自治区打通消防“生命通道”试点工作。依托东街街道北部湾东社区谭屋小区的改造，升级为打通消防“生命通道”工作试点，在海城区中港城浅水湾小区成功举办2020年海城区打通“生命通道”暨消防车通道整治现场会，并结合消防安全专项整治三年行动、冬春火灾防控、集贸市场专项检查、校外托管机构消防安全检查等工作，强化排查整治火灾隐患。全年共检查单位2800余家，督促整改火灾隐患5000余处，下发处罚决定书45份，临时查封单位8家，罚款金额52.11万元，责令“三停”单位5家，挂牌督办一家重大火灾隐患单位完成整改销案。年内，区消防救援大队联合区综合行政执法局、相关派出所、相关街道等单位开展联合执法57次，打通生命通道60余处，处罚单位25家，罚款3万余元，开展集中曝光40余次，全区120家重点单位及200余家物业服务小区均按要求做好“生命通道”标识化工作。区消防救援大队依托谭屋片区背街小巷改造工程，成功打造首个打通“生命通道”示范点，作为自治区推进市域社会治理打通生命通道消防安全专项整治现场会参观点。

2020年7月10日，区政府组织区应急管理局、区海洋局、渔政渔监、海城公安分局、区消防救援大队等部门在地角内港码头开展伏季休渔期渔港灭火救援联合演练　　区消防救援大队供图

2020年6月23日，区消防救援大队联合区应急管理局、区市场监管局、区综合行政执法局、区卫健局、驿马街道办等部门组成检查组到北京路水果市场开展安全生产三年专项整治行动

区消防救援大队供图

【消防安全演练】 2020年，区消防救援大队积极参加区政府在地角内港码头举办的休渔期渔船火灾扑救演练，演练取得预期效果，既检验了海城区的渔港消防救援能力，又普及了渔港消防知识。

【消防设施保障】 2020年，区消防救援大队把财力集中办大事，队伍正规化建设效果显著。区政府投入经费采购消防车辆器材，并对消防船、消防车辆器材开展维修保养等，进一步夯实作战准备。各消防站结合自身特点，建成休闲驿站、悦读空间、谈心阁等库室，海上消防站完成训练塔建设，推动全区消防站100%建成训练塔，使营区营貌、库室建设规范，提高消防队伍的战斗力。（李卓）

土地房屋征收

【土地房屋征收机构及工作概况】 北海市海城区土地房屋征收中心（简称区土地房屋征收中心）负责海城区辖区范围内土地房屋征收工作。2020年，区土地房屋征收中心以习近平新时代中国特色社会主义思想为指导，落实区委、区政府的工作部署，认真做好重点建设项目、建设用地批后实施项目和拟出让地块部分等的土地房屋征收工作，取得新的成绩。

【重点建设项目土地征收】 2020年，区土地房屋征收中心共需征收重点建设、重点片区土地项目27个，共需征地185.75公顷，完成签订征地协议118公顷，签订率63.52%。完成惠科产业园、中电信息港、冯家江流域水环境工程、向海大道配套用地融资地块、向海大道配套用地回建地、北海市妇幼保健院、北海大道与天津路交会处东北角储备地块、西南大道回建区、驿马回建区配套工程、海城区第二小学新校区门前规划路、武昌路（上海路—河南路段）、湖海路（北星路—南珠大道段）、河南路（北海大道—西南大道段）、重庆路（湖北路交南珠大道段）、湖北路（茶亭路—北部湾东路段）、海城区第二小学南珠校区、北海市规模企业职工住宅配套项目、上海路以西铁路以南储备地、桂电项目、中医院新院区配套用地、廉州湾大道等一批重点项目重点地块征地并如期交付使用；全力推进"双百双新"项目征地搬迁工作，确保新欧鹏教育小镇、中医院配套用地、向海大道用地建设，为北海市项目落地提供用地保障。

2020年12月12日，海城区区长裴相春（左二）到向海大道融资地块检查指导工作　　区土地房屋征收中心供图

【建设用地批后实施项目和拟出让地块土地征收】 2020年，海城区建设用地批后实施项目和拟出让地块已获批准建设用地共有13个批次，需征收土地面积205.67公顷，已完成签订征地协议202.33公顷，签订率98.3%；完成清场202.33公顷，清场率98.3%。

【土地房屋征收补偿标准】 2020年，海城区征地综合地价执行《北海市人民政府办公室关于实施新一轮征地片区综合地价的通知》的标准；青苗及地上附着物补偿执行《北海市人民政府关于实施征地青苗和地上附着物补偿标准的通知》的标准；房屋搬迁继续按《北海市人民政府关于印发北海市辖区集体土地征收及房屋搬迁补偿安置补充规定（试行）的通知》实施公寓楼安置政策，更加规范征地搬迁的程序、房屋搬迁的安置标准及土地征收的补偿标准。

（梅英丽）

民政工作

【民政工作概况】 2020年，北海市海城区民政局（简称区民政局）围绕海城区重点、中心工作，积极发挥民政作用，做好救灾救济、基层政权、优抚安置等相关工作。

【社会救助】

城乡最低生活保障　2020年，海城区共有城市低保户1599户、2919人，农村低保户226户、433人。全年发放城市低保2.74万人次、1303.25万元，月人均补助474.8元；发放农村低保5798人次、209.05万元，月人均补助360.6元。年内，全区纳入农村低保的建档立卡贫困人口37户、89人。

城乡医疗救助临时救助　2020年1月—8月，海城区医疗救助累计1484人次、249.84万元，其中资助参合参保1348人次、21.42万元，门诊、住院136人次、41.31万元，一站式结算支出187.11万元。9月1日起，医疗救助业务移交海城区医保局。

临时救助　2020年，海城区临时救助80人次，发放临时救助金23.1万元。

特困供养　2020年，海城区共有城市特困供养人员106户、106人，发放城市特困供养金791人次、111.8万元；有农村特困供养人员22户、22人，发放农村特困供养金249人次、19.1万元。年内，海城区纳入农村特困的建档立卡贫困人口4户、4人。

城乡低保户专项整治　2020年，海城区共清退城市低保户108户、199人，清退农村低保户90户、200人；增加城市低保户446户、1070人，增加农村低保户86户、179人。

【基层政权和社区建设】 2020年，区民政局协同各部门充分发挥村和社区干部队伍积极性，按规程抓好社区新冠疫情防控；组织将社区工作者信息录入国家系统，推选社区防疫典型并及时上报备选。积极配合区委组织部抓好2021年村（居）“两委”换届前期工作，完成村（居）“两委”成员考核和村党组织书记、主任一肩挑补选工作；配合指导各街道依法抓好社区干部补选、人员调整。继续抓好政务公开，推进村和社区治理；结合创文明城市、乡村振兴等工作指导村和社区修订《村规民约》，充分发挥《村规民约》在推进文明建设中的积极作用。精神障碍社区康复试点工作和农村社区建设试点工作得到推进。

【社会组织管理】 2020年，海城区共有社会团体24个、民办非企业单位264个（其中新成立登记的民办非企业单位31个、社会团体2个；变更登记的民办非企业单位21个；注销登记的民办非企业单位4个）成立登记，完成无证非营利性民办幼儿园的登记注册工作，全面进行网上审批。全面铺开网上年检，参加2019年年检共有168个社会组织，其中民办非企业单位167个，社会团体1个，参加2019年年检的单位年检合格率100%，按时按质按量完成2019年年检工作。年内，热情给驿马幼

2020年11月5日，海城区区划地名工作会议召开　区民政局供图

2020 年 6 月 1 日，区民政局收到蓝天艺术幼儿园赠送的锦旗
区民政局供图

儿园办理更名为蓝天艺术幼儿园，并收到蓝天艺术幼儿园赠送的锦旗。

【区划地名工作】 2020 年，区民政局做好辖区背街小巷命名申报及指导标志设置工作。做好地名普查档案移交、成果转化工作和平安边界创建工作。

【收养登记】 根据《中华人民共和国收养法》和自治区民政厅、自治区公安厅等部门《转发民政部　公安部　司法部　卫生部　人口计生委关于解决国内公民私自收养子女有关问题的通知》以及广西壮族自治区人民政府办公厅《关于做好无户口人员登记户口工作的通知》文件精神，2020 年，区民政局对符合收养条件的家庭给予办理收养登记。全年依法办理收养登记 31 例。 （陈世坤）

人力资源和社会保障

【人力资源和社会保障机构及工作概况】 2020 年，北海市海城区人力资源和社会保障局（简称区人社局）贯彻执行人力资源和社会保障法律、法规、规定和方针政策，实施社会保险的基本政策和标准，开展机关事业单位工作人员管理，做好就业再就业、社会保障、社保服务、劳动保障监察、人事管理、工资福利等工作，取得新的成绩。

【就业再就业工作】 2020 年，海城区完成城镇新增就业 2320 人，比全年 1800 人目标任务超 520 人；完成城镇失业人员再就业 1336 人，比全年 550 人目标任务超 786 人；完成就业困难人员再就业 2150 人，比全年 180 人目标任务超 1970 人。城镇登记失业率为 3.07%，控制在目标任务 5.5% 以内。完成农村劳动力转移就业新增 265 人，比全年 220 人目标任务超 45 人；完成职业技能培训 2975 人，比全年 1500 人目标任务超 1475 人。年内，海城区新认定北海市捷全为创业孵化基地，累计认定创业孵化基地 4 家，入驻企业 248 家，累计带动 361 人就业，发放水电和场地补贴 99.09 万元。海城区 2020 届离校高校毕业生实名制登记 866 人，其中实现就业 613 人，自愿暂时不就业 107 人，未就业 55 人，出国升学入伍 82 人，联系不上 9 人。组织重点就业群体参加“工业园区招聘会”“点对点”微型招聘会等招聘活动，安置就业困难人员到公益性岗位就业 228 人。举办电工、育婴员、保育员、中式烹调师、中式面点师、西式面点师等职业技能培训班 43 期，培训 1093 人，拨付培训补贴 70.76 万元，增强农民工就业创业和职业转换能力。办理 69 家企业以工代训补贴审核，发放 5012 人次、250.6 万元以工代训补贴。组织 14 家企业举办职业培训券培训，拨付 356 人补贴资金 13.96 万元。举办北海市第七届农民工技能大赛海城区初赛，56 名参赛选手分别参加砌筑工、餐厅服务员、花艺等两大类共 3 个工种的竞赛

2020年4月8日，区人社局工作人员到北海市经济技术职业培训学校现场指导做好疫情防控工作　　区人社局供图

项目。建立三级就业社保服务平台，其中社区级平台有统一规范的就业、社保经办服务流程，按照“六个一”标准全部配置电脑、打印机、文件柜、办公桌椅、电话、专用办公室和专职工作人员。投入9.6万元保障全区62个就业社保服务平台宽带和办公电话正常使用，确保连接人力资源和社会保障信息业务专网，能够登陆广西数字人社经办管理信息系统。海城区落实农民工创业奖补政策、就业困难人员灵活就业社保补贴政策，发放农民工创业奖补143人、48.6万元和就业困难人员灵活就业社保补贴5071人、707.3万元。

【社会保障工作】 2020年，区人社局稳步推进全民参保计划，全年全区参加城乡居民基本养老保险2.99万人，按时足额为符合条件的参保人员发放养老金，享受待遇8.32万人次，累计发放养老金1606.26万元；机关事业单位养老保险在职参保人数完成3269人，基本养老缴费和职业年金实缴收入9230.40万元。灵活就业人员参加企业职工基本养老保险1.03万人；企业职工退休人员进入社区管理4万人；发放社会保障卡持卡数16.97万张，完成全年目标任务的104.53%。

【社保服务工作】 2020年，区人社局按照“依法、规范、快捷、便民”原则，精简办事环节、优化办理流程，提高办事效率，做好窗口服务工作，为个体工商户和灵活就业人员办理城镇企业职工养老保险。开展城乡居民基本养老保险扩面宣传，扩大社会保险参保覆盖面。按照自治区工作部署，做好城乡居民基本养老保险和机关事业单位养老保险系统切换工作，加强系统学习和沟通对接，确保业务不间断，参保人权益不受影响。指导各街道办事处和社区做好企业退休人员的社会化管理服务工作。继续开展“被征地农民参加养老保险政策大宣讲”活动，宣传被征地农民参加养老保险政策，审核自筹资金参加城镇企业职工基本养老保险的被征地农民和参加城乡居民基本养老保险的被征地农民的材料，及时做好2016年1月1日后征地的新项目的报批方案，确保符合条件的被征地农民应保尽保，按规定享受基本养老保险待遇。落实社会保险扶贫政策，动态跟踪抓好建档立卡贫困户的城乡居民基本养老保险参保和待遇领取工作，确保贫困户基本养老保险100%参保、符合条件的人员100%享受待遇。

【劳动保障监察】 2020年，区人社局规范企业劳动用工，对辖区内的用人单位进行实时监管。全年录入用人单位信息514户，涉及劳动者2.54万人，其中农民工1.19万人。通过检查督促单位与劳动者补签合同2.54万人，劳动合同签订率96%以上。推进劳动保障监察年度审查网上申报，督促218家用人单位在网上申报，进行实时监管。年内，区人社局参与化解农民工欠薪事件共99起，涉及农民工1615人。全年未发生因拖欠农民工工资引发的50人以上

2020 年 7 月 13 日，区人社局工作人员到高德街道垌尾村委开展创城、征地工作调研　　区人社局供图

重大群体性事件，保障劳动者的合法权益。开展诚信等级评价评级，利用劳动保障监察“两网化”平台，按照 A、B、C 三级划分对 197 家用人单位进行评价，根据不同等级对用人单位实行分类监管。同时，到各街道办事处、深入建设工地、企业等方式广泛宣传《保障农民工工资支付条例》的重要意义和《拖欠农民工工资“黑名单”管理办法》，贯彻落实拖欠工资企业“黑名单”制度，推进企业工资支付诚信体系建设。牢牢把握劳动关系工作的重点和热点，先后开展清理整顿人力资源市场秩序、最低工资标准、根治欠薪等各项专项检查活动。依法取缔 2 家非法中介，有效遏制用人单位在劳动用工中的违法行为。开展企业薪酬调查，基本掌握辖区企业薪酬水平、合同签订和参加社会保险情况。

【人事管理】 2020 年，区人社局做好机构改革工作，会同区委组织部、区委编办、区住房城乡建设和交通局研究制订《2020 年海城区环卫保洁站人员划转方案》。根据海城区实际情况及工作需要，联合区委编办制订海城区事业单位调配方案。在疫情防控常态化下严密顺利组织开展 2019 年和 2020 年事业单位公开招聘、教育系统公开招聘、党群专干招聘、宣传统战专干招聘、编外引进急需紧缺人才、后勤控制数等人事考试工作，其中 2019 年和 2020 年事业单位公开招聘审批聘用 56 人。配合区教育局多次到国内省部级重点师范类院校以“绿色通道”方式引进优秀教育人才 98 名。为进一步改善基层人才的紧缺情况，促进乡村振兴各项工作的顺利开展，满足社区紧缺工作人员需求，通过街道推荐及公开招聘等方式选聘 57 名社区专职工作者。配合区委组织部做好 2019 年度全区机关事业单位工作人员年度考核工作，其中事业单位人员 2724 名（含区教育、卫生系统），共评定为优秀等次 327 人。做好申报 2020 年自治区疫情防控专项奖励、“六稳”“六保”激励干部担当作为专项奖励和 2021 年评比达标表彰项

2020 年 9 月 21 日，区人社局工作人员到永昶集团项目工地宣传《保障农民工工资支付条例》等法律、法规　　区人社局供图

目工作。督促全区各事业单位按时完善岗位设置，该次调整岗位设置有22个事业单位，向市级申请22个单位的岗位设置，完成比例100%。初级职称认定批复182人（其中重新确认2人），中级职称认定推荐309人，高级职称认定推荐4人。事业单位人员聘岗完成324批次。

【工资福利】 2020年，区人社局审核全区事业单位工作人员、编外引进人才及街道社区居委会工作人员工资、福利、退休等工作，进一步提高全区社区工作人员待遇，人均增资300元。继续推进区事业单位绩效工资政策的落实，指导完善事业单位奖励性绩效工资分配办法，做好事业单位绩效工资总量管理。

【扶贫工作】 2020年，区人社局平稳开展就业创业扶贫。积极为企业用工和贫困人员就业搭建联系平台，相继开展"点对点"微型招聘会、"就业援助月"等专项企业用工招聘活动；增强建档立卡贫困劳动力脱贫致富的内生动力，协调培训机构到高德街道赤西村举办建档立卡贫困劳动力中式面点培训班2期，培训建档立卡贫困劳动力59名；持续开发扶贫公益性岗位助力脱贫。帮助全年扶贫公益性岗位39名贫困劳动力实现就业，按政策购买商业意外保险，按时发放岗位补贴。同时依据自治区、北海市、海城区有关文件要求，与区扶贫开发和水库移民工作局联合制订下发《北海市海城区非固定性村级扶贫公益性岗位开发实施方案》（以下简称《方案》），根据该《方案》各街道已建立岗位库和人选库，年内，155人次上岗。疫情期间，结合疫情防控需要，新增开发保洁环卫、防疫消杀、测温、社区巡查、卡点值守等村级临时性扶贫岗位55个，既增强新型冠状病毒感染的肺炎疫情的联防联控力量，提高防控水平和应对能力，也为暂时难以外出又有就业意愿的贫困劳动力提供就地就近就业机会。动态跟踪抓好建档立卡贫困户的城乡居民基本养老保险参保和待遇领取工作。针对建档立卡贫困户参加城乡养老保险的工作，由帮扶人动员其参保，驻社区（村）的社保协管员上门宣传相关参保政策，并协助进行个人资料收集和参保登记，海城区符合参保条件的建档立卡贫困户（包括退出户、脱贫户）参保率100%；符合领取待遇条件的建档立卡贫困户待遇发放率100%。制作摸底调查表发到帮扶人手中，通过帮扶人在进行"一对一"帮扶的同时实现建档立卡贫困户参加城乡养老保险"一对一"服务。通过全方位多种形式的宣传，提高扶贫干部、广大群众对扶贫政策的知晓率。

（伍丽）

中国人民政治协商会议 北海市海城区委员会

区政协综述

【区政协概况】 2020年，中国人民政治协商会议第五届北海市海城区委员会(简称区政协)以习近平新时代中国特色社会主义思想为指引，团结带领全体政协委员、政协参加单位和各界人士，紧紧围绕区委、区政府中心任务和重点工作，主动履职、开拓创新，为助推海城高质量发展贡献政协智慧和力量。

【履行三大职能】 2020年，区政协聚焦区委、区政府中心工作及人民群众关心关切的重大问题认真履职，充分发挥政协职能优势，通过组织委员开展调研、视察、协商、大会发言、撰写提案、反映社情民意等形式履行政治协商、民主监督、参政议政职能，推进政协工作提质增效，促进国家方针政策和区委、区政府决策部署贯彻落实。

协商议政　年内，区政协聚焦全区中心任务和事关群众切身利益的热点、难点问题进行充分协商，推进政治协商有序进行。年内，区政协召开全体委员会议1次，常委会会议4次，主席会议18次，专题议政性常委会会议1次，专题协商会议1次，对口协商会议1次，界别协商会议1次，提案办理协商会议5次，逐步完善协商议政制度。着眼发展大局，开展“加强海城区社区基层治理的探索和创新”“助推海城区楼宇经济发展”“加强公共法律服务在小微企业发展中的作用”“助推海城区商贸服务业发展”4个专题调研活动，在此基础上广泛开展协商议政，协商成果以政协专报或建议案形式报区委、区政府，供决策参考，助推区委、区政府科学决策及重点工作落实。此外，还与北海市政协联动，参与完成北海城市建成区公共厕所建设与管理专题调研。多举措加强提案办理实效，将提案办理纳入全区年度绩效考评工作范畴，不断提高提案办理质量。

参政议政　年内，区政协组织委员开展南珠文化的保护利用、海城区深海养殖产业、海城区乡村旅游项目3项视察活动，还与北海市政协联合开展北海市“城中村”改造、北海市校园食品安全管理专项视察，进一步加强调研视察与协商议政的衔接，提高建言献策水平，对海城区重要产业、重点项目建设及民生事业提出合理化建议。发挥社情民意“直通车”作用，借助市政协“信息专报”平台，上报36条社情民意，被北海市政协采用23条，转送市直有关部门办理20条。

民主监督　年内，区政协召开政协常委会会议，认真听取区“一府两院”工作情况通报。组织委员参与全区绩效考评公众评议、旁听法院庭审、担任优化营商环境监督员等，充分发挥政协民主监督职能。

【履职创新】

助力重点工作　2020年，区政协组织开展“引企入桂·委员行动”，助力“三企入桂”。通过委员引进企业4家，总投资

2亿元，另有计划引进企业2家，预计投资3500万元。全力支持区政协3位班子成员参与重点项目征迁工作，参与完成征地搬迁任务73.33公顷。在"双创"工作中，高质量完成所负责的"三无小区"整改，获区创城办红榜表扬。

新冠疫情防控　2020年，区政协充分发动委员捐款捐物折款416.6万元支持新冠疫情防控工作。为助力海城企业复工复产，区政协班子成员走访企业76家，为企业协调解决一批涉及转产报批手续、复工达产用工、资金融资等困难和问题，争取政策支持。年内，协调解决4家企业融资难问题，合力助推"六稳""六保"。

基层协商　2020年，区政协不断总结2018年指导西藏路社区开展基层协商试点工作的经验，充分发挥政协专门协商机构作用，建机制、搭平台。年内，全区累计建成委员工作室13个，组织委员在联系村（社区）工作中加强对基层协商的指导，通过微协商、简易协商、上门协商等形式，助推基层社会治理，真正将"协商于民、协商为民"落到实处。全国政协副主席汪永清，自治区政协党组书记孙大伟、副主席李康等领导先后到海城区考察，对区政协指导社区创新开展基层协商，对北部湾社区的"五步微协商"工作法高度赞扬。相关工作经验多次在自治区政协会议上交流，获评自治区2018年度政协工作提质增效先进单位；10月，区政协受到自治区政协表彰。

【能力提升】　2020年，区政协落实届内委员轮训计划。11月8日，组织委员到江苏省苏州市参加为期1周的集中学习培训。12月25日，启动"书香政协"活动并组织第一期委员读书分享会，给委员赠送《百年大变局·世界与中国》等书籍，倡议全体委员多读书、读好书、善读书。通过多种形式加强委员学习培训，增强委员履职本领、提高建言资政能力。

区政协重要会议

【区政协五届五次会议】　2020年5月13日—14日，中国人民政治协商会议第五届北海市海城区委员会第五次会议召开。会议听取区政协主席梁雪梅做的《中国人民政治协商会议北海市海城区委员会常务委员会工作报告》；听取区政协副主席朱丹做的提案工作情况报告；听取区委常委、副区长白银冰代表区政府做的提案办理工作情况通报；听取委员何庆满、梁永丽做的《关于加强共享单车、共享电动车管理的几点建议》，委员赵洪莉做的《关于加强居民文化教育服务　建设学习型海城的建议》、委员余维伦做的《关于打造北海冠头岭海洋休闲旅游渔业基地的建议》、委员陈子雄做的《关于守住"南珠"和"海丝路"文化之根的建议》、委员钱宗文做的《关于进一步加强对残疾人无障碍设施管理的建议》、委员蒋伟添做的《关于继续探索海洋经

2020年5月13日，中国人民政治协商会议第五届北海市海城区委员会第五次会议召开。图为开幕会　区政协供图

2020 年 11 月 6 日，区政协召开政协第五届北海市海城区委员会第 20 次常委会会议　　区政协办供图

济模式，大力发展海城区深海养殖网箱产业的建议》、委员吴志松代表民盟海城区总支做的《关于整治海城区青少年校外教育培训机构的建议》、委员吴华桂做的《关于加强海城区未成年人心理健康教育的建议》的口头发言。全体政协委员列席海城区第十届人民代表大会第五次会议，听取海城区区长裴相春做的《政府工作报告》。大会进行分组讨论，委员们围绕助推海城高质量发展和人民群众普遍关注的热点、难点问题提出意见建议。会议特邀海城区四家班子其他领导，区人民法院院长和区人民检察院检察长参加。海城区各民主党派、工商联、人民团体及海城区各部、委、办、局有关负责人列席会议开幕会和闭幕会。

【区政协五届常委会第 20 次会议】 2020 年 11 月 6 日，区政协第五届北海市海城区委员会常委会第 20 次会议召开。会议围绕“加强海城区社区基层治理”进行专题协商议政。区委常委、区委宣传部部长、副区长叶卫国，区政府办、区委组织部、区民政局、区财政局、各街道办事处等部门负责人出席会议。会议由梁雪梅主持。协商会上，区政协副主席包倡先做关于加强海城区社区基层治理调研报告的说明。政协委员李天骄、吴志松、李伟红围绕议题分别发言，区直有关部门针对调研报告提出的意见建议和政协常委、委员的发言逐一回应。梁雪梅、叶卫国对加强海城区社区基层治理提出工作要求。

【对口协商会议】 2020 年 12 月 17 日，区政协助推海城区商贸服务业发展对口协商会议召开，区政府办、区发改局、区商投局、区文旅局、区科技局、区统计局、区司法局、区残联等单位负责人及区政协副主席、秘书长参加会议。会议由区政协副主席陈然主持。调研组成员、区统计局局长高志亮做关于助推海城区商贸服务业发展调研的情况说明。区政协委员杨堃、张新强围绕议题发言，区文旅局、区商投局、区发改局负责人针对调研报告提出的意见建议和政协委员的发言逐一回应，

2020 年 12 月 17 日，海城区政协助推海城区商贸服务业发展对口协商座谈会召开　　区政协办供图

并与委员进行讨论协商。

【界别协商会议】 2020年12月3日，区政协召开海城区发展楼宇经济界别协商会。区政协主席梁雪梅、副区长梁彩坤出席会议，区委统战部、区政府办、区发改局、区工信局、区商投局、区市场监管局、区科技局等区直相关部门和东街街道办事处、西街街道办事处的领导及委员代表参加会议。会议围绕“海城区发展楼宇经济”开展协商议政，就助推全区楼宇经济发展达成共识、形成合力。副区长梁彩坤充分肯定全区楼宇经济取得的成绩，指出存在问题，提出发展楼宇经济下一步工作要求。

【专题协商会议】 2020年11月27日，区政协“加强公共法律服务在小微企业发展中的作用”专题协商会议召开，区政府办、区委政法委、区司法局负责人及区政协提案法制委部分委员参加会议。会议由区政协副主席朱丹主持，区政协提案法制委主任蔡德荣做关于加强公共法律服务在小微企业发展中的作用调研的情况说明。政协委员赵洪莉、黎峰、肖劲强围绕议题分别发言，区直有关部门针对调研报告提出的意见建议和政协委员的发言逐一回应。

2020年11月27日，区政协加强公共法律服务在小微企业发展中的作用专题协商座谈会召开
区政协办供图

2020年12月3日，海城区政协发展楼宇经济协商会召开
区政协办供图

区政协重要工作

【调研活动】

海城区商贸服务业发展调研 2020年7月下旬，由区政协办牵头组织调研组先后走访北海市餐具消毒中心、广西兴邦保安服务有限公司、广西华恒通能源科技有限公司、广西惠利信息技术有限公司、北海富丽华大酒店、北海市强盛集团、北海源生商贸有限公司等企业，了解海城区商贸服务业发展的基本情况及存在问题。9月21日—26日，调研组到安徽省合肥市庐阳区、芜湖市镜湖区、池州市贵池区进行实地考察、学习，借鉴有关城区商贸服务业发展的先进做法，考察学习结束后认真分析研究，对如何助推海城区商贸服务业发

2020 年 9 月 22 日，区政协办牵头组织助推海城区商贸服务业发展专题调研组到安徽省合肥市庐阳区步行街实地调研　　区政协办供图

展进行充分讨论，形成调研报告，提出加强政策引导、加强限上企业培育、强化招商引资重点商贸项目帮办服务、促进中高端商贸项目落户、多举措培育发展夜间经济、强化发展特色文化等意见建议。

社区基层治理探索和创新调研　2020 年 9 月 14 日—18 日，区政协科教文卫委牵头组织加强海城区社区基层治理探索和创新专题调研组到四川省成都市龙泉驿区、青白江区开展调研，学习借鉴先进地区加强社区基层治理的探索和创新的经验、做法，考察学习结束后到海城区西藏路社区、北部湾社区、铜鼓里社区实地调研，形成调研报告，提出设立海城区社区发展治理委员会，列入党委管理部门序列，统筹各类资源，完善体制机制；加强硬件建设，全面升级完善，优化社区环境；注重人才培养和管理，加强社区干部队伍建设；推进社区赋权，构建社区协商议事平台，提升社区共同治理能力；把党支部建在小区，增强自治活力等意见建议。

楼宇经济发展调研　2020 年 7 月，区政协经济联谊委组织调研组对全区发展楼宇经济情况进行调研，助推海城区楼宇经济发展。9 月 14 日—18 日，调研组到四川省成都市、湖南省长沙市部分楼宇经济发展先进城区调研。调研组紧扣国内楼宇经济发展态势、海城区楼宇经济发展现状、海城区发展楼宇经济面临的困难和问题等方面开展调研活动。调研组结合海城区实际，对全区发展楼宇经济提出对策建议，化解全区发展楼宇经济的困难和问题，围绕楼宇经济发展规划和目标，“以楼聚产”，实现海城区楼宇经济发展新突破。

加强公共法律服务在小微企业发展中的作用调研　2020 年 9 月 20 日—25 日，区政协提案法制委牵头组织加强公共法律服务在小微企业发展中的作用专题调研组在充分调查了解海城区小微企业获取公共法律服务的基本情况后到福建省石狮市、南平市延平区、福州市鼓楼区开展调研，形成调研报告，并提出建立区政府与各级司法行政部门律师违反职业道德重大问题反馈协调工作机制；整合区政府法律顾问室、基

2020 年 9 月 16 日，区政协科教文卫委牵头组织加强海城区社区基层治理探索和创新专题调研组到四川省成都市青白江区调研

区政协办供图

2020 年 9 月 17 日，区政协经济联谊委牵头组织助推海城区楼宇经济发展专题调研组到湖南省长沙市开福区调研　　区政协办供图

2020 年 9 月 21 日，区政协加强公共法律服务在小微企业发展中的作用专题调研组在福建省石狮市调研　　区政协办供图

2020 年 7 月 28 日，区政协组织科教文卫委委员到高德街道赤西村开展乡村旅游项目推进情况视察活动　　区政协办供图

层法律服务组织等资源组建法律服务团，为小微企业提供法律服务；强化司法所力量，强化公共法律服务平台服务企业工作的宣传等意见和建议。

【视察活动】

乡村旅游项目推进情况专题视察　2020 年 7 月 28 日，区政协组织科教文卫委委员开展海城区乡村旅游项目推进情况视察活动。区政协副主席包倡先参加活动。委员先后视察赤西村的在建旅游项目——赤西村休闲生态农耕康养中心，视察农耕庄园、农家乐、农耕旧物展览馆、农业公园、食用菌产业基地等项目。在赤西村委会召开座谈会，听取区文旅局、区农水局和高德办事处领导介绍赤西村乡村旅游项目建设情况，对下一步加强海城区乡村旅游项目推进提出坚持以“提档升级、彰显特色、形成规模、打造品牌”为目标，努力提升赤西村整体旅游形象；因地制宜，加大一二三产业融合力度，继续打造赤西本土品牌；从游客多元化的消费需求及赤西村长远发展目标出发，不断完善配套设施建设；充分发挥“党建 + 旅游 +N”发展模式，创新休闲观光农业经营模式与机制，带动村民创业就业；积极组织参加、开展乡村振兴推介活动等意见和建议。

深海养殖产业专题视察　2020 年 8 月 31 日，区政协经济联谊委组织政协委员27人对海城区深海养殖产业进行视察。重点视察海城区D区养殖海域中北海家芳水产养殖有限公司深水网箱养殖金鲳鱼、北海鑫冀海洋科技有限公司深水网箱养殖金鲳鱼、北海源生海洋生物产业股份有限公司筏式养殖珍珠等。通过视察，形成《关于海城区深海养殖产业发展的视察报告》，针对存在的问题提出意见建议，推动深海养殖产业发展。

2020年8月31日，区政协组织经济联谊委委员到海城区D区养殖海域开展深海养殖产业发展专题视察活动　区政协办供图

南珠文化保护利用视察　2020年9月10日，区政协组织提案法制委委员开展南珠文化的保护利用视察活动。区政协副主席陈然、朱丹参加视察。委员先后视察合浦县山口镇永安村大士阁、铁山港区营盘镇白龙村白龙珍珠城遗址、北海市南珠博物馆，形成《关于南珠文化保护利用视察情况报告》，提出进一步做好南珠文化保护利用的整体规划、以精品理念做好南珠文化的保护利用等意见建议。

2020年9月10日，区政协委员开展南珠文化的保护利用视察活动。图为在合浦县山口镇永安村大士阁视察　区政协办供图

【提案办理】 2020年，区政协围绕区委、区政府的决策部署及全区统筹推进新冠肺炎疫情防控和经济社会发展的工作要求，组织动员政协委员和政协各参加单位运用提案履行职能、建言献策。年内，全区共征集提案69件，经审查立案63件，立案率91.3%。未立案提案作为信息转相关部门参考。立案提案办复率100%。区政协坚持将提案办理工作纳入各级、各部门目标绩效考核，常态开展提案办理第三方评价和区级领导领衔督办重点提案，提案办理成果转化率较上年增长近2倍。提案者对办理结果反馈意见为：很满意75.5%，满意21.7%，基本满意2.8%，总满意率100%。

区政协专委会工作

【提案法制委工作】 2020年，区政协提案法制委组织动员委员和政协各参加单位积极运用提案履行职能、建言献策。全年共征集提案69件，立案63件，分别交由23个主办单位办理，其余6件作为委员建议转有关部门参考。年内，全区所立提案全部按时办复。区政协组织修订《海城区政协提案工作表彰办法》，通过表彰先进，引导政协委员创先争优，深入调研社情民意，撰写更多优质提案，推动提案工作提质增效。

调研视察开展　年内，区政协提案法制委按照《海城区政协2020年重点工作计划》开展南珠文化的保护利用视察活动，对全市南珠文化的保护利用现状进行调研，形成了《关于南珠文化的保护利用的视察报告》；组织提案工作考察组到重庆市大渡口区和四川省广安市广安区、南充市顺庆区、成都市武侯区考察学习，并形成《加强和改进海城区政协提案工作的考察报告》。

社情民意收集　年内，区政协提案法制委推进委员履职考核。抓住把提案办理情况纳入区直单位绩效考核指标内容的有利时机，启动委员履职考核登记工作，将提案工作作为委员履职考核的重要内容。引导政协委员用心做好提案及社情民意工作。提案法制委共收集上报市政协社情民意信息11篇。

2020年9月15日，区政协经济联谊委牵头组织助推海城区楼宇经济发展专题调研组在四川省成都市成华区调研　　区政协办供图

【科教文卫委工作】2020年，区政协五届五次会议期间，区政协科教文卫委组的政协委员准备发言材料7份，有3名委员在大会上发言，其中吴志松的发言获优秀大会发言；委员提交提案34件，其中3件被列为区四家班子领导重点督办提案。年内，区政协科教文卫委委员上报北海市政协社情民意信息14篇，被采用6篇，引起相关部门的关注，促成群众的部分热点难点问题得到解决。年内，区政协科教文卫委完成加强海城区社区基层治理探索和创新专题调研、海城区乡村旅游项目推进情况视察活动，配合北海市政协完成城中村改造、校园食品安全管理等议题的专项视察监督。牵头组织启动海城区书香政协活动。

【经济联谊委工作】2020年，区政协经济联谊委组织该委委员围绕经济社会发展、产业结构优化、民生福祉改善等海城区重点工作，认真履行政协三大职能，坚持围绕中心、服务大局，开展专题调研和视察监督活动，广泛开展协商，积极建言献策，较好地完成各项任务。开展学习培训，提高委员思想认识，增强履职尽责的责任感和使命感，不断提升履职能力。组织委员开展海城区发展楼宇经济专题调研，召开政协界别协商会议，助推楼宇经济发展达成共识、形成合力。组织委员对海城区深海养殖产业进行视察，对全区深海养殖产业发展的问题，提出对策建议。分别形成专题调研报告、协商情况报告和视察报告，为区委、区政府决策提供参考。区政协经济联谊委积极主动指导、督促委员深入基层收集、撰写社情民意，向市、区政协报送社情民意信息，促进委员发挥履职作用。新冠肺炎疫情发生后，发动委员捐款2.76万元、捐物折合人民币383.78万元，支持疫情防控工作。　（刘敏燕）

纪检监察

纪检监察综述

【纪检监察机构及工作概况】 2020年，海城区有各级纪检监察机关（机构）11个。年内，中国共产党北海市海城区纪律检查委员会、北海市海城区监察委员会（简称区纪委监委）坚持以习近平新时代中国特色社会主义思想为指导，深入贯彻中共十九大精神，认真落实十九届中央纪委四次全会、自治区纪委十一届六次全会和北海市纪委十一届六次全会部署，不断增强“四个意识”、坚定“四个自信”、做到“两个维护”、紧扣“国之大者”。全面把握新形势、新任务、新要求，统筹疫情防控和经济社会发展，做好“六稳”工作、落实“六保”任务做实监督，推进干部、党员不敢腐、不能腐、不想腐，为海城“十三五”圆满收官，决战脱贫攻坚提供坚强的纪律保障。

【监察体制改革】 2020年，区纪委监委不断深化2个派驻纪检监察组体制改革，赋予派驻纪检监察组监察职能。先后走访区教育局等16个单位，建立反馈机制，督促行使公权力的公职人员依法履职、秉公用权。年内，区纪委监委派驻机构提醒谈话13人、批评教育3人；处置问题线索15条，比上年增长87.5%；立案12件，比上年增长100%；给予党纪政务处分10人，比上年增长150%，改革成效初步显现。

2020年5月9日，海城区纪委监委领导班子召开落实中央脱贫攻坚专项巡视“回头看”反馈意见专题民主生活会　　区纪委监委供图

廉政建设

【政治监督】 2020年，区纪委监委在强化“一把手”监督方面进行积极探索，监督推动区辖各街道、区直各相关单位落实“书记点题谈”活动，约谈党政“一把手”8人次，全区各级党组织共开展“书记点题谈”活动268场，参加人员4056人次，解决问题208个；以民主生活会为切入口，整治党内政治生活不严肃等问题，持续净化党内政治生态。年内，区纪委监委对21个单位召开专题民主生活会情况强化监督检查，发现问题21个，批评教育8人，

2020年2月13日，区纪委监委督查组到高德街道督查新型冠状病毒感染的肺炎疫情防控工作　　区纪委监委供图

提醒谈话15人，发放问题整改通知书15份。围绕对“六稳六保”“三聚焦”责任落实打好监督执纪组合拳。扎实开展“以案促改”活动，共召开17次警示教育大会、接受教育973人次，实现“查处一案、警示一批、教育一片”效果。

【疫情防控督查】 2020年，区纪委监委强化全员参与，第一时间投身新冠肺炎疫情防控阻击战，前往挂点村（社区）、“三无小区”参与一线疫情防控；强化疫情防控监督执纪，成立专门的督查组共开展新冠肺炎疫情防控监督检查612次，派出1294人次，督查2193个场所单位，收集意见建议15条，发现问题109个，发出整改建议111条，发出问题整改通知书35份，向区新冠肺炎疫情防控工作领导小组提交书面情况报告15份，查办涉疫情防控案件5件，给予党纪政务处分4人，给予批评教育1人；聚焦全面复工复产，对防控疫情、经济发展工作“两手抓”，开展每周走访一企业行动，收集意见建议337条。

【日常监督】 2020年，区纪委监委扎实开展“清廉海城·正风护航”行动，建立《廉政风险清单》《重点问题清单》《廉政档案清单》3张清单，督促查摆廉政风险点956个，制定相应防控措施1079条，促进完善健全制度6个。建立健全“两带五轴五包”监督机制、联动协同办案机制、以案促改机制3项机制，切实做到提醒在前，建章立制在前，约束在前；成立13个督查小组，重点围绕党的政治建设等8个大方面、30项重点内容“点穴式”进行督查，全年立案查处“四风”问题案件34件，结案25件，给予党纪政务处分20人，组织处理5人，一体推进反腐败工作和作风建设。协调推动全区违建别墅问题清查整治，重点督查职能部门监管重点区域内“违建”“违批”项目失职失察问题。出动480余人次，对131个卫星图斑线索开展排查16次，发现违建别墅问题2个，及时督促拆除完毕；统筹谋划防汛和“非洲猪瘟”疫情防控督查，先后深入防汛防台救灾重点部门、街道、村（社

2020年6月，区纪委监委信访室纪检监察干部现场为上访群众答疑释惑，引导群众依规依纪依法举报　　区纪委监委供图

区)、监测点,开展 4 轮、39 次督查,发现问题 7 个,提出建议 7 条;对"非洲猪瘟"防控职能部门、值班点和屠宰场进行监督检查 8 次,发现问题 2 个;强化征地搬迁补偿工作监督,督促各征地搬迁工作组按照规定的征收范围、补偿标准和征收程序,依法征收、公平补偿,全年进行征地搬迁工作监督检查 4 次。

【"四风"问题整治】 2020 年,区纪委监委深入整治违规吃喝和违规发放津贴、补贴问题,通过现场听取汇报等多种方式,对辖区内的 44 个单位开展 4 个方面督查。发现问题 9 个,督促完成整改 9 个,建立制度 5 个。立案查处违反中央八项规定精神案件 12 件,给予党纪政务处分 6 人;采取随机抽查、突击检查等方式,对节假日期间值班制度执行、公车私用、公款吃喝等问题开展督查,共督查 30 次,发现问题 2 个,督促完成整改问题 2 个;深入开展违规使用公务加油卡和"私车公养"专项整治"回头看"。年内,全区督促有"私车公养"问题的单位、人员落实整改措施,清退违纪金额 70 多万元。

审查调查

【办案场所程序优化】 2020 年,区纪委监委指导各街道纪工委规范建设信访接待室和谈话场所,建设示范点 2 个。按照"优势互补、提高效率"的原则,创立由"1 个执纪审查组 +1 个街道纪工委 +N 个纪检员"协作办案的"1+1+N"新模式,针对性解决基层办案力量薄弱问题。自主研发一款文书规范使用及统计打印的小程序,做到事前请示批准、事中及时报告、事后汇报结果,逐级审批、全程留痕。年内,区纪委监委处置问题线索 204 条,立案 87 件,结案 85 件,给予党纪政务处分 75 人(其中科级干部 10 人),批评教育 4 人,取消当选资格 3 人,移送司法机关 4 人。运用"四种形态"共处置 261 人次。其中第一种形态 181 人次,占 69.3%;第二种形态 67 人次,占 25.7%;第三种形态 8 人次,占 3.1%;第四种形态 5 人次,占 1.9%,有效巩固反腐败斗争的成果。

【营商环境专项督查】 2020 年,区纪委监委重点围绕涉营商环境领域存在的"置若罔闻"等 8 个方面问题共进行 32 次监督检查,走访企业 27 家、行政事业单位 36 个,排查涉服务营商环境方面问题线索 47 条,立案 47 件,结案 38 件,给予党纪政务处分 29 人,组织处理 6 人,移送司法机关 3 人。

【扶贫领域腐败和作风问题专项治理】 2020 年,区纪委监委聚焦"两不愁三保障"和农村饮水安全突出问题,强化"抓系统、系统抓",通过"五个小专项"有效撬动"专项治理大专项"。围绕"饮水安全战役"及农村饮水净化工程项目、欺诈骗取医保基金及落实医疗保障、贫困村脱贫摘帽、落实"四不摘"和违规办理残疾人证等 5 个领域,紧盯责任落实、政策落地、措施精准、项目建设、资金管理、作风建设 6 方面重点内容,持续开展专项检查。共

2020 年 6 月,海城区委常委、区纪委书记、区监委主任张会(左一)带队下乡察听民意　　区纪委监委供图

2020年7月，北海市委常委、市纪委书记、市监委主任马南萍(右三)，在区委常委、区纪委书记、区监委主任张会(右四)陪同下，到海城区调研背街小巷提升畅通工作　　区纪委监委供图

进行蹲点督导175次，访谈村干部70人、扶贫干部25人、贫困户人口233人，发现问题10个，收集意见建议33条，立案查处扶贫领域违纪案件10件，结案9件，给予党纪政务处分6人，组织处理3人。

【“反腐正风·扫黑除恶”专项整治】 2020年，区纪委监委制订印发方案4份，配合区扫黑办健全长效机制，建立政法机关与行业部门协同联动机制，完善调查取证、问题通报等制度，建立任务跟踪督导巡查制度，加大对重点工作督导督办力度。年内，区纪委监委办结充当黑恶势力“保护伞”问题和工作推动不力等失职失责问题案件3件，给予党纪处分3人，其中科级干部2人，科级以下干部1人。

【背街小巷提升畅通监督检查】 2020年，区纪委监委聚焦基本民生保障，开展“双创”攻坚工作和背街小巷提升畅通工作监督检查，发现并督促整改问题69个，监督推动981条背街小巷改造升级。

廉洁宣传教育

【理论学习】 2020年，区纪委监委加强学习习近平新时代中国特色社会主义思想、学习中共十九大及十九届二中、三中、四中、五中全会精神，深刻领会党中央提出的“十四五”经济社会发展主要目标和2035年远景目标。升级推行“每周一学”网上微课堂和“每月一考”线上小测试的新模式，及时把《习近平谈治国理政》第三卷等内容纳入学习计划，用理论知识指导解决工作的问题。年内，全区共开展“每周一学”33期，“每月一测”8期，培训1980余人次。

【廉政教育】 2020年，区纪委监委制订《海城区纪检监察机关开展强化自我监督“访谈督教锻铁军”活动的方案》，加强内部自我监督。年内，全区开展纪检监察干部提醒谈话和交心谈心60人次，召开纪检监察干部违纪违法案例剖析会2次。年内，区纪委监委采取以案代训、专项培训、跟班学习等多种方式，探索实行“点单式”的培训方式，加大干部教育培训力度。全年开展专题讲座2场，干部调训52人次，开展主业微课堂21期，培训384人次。通过一系列的学习培训，加强党性锤炼，纪检监察干部党性修养得到提升。年内，区纪委党支部被评为海城区先进基层党组织、北海市创建模范机关示范单位。

【宣传成效】 2020年，区纪委监委组建网评员队伍，用好海城清风网、微信平台，利用主题公交车等多种方式营造宣传氛围；依托家风家训廉政教育基地资源拍摄宣传视频，该视频被“学习强国”百灵视界栏目采用，实效推进以家风促廉风；积极报送信息622篇，被自治区级媒体采用39篇，《党风廉政教育丛书》采用2篇，北海市级媒体采用167篇。（李解）

巡察工作

【巡察机构和工作概况】 2020年，中国共产党北海市海城区委员会巡察工作领导小组办公室（简称区委巡察办）设固定巡察组2个，建立区级巡察和村级巡察人才库各1个，区级巡察人才库人选75人，村级巡察人才库人选106人。年内，区委巡察办认真学习中共十九大和十九届三中、四中、五中全会精神以及十九届中央纪委四次全会精神，坚持以习近平新时代中国特色社会主义思想为指导，围绕区委、区政府重大工作部署，把统筹推进疫情防控和经济社会有序复工复产作为重大任务，牢牢把握稳中求进工作总基调，突出推动做好“六稳”工作、落实“六保”任务，部署区委巡察监督工作，为全区完成决战决胜脱贫攻坚目标任务，全面建成小康社会提供坚强保障。

【巡察工作全覆盖】 2020年，区委巡察办开展政治巡察，推进全覆盖。根据北海市委、区委巡察工作部署，按照巡察工作“三个聚焦”的总体要求，精心组织，提前谋划，部署开展区委巡察工作。

县区交叉巡察　年内，区委巡察办配合北海市委县区“交叉巡察”工作，根据《北海市2020年第一轮县区“交叉巡察”工作方案》精神，抽调巡察干部6人，组建1个巡察组，派驻合浦县对县市场监督管理局、县应急管理局2个部门开展为期2个月的“交叉巡察”；协调银海区派驻海城区的县区“交叉巡察”组，对区委宣传部、区委政法委开展为期2个月的“交叉巡察”。

区委第七轮巡察　年内，区委巡察办部署开展海城区十届区委第七轮巡察工作，制订《北海市海城区十届区委第七轮巡察工作方案》，抽调巡察干部15人，组建3个巡察组，分别对区委统战部、区人大机关、区政府办等10个区直部门（单位）党组织开展常规巡察。

第四轮社区党组织巡察　年内，区委巡察办根据《北海市第四轮巡察村级党组织工作方案》部署要求，制订《北海市海城区第四轮巡察社区党组织工作方案》，抽调巡察干部18人，组建3个巡察组，分别对高德、驿马、海角3个街道党工委下辖的9个社区党组织开展巡察。年内，海城区十届区委巡察和村级党组织巡察覆盖率均达100%，实现十届区委巡察全覆盖。

【巡察制度建设】 2020年，区委巡察办研究制订协作配合机制，印发《关于进一步加强海城区委巡察机构与海城区纪委监委机关协作配合的实施意见》，发挥区纪委监委、区委组织部等部门监督监管作用，实现资源整合、信息共享。区委巡察办加强与有关部门之间的巡前沟通、巡中协作配合、共同督促整改落实，做足巡察准备工作，做到有的放矢，不打无准备之仗，不断提高区委巡察工作质效。

【巡察业务培训】 2020年5

2020年7月14日，北海市委巡察组到区委第四轮村级巡察第一巡察组高德街道巡察驻点工作室，现场指导、督导巡察工作　周仁剑摄

月15日，区委巡察办组织举办巡察业务知识培训班1期，2020年第一轮县区“交叉巡察”、十届海城区委第七轮巡察、第四轮社区党组织巡察共50多名巡察干部参加了培训，邀请北海市委第二巡察组组长廖新主讲如何提高巡察质量辅导专题，区委第一巡察组组长、第二巡察组组长结合巡察工作经历、经验进行交流发言。10月12日—13日，组织相关干部参加中央巡视指导督导组的专题培训，进一步深化对政治巡察内涵要求的理解和把握，提高综合运用方式方法的能力。传达学习中央政治局常委、中纪委书记赵乐际在中央第六轮巡视工作动员部署会上的讲话精神、中央第二巡视组巡视广西工作动员会讲话精神、中央巡视指导督导专题培训会上中央第二巡视组组长薛利和自治区党委书记、自治区人大常委会主任鹿心社的讲话精神，并组织专题学习研讨。

2020年5月15日，2020年海城区委巡察工作动员部署暨培训会议召开

沈家兵摄

【巡察反馈意见整改】 2020年，区委巡察办督促被巡察的18个党组织认真落实整改主体责任，主动认领问题，深刻剖析原因，研究制定整改措施65条，并建立整改台账，对账销号，逐项抓好落实并接受社会的监督。区委巡察办充分发挥统筹协调督促作用，区纪委监委、区委组织部协同发力，把推进整改落实作为巡察工作的重中之重，进一步完善监督链条。强化整改责任，对敷衍整改、拒不整改的严肃追责，做到以问责促整改，以整改促发展。十届区委开展巡察工作以来共发现问题921个，向有关部门移交问题线索167条；立案51件、82人，给予党纪政纪处分64人，批评教育51人，提醒谈话25人。

（石维华）

群众团体

北海市海城区总工会

【工会组织及工作概况】 2020年,北海市海城区总工会(简称区总工会)下辖7个街道工会,其中高德街道、海角街道、地角街道3个街道成立街道总工会,东街街道、中街街道、西街街道、驿马街道4个街道成立工会委员会。年内,区总工会获得北海市总工会绩效考评一等奖;海城区有1个班组获"广西工人先锋号",1人获自治区劳动模范,1人获自治区先进工作者,2人获北海市劳动模范,4人获北海市先进工作者。

【工会组织建设】 2020年,区总工会组建保安、家政服务人员、商场信息员、网约送餐员、房产中介员行业工会,通过以点带面的方法,推动八大行业群体建立工会。在文邦国际大厦组建楼宇工会,让职工随时随地找到身边的工会组织,更好地为职工提供服务。年内新组建工会16家,发展会员2715人。

【农民工技能大赛】 2020年,区总工会与区人社局联合举办北海市第七届农民工技能大赛北海市海城区初赛,竞赛涉及砌

2020年12月29日,海城区人大常委会副主任、区总工会主席邓炳忠(左三)等领导,在北海文邦国际大厦为北海市海城区楼宇联合工会揭牌　　区总工会供图

2020年7月27日,北海市第七届农民工技能大赛北海市海城区初赛在北海市职业技术学校举行。图为花艺师在插花　　区总工会供图

筑工、餐厅服务员、花艺3个项目(工种),全区有76名农民工参加竞赛,18名获奖,为广大农民工搭建展示技能的平台。

【职工合法权益维护】 2020年,区总工会整合法院和工会在劳动争议化解方面的资源,发挥"法院+工会"作用,将矛盾化解在诉前,维护职工合法权益。年内,成功调解案件7件,为劳动者争取经济赔偿22万元。依法维护职工的合法权益,发挥区总工会聘请律师作用,进基层开展法律服务宣传,提高农民工对法律知识的知晓度,增强农民工理性合法维权的法治观念。

【集体合同签订】 2020年,区辖企业工会1451家,集体合同完成签订1451家,签订率100%,覆盖职工2.08万人;25人以上建有工会企业单独签订工资专项集体合同,25人以上建有工会企业237家,完成签订工资专项集体合同237家,签订率达100%,覆盖职工1.29万人。

【关爱职工工作】 2020年9月17日,区总工会在海城区地角街道办事处开展为职工(农民工)送健康体检活动,为274名职工(农民工)进行了免费健康体检。年内,在东街街道办事处北部湾东社区良基雅苑市民驿站建立1个"工会爱心驿站",给户外工作者提供休息场所。此外,到海城区驿马小学开展关爱困难职工儿童走访慰问活动,为5名困难职工儿童每人送上慰问金500元。

【女职工工作】 2020年,区总工会通过法律咨询服务、法律宣传活动、困难救助形式,为女职工,特别是困难女职工提供帮助,切实维护女职工合法权益。组织基层工会开展女职工维权宣传和法律咨询活动共18场,举办专题知识讲座5场,参加人数1000余人。联合区妇联开展女职工维权法律知识线上答题活动,提高女职工维权法律知识。继续加大困难女职工帮扶力度,全年海城区困难职工帮扶中心系统中有单亲困难女职工3人,女农民工2人,均进行帮扶。

2020年6月3日,区总工会工作人员到北海惠科电子一期工程部开展送法进工地活动　　区总工会供图

【困难职工帮扶】 2020年,区总工会开展春节送温暖、夏送清凉慰问活动,给环卫工人及渔民工送去消暑饮品。年内发放慰问金和补贴金共20.08万元,其中送温暖资金7.8万元,疫情期间发放困难职工基本生活补贴2.6万元,生活补贴7.88万元,金秋助学补贴1.8万元,帮助困难职工解决应急生活问题,确保困难职工家庭基本生活保障到位,让每一户困难职工感受到工会"娘家人"的关怀。

【劳模管理】 2020年,海城区在独树根东广场举行"英模广场"建成启动仪式。"英模广场"建设作为工会打造进一步提升先进人物和道德模范示范引领作用的宣传平台,是大力弘扬社会主义核心价值观、弘扬劳模精神、劳动精神、工匠精神的重要阵地,是广大职工群众思想政治教育的重要场所;发挥海城区劳模引领作用,组织开展劳模工匠宣讲活动,引导职工群众以先进为榜样,崇尚劳模、争创一流,把劳模精神转化

2020 年 7 月 14 日，区总工会组织劳模到海角街道北部湾西社区，开展劳模进社区宣讲活动　　区总工会供图

为立足岗位、努力工作、多做贡献的实际行动。截至年末，区总工会共管理劳模和先进工作者 52 名，其中 5 名属企业在职劳模，其津贴由所在单位自行解决，其余 47 名劳模津贴由区财政解决。上半年，42 名劳模津贴全员足额发放 1.56 万元，下半年 46 名劳模全员足额发放劳模津贴共 1.56 万元。年内，为 6 名困难劳模发放困难劳模生活补助金 6.6 万元，安排 12 名自治区劳模参加体检。

（苏达宇）

中国共产主义青年团北海市海城区委员会

【共青团机构及工作概况】2020 年，中国共产主义青年团北海市海城区委员会（简称团区委）下辖东街街道团委、中街街道团委、西街街道团委、海角街道团委、地角街道团委、高德街道团委、驿马街道团委 7 个团委和 10 个行政村团支部，41 个社区团支部，共有团员 3694 人。下辖 40 所公办学校、民办学校少先队组织，共有少先队员 4.6 万人。

【团建工作】

组织建设　2020 年 10 月—11 月，团区委率先在北海市完成海城区 51 个村（社区）团组织换届，选举产生 51 个团支部书记，按要求积极推动村（社区）团支部书记进入村（社区）“两委”班子，并及时举办新任村（社区）团干培训班。

信息系统建设　2020 年，海城区完善团员信息录入系统，学社衔接率达到 95.7%，年内新发展团员 207 人全部录入“智慧团建”系统；较快督促下辖各团组织完成团组织对标定级、青年之家云平台等团属系统数据更新，并按要求达标。

制度建设　2020 年，海城区组织召开《广西壮族自治区中长期青年发展规划（2018—2025 年）》实施工作海城区联席会议，制定《〈广西壮族自治区中长期青年发展规划（2018—2025 年）〉实施工作海城区联席会议议事规则》等制度。

【青少年思想教育】2020 年，团区委组织青年成立海城区青年党史故事讲师团，举办以“加强意识形态，践行初心使命”为主题的海城区青年党史故事讲师团“微课堂”、中共十九届五中全会精神进街巷等系列活动，带领青年党史讲师走进基层开展“微课堂”。继续发挥好服务青年人才的作用，指导区青年人才组织策划海城青年知行读书会，关心关爱青年人才的成长。利用“五四”、“六一”、少先队建队日、主题团日活动等契机，组织联系开展形式多样的活动，积极学习传达中共中央总书记习近平讲话精神和自治区党委书记鹿心社的回信精神，教育引导广大青少年热爱学习、热爱党、热爱祖国。

【青年企业家人才遴选】2020 年 9 月—11 月，团区委联合区委统战部开展 2020 年北海市海城区优秀青年企业家人才遴选工作，对入选北海市海城区优秀青年企业家人才库的青年企业家，分别给予 2 万元的扶持资金，打造一支素质高、能力

2020 年 12 月 7 日，团区委联合东街街道办事处、东街街道茶亭路社区、北海市长青社会工作服务中心，在茶亭路社区举办海城区"解三事 护青春"关爱青少年服务项目启动暨茶亭路社区未成年人服务站揭牌仪式

团区委供图

强、有示范带动作用的青年企业家人才队伍。

【青年志愿者活动】

新冠疫情防控工作 2020 年年初，面对突如其来的新冠疫情，团区委全体干部加入一线排查"敲门行动"，组织海城区青年消杀队、青年志愿服务队，对全区"三无小区"户进行免费消杀，参与志愿服务人数 200 余人。

脱贫攻坚工作 2020 年，团区委组建一支脱贫攻坚青年志愿突击队，通过"脱贫攻坚 + 青年志愿者 +N"的模式每月扶贫日定期去贫困户家中宣传相关扶贫政策，帮助贫困户采摘果蔬，通过线上 + 线下结合，推广消费扶贫。此外，通过直播带货，帮助销售疫情期间滞销农产品。

"创城"工作 2020 年，团区委创新组建"创城青联盟"青年志愿服务队助力"创城"，累计参与志愿者达 6000 余人，发放宣传资料 1.2 万份，得到海城区"创城"红榜表扬 1 次，通报表扬 2 次。

青少年"三事"工作 2020 年，团区委针对"三事"（操心事、烦心事、揪心事）征集中反映的青少年教育培养问题，在 7 个街道的社区"解忧超市"启动海城区"解三事 护青春"关爱青少年服务项目，通过"1+5""6 个 1"的模式，解决青少年父母、青少年的"三事"。

【少先队工作】 2020 年，团区委在地角街道新营社区、高德街道赤西村委、中街街道北部湾社区建立海城区红领巾校外活动基地 3 个，为少先队员提供更多的校外活动场所。5 月—10 月，联合区教育局在全区少先队组织中开展"防溺水""节约小达人"主题争章（争取获得奖章）活动，颁发"红领巾奖章"2 万余枚。9 月，顺利召开中国少年先锋队北海市海城区第三次代表大会，选举产生第三届少工委委员会主任、副主任及第三届少工委委员，打破少工委多年未换届的局面。10 月，团区委联合区教育局首次开展 2020 年"海城区优秀少先队员""海城区优秀少先队辅导员""海城区优秀少先队集

2020 年 9 月 11 日，中国少年先锋队北海市海城区第三次代表大会召开

团区委供图

体”评比活动，表彰海城区优秀少先队工作集体及工作者，增强少先队工作者的荣誉感和使命感。12月，联合区教育局开展“学习新思想　做好接班人”2020年红领巾学“全会”精神暨海城区首届少先队知识竞赛，帮助少先队员更好地学习领会中共十九届五中全会精神，加强爱国主义教育，增强少先队员的光荣感和责任感。

（莫晓良）

北海市海城区妇女联合会

【妇联机构及工作概况】 2020年，北海市海城区妇女联合会（简称区妇联）扎实做好基层组织建设、妇女权益保障、精神文明建设、防疫抗疫等工作，完成区委、区政府和上级妇联下达的各项任务。海城区人民政府妇女儿童工作委员会办公室设在区妇联，承担日常工作。年内，区妇联被北海市妇联评为2020年度关爱女性健康保险服务工作优秀妇联组织；吴丽霞获广西“三八红旗手”称号；5人获市级“最美娘家人”表彰；5户家庭被评为“市级最美家庭”。

【基层组织建设】

基层妇联干部培训班举办　2020年5月20日—21日，区妇联举办2020年海城区妇女“领头雁”素质提升暨技能培训班，各级妇联（妇委会）干部、执委、妇女致富带头人等90人参加培训。6月12日，联合中街街道妇联举办“领头雁”素质提升暨技能培训班，区妇联、中街街道妇联以及中街街道各社区妇联主席、执委等50人参加培训。

“环保妈妈”志愿服务示范点创建　2020年，区妇联创建地角街道流下村自治区级“环保妈妈”志愿服务示范点，在7个街道分别创建1个区本级“环保妈妈”志愿服务示范点。通过“环保妈妈”的系列活动宣传示范，引领广大妇女积极参与城乡环境整治和生活垃圾分类，助力乡村振兴和全国文明城市创建。

“儿童之家”创建　2020年，区妇联创建吉林路社区、上海北社区、独树根东社区、幸福里社区4所“儿童之家”，其中吉林路社区、独树根东社区、幸福里社区的“儿童之家”是自治区下达的为民办实事项目。上海北社区的“儿童之家”是区本级创建的项目。年内，区妇联通过“妇联＋社工组织＋志愿者”模式在“儿童之家”常态化开展家风家训、安全维权、亲子阅读、心理疏导等主题活动61场。年内，区妇联联系17位“爱心妈妈”女企业家与全区13个“儿童之家”进行结对共建，共捐赠资金3.9万元，解决部分“儿童之家”管理费用缺乏问题。

【妇女权益保障】

普法宣传　2020年，区妇联在“三八”“六一”“6·26”“12·1”“12·4”等时间节点，组织动员海城区各级妇联组织深入开展妇女儿童普法维权宣传活动，为市民提供法律咨询服务，同时通过“妇联＋社工组织＋志愿者”模式开展妇女儿童权益保障的知识教育培训活动。

妇女儿童关爱行动　2020年，区妇联联合区工商联动员爱心企业为海城区238名脱贫

2020年5月20日—21日，2020年海城区妇女“领头雁”素质提升暨技能培训班举办

区妇联供图

妇女捐赠关爱家庭健康保险，每人1份100元，共2.38万元，预防妇女及其家庭因病返贫。年内春节、“六一”期间共慰问困难妇女、儿童69人次，慰问金额4.14万元。

【精神文明建设】

庆“六一”系列活动　2020年“六一”期间，区妇联联合妇儿工委相关成员单位开展“平安海城　送法进校园”、赠送普法书籍等系列活动，教授未成年人法律知识，增强在校学生的法律保护意识；在街道、村（社区）开展家风家训、安全上网、防溺水、防拐骗等主题活动，弘扬传统文化和传统美德，传播家庭教育科学理念。

“桂姐姐”宣讲活动　2020年，区妇联举办海城区“桂姐姐”宣讲队进社区、进学校开展中共十九届五中全会、《中华人民共和国民法典》、家风家训等20多场（次）宣讲活动，参加人数1000多人次。

“巾帼文明岗”创建　2020年，区妇联为激励女职工爱岗敬业、建功立业，开展争创“巾帼文明岗”活动，共有21个单位（集体）参与创建，其中17个单位（集体）被认定为北海市“巾帼文明岗”。

【防疫抗疫工作】

排查宣传　2020年疫情期间，区妇联组织人员投身一线开展入户排查宣传、防疫值守等工作，加强联防联控；线上线下号召各级妇联、妇委会投身疫情防控阻击战和抗疫心理救助等工作。

助农复工复产　2020年，区妇联发动赤西村“环保妈妈”志愿服务队、巾帼志愿服务队帮助赤西村贫困户采摘无公害大青枣，并积极发动各级妇联、辖区干部职工、社会各界人士购买无公害大青枣和赤西村扶贫企业海城区维兴食用菌农民专业合作社的食用菌，促进销售，助力复工复产。

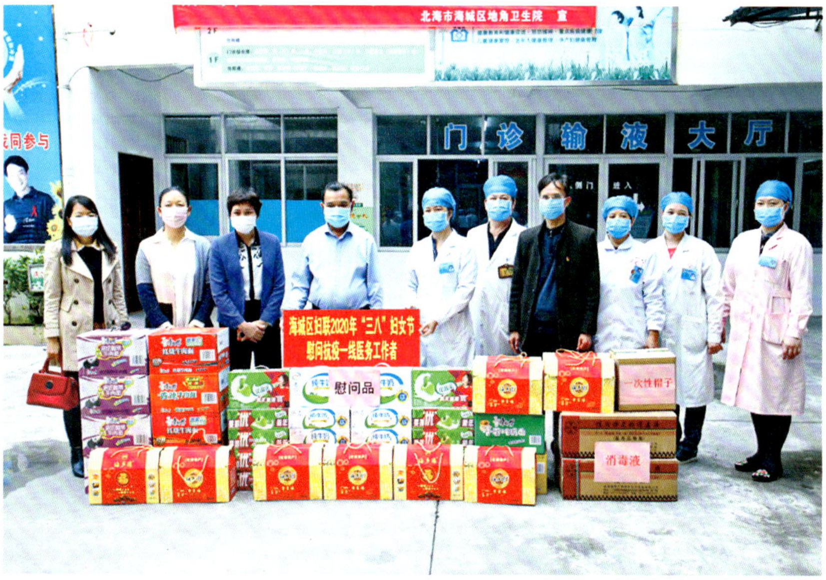

2020年3月3日，区委常委、区委宣传部部长、副区长叶卫国（左四）率区妇联干部职工到地角卫生院慰问一线医务工作者　区妇联供图

慰问抗疫人员　2020年“三八”期间，区妇联对街道、村（社区）、全国先进集体等一线抗疫人员以及抗疫一线医务工作者进行慰问，送予7个街道妇联免洗手消毒凝胶、酒精、口罩、手套等一批防疫物资，防疫物资、慰问品和慰问金共计2万余元。（李佳航）

北海市海城区科学技术协会

【科协机构概况】2020年，北海市海城区科学技术协会（简称区科协）下辖街道科协7个，会员91人；教育局科协1个，会员75人；有农村专业技术协会3个，会员422人。北海市海城区全民科学素质工作领导小组办公室、北海市海城区创建2016—2020年度全国科普示范县（市、区）工作领导小组办公室设在区科协。年内，东街街道茶亭路社区获得中国科协、财政部颁发的2020年基层科普行动计划科普示范社区，获得10万元专项资金；海城区科协科技工作者状况调查站点被自治区科协授予2019—2020年度广西科技工作者状况调查站点工作AAA优秀调查站点。

【青少年科普】

青少年科技竞赛活动　2020

年，区科协积极组织海城区中小学教师、学生参加各类科技比赛，鼓励和发掘全区师生科技创新意识。组织全区青少年学生通过网络在线申报第35届广西青少年科技创新大赛，海城区获青少年科学DV作品一等奖3个、二等奖2个；少年儿童科学幻想绘画一等奖2个、二等奖6个、三等奖3个。组织区辖科技辅导教师参加北海市第一届科普讲解大赛，获一等奖1个、二等奖1个、三等奖4个、优秀奖3个。

青少年科普活动 2020年，区科协积极开展青少年科普活动，提升青少年科学素质，促进青少年全面发展。组织开展"科普大篷车"走进海城区第二小学活动，推进学校科技教育。联合北海市科协、区教育局在海城区第九小学开展"致敬新时代 礼赞科学家"科技周系列活动，在学校广泛宣传科学精神。联合区教育局、区科技局举办2020年北海市海城区"科技竞秀 筑梦创城"科技节。5月26日，区科协联合北海市科协、区教育局在海城区第九小学开展"'我爱祖国海疆'科技筑梦·创新成长"科普活动。在海城区第八小学举办"运动筑梦 科技创新 扬帆远航"——喜迎2021元旦暨校园体育科技艺术节，激发全区青少年学科学、爱科学、用科学的热情。年内，全区科普特色教育取得新成效，海城区第九小学、海城区第十七小学获2020年度全国青少年人工智能活动特色单位称号。

2020年5月26日，区科协联合北海市科协、区教育局在海城区第九小学开展"'我爱祖国海疆'科技筑梦·创新成长"科普活动

区科协供图

【社区科普】2020年，区科协利用信息化科普资源，做好应急科普、政策宣传和舆情引导，利用科普中国行动进行科学辟谣，为群众提供科普资源。利用社区科普e站、党群服务中心电子屏幕对新冠病毒防控知识进行宣传，利用微信平台及时在朋友圈、工作群转发科学知识，引导公众科学有序应对疫情，提高公众对疫情的防护意识。利用各类纪念日，向社区居民广泛宣传"节约资源、保护生态、改善环境、安全生产、应急避险、健康生活、合理消费、循环经济"等观念和知识。购买《社区居民科学素质读本》600册赠送给区内41个村（社区）。区科协联合西街街道云南南路社区举办"全民科普·迎新春·送春联"迎春游园文艺活动。在科普示范社区——海角街道独树根东社区、驿马街道银湾社区、中街街道北部湾社区举办海城区2020年全民科学素质提升宣传活动和海城区迎接第十一次中国公民科学素质抽样调查活动。同时，联合北海市科协、市科技局举办携手同心、筑牢食品安全防线科普讲座，开展2020年弘扬科普精神、助推文明风尚科普大篷车巡展活动；组织筹办2020年全国科普日活动暨八桂科普大行动系列主题科普活动；联合北海市科协在东街街道茶亭路社区开展让慢病更慢——倡导文明健康生活方式科普知识讲座。年内，东街街道茶亭路社区获得中国科协、财政部颁发的2020年基层科普行动计划科普示范社区，获得10万元专项资金。区科协以茶亭路科普示范社区为依托，向市科协争取5万元专项科普资金用于

2020 年 7 月 15 日，区科协在科普示范社区——海角街道独树根东社区举办海城区 2020 年全民科学素质提升宣传活动　　区科协供图

建设社区科普实践基地，打造茶亭路社区健康科普馆，全面提升社区科普服务能力。

【农村科普】

科普培训　2020 年 12 月，区科协联合北海市科协在高德街道翁山村委组织开展科普服务乡村振兴、助力精准扶贫工程——高德街道农村转产转业人口创业培训；在高德街道垌尾村委组织开展科普服务乡村振兴、助力精准扶贫工程——垌尾村水产技术培训。将科普知识带进农村，帮助农民提高科学种养的能力，推动农民增产增收。

科技惠农兴村　2020 年 11 月，为深入贯彻落实党中央实施乡村振兴战略的重大决策部署，展示海城区实施科普惠农兴村计划成效，区科协组织区辖优秀农技协、农业示范基地积极参加 2020 广西科普惠农兴村计划成果交流活动，促进海城区农技协、科普示范基地与社会各界的交流与合作，完善科普惠农服务体系。年内，区科协联合区农水局发动农民、农村基层科教文卫工作人员和涉农专业学生等群体参加 2020 年全国农民科学素质网络知识竞赛活动，提升农业从业人员科学素质。

【科技工作者状况调查站点工作】　2020 年，海城区科技工作者状况调查站点是北海市唯一一个县区科协站点，区科协积极联系科技工作者，发挥科技工作者状况调查站点的纽带作用，及时反映科技工作者的意见和建议，高质量完成全年站点信息报送工作，其中 1 篇信息被中国科协采用、2 篇被自治区科协采用。海城区科协科技工作者状况调查站点被自治区科协授予 2019—2020 年度广西科技工作者状况调查站点工作 AAA 优秀调查站点。　（宁英芬）

北海市海城区工商业联合会

【工商联概况】　2020 年，北海市海城区工商业联合会（简称

2020 年 12 月 25 日，区科协在高德街道翁山村举办科普服务乡村振兴助力精准扶贫工程——高德街道农村转产转业人口创业培训

区科协供图

区工商联）紧密围绕区委区政府中心工作，立足“两个健康”，充分发挥桥梁纽带作用，深入开展各项工作，为推动全区经济发展做出贡献。年内，区工商联获自治区工商联关于广西“万企帮万村”精准扶贫行动台账管理工作先进基层单位的通报表扬，全国政协常委、自治区政协副主席、自治区工商联主席磨长英对区工商联报送的《三项举措抓实“万企帮万村”台账上线管理》做出批示。12 月 29 日，海城区工商联第四届执行委员会第八次（扩大）会议召开并给先进会员企业颁奖。年内，高德街道商会登记注册成功，北海市首个街道商会成立。

【“走企连心解困”行动】 2020 年，区工商联扎实开展解决突出问题攻坚年活动，做好“六保”“六稳”工作，有组织地开展“走企连心解困”行动。由区委主要领导挂帅，组建 8 个走访组，深入民营企业和项目一线指导帮扶，支持和帮助民营企业渡过疫情难关。年内，全区共走访企业 617 家，收集各类困难和问题 168 个，落实解决问题 109 个，59 个问题按照海城区“一平台”“三制度”工作机制要求协调解决，深受广大企业的好评，进一步构建辖区亲清政商关系。

【助力企业疫情防控】 2020 年，区工商联助力企业产品销售，提供防疫物资购买渠道，联系蓝天救援队为 21 家民营企业办公场所提供全面消杀。加大银企合作力度，召开银企座谈会，逐步解决小微企业融资贵、融资难问题。搭建平台，推送国家在疫情期间的援困解难政策，助力民营企业复产复工。

【素质提升】 2020 年，区工商联采取灵活的学习形式，激发非公经济人士学习热情。通过开展读书会、业务培训班、专题知识讲座、“三有三送”和走进示范点学习经验等形式，加强对非公企业的思想政治引领，提升非公经济人士队伍素质。年内，组织读书分享会 16 期、非公经济人士培训班 14 期、专题业务培训 3 期，向 16 个非公企业党组织赠送党建书籍 128 册。推送学习平台，拓宽非公经济人士学习渠道。时时关注各级培训信息，推送广西民营企业高级人才培训班、统战网络学院、统战讲习所、高级人才培训班等学习平台，进一步拓宽非公经济人士学习渠道。年内，组织 6 期 30 余名非公经济人士到南宁参加广西民营企业高级人才培训班学习；带领 13 名非公经济人士分别到中国海洋大学、上海交通大学开展培训；组织 60 余人参加 7 期统战讲习所学习；组织 13 名非公经济人士参加统战网络学院的学习。

【夯实组织建设基础】

强化理论武装　2020 年，区工商联抓好理想信念教育，把中共十九大和十九届四中、五中全会精神等作为党支部学习的首要议题，认真开展集中研讨、集中学习与个人自学相结合、主题党日、专题党课等活

2020 年 12 月 29 日，海城区工商联第四届执行委员会第八次（扩大）会议召开。图为会上给 2020 年新冠抗疫爱心捐赠和扶弱济困先进会员企业颁奖　　区工商联供图

动。年内，区工商联以“三会一课”为抓手，组织党支部学习13次，带头讲党课4次，引导教育党员干部牢固增强“四个意识”，坚定“四个自信”，做到“两个维护”，着力打造一支理论知识过硬，理想信念坚定的工作队伍。

助力企业发展　2020年，区工商联深入企业调研，了解企业的困难并协调解决，扩大工商联组织在企业中的影响力。新吸纳北海新昌建设工程有限公司、广西秋博智汇文化发展有限公司、北海阿礁叔食品有限公司等60家企业加入工商联队伍。配合开展优秀青年企业家的遴选工作，致力打造一支素质高、能力强、有示范带动作用的青年企业家队伍。圆满完成辖区规模以上企业“广西民营企业100强”调研工作，共筛选26家规模以上企业上报参与自治区评选。

商会改革工作　2020年，区工商联将所属商会改革作为一项重要内容列入工作计划，制订《海城区工商联所属商会改革和发展的工作方案》，部署、指导督促商会登记注册，有序推进商会改革工作。海城区有街道商会7个，登记注册成功的1个（高德街道商会），完成选举、办理注册手续的1个；筹备成立大会的3个，开展前期准备工作的2个。

助力招商引资　2020年，区工商联发挥以商招商平台

2020年8月28日，区工商联在北海市委党校开展理想信念教育实践活动　区工商联供图

优势，助力招商引资工作，为重点项目引进提供工作线索。年内，组织1个批次赴海南省、广东省深圳市开展招商引资活动，引进广州市翔照塑料科技有限公司、广东大匠荟网络科技有限公司等3家企业到海城区考察。

【引导企业履行社会责任】

捐资捐物支持防疫工作　2020年，区工商联引导辖区企业捐资捐物总金额超过185万元，携手同心抗击疫情，彰显爱心企业良好社会形象。

参与脱贫攻坚　2020年，区工商联开展产业帮扶行动，为高德街道赤西村引进北海市全满康餐饮配送管理有限公司和北海市赤彩田园旅游发展有限公司，带动村民发展现代农业产业，助力赤西村的产业扶贫工作。落实北海来邦食品配送服务有限公司和北海市全满康餐饮管理有限责任公司与高德街道办事处签订消费扶贫合作协议，对高德街道所有贫困户种养的农产品实行协议销售。年内，2家企业为高德街道贫困村和贫困户销售农产品折合金额300余万元。

帮助困难群众纾困　2020年，区工商联引导辖区企业为辖区4名贫困户添置扶贫物资；为2名困难职工、4名贫困户解决资金困难、医疗困难等问题。（林燕）

北海市海城区残疾人联合会

【残联机构及工作概况】2020年，北海市海城区残疾人联合会（简称区残联）负责全区残疾人组织建设、办理残疾人证、

2020 年 12 月 22 日，区残联干部会同银行、西街街道广场西里社区工作人员上门为残疾人办理社保卡激活手续　区残联供图

康复、教育培训、就业服务、社会保障、信访维权和扶贫解困等工作。下设海城区残疾人综合服务中心主要负责职业技能培训、就业服务指导工作、残疾人康复医疗服务和辅具适配等工作。

【专项改革试点】 2020 年，区残联创新打造了“夯基础　抓精准　强保障”基层残联组织专项改革试点“海城模式”，试点经验获得中国残联副理事长相自成的肯定批示，并刊登在《残疾人工作要情》（第 130 期）上向全国残联推广。4 月，自治区残联专门发文推广“海城模式”工作经验。6 月，自治区残联基层组织会议上，区残联理事长张新强以《精准改革强保障、强基固本促提升——打造基层残联组织专项改革“海城模式”》为题作典型经验介绍。

【1+2+3 访视工作制度推行】 2020 年，为落实中国残联“走进基层、转变作风、改进工作”专项改革方案要求，全面加强党的领导，创新工作做法，转变工作作风，区残联推行 1+2+3［每名领导干部联系 1 个街道、2 个村（社区）、3 个残疾人家庭］访视工作模式，以海城区、街道残联系统干部和残疾人专职委员作为访视工作主体，以一户多残家庭、以老养残家庭、重度残疾人家庭及独自生活事实无人照料的重度残疾人为访视对象，同时做好访视记录，做到“一户一案”。年内，海城区残联系统领导干部联系访视困难残疾家庭 70 户，深入走访 186 次，帮助访视残疾对象解决入托幸福里社区爱心车间、上门提供社保卡激活服务、精神服药住院、辅具适配等难题 273 件。通过访视，主动掌握特殊困难残疾人状况、政策落实情况等第一手资料，及时向当地党委、政府相关职能部门反映，共同研究应对残疾人在生活、就业、脱贫等方面的实际困难，有针对性地提出具体工作措施，帮助残疾人排忧解难。

【爱心车间建设】 2020 年，区残联为了提升残疾人家庭生活质量，让更多残疾人融入社会，建成海城区残疾人辅助性就业幸福里社区爱心车间。该车间以政府、残联和社区为联动机制，以服务残疾人为宗旨，采用爱心帮扶模式，将残疾人社区康复、日间照料、辅助性就业、按比例安排就业和购买 1 份意外保险有机整合为“四服务一保障”模式的残疾人服务平台，是海城区第 7 家残疾人辅助性就业爱心车间，面积 60 多平方米，室内设有图书角、展示柜，配备急救药箱、轮椅、康复器械、棋牌等。年内，进驻就业爱心车间残疾人 14 名，聘用管理员 2 名，以“立足社区、面向残疾人、专项服务”为特点，就近就便为智力、精神和重度残疾人提供就业、日间照料服务，解放残疾人家庭劳动力。该车间的建成，实现幸福里社区 255 名残疾人家庭的“微心愿”，使更多残疾人实现就业，融入社会，为全区残疾人工作完善服务功能、提升服务质量拓展了服务空间。　（王嫔）

法　　治

政法委及综治

【政法机构及工作概况】 中国共产党北海市海城区委员会政法委员会(简称区委政法委)是区委领导和管理政法工作的职能部门,是实现党对政法工作领导的重要组织形式。工作任务是把握政治方向、协调各方职能、统筹政法工作、建设政法队伍、督促依法履职、创造公正司法环境,带头依法依规办事,保证党的路线方针政策和党中央重大决策部署贯彻落实,保证宪法法律正确统一实施。

【维护社会稳定】 2020年,区委政法委按照以防为先、以防为主、以防为要,做好前置防线、前瞻治理、前端控制、前期处置,有力维护社会稳定,确保国家安全、社会安定、人民安宁、网络安静。加强维稳工作,强化矛盾纠纷排查调处。严格落实矛盾纠纷排查调处制度,加强在重大节假日和重要会议敏感时期进行集中排查,及时化解矛盾纠纷。围绕经济发展建设,积极参加惠科、中电信息港等重点征地搬迁项目的纠纷调处工作,服务重大项目建设。提前摸排、提前研判,将群体性事件引发的聚集行为化解在萌芽状态。有效化解北海市出租车司机聚集运管处维权事件、野生动物养殖户煽动到邕维权事件等一批案件,有效维护社会安全稳定。年内,海城区年度社会稳定动态工作考评在广西111个县区中排名第二十五位,居市辖县区第一。

【扫黑除恶专项斗争】 2020年,区委政法委进一步加大工作力度,以严实的"收官"思维深入推进"六清"行动,扎实有效推进重点行业领域专项打击整治,全力打好扫黑除恶专项斗争决胜战。所有涉黑涉恶线索年内清零,办结率100%。目标逃犯全部到案,到案率100%,涉黑恶案件全部清结完毕。创新办案模式,加大直查快办力度,集中精力查办涉黑涉恶"保护伞"。做到"黑财清底",自"百日会战"开展以来,执行到位财产17.29万元。扫黑除恶专项斗争开展以来,共破获涉黑组织1个、恶势力犯罪集团1个、恶势力团伙3人,共刑拘93人,逮捕72人,移送起诉64人,破获涉黑恶刑事案件44起。年内,海城区群众对扫黑除恶成效评价指数97.88%,在广西111个县区中排名第七位,居市辖县区第一。

【平安建设】 2020年,区委政法委组织区政法部门聚焦主业,严惩各类违法犯罪,力求"更快地破大案、更多地破小案、更准地办好案"。严厉惩治"黄赌毒"、枪爆、电信诈骗、传销等焦点问题,社会治安状况持续好转。发破案数呈现"六降四升"的良好态势:有效刑事警情、抢劫警情、抢夺警情、盗窃摩托车警情、盗窃电动车助力车警情、涉传警情分别比上年下降35.1%、50%、400%、64.18%、75.38%、35.70%;刑事案件现案破案率、刑拘人数、破电信诈骗案件、破盗窃现案分别上升11.04%、73.05%、49.14、51.88%。命案积案攻坚战先后两次得到自治区副主席、自治区公安厅厅长周成方

2020 年 1 月 4 日，海城公安分局民警和地角女民兵在地角街道新港码头巡逻，维护码头安全稳定　　海城公安分局供图

的批示肯定；多项工作成效在自治区现场会、推进会上做经验介绍发言。自主建设人脸识别系统及摄像头 60 路、便携式人脸识别采集仪 10 个，形成一个较为完善的“人脸识别”系统，形成对各类案件的涉案人员、逃犯、各类重点人员、肇事肇祸精神障碍患者、非访人员、恐怖邪教人员等特定人员进行实时管控，全力推进“海城样本”的智慧小区获自治区领导点赞。年内，海城区年度群众安全感指数为 98.54%，自治区排名第二十一位。

【社会治理】 2020 年，区委政法委扎实推进市域社会治理现代化工作。成立海城区市域社会治理现代化示范点工作领导小组，确定东街街道茶亭路社区等 7 个村（社区）为海城区第一批试点村（社区），区委政法委副书记、区政法各单位分管领导分别负责联系指导 1 个试点村（社区）的试点工作。此外，按照北海市委政法委要求，推荐东街街道、驿马街道作为市级市域社会治理现代化示范点，深化社区网格化服务管理，有效整合社会治理资源，加强社会化服务，进一步向专属网格延伸，全力推进区、街道、村（社区）综治中心实体化运行，提升基层社会治理能力。推进“城市党建 + 社区警务 +N”社会治理模式，以集成改革示范点工作为切入点，打造驿马街道、北部湾社区、茶亭路社区等一批“海城品牌”示范点，并作为参观点在 7 月 31 日的北海市市域社会治理现代化试点工作现场会上推广，得到市领导点赞。

【法治建设】 2020 年，区委政法委发挥政法力量帮助企业化解难题，组织开展政法系统“走企护商除乱”专项活动。向企业开展法治宣传，发放法律宣传材料 500 余份，协调帮助解决企业的问题和困难 24 个。结合特定时间节点开展“反诈”等法治宣传活动，运用微信公众号、微博等新媒体以及电子滚动屏等形式开展新冠肺炎疫情防控知识、与老百姓息息相

2020 年 8 月 22 日警营开放日，海城公安分局民警在北部湾广场向群众普及“反诈”知识。图为民警引导群众注册“反诈”“金钟罩”　　海城公安分局供图

关的政策和法律法规知识以及违法犯罪的典型案例等，全面开展线上法治宣传教育。不断推进“校园法治教育实践基地”建设，年内海城区第二小学、第十二小学通过验收，被自治区法学会评定为自治区级“校园法治教育实践基地”。

【疫情防控工作】 2020年，区委政法委通过建立城区大战区—街道小战区—社区细网格的三级防控机制，充分运用“大数据+”手段，精准排查研判。综合运用信息核对、网格摸排、个人申报等渠道多形式进行拉网式排查，做到不漏一户，不漏一人，共排查48万余人。狠抓风险点封控，有效切断交叉传染的渠道，确保不造成疫情扩散感染。落实精准封控，精准到户，没有因封闭管控不到位造成疫情扩散感染，对存在确诊病例的小区采取1例封户、2例封单元、3例封小区的措施，切断交叉传染的渠道，实现疫情不出户。全年由于疫情防控及时得当，海城区未出现二代感染病例。疫情初步控制后，统筹兼顾有序开展复工复产复学。（潘洁 黄尧）

法治政府建设

【强化“一把手”学法用法】 2020年，海城区强化党政主要负责人第一责任人的责任，严格规范依法决策和依法行政。坚持领导干部在学法、懂法、依法执政的示范引领作用。建立区委常委会、区政府常务会学法制度，区委、区政府班子带头学法用法。坚持领导干部出庭应诉行政案件，同时强化各街道、各部门“一把手”法律学习，提高“一把手”依法行政政治意识和责任担当。营造学法用法良好的执政环境。充分发挥司法行政部门法律前置把关的作用。坚持把合法性审查、风险评估、集体讨论决定作为严格规范依法行政的决策程序。

【行政复议应诉】 2020年，海城区健全行政复议案件审理机制，完善行政复议配套制度，落实行政复议规范化建设的各项要求。通过规范办案流程、统一办案尺度、加大行政复议的纠错力度、提高办案质量等方式，进一步提升行政复议工作水平。年内，海城区共办理行政复议案件9件，办结9件，其中不予受理5件，申请人撤诉1件，撤销、重新做出裁定1件，驳回起诉2件，均在法定期限内审结；区政府作为行政复议答复机关的答复案件2件。年内，做好行政诉讼案件的应诉工作，共办理区政府行政诉讼案件38件。

【政府依法行政】 2020年，为充分发挥政府法律顾问室、法律顾问团的作用，海城区共聘请3名兼职律师、2名专职律师及2名专职法律助理为政府提供法律咨询服务，依法、科学、有序推动重点项目、重点工作和其他中心工作开展，有效引导群众依法反映利益诉求，理性解决矛盾纠纷，促进社会和谐稳定。年内，法律顾问共参与项目谈判、信访调解、审查合同354次，在拆违现场开展执法监督和法律解释工作，协助区政府依法行政工作。法律顾问作为法律专家参与海城区联席会议，参加征地纠纷调解及其他土地纠纷、违法建设等重大复杂的问题的讨论和处理，并提供法律意见，有效防范法律风险。

【行政执法案卷评查】 2020年，海城区司法局积极落实《广西壮族自治区人民政府办公厅关于建立行政执法公示制度的实施意见》精神，对全区行政执法机关的行政处罚、行政许可、行政强制、行政征收、行政收费、行政检查等方面的行政执法案卷情况进行全面评查。2019年11月1日至2020年10月31日，全区各行政执法部门共受理结案行政执法事项（案件）3622件，其中行政许可事项1956件，行政处罚案件1251件，行政强制案件8件，行政检查案件48件，行政征收案件359件。从评查结果看，各行政执法机关在实施行政执法时更加注重行政执法主体的合法性、行政执法程序越来越规范，各行政执法案卷均能够按照法律法规的规定进行许可审批、立案、调查取证、告知陈述申辩权或听证权、做出决定、及时送达、立案归档等，文书制作质量明显提高，案卷归档更加规范。（张燕红）

公　安

【公安机构及工作概况】2020年，北海市公安局海城分局（简称海城公安分局）下辖建设派出所、海东派出所、公园路派出所、海西派出所、东街派出所、工业园派出所、西街派出所、海角派出所、地角派出所、高德派出所、南珠派出所11个派出所，服务城区常住人口32.85万人。年内，海城公安分局抓好新冠疫情常态化防控，以“亮剑2020”专项行动为载体，推进扫黑除恶专项斗争，各项工作稳中有进，维护全区社会治安大局稳定。年内，海城区扫黑除恶成效群众满意率排广西111个县区第七名；海城区群众安全感、满意度位居广西县区第二十一名，进入广西第一方阵。年内，海城公安分局被授予自治区第十七批文明单位，获北海市新冠肺炎疫情防控工作突出贡献集体；扫黑专案组获自治区公安厅授予集体二等功；海城公安分局副局长许宗斌获自治区公安厅授予个人一等功。1月8日，公安部副部长孟庆丰、自治区公安厅副厅长陈一平一行到海城区考察公安工作并走访慰问高德派出所干警，高度肯定海城区公安工作。

【意识形态建设】2020年，海城公安分局坚持以习近平新时代中国特色社会主义思想为指导，深入贯彻落实中共十九大和十九届二中、三中、四中、五中全会精神和习近平重要指示精神，以实际行动践行对党忠诚、执法公正、纪律严明的总要求，增强“四个意识”，坚定“四个自信”，做到“两个维护”。始终将政治建警放在首位，加强政治理论学习，经常性开展抓基层党建能力提升专题培训班，推进党建与警务工作深度融合。强化舆情引导，主动作为，通过报纸、微信公众号、抖音等媒体平台，讲好警察故事，传递公安正能量，助力群众安全感和满意度提升。

2020年1月8日，公安部副部长孟庆丰（前排左二）到海城区高德派出所考察　海城公安分局供图

【维护社会稳定】

反恐维稳　2020年，海城公安分局扛牢政治责任，全力做好维护国家政治安全的各项工作，努力创造安全稳定的政治、社会环境。严厉惩治涉暴涉恐，遏制非法宗教和邪教渗透，强化源头治理，深入开展矛盾纠纷排查，避免发生危害社会稳定的案（事）件，全力做好各项安保工作。

惩治刑事犯罪　2020年，海城公安分局全力推进扫黑除恶和“亮剑2020”专项系列打击行动。全年完成线索清仓、逃犯清零、案件清结等“六清”任务，持续抓好“行业清源”，营造良好治安环境。专项斗争开展以来，共破获涉黑组织1个、恶势力犯罪集团2个、恶势力团伙3个，共刑拘101人，逮捕72人，破获涉黑恶刑事案件86件。聚焦命案积案攻坚，攻坚侦破7件命案积案，抓获犯罪嫌疑人14人，实现自2018年以来现发命案全侦破，命案积案攻坚成果先后2次得到自治区副主席周成方的批示肯定；严打盗窃犯罪，全年立盗窃类刑事案件726件，破盗窃案件435件，刑拘168人，逮捕122人，打掉盗窃、销赃团伙21个，抓获销赃嫌疑人34人；全年刑事警情较2015年下降84.3%；破获毒品犯罪案件86件，抓获涉毒犯罪嫌疑人1238人，为近10年来打击毒品犯罪的最好成绩；开展“亮剑2020·严打传销”专项行动，全年立传销类犯罪案件223件，刑拘1343人，提请逮捕96人，辖区内传销人员存量不断下降；严厉惩治电信网络诈骗，强化宣传防范，全年立电诈类案件659件，刑事拘留电信诈骗犯罪嫌疑人298人，止付640万余元，冻结106万余元，返还群众200余万元。

2020年9月24日，海城公安分局在北部湾广场举行平安建设“海城义警”行动启动仪式　　海城公安分局供图

【基层社会治理】 2020年，海城公安分局与北海市6家保安公司共同构建“公安主导，保安辅助，联勤联动的‘海城义警’立体化警保联动”工作机制，9月24日，平安建设“海城义警”行动举行启动仪式。同时，海城公安分局与广西警察学院签署《教学基地共建协议书》，在学员培训、工作调研、精品课程开发、科研项目研发等方面开展一系列合作。年内，海城公安分局大力推进治安防控体系7个示范支点建设，完成辖区14个“智慧小区”改造升级，强力推进“无传销小区”创建，全区社会治安防控能力得到大幅度提升。海城公安分局结合北海市委组织部开展的“解三事”和“解忧超市”行动，延伸拓展“基层党建＋社区警务＋N”内涵，探索“基层党建＋社区警务＋解忧超市”模式，推行一条“党建引领、公安搭台、部门联动、社会参与”的“三事通解”新路径，着力解决基层警务与基层社会治理融合发展的问题，把服务延伸到群众家门口，为民解忧。

【警务创新】 2020年，海城公安分局聚焦法治公安建设，提升执法规范化水平。海城公安分局自主成功研发“海城公安涉案财物管理信息平台”，实现涉案财物全程信息化和闭环式管理目标，有效提升执法规范化建设水平。5月28日，海城公安分局在柳州市召开的自治区涉案财物突出问题集中整治现场会上做经验介绍。同时创新“日清零”机制，实现海城公安分局连续232天受案、立案不合格数据零新增。8月22日，海城公安分局举办警营开发日活动，同时举行打击盗窃犯罪专项行动返赃大会，将追缴回的赃物返还被害群众，得到群众的真好评。

【公安“放管服”改革】 2020年，海城公安分局户政窗口继续深化户籍改革，重点推出“预约办”“安全办”“电话办”“马上办”“自助办”等系列便民举措。年内，海城公安分局全力做好“背街小巷”智慧门牌改造工作，共核查辖区700多条街路巷，并安装1.92万个二维码智慧门牌，解决部分群众房屋无门牌或门牌错误的问题。

扎实推进基础设施建设，海城公安分局业务用房、分局案管中心、东街派出所、西街派出所基本建设完成，地角派出所办案区、海西派出所、海角派出所业务用房建设项目稳步推进。

【学习培训】 2020年，海城公安分局实现政治建警常态化，通过广西智慧政工平台、学习强国APP等平台强化全员政治理论学习，推进警员进一步增强"四个意识"，坚定"四个自信"，做到"两个维护"。扎实开展政治建警、全面从严治警教育整顿试点工作并取得预期效果。创新教育方式，组织民警到爱国主义教育基地，廉政警示教育基地参观学习，强化党性意识。制订主题党日活动计划，结合"微党课活动大家讲"开展"书记点题谈"活动。抓好大练兵活动，分类制订大练兵计划，经侦、法制、网侦等综合部门均开展不同形式警种业务练兵活动，圆满完成全区公安机关实战大练兵检查考核。与北海市公安局警校"结对子"，创新"五小练警"活动。举办网安、法制、新闻宣传等业务培训会，提升队伍的业务能力。

【廉政建设】 2020年，海城公安分局强化监管责任，持续压实"两个责任"，推动管党治警新常态，进一步推进党风廉政建设和反腐败工作。年内，海城公安分局开展"以案为戒、以案促改、以案促建"纪律作风教育整顿活动，抓好廉政谈话、约谈提醒等廉政警示教育工作，认真开展政治督察、工作现场督察。加强对民警、辅警进行谈话提醒，组织观看《警钟》系列警示教育片。对全体民警贯彻执行中央八项规定、反"四风"问题、执行公安部"三项纪律"方面和执法办案、值班备勤、服务群众、警容风纪、所容所貌进行现场+网上督查，及时发现问题并立即督促整改。

（陈云凤）

2020年8月22日，海城公安分局召开惩治盗窃犯罪专项行动返赃大会。图为获赃物返还的部分群众送来锦旗　　海城公安分局供图

检　察

【检察机构及荣誉概况】 2020年，北海市海城区人民检察院（简称区检察院）共获全国级荣誉3项、自治区级荣誉6项、市级荣誉6项。其中连续2年被最高人民检察院、检察日报社评为全国检察宣传先进单位；办理的于某庆拒不支付劳动报酬案获评广西检察机关化解社会矛盾精品刑事案件，办理的郑某忠参加黑社会性质组织、开设赌场、寻衅滋事案获评广西检察机关精品纠正漏捕漏诉案件；撰写的《行业清源　剑指"港霸"》获评2020年度自治区优秀检察新闻作品消息通讯类三等奖，撰写的《枫桥经验与共建共享共治的社会治理格局》获评2020年度广西信访法治研究优秀成果奖；1名干警被检察日报社评为2020年度全国检察宣传先进个人，2名干警被自治区检察院评为2020年度全区检察机关优秀通讯员。

【保障社会和谐稳定】

批捕与起诉　2020年，区检察院共受理审查逮捕案件525件、932人，批准逮捕375件、612人；受理审查起诉案件

646件、1053人，提起公诉463件、681人，严厉惩治刑事犯罪，让人民群众的获得感、幸福感、安全感更加充实、更有保障。积极开展专项监督，加大对社会突出问题的整治力度，共批准逮捕传销案件17件、105人，提起公诉25件、72人，出庭支持公诉金某某等78人传销大案，助力创建无传销城市；依法打击“黄赌毒”犯罪，共批准逮捕案件89件、134人，提起公诉101件、183人；加强网络治理，批准逮捕电信诈骗案件20件、38人，提起公诉14件、21人，助推市域社会治理现代化。

疫情防控保障　2020年，区检察院统筹推进疫情防控和日常检察工作，依托智慧检务出庭支持公诉400余次，以来信、网络和电话方式接待群众来访24次，检察工作不停不等不拖。严惩涉疫情刑事犯罪，提前介入4件涉疫情案件，引导侦查取证，从严从快批准逮捕4人、提起公诉1人，并通过中央电视台等媒体加强宣传。积极参与人口信息排查，共计排查小区76个、7832户，张贴防疫排查告知书1354份，累计派出187人次到高德街道高莱村委、西街街道平安街社区管控点执勤，加强支援和联防工作。

社会矛盾化解　2020年，区检察院共接待来访群众35人，耐心处理群众信访事件。丰富新时代“枫桥经验”检察版内涵，通过检察长接访日等活动，集中答复群众诉求，缓解社会矛盾，进一步提高检察公信力。通过“带案下访”将检力下沉，联合北海市检察院开展共同司法救助，及时向刑事案件被害人发放司法救助金3万元，有效解决因案返贫、致贫问题。继续完善重点领域和弱势群众司法保护机制，严惩恶意欠薪，突出矛盾化解，帮助12名农民工追回薪资10万余元。

2020年11月16日，区检察院对被告人韩某某涉嫌受贿罪一案出庭支持公诉　　区检察院供图

扫黑除恶　2020年，区检察院依法提起公诉涉黑案件3件、3人、涉恶案件3件、13人，通过优化质量、宣传引导、深挖线索，进一步提升案件办理“三个效果”（政治效果、社会效果、法律效果）。立足“行业清源”，以检察建议为利器，联合相关部门治理社会难点问题。在依法办理以叶某某为首的未成年人恶势力团伙案件时，深挖涉娱乐场所未成年人犯罪问题，向相关部门发出检察建议，督促加强涉娱乐场所未成年人问题治理工作。针对北海内港管理问题开展专项调研、发出检察建议，护航海洋经济发展。加强金融风险防控，联合金融管理部门研究完善刑事司法和行政执法衔接机制，努力把办案成果转化为治理成效。

检察宽严相济　2020年，区检察院继续发挥好“案—件比”指挥棒作用，做到严格管控程序运转，“案—件比”降至1∶1.1215，减少933个办案环节，提升检察质效。适用认罪认罚从宽制度审结案件670人，适用率86.23%，做到能用尽用。继续探索更加精准化的检察监督，提出量刑建议577人，其中确定型量刑建议333人。

公益诉讼　2020年，区检察院深化双赢多赢共赢法律监督理念，积极维护公共利益，共办理行政公益诉讼案件30件，其中磋商解决18件，发出诉前检察建议12份，有力推动生态保护和食品药品安全维护。立足北海建设湾区城市任务，主动融入廉州湾治理，针对非法捕捞、非法养殖问题向相关部门发出检察建议，督促拆除违法用海设施面积10公顷。全年立案刑事附带民事公益诉讼案件12件，依法对销售有毒、有害食品和非法猎捕珍贵、濒危野生动物行为提起刑事附带民事公益诉讼4件。办理的赖某某销售有毒、有害食品案，在刑事附带民事公益诉讼食品药品安全领域属北海市首例。

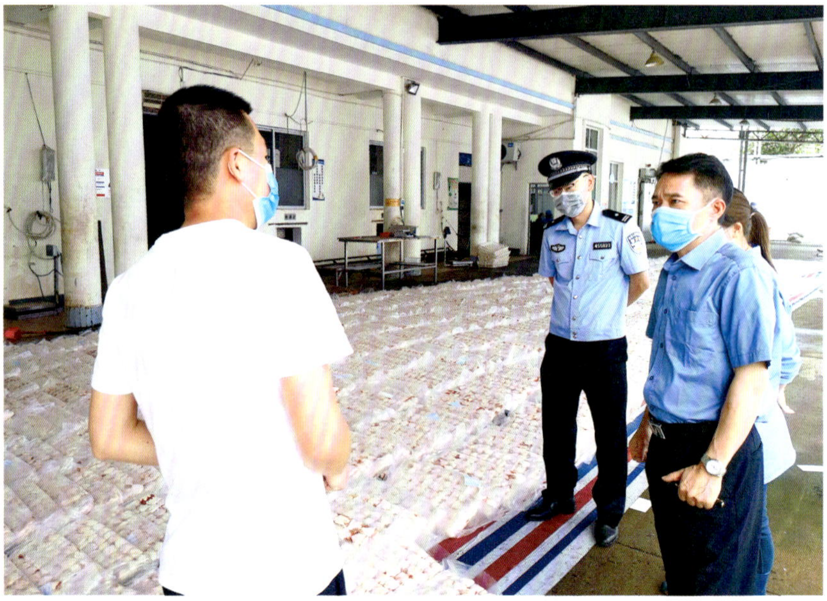

2020年3月23日，区检察院检察长梁广平（前排右一）走访北海市佳德信海产品有限公司，收集企业发展难题，提供检察服务

区检察院供图

【服务中心工作】

脱贫攻坚　2020年，区检察院组织出动干警556人次深入高德街道赤西村帮扶贫困户，帮助解决群众“三事”问题。通过联系外购、认购、消费扶贫等方式帮助解决贫困户农产品滞销问题。联合共建单位北海市中医医院开展法治宣传、健康扶贫宣传、下乡义诊、爱心募捐、采摘农产品等志愿服务活动。

助力“创城”　2020年，区检察院立足北海市创建全国文明城市、创建国家卫生城市等中心工作，以政治建设为引领，深入“三无小区”开展治理工作，完善小区自治。积极组织志愿服务，通过卫生清洁、入户宣传、发放资料、征集意见等活动，解决小区管理问题。在“创城”工作中构建“以小带大”模式，将未成年人教育融入治理，引导“大小”人员共建文明，该项工作获市创城办表彰。积极发挥公益诉讼职能，监督解决垃圾乱堆乱放、名木古树污染破坏等环境问题，改善城市面貌。

服务群众　2020年，区检察院领导班子带头深入基层社区、村委开展调研12次，助力基层组织建设、治理工作，打通服务群众“最后一公里”。积极发挥党员先锋模范作用，领导班子进“解忧超市”认领“微心愿”7个，帮助解决群众“三事”。通过走访、协调相关部门，反映群众意见，先后解决新大地公寓、平安街社区建港宿舍、兴海小区路灯缺失问题。

服务“六稳”“六保”　2020年，区检察院探索完善涉民营企业职务犯罪案件认罪认罚从宽制度适用机制，保障企业正常生产经营和就业稳定。在办理某公司涉嫌单位行贿犯罪案件时，充分考虑公司涉嫌犯罪情节、认罪悔罪态度及公司员工保就业、复工复产情况，依法不予追究刑事责任。深入开展“走企护商除乱”专项行动，构建“亲”“清”新型检商关系，先后走访10家民营企业征询对司法服务的需求，及时向相关部门反映、协调解决生产发展难题6个。依法追赃挽损，帮助民营企业挽回经济损失120余万元。

【社会治理】

反腐攻势　2020年，区检察院持续推进不敢腐、不能腐、不想腐机制建设，坚决整治群众身边腐败问题。决定逮捕1件、1人，提起公诉9件、10人，办理北海市政府原副秘书长、市政府办公室原副主任黄某某受贿案，合浦县政协原党组书记、主席韩某某受贿案等案件，以案释法，开展警示教育1200

人次。加强对涉黑恶犯罪和经济、民生、扶贫领域案件审查,深挖"保护伞"和腐败、作风问题,统筹优化政务、营商环境。

未成年人犯罪治理　2020年,区检察院准确把握未成年人犯罪惩治尺度,保护未成年人健康成长,共受理审查逮捕案件49件、83人,批准逮捕36件、61人;受理审查起诉案件41件、69人,提起公诉32件、57人。继续抓好"一号检察建议"落实,加强对未成年人司法保护,深入辖区中小学校开展法治宣传,联合相关部门共同加强对酒吧、KTV等娱乐场所监督,整治涉毒问题和违规接纳未成年人现象。积极引入"检察官+司法社工+心理咨询师"模式,对未成年被害人开展心理疏导、亲职教育。联合企业共建北海市首个未成年人观护帮教基地,进一步完善社会帮教工作。创新合作平台,联合区公安、医疗部门进一步完善刑事案件未成年被害人"一站式"取证工作机制,减少对未成年被害人的"二次伤害"。以"法治之花绽放最美海岛"为主题,深入涠洲岛引导未成年人共同开展法治宣传、海洋垃圾治理、鲸鱼保护等公益活动。

【检察监督】

刑事监督　2020年,区检察院加强对刑事立案、侦查、审判活动的监督。监督立案21件,监督撤案12件;纠正漏捕20人,纠正遗漏同案犯26人,纠正遗漏罪行4人,纠正侦查活动违法15件,提出抗诉4件。依法监督非必要羁押,开展检察监督环节羁押必要性审查59件。

民事行政检察监督　2020年,区检察院办理民事行政监督案件14件,运用检察建议等方式强化对民事行政案件裁判结果、审判程序、执行活动的监督。着力维护国家利益、群众利益,办理虚假诉讼案件2件,依法对以虚假诉讼方式实施侵害公私权益行为提出法律监督。

2020年6月3日,区检察院与广西全海盈食品有限公司共建的北海市首个未成年人观护帮教基地举行揭牌仪式　　区检察院供图

【阳光检务】

自觉接受监督　2020年,区检察院积极健全与人大代表、政协委员及民主党派代表沟通联络常态化机制,举办"检察开放日"等活动,邀请人大代表、政协委员走进检察机关了解检察工作,认真落实好人大代表建议和政协委员提案。加强案件质量评查,注重诉讼流程的社会监督作用,通过公开听证4件焦点案件,兑现阳光检察。进一步畅通民意诉求表达渠道,完善网络信箱、举报平台建设。公布重要案件信息54件,公开法律文书456件。

检务公开　2020年,区检察院聚焦"四大检察""十大业务",拓宽检察宣传渠道,运用传统媒体和网络新媒体发布信息1847篇,聚焦主责主业加强宣传,其中获《检察日报》《广西日报》《广西法治日报》等自治区级以上媒体采用81篇,市级媒体采用129篇。

【锻造检察铁军】　2020年,区检察院认真贯彻《中国共产党政法工作条例》及自治区实施意见,坚持党对检察工作的绝对领导,坚决执行请示、报告制度,不断提高政治判断力、政治领悟力和政治执行力。严格规范党内政治生活,严格执行民

2020 年 6 月 12 日，区检察院邀请区人大代表、政协委员、人民监督员参与一起申诉案公开听证　　区检察院供图

主集中制、重大事项集体讨论制度，完善领导班子议事规则和决策程序。严格落实“两个责任”和“一岗双责”制度，把党风廉政建设、纪律作风建设等各项责任分解、细化、落实。严格执行中央八项规定，坚持填报过问或干预、插手检察办案等重大事项常态化、制度化，填报“三个规定”记录 37 件，促进检察权公正规范运行。巩固深化“不忘初心、牢记使命”主题教育和“五查五整顿”（查思想，着力整顿理想信念滑坡问题；查纪律，着力整顿有令不行问题；查作风，着力整顿不严不实问题；查担当，着力整顿不作为、乱作为问题；查管理，着力整顿领导责任落实不力问题）专项行动成果，通过自查自纠、巡察反馈问题整改、完善制度建设，进一步打造检察队伍新气象。大力开展争先创优活动，用树推典型弘扬检察担当，扩大社会影响力感召力。3 名干警战“疫”先进典型事迹通过宣传取得较好社会效果，1 名干警被北海市委政法委评为全市政法干警疫情防控先进典型。积极引导干警践行检察官职业道德、家庭美德、个人品德，1 名干警家庭被评为“最美家庭”。（陈健）

法　院

【法院机构及工作概况】 2020 年，北海市海城区人民法院（简称区法院）共受理各类案件 1.57 万件，审执结 1.43 万件，结案首次突破 1 万件，收案、结案分别比上年上升 32.49%、44.95%，结案率为 90.94%，比上年提高 7.82 个百分点；法官人均结案 409 件，比上年上升 24.32%，法官个人结案最高为 1284 件，法官人均结案、个人结案均位居北海市法院系统第一名；以案件结收比 106% 位居全自治区法院第二名，收案数及人均结案数在自治区法院系统均排名第八位；结案数量、结案率、法官人均结案数达到十年来最高值；通过互联网直播庭审、公开裁判文书数量在自治区法院系统排名第二位。成立海城区涠洲生态旅游法庭，为涠洲岛生态环境保护与旅游业的可持续发展保驾护航。年内，区法院被评为自治区优秀法院、北海市法院绩效考评先进单位。

【刑事审判】 2020 年，区法院受理刑事案件 576 件，比上年下降 26.90%，为近五年来刑事收案首次大幅下降；审结 556 件，比上年下降 20%，结案率 96.53%，比上年提高 8.58 个百分点。年内，区法院强化政治担当，高站位、高标准推动扫黑除恶专项斗争，共审结涉黑恶案件 7 件、21 人，位列北海市第一位；强化打早打小意识，审结“黄、赌、毒”等案件 105 件；打击传销违法犯罪，审结组织、领导传销活动罪案件 42 件、165 人，审结北海市被告人数最多的金某某等 78 人组织、领导传销活动罪一案，为北海市创建“无传销城市”提供强力司法保障；持续严厉惩治腐败，审结职务犯罪案件 7 件，通过公开开庭审理合浦县政

2020年10月12日，区法院公开开庭审理被告人金某某等78人涉嫌组织、领导传销活动罪一案。图为庭审现场　　区法院供图

协原主席韩某某、北海市人民政府原副秘书长黄某某等职务犯罪案件，对社会及相关人员形成不想腐、不敢腐的震慑力；以生态文明思想为指引，通过依法审结郭某非法持有枪支、非法猎捕珍贵、濒危野生动物案，李某非法收购、出售国家重点保护植物制品案等，切实践行“绿水青山就是金山银山”理念，严厉打击破坏生态环境资源犯罪，维护北海市生态环境安全。

【民商事审判】 2020年，区法院受理民商事案件7997件，比上年上升26.31%，审结7121件，比上年上升35.95%，结案率89.05%，比上年提高4.89个百分点，其中调撤案件1531件，调撤率21.44%。年内，区法院深入推行“简案快审、繁案精审”提升审判质效，助力海城区经济社会发展。将金额小、争议小的案件纳入速裁通道，推行快速庭审、要素审理，简化裁判文书，适用简易程序审结民商事案件4685件，为群众提供快捷、便利、低成本的诉讼渠道。注重证据及焦点对抗、法律说理、判后答疑，力求出精品、树典型，审结疑难复杂民商事案件2436件。积极营造法治化营商环境，开展“尽可能一次性解决纠纷”活动，不断压缩解决纠纷耗时，让司法公正更快实现，一审解决商业纠纷时间为226天（含诉执流转），比上年减少180天。成立专门金融审判团队，依托金融互联网巡回法庭及金融纠纷多元化解中心，化解涉金融纠纷案件1250件，为企业生存发展提供保障。

【执行工作】 2020年，区法院受理执行案件6848件，比上年上升27.4%，执结案件6332件，比上年上升45.76%，结案率为92.24%，执行案件结案率首次突破90%；公布失信被执行人名单847人次、限制高消费3651人次。开展涉金融机构执行案件专项清理活动，及时对抵押财产进行评估、拍卖处置，集中清场腾退，有效提升标的到位率，执结涉金融执行案件1057件，执行到位金额6901.63万元。高效执结涉民生案件167件，执行到位金额386.57万元；指导涉民生案件当事人完善相关手续申请司法救助金26万元，解决涉民生案件申请人的困难。开展涉民营企业执行案件专项清理活动，不断为民营企业营造良好的发展环境，执结涉企案件455件，执行到位金额4320.76万元。不断完善司法网拍相关流程及线下配套服务，公开展示拍品信息、参与方式、拍卖过程，全年开展网拍案件1367件，涉案标的物拍卖成功469件，标的物成交率88.32%，平均溢价率286.5%。疫情期间，在广西率先尝试网络直播司法拍卖，微博阅读量达1.1亿次，3251名网友在线观看，获网友点赞7万余条。

【案件调解和服务】 2020年，区法院坚持将非诉纠纷解决机制摆在前，促进源头化解矛盾纠纷。与区司法局成立人民调解室，分流各类案件3521件至调解室进行调解，调解成功575件，力促涉婚姻家庭、劳动争议、侵权等民生民事案件的非诉化解，大力提升群众对纠纷化解的满意度，缓解基层法院案多人少压力。优化升级“一站式”诉讼服务，方便当事人“一次办好”各项诉讼事务。大力推进网上立案、跨域立案、网络庭审、集约送达、线上送达，为当事人提供网上查询、咨询、缴费服务，形成“一网通办”诉讼服务新模式。

【司法公开】 2020 年，区法院通过互联网直播庭审 2501 场，裁判文书网上公开 2.53 万件，互联网直播庭审、公开裁判文书数量在全自治区法院排名第二位，法官个人庭审直播在自治区排名第一位、全国排名第十六位。区法院发挥司法能动性，坚守本职工作，充分运用信息技术手段解决防疫制度对司法活动的限制，灵活运用多方、多元联动，开展网络庭审直播、网络司法拍卖，人性化化解涉疫情案件，为海城区经济社会发展提供司法服务与保障。落实“谁执法谁普法”措施，加强微博、微信、互联网等宣传平台建设，全年共发稿件 330 篇，其中被自治区级以上媒体采用 127 篇。《社交媒体并非人格权保护的法外飞地》一文获最高人民法院微信号采用，微信阅读量达到 6 万余次，真正做到讲好法院故事，弘扬社会主义核心价值观。在“六一”国际儿童节、国际禁毒日、“12·4”国家宪法日开展送法进校园、模拟法庭活动，提高学生自我防护能力。开展新时代文明实践百姓宣讲团送法进村、进社区活动，为基层干部、村(居)民宣讲法律知识，营造良好的法治宣传氛围。

【审判管理】 2020 年，海城区围绕各类市场主体对“执行合同”和“办理破产”等方面的营商环境司法需求，聚焦司法服务保障工作的痛点、堵点、难点，建立涉营商环境相关制度 22 项，畅通司法服务保障“最后一公里”。进一步规范延长审限、扣除审限等审批手续，制订防止案件超审限管理规定，全年已结案件无超审限现象。强化上诉案件管理，不断压缩上诉案件流转时长，刑事、民事案件上诉流转时间比上年分别减少 18 天、282 天。强化院(庭)长审判管理职责，全面推进类案和关联案件的重点管理，切实促进裁判尺度统一。狠抓执法办案，聚焦主责主业有成效，实行法官个人结案周报制度，结案率比上年提高 7.8 个百分点。开展“担当作为、真抓实干”百日攻坚办案竞赛活动，大力营造创先争优、奋发进取的浓厚氛围，法官个人结案首次突破 1000 件，法官个人结案超过 500 件的有 15 人，占该院法官的 42%。认真组织开展涉案财物处置突出问题整治工作，对 2015—2020 年的 10153 件案件进行排查，促进涉案财物管理规范化。开展“走企护商除乱”活动，对 16 家企业进行走访调研，帮助企业解决困难。

【助力中心工作】 2020 年疫情防控期间，区法院积极组织干警开展疫情排查管控、入户宣传防疫知识、参与“三无小区”值班、卫生消杀等抗疫行动；开展精准扶贫工作，27 名帮扶人结合法院工作职能为群众提供法律咨询、指导和帮助，为精准脱贫提供司法服务。助力全国文明城市、国家卫生城市创建工作，发挥党员志愿者力量，组织党员志愿者参加创建活动 1156 人次；组织 60 名干警参加第七次全国人口普查工作；参加东街街道大工委“双百行动”办“三事”暨 100 个微心愿兑现活动，为 14 名困难群众实现微心愿；组织党建联盟单位开展庭审观摩活动，增强党员干部廉政意识，提高拒腐防变能力。

【廉政建设】 2020 年，区法院坚决贯彻中央八项规定和实施细则精神，对审判执行、内务管理的薄弱环节开展专项整治活动，持续抓好审务督察和司法作风巡查，共进行审务督查 36 次，日常监督检查 66 次，案件回访 360 件，答复信访件 49 件。大力推进反腐倡廉工作，落实“两个责任”和“一岗双责”要求，完善内控管理制度，充分运用监督执纪四种形态，坚决查处违规违纪问题，全年进行个人提醒谈话 19 人次，集体廉洁谈话 22 次，开展案例通报学习5次，工作群发警示教育提醒案例20次，通报12期。落实“三个规定”专项治理工作，对违规使用公务加油卡和“私车公养”专项整治“回头看”查出问题并进行整改。对自治区党委政法委对北海市政法系统纪律作风督查巡查反馈意见（法院部门）22个问题全部整改落实。

（廖洁华）

司法行政

【司法行政机构及工作概况】2020年，北海市海城区司法局（简称区司法局）下辖高德街道、驿马街道、东街街道、中街街道、西街街道、海角街道、地角街道7个司法所。海城区委全面依法治区委员会办公室设在区司法局。全区法律服务机构有广西海城律师事务所、广西先导联合（海城）律师事务所、北海市海城区148法律服务所、北海市海城区第一法律服务所、北海市海城区和正法律服务所、北海市海城区驿海法律服务所。

【普法依法治理】

法治海城建设　2020年4月，海城区委全面依法治区办公室制定印发法治政府建设的工作要点，8月顺利召开海城区委全面依法治区委员会第二次会议，审议通过《海城区“依法治区工程”实施方案》。对全面依法治区工作进行全面的部署，细化各部门的责任清单，把各街道、部门法治建设工作成效列入绩效考评。12月，在区委常委会和区政府常务会上分别汇报海城区2020年全面依法治区工作情况，总结法治建设的实践经验，及时解决法治建设存在的突出问题，把党的领导贯穿全面依法治区工作的全过程。积极组织指导各街道、各部门开展法治建设工作，顺利通过北海市法治建设绩效检查。

法治宣传教育　2020年，区司法局积极履行法治宣传教育牵头组织职责，开展形式多样的法治宣传，组织开展《中华人民共和国民法典》进机关、进学校、进企业、进农村（社区）、上渔船集中主题宣传活动，编演相关的节目举办广场会演等系列活动，并在北海市推进现场会上进行成果展示。组建农村“法律明白人”精准普法行动，助推扶贫工作。组织开展“法治三月三”文化系列活动，将宣传宪法、民族区域自治法及疫情防控相关法律法规等内容用“咸水歌＋快板”、山歌等形式发布在抖音平台上，发布4条法治抖音视频。“12·4”国家宪法日举办全区性大型集中宪法宣传活动。

依法治理　2020年7月，区司法局制定印发《关于印发2020年海城区普法依法治理工作要点的通知》，统筹策划，督促各单位按照要求履行普法责任，积极开展民主法治示范村建设，北部湾社区被推选为全国民主法治示范村（社区）。加强法治阵地建设，升级完善独树根西法治文化广场和银屋花园法治文化广场，新建成春天海景法治文化广场。按照“七五”普法和法治政府建设（2016—2020）检查验收迎检要求，组织部署海城区各相关部门准备完善迎检材料，做好迎检工作。8月，召开海城区法治政府建设和“七五”普法总结“双验收”工作动员会，高质量通过北海市和自治区对海城区“七五”普法和法治政府建设（2016—2020）检查验收。

【矛盾纠纷调处化解】

人民调解　2020年，区司法局加强对人民调解工作的指导与管理，加强专业性、行业性、区域性人民调解组织建设。全区共有人民调解委员会61个，其中街道、村（居）人民调解委员会58个，专业性、行业性人民调解委员会3个，有人民调解员400多人。年内，抓好人民调解规范化与业务建设，积极组织开展矛盾纠纷大排查活动，切实做好多发性矛盾纠纷人民调解工作，重点参与企业改制、征地拆迁、劳动争议、医疗卫生、环境保护、安全生产、食品药品安全、交通事故等领域矛盾纠纷的调解工作，努力化解社会矛盾纠纷，维护社会稳定。年内，共受理调解矛盾纠纷845件（诉前调解453件），调解成功844件（诉前调解452件）。

“三大纠纷”调处　2020年，区司法局加大“三大纠纷”调处力度，加强排查防范，及时化解矛盾纠纷苗头和隐患，安排骨干力量参加惠科、中电信息港等重点征地搬迁项目的纠纷调处工作，支持重大项目建设。年内共调处化解“三大纠纷”案件3件。

【法律服务】

公共法律服务体系建设　2020年，区司法局按照“一平台六中心”结构布局，继续完善法律咨询、法律援助、人民调解、综合业务等服务窗口的建设，配齐各种服务设施、办公设备，建立健全服务台账、服务档案，配备熟悉司法行政业务的工作人员4名，购置公共法律服务自助终端机1台和“互联网”+智能展示平行设备1台，方便群众办理法律事务、法律咨询和查询。区辖7个街道构建公共法律服务工作站，在条件成熟的村（社区）设置公共法律服务工作点（窗口）。街道工作站和村（社区）工作点按要求配备办公桌椅、文件柜、电脑、电话、传真、打印机等相应的办公设施和服务窗口，街道工作站配备熟悉司法行政业务的工作人员2名以上，村（社区）公共法律服务工作点配备熟悉司法行政业务的工作人员1名，开展法律服务惠民活动。形成以区司法局公共法律服务中心为龙头、基层一线公共法律服务站点为枢纽的立体化网格式服务体系。

法律援助　2020年，海城区7个街道司法所设立法律援助工作站，在10个行政村建立法律援助联系点和便民服务窗口。同时，相继在团区委、区残联、区老龄办、区总工会、区法院、区信访局设立法律援助工作站，初步形成以区法律援助中心为中心，街道司法所法律援助工作站、法律援助村（社区）联络员为依托的三级法律援助服务网络。年内，共办理法律援助案件152件（民事29件、刑事121件、行政2件），法律咨询1023人次。

2020年11月6日，海城区举办2020年矛盾纠纷调解培训班

区司法局供图

法律顾问工作　2020年，海城区全面推进村（社区）法律顾问工作，实现51个村（社区）法律顾问全覆盖。健全法律顾问工作职责，按要求指导、督促律师、法律工作者进村（社区）开展法律服务工作，积极为群众提供法律服务。全年全区51个村（社区）法律顾问认真履职，为村（社区）群众提供法律咨询2000人次、为村（社区）提供法律意见80件，开展法治宣传50场次，为群众起草、修改法律文书20份，参与矛盾纠纷化解150多件。

法律服务工作　2020年，区司法局加强区辖4个法律服务所19名法律工作者和2个律师事务所42名律师的管理。年内，各法律服务所和律师事务所共办理诉讼案件1861件，非诉讼代理55件，担任法律顾问69家，解答群众法律咨询1231人次。

【社区矫正管理】　2020年，区司法局积极推进社区矫正制度化、规范化、法治化建设，完善规章制度，健全执行程序和工作流程，确保规范运行；理顺工作体制机制，加强区司法行政机关社区矫正专门机构、司法所专职工作队伍建设；落实社区矫正监督管理、教育矫正和社会适应性帮扶工作任务；开展心理辅导和心理危机干预，创新教育矫正方式方法，引入“社区矫正+心理测评”机制，提高教育矫正质量；加大对社区矫正工作的宣传力度，采取多形式多渠道的方式开展《中华人民共和国社区矫正法》宣传。全年全区社区矫正机构共接收社区矫正对象133人，累计解除135人。截至12月31日，管理在册社区矫正对象141人，其中缓刑126人，管制1人，假释6人，暂予监外执行8人。没有发生社区矫正对象参与重大恶性案件，没有因社区矫正措施不力、工作管理不到位造成的矫正对象重新犯罪现象。

【安置帮教工作】 2020年，区司法行政安置帮教工作部门以精准防控、无缝衔接、底数清、情况明为原则，组织辖区各司法所积极加强走访帮扶工作，深入安置帮教对象家庭走访，全面掌握了解安置帮教对象思想及其家庭、工作、生活等基本情况，积极发放疫情防护知识宣传单400余份。以“战时”状态迅速落实刑满释放人员安置帮教各项工作措施，实现排查全覆盖、衔接均顺畅、帮教精准稳的目标。年内，区司法局共接收刑释解教人员281人，其中监狱释放146人，社区矫正解除135人，安置帮教率达100%。

【扫黑除恶专项斗争】 2020年年底，海城区有在册涉恶罪名社区矫正对象24人，无涉黑罪名矫正人员。针对涉恶罪名的社区矫正对象累计开展的走访排查727人次，集中教育814人次，个别教育1059人次。没有发现海城区社区矫正对象参与黑恶势力团伙。指导、监督律师参与涉黑涉恶案件辩护代理，对涉黑涉恶案件严格实行报备制度。年内，律师代理法院和检察院指定涉黑涉恶案件16件。 （张燕红）

军　事

中国人民解放军广西北海市海城区人民武装部

【区人武部机构及工作概况】2020年,中国人民解放军广西北海市海城区人民武装部(简称区人武部)坚持以习近平新时代强军思想为引领,深入贯彻军委主席负责制,落实上级党委决策部署,以绝对忠诚为根本,以练兵备战为中心,以国防后备力量和动员能力建设为重点,坚持问题导向,强化使命牵引,持续改进工作作风,扎实抓好主责主业,年度各项任务圆满完成,区人武部全面建设持续健康发展。年内,区人武部在“四无”(无案件、无事故、无失泄密、无严重违纪)工作中成绩显著,被北海军分区评为安全“四无”单位。

【思想政治建设】 2020年,区人武部认真学习贯彻中共十九大和十九届四中、五中全会精神,深入贯彻习近平新时代中国特色社会主义思想和强军思想,扎实推进“不忘初心、牢记使命”主题教育成果转化,深入开展“和平积弊”大讨论,增强使命意识,强化姓军备战;聚焦“传承红色基因、担当强军重任”主题深化教育,清明期间到涠洲岛烈士陵园开展祭扫活动,缅怀先烈功绩,强化担当作为。以全民战“疫”斗争和率民兵参与防控的生动实践为鲜活教材,开展“五看五增强”(看党的坚强领导,增强忠诚品质;看巨大制度优势,增强“四个自信”;看人民军队中流砥柱,增强使命担当;看“最美逆行”英勇壮举,增强战斗精神和血性;看全国人民万众一心,增强战“疫”必胜信念)教育活动,深刻领悟习近平主席关于疫情防控工作重要指示精神,用军队在抗疫中展现出的优良作风凝心聚力,教育引导干部职工正确认识国内外疫情防控形势,不断增强“四个意识”(政治意识、大局意识、核心意识、看齐意识),坚定“四个自信”(中国特色社会主义道路自信、理论自信、制度自信、文化自信),做到“两个维护”(维护习近平总书记党中央的核心、全党的核心地位,维护党中央权威和集中统一领导),贯彻军委主席负责制,人员的思想根基更加巩固,思想防线更加牢固。

【战备训练】 2020年,区人武部针对人员变动、遂行任务多样化的实际,修订完善各类应急预案并加强演练。严格落实《战备工作条例》和上级有关战备工作指示,结合春节、“五一”“两会”等重要时节,抓好战备教育,落实战备要求,保持正规严谨的战备工作秩序。对照备战打仗标准,坚持按纲施训,参加广西军区首长机关理论集训,组织业务基础训练,干部职工军事素质和技能不断提高。组织海上民兵圆满完成迎接上级视察观摩任务;7月—8月,分2批组织2个海上维权连到北部湾海域巡逻,发现并协助处置越界捕鱼渔船9艘,收缴外籍国旗标识和捕鱼设备若干。组织区四家班子领导以海上行动为背景的国防动员演训过军事日,高标准完成军区国防动员指挥能力考核评估,强化各级党管武装和国防意识,增强动员能力。组织民

2020年6月14日，中央军委国防动员部部长盛斌（前排左五）在北海市委书记王乃学（前排右三）和北海市市长蔡锦军（前排左三）陪同下，视察地角女民兵连　区人武部供图

兵以渔代训，重点开展任务行动训练，打捞起海军训练鱼雷及时处置上报。民兵分队遂行抢险救灾、维稳处突和支援保障的能力明显提升。

【民兵调整改革】 2020年，区人武部开展民兵调整改革。科学调整编组。区人武部针对受新冠疫情影响，整组工作进展相对滞后的情况，创新采取“体检拍照政考办卡整档”服务站，“一站式”服务形式，分批次组织拟入队人员体检、政考、数据录入、建档等工作，推动整组工作、编组质量进一步提升。规范教育管理。按照《民兵组织整顿工作实施办法》要求，规范民兵干部编配程序；健全民兵各级党组织，规范组织制度落实标准；全面落实基干民兵档案；探索完善民兵管理教育新模式，强化“建、管”落实；11月，先后在区民兵训练基地、地角街道、海角街道召开民兵党建工作培训会，进一步规范民兵党建工作程序和方法。抓好民兵训练。贯彻落实“全年度、部队式、基地化”训练新模式，以民兵军事训练大纲为依据，按照内容实用、重点突出、兼顾全面的要求，扎实开展海上救援技能、综合演练等内容的民兵训练，圆满完成训练任务，考核合格率100%，优良率60%以上。基干民兵队伍敌情观念和应急意识得到增强，遂行非战争军事行动的应急处突能力得到提高；5月，广西军区组织民兵干部骨干比武，民兵教练员苏永康获第二名，被广西军区评为优秀民兵教练员。

【基层正规化建设】 2020年，区人武部开展基层正规化建设工作。对照《省军区系统战备、训练、工作、生活秩序规范》要求，抓好规范化建设试点任务，累计投入280余万元，对区人武部进行升级改造，完成军事职业教育“三室一间”建设，配套军综网、互联网学习室，升级改造战备资料室和文体活动室，建成海城区国防教育长廊，对营区路面进行沥青化改造，规范设置各类组织，正规办文、办事、办会，区人武部“四个秩序”更加规范。推进基层武装部正规化达标建设。按照《基层武装部建设三年规划》的标准要求，一体推进基层武装部

2020年9月29日，2020年海城区基层武装部正规化达标建设现场会在中街街道办事处召开　区人武部供图

标准化建设，对辖区62个行政村（社区）“青年民兵之家”进行升级改造；年内，结合5个基层武装部办公场所调整，拨付经费21万元，同步抓好基层武装部正规化建设。9月，在中街街道召开基层武装部正规化达标建设现场会，确保建有标准、学有样子，进一步提升正规化建设水平。编齐配强专武干部队伍。注重把建强基层专武干部队伍作为提升基层武装工作活力的重要抓手，选拔任命1名转业干部任街道武装部部长；针对基层专武干事无编制、待遇低、留不住人的实际情况，采取提高待遇、统一招聘、统一管理的形式，为每个基层武装部配备1名专武干事，逢周一、周五专武干事参加区人武部大交班，汇报工作开展情况和受领任务，通过面对面教方法、传经验，促进专武干部队伍素质提高。

【安全稳定工作】 2020年，区人武部以学习贯彻新条令、安全工作条例、保密工作条例为抓手，坚持从严建部、依法治部，正规“四个秩序”。扎实落实安全大检查和信息安全保密专项检查，加强安全教育、保密教育和安全训练，坚持营区应急演练，全年组织8次安全隐患排查，及时发现问题，消除安全隐患，保持安全稳定的良好态势。6月和11月，区人武部接受广西军区工作组安全检查，针对指出问题及时进行整改。

2020年9月18日，地角女民兵参加国防教育日文艺会演

区人武部供图

【征兵工作】 2020年，区人武部按照“三个精准”（精准发力、精准宣传、精准施策）要求，牢固确立“阶段征兵、全年准备”的观念，紧紧围绕“两个重点”（大学生和大学毕业生），扎实推进工作落实，打牢征兵基础。年内，海城区征兵报名率、上站率和“双合格”人数均创新高，圆满完成军校生、直招士官、夏秋季新兵征集任务。

【“双拥”共建】 2020年，在区委、区政府的大力支持下，区人武部坚持为官兵办实事、解难事，坚决贯彻落实《北海市军人子女教育优待实施办法》，军人子女入学入托全部优先解决。驻辖区部队、武警和广大民兵预备役人员，积极参加驻地“创城”、疫情防控、抢险救灾等系列活动，军政、军民关系进一步密切。疫情期间，组织33名民兵参加“三无小区”疫情防控，地角女民兵主动参与疫情防控宣传。6月29日，地角应急民兵积极参与扑灭冠头岭火灾，得到好评。积极拓展新时代民兵职能作用，弘扬女民兵连光荣传统，以女民兵连史馆为基地，开展国防教育和红色文化宣传，深入村（社区）、应征青年家庭，宣传拥军优抚政策，发动鼓励适龄青年应征报名参军。9月18日，女民兵参加北海市第20个全民国防教育日专题文艺会演，有效增强了广大干部群众的国防意识和国防理念。

国防动员工作

2020年，区人武部扎扎实实做好国防动员工作。区人武部协调调整海城区国防动员委员会成员，聚合职能部门整体合力，推动国防动员工作高效运转；7月和12月，分别组织国防动员指挥演练，形成运作规范、高效顺畅的工作链路;根据《广西各级人民政府征兵办公室工作规范》,从区政府办、海城公安分局、区教育局、区卫健局等部门抽调20人组建征兵办公室,规范征兵工作运行机制,形成政府主导的全员抓征兵的工作机制,为提升征兵质量打下了坚实基础。年内,区人武部紧紧围绕"精准化"目标,坚持政府主导、军地配合,靠前与党政机关和企事业单位协调配合,加强上下之间、区国防动员委员会专业办之间联系沟通,进一步完善国防动员潜力调查协作机制。充分发挥区国防动员委员会牵头协调作用,组织政府机关、企事业单位召开协调会,明确统计调查责任分工和完成时限,严格落实方法步骤,有效促进工作落实。 (潘尊)

人民防空和海防工作

【人民防空和海防机构概况】北海市海城区人民防空和海防办公室(简称区人防海防办)在区住建交通局挂牌。2020年,区人防海防办按照工作要求认真做好海防道路巡查和维护保养,完成工作任务。

【海防道路巡查和维护保养】2020年,区人防海防办按要求每月不定时对辖区管护的海防道路巡查1次,并在台风、暴雨后及时组织人员对道路进行巡查。全年分2批次对高德垌尾和地角海防道路进行维护保养,清理道路两旁的杂草和疏通道路排水涵洞的杂物。全年共投入2.79万元,清理4.8千米道路两旁杂草3000平方米,清理22米涵洞的杂物。 (黄贻宁)

退役军人事务管理

【退役军人事务管理机构及工作概况】2020年,北海市海城区退役军人事务局(简称区退役军人事务局)坚决维护军人军属合法权益,加强退役军人服务保障体系建设,建立健全集中统一、职责清晰的退役军人管理保障体制,让军人成为全社会尊崇的职业。截至12月,区退役军人事务局为自主就业退役士兵发放一次性补助金。年内,海城区"光荣之家"光荣牌悬挂率100%。

【优抚政策落实】2020年,区退役军人事务局认真贯彻落实优抚政策,及时发放各类优抚经费。

【"双拥"工作】2020年,区退役军人事务局贯彻落实全国、自治区、北海市双拥工作部署要求,推行区、街道、村(社区)三级联动,把"拥军优属·拥政爱民"工作落到实处。在春节、八一建军节期间,区退役军人事务局牵头协调海城区四家班子领导组成慰问团分别走访海城区驻区部队,发放慰问金,海城区领导带队走访慰问辖区3名优抚对象,发放慰问金;为辖区优抚对象、参战退役入社区管理人员发放春节慰问金;为辖区优抚对象、参战退役入社区管理人员统一发放八一建军节慰问金。 (陈丽莉)

2020年7月29日,区退役军人事务局领导走访慰问军转干部
区退役军人事务局供图

工 业

工业综述

【工业机构及工作概况】 2020年,海城区工业和信息化局(简称区工信局)扎扎实实做职能工作,全面完成各项任务,取得好成绩。年内,海城区完成工业总产值500.55亿元,比上年下降28.3%;全区工业增加值完成129.11亿元,下降24.8%;全区规模以上工业企业完成工业总产值471.87亿元,增长速度下降29.5%,占全市规模以上工业产值比重的28.7%;全区规模以上工业增加值完成118.21亿元,下降26.5%,其中区本级规模以上工业企业完成工业产值63.45亿元,下降9.4%,占全区规上工业产值的13.5%,下拉全区全部规模以上工业产值1.0个百分点。年内,区工信局配合自治区开展的2019年自治区县域经济发展分类考核,海城区在"城市主城区"评比中的"工业及产业园区发展"在自治区排名第四。

【工业运行】 2020年,海城区能源工业、农副食品加工业共完成区本级规模以上工业产值58.57亿元,比上年下降9.9%,占区本级规模以上工业产值的92.3%,成为区本级工业的重要支柱产业。其中电力供应业累计完成现价产值38.14亿元,比上年增长2.7%,占区本级规模以上工业产值比重的60.1%,拉动区本级规模以上工业1.4个百分点的产值增幅。农副食品工业完成现价产值7.18亿元,比上年下降19.4%,占区本级规模以上工业产值比重的11.3%,拉低区本级规模以上工业2.5个百分点的产值增幅。区本级规模企业中,主营业务收入10亿元以上企业2家,主营业务收入亿元以上10亿元以下企业5家。年内,全区园区完成规模以上工业产值408.41亿元,占全区规模以上工业产值比重的86.6%,比上年下降31.85%。其中:北海综合保税区累计完成规模以上工业总产值62.29亿元,比上年下降19.19%,下拉全区规模以上工业产值2.2个百分点;北海工业园区累计完成规模以上工业总产值346.12亿元,比上年下降33.72%,下拉全区规模以上工业产值26.3个百分点。北海综合保税区和北海工业园区电子制造产业占全区规模以上工业总产值的77%,产值增速下降30.1%,下拉全区规模以上工业产值24.7个百分点。石油和天然气开采业累计完成规模以上工业总产值11.45亿元,比上年下降30.2%;电力供应业累计完成规模以上工业总产值38.14亿元,比上年增长2.7%。全年全区净增规模工业企业7家,总量达到121家,其中北海综合保税区21家、北海工业园区79家、区本级21家。年内,区工信局发挥经济管理职能,加强对全区工业经济运行的监控、指导、跟踪服务、分析目标任务和各重要时间节点完成任务情况的检查,发现问题及时协调解决,对可能出现的不利因素及时预告;同时,加强与北海工业园、北海综合保税区的联系对接,及时了解掌握其工业经济运行情况。

【国有企业改制】 2020年,区工信局加大国企改革力度,推进

2020年3月，北海市中级人民法院依法办结北海市造船厂破产退出，北海市首例以"破产清算"方式改制的企业处置完成。图为6月区工信局送给北海市中级人民法院锦旗　区工信局供图

区辖国有"僵尸企业"处置。实施对北海市造船厂企业改制工作。年初多方筹措资金806.5万元，妥善安置北海市造船厂职工318名；2月，实施对北海市造船厂依法破产出清，3月6日，北海市中级人民法院裁定受理破产，指定破产管理人办结各项合法程序后，北海市造船厂依法破产退出，标志北海市国有关停企业首例以"破产清算"方式改制的企业处置完成。

【工业项目备案认定】 2020年，区工信局落实工业项目备案1个，涉及手套制造业生产线技术改造项目等行业加工产业，项目总投资预计312.5万元，其中固定资产投资302.5万元，流动资金10万元。年内，区工信局积极支持企业申报自治区级技术认证中心，1家企业获得自治区级技术中心认定，获得自治区级奖励资金15万元。

【发展举措】

推进重点项目建设　2020年，区工信局持续跟踪列入自治区"双百双新"的黑珍珠公司技改项目建设服务，积极协调银企、市住建局解决企业融资难和施工合同纠纷问题，项目建设顺利推进。抓好中海石油涠洲作业公司投资3亿元的采油平台建设的跟进工作，12月采油平台开工建设。抓好万景海产生产线及附属设施升级扩建改造项目建设服务，完成项目供地工作。

推进海城区海洋产业园建设　2020年，区工信局对区海洋产业园企业用地、供水、排污、绿化等进行重新规划，提升、改造现有的基础设施，优化营商环境。推进区海洋产业园外排污管网改造工程建设，4月完工投入使用。加强区海洋产业园环境整治，协调垌尾村委会对区海洋产业园环境整治，投入费用2.5万元清理苗木0.8公顷，投入13万元平整土地。

助推企业复工复产　2020年，区工信局认真落实自治区、北海市各项复工复产政策措施，积极为区辖企业争取上规入统奖励资金、用工奖补、基本电费减免、物流补贴等各种财政补助资金共286.73万元。举办"加强税企互动　助力复产促发展"座谈会、组织企业参加政企银对接会，助推企业稳岗达产，帮助企业渡过难关。

2020年4月，海城区海洋产业园排污管道工程建设完工并投入使用　区工信局供图

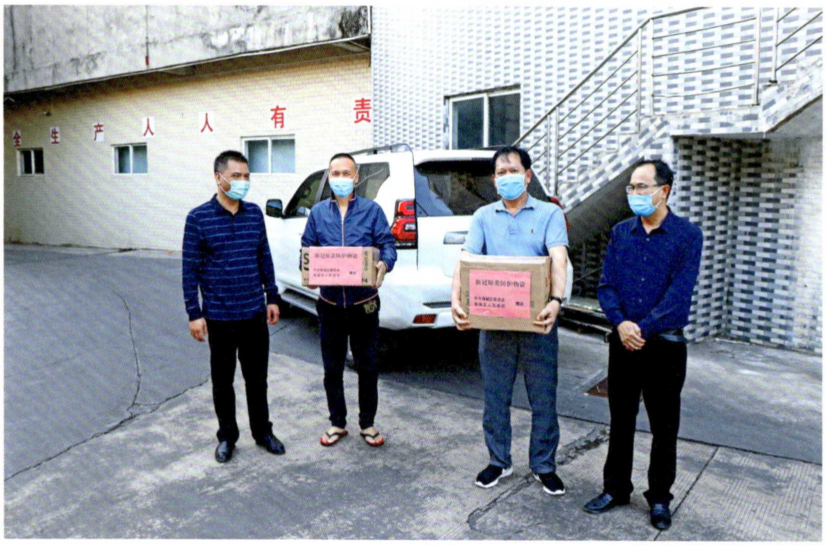

2020 年 3 月，区工信局开展企业疫情期间复工复产走访调研，并赠送企业口罩、消毒水等防疫物资　　区工信局供图

牵头联合北海联通与阿里钉钉在北海市率先上线海城区企业开复工审核平台，优化企业复工申报程序，为企业提供开复工方案材料不见面申报审批等全套服务；开展企业复工复产走访调研服务，开展走企连心解困行动，了解企业疫情防控措施落实情况、复工生产情况和存在的困难，积极为企业解决困难，推动企业稳岗达产，全区 21 家规模以上工业企业 3 月前实现复工率 100%；为区辖属 38 家国有集体企业、非公企业、规模以上企业提供价值 6.6 万元的口罩、消毒液等防疫物资，支持企业复工复产。

【安全生产】 2020 年，区工信局贯彻落实《中华人民共和国安全生产法》和“党政同责、一岗双责”暂行规定，确保生产安全。重点开展民爆行业安全生产、粉尘防爆、涉安制冷企业液氨使用和劳动密集型企业消防安全等专项治理工作。在“两会”和重点节假日期间，深入开展安全生产检查，督促企业做好事故隐患排查工作，确保节假日安全稳定。根据《2020 年北海市海城区安全生产月活动方案》，以深化“安全生产月”活动为主线，以“强化安全基础、推动安全发展”为主题，运用多种形式、多类载体开展安全生产宣传教育。

【新冠疫情防控】 2020 年，区工信局积极开展新冠疫情联防联控工作，落实新冠肺炎疫情期间防疫物资筹集工作。疫情期间，区工信局牵头的海城区防疫物资保障组共采购、调配筹措口罩 55.15 万个、酒精消毒液 3.22 吨、次氯酸钠消毒液 5000 升、红外测温枪 587 支、防护服 730 件、护目镜 349 个、一次性帽子 5000 顶、手套 37 万双，保障海城区辖各部门及基层防控一线所需的各种应急物资需求。年内整个工信系统没有出现新冠病例。

【助力全国文明城市创建】 2020 年，区工信局助力全国文明城市创建。开展海城区背街小巷提升畅通行动。年内，区工信局牵头实施背街小巷供电、弱电线管提升工作，至 11 月累计完成 1800 条小巷的架空线缆“上改下”、序化梳理工作，全面完成任务，得到北海市政府红榜通报表扬。实施“三无小区”改造，解决群众“三事”。5 月，区工信局共筹集经费 7 万多元，修复北海市罐头厂内职工宿舍 14 间，翻新房屋瓦面 307 平方米，解决宿舍漏雨问题；新建电动车棚 124 平方米，安装标准化充电设施，解决住户停放电动车、充电问题；清运生活垃圾、清理排水沟和生活区化粪池，改善宿舍区生活环境；年内，区工信局针对北海市植物油公司宿舍区的公共卫生间崩塌多年，因没有经费修复，导致住户自行在小区空地上乱搭乱建卫生间，造成小区环境“脏、乱、差”的局面，筹集资金 12.3 万元，拆除旧公厕新建卫生间，至 6 月 15 日，新建独立卫生间 11 间，解决困扰职工几十年的厕所问题，改善宿舍区住户生活环境；年内，区工信局针对北海市玻璃厂宿舍“飞线充电”的安全隐患问题，多方筹集资金 3.7 万元，从北海市玻璃厂宿舍 70 户住户的电表中统一引线到各户杂物房中，安装充

2020 年，区工信局实施背街小巷提升畅通行动架空线缆梳理工作现场

区工信局供图

电插座，解决“飞线充电”火灾隐患问题，同时为宿舍区里的每栋楼层安装照明设备，方便住户出行。

（何开华　杨国香　吴天铭）

企业发展

北海廉州湾投资开发有限公司

【北海廉投公司概况】 北海廉州湾投资开发有限公司（简称北海廉投公司）是由海城区人民政府财政出资设立的国有独资企业，具有政府投融资功能并兼有独立企业法人资格的经济实体。2020 年，北海廉投公司时刻注意“抗疫情”“保供给”，在做好各项疫情防控措施、保障复工复产的同时，帮助解决贫困地区农副产品滞销问题；坚持以巩固内部机构为前提，完善公司管理制度、完成与北海市海城区城市建设投资有限公司的合并工作，整合资源建立企业资源项目库；以项目建设为核心，推动高德老街保护与开发项目等北海市重点项目、流下村旅游公共服务设施增设提升项目等旅游基础设施建设项目建设，按期完成专项债券年度支付绩效目标；以产品研发为重中之重，整合文旅资源，积极培育精品研学旅游项目，积极开展招商引资工作，有力地促进北海市旅游产业发展及城市建设。

【助力农产品销售】 2020 年，受疫情影响，海城区农副产品严重滞销，北海廉投公司积极协调各驻村书记收集滞销农副产品信息，加强与网销平台、超市、企事业单位的对接，帮助农户拓宽农副产品销售渠道，年内累计帮助农户销售农产品约 2.5 吨。

【项目建设】 2020 年，北海廉投公司建设的重点项目 3 个，继续建设且建设完成旅游基础设施项目 3 个。

高德老街保护与开发项目　该项目是北海市重点项目，总投资约 30 亿元，规划面积 70.67 公顷，以高德老街历史文化为基底，将建设集滨海

2020 年 12 月，高德老街保护与开发项目现状航拍图

安徽三川景观工程有限公司供图

2020 年 7 月 30 日，北海市珠海路—沙脊街—中山路历史文化街区环境整治项目竣工　　北海廉投公司供图

休闲、历史文化、渔耕体验、康疗养生、亲子游乐等多元化旅游服务于一体的国家 AAAAA 级旅游景区。通过招商引资，成功引入安徽三川景观工程有限公司对项目进行投资建设，双方还就共同开发高德三街和市政与公共景观工程项目达成合作意向，拟对景区公共道路、半岛广场、高德渔港等进行景观打造。年内，安徽三川景观工程有限公司通过竞拍取得一期建设用地，完成地下停车场、地面建筑主体结构施工。

高德街和大小岭村棚户区（城中村）改造项目　该项目是北海市重点项目，总投资 3.07 亿元，完成高德三街、四街、五街及大小岭村棚户区（城中村）的征地搬迁并新建回建区 11.6 公顷，回建区共计建设 365 户宅基地基础工程以及小区道路、市政管网、绿化等相关配套，年内完成宅基地基础施工。项目获批 2020 年广西壮族自治区政府棚户区改造专项债券 5800 万元，截至 12 月 31 日完成支付 5800 万元，按期完成年度支付绩效目标。

珠海路—沙脊街—中山路历史文化街区环境整治（一期）项目　该项目是北海市重点项目，总投资 1031 万元，主要对中山路（广东路—新中路段）骑楼下步道、绿化景观、店招等设施进行提升改造，项目于 7 月 30 日竣工。经过提升改造，历史文化街区的特色风貌得到有效改善。

赤西田园综合体之休闲生态农耕康养中心项目　该项目总投资约 500 万元，建成集康养综合楼、旅游厕所、生态停车场、活动广场于一体的康养体验区。项目于 7 月 31 日完成竣工验收，年内开展对外招商工作。

流下村旅游配套公共服务设施增设提升项目　该项目总投资约 177 万元，将在流下村建设旅游厕所、停车场、游客服务中心等旅游基础服务设施，于 7 月 28 日完成厕所、停车场建设，开展与海城区地角街道新营社区协商服务设施的管理使用协议的签订事宜。

海堤街公厕改造提升项目　该项目总投资约 68 万元，按 AAA 级旅游厕所标准对原海堤街公厕进行改造提升，设有男

2020 年 7 月 31 日，赤西田园综合体之休闲生态农耕康养中心项目竣工　　北海廉投公司供图

女卫生间、无障碍(家庭)卫生间、管理间、便利商店、户外广告牌等设施设备。北海廉投公司通过将公厕与商业门面、户外广告牌“捆绑”起来,形成多功能综合型旅游厕所,公开向社会招标,增加经济效益,降低旅游厕所的管护成本,努力打造北海市首个社会化公厕运营示范点。

【乡村旅游产业发展】 2020年,北海廉投公司为助力赤西村巩固脱贫成果,促进赤西土地资源的有效开发和利用。1月,利用流转的20公顷土地,在赤西村北部种植油菜花,改善该地区土壤质量。4月,与赤西村委、全满康公司就水稻种植事宜达成合作协议,在培育赤西本土大米品牌的同时为赤西研学活动提供实践场所。立足赤西现有文旅资源,结合中华传统农耕文化,采用“合作社+平台公司+企业+农户”的模式,积极培育精品研学旅游项目,累计投入约70万元建设赤西蘑菇科普教室、农耕学堂、黄花风铃停车场等基础设施。研学活动开展20余期,吸引4000多人次参加。此外,与区扶贫移民局、高德街道办合作,利用专项扶贫资金发展扶持贫困村旅游产业项目,建设赤西乡村旅游配套项目,通过新建赤西研学基地为赤西研学活动提供必要的场所,还通过项目每年分红增加村集体收入,吸纳村民就业,带动村民增收。为推动流下村乡村风貌全面提升,促进文旅产业发展,丰富旅游业态,通过鼓励和引导村民以入股合作或出租方式,将闲置房屋、场地交由投资企业管理和使用,引入民宿、餐饮、海上运动等项目。年内,北海廉投公司作为业主为流下村成功申报“全国乡村旅游重点村”“自治区四星级乡村旅游区”等荣誉称号,成功协办“艺术家驻留创作作品展”“首届流下村文化艺术节”等活动。

(陈志敏)

广西喷施宝股份有限公司

【喷施宝公司概况】 2020年,广西喷施宝股份有限公司(简称喷施宝公司)面临新冠肺炎疫情防控前所未有的挑战,企业复工慢、市场萎缩、资金紧张等问题,一度阻碍了企业的发展。在中国各级政府的领导和全球契约的指导下,喷施宝公司知难而上、积极抗击新冠疫情、迅速复工复产,各项工作得到稳步发展,取得可喜的成绩。年内,喷施宝公司有机水肥料喷施宝系列产品被列入河南省政府指定抗疫物资清单并在中央电视台综合频道《新闻联播》栏目中播出;12月,喷施宝公司获国家高新技术企业称号。

【产品试验示范】 2020年,喷施宝公司连续第13年与农业农村部耕地质量监测保护中心(原全国农业技术推广服务中心)合作进行产品试验示范。2008—2020年,喷施宝系列产品试验示范网点已覆盖全国31个省(自治区、直辖市),累计安排试验288个、示范50个;试验作物从最初的9种扩展至44种。通过连续多年、大范围的不间断试验示范,逐步建立喷施宝系列产品的年度试验示范长效机制,使产品试验示范效果更具持久和广泛的说服力。年内,喷施宝公司在内蒙古、黑龙江、上海、浙江、安徽、福建、山东、河南、广西、宁夏、四川、辽宁等12

2020年9月12日,广西喷施宝股份有限公司举行北海喷施宝贤林发展基金会“尊师爱学”表彰会 喷施宝公司供图

2020 年，广西喷施宝股份有限公司参加抗疫助农复产活动，捐赠价值 20 多万元的产品给武汉红安等地，并技术指导种植户

喷施宝公司供图

个省（自治区、直辖市）安排 13 种作物 21 个示范，有效地提高产品示范推广效应。

【加强合作】 2020 年，喷施宝公司继续加强与各级农技部门和科研院校的合作，在盐碱地土壤修复、减少化肥使用量、降农药残留等领域进行深入研究，为产品的大面积推广及对外宣传提供强有力保证。年内，喷施宝公司与中国林业与环境促进会土壤治理工作委员会签署战略协议，并冠名承办“2020 全国土壤污染防治暨环保新型肥料研讨会及生物刺激素团体标准启动会”，为喷施宝公司土壤修复项目的发展战略提供长期有力的技术支撑，走在行业前列。年内，喷施宝公司积极参加抗疫助农复产活动，捐赠价值 20 多万元的产品给武汉红安等地，并技术指导种植户，助农增产增收。

【社会公益】 2020 年，喷施宝公司勇于承担社会责任。北海市关心下一代工作委员会成员单位，一直以来关心下一代未成年人的成长，是为培养下一代做实事、做好事。六一国际儿童节当天，在喷施宝公司内组织员工子女开展活动，送给参加活动的孩子节日礼物；9 月 12 日，喷施宝公司举行每年一次的北海喷施宝贤林发展基金会“尊师爱学”表彰会，为当年考上大学和在学校表现优秀的学生进行表彰和奖励。

（刘东生　李开坚　陈治梅）

广西北海利博盛安全用品有限公司

【北海利博盛公司概况】 广西北海利博盛安全用品有限公司（简称北海利博盛公司）创立于 1998 年，23 年来专注于各类专业防护手套的生产、设计研发与全球销售，致力于为世界各知名品牌进行产品研发与代工生产。2017 年 5 月，北海利博盛公司开始涉足电商，着重推出自主品牌。公司执行全球公认的 ISO 9001 质量管理体系、ISO 14000 环境管理体系、SA 8000 社会责任体系以及知识产权管理体系，拥有与全球知名测试中心如 SGS、CTC、TUV 相同标准的先进化学与物理测试设备的实验室；产品研发与生产严格执行欧、美各国的法规项下的产品物理与化学测试监控；如化学测试，能完成欧盟 REACH 法规项下的 183 种化学检测，有效确保产品的品质管控；作为商务部和自治区商务厅重点支持的出口企业，同时是公安部警用手套设计研发及生产基地，先后荣获广西出口明星企业、广西出口名牌企业和北海市出口十强企业、市长质量奖提名奖、纳税大户、市长质量奖“质量标杆”等荣誉称号。共取得 66 项创新专利，3 项国际专利、1 项行业标准，是中国手套行业内发明专利最多的公司。拥有北海市级企业技术中心、自治区级企业技术中心以及自治区级设计中心公共服务平台。

【产品销售】 手套分为安全防护必需品及一般日常消费用品，安全防护必需品包括工作安全防护品与运动安全防护品；一般日常消费用品包括日常保暖品与时尚装饰品。2020 年，北海利博盛公司产品销售的范

2020年，广西北海利博盛安全用品有限公司手套缝制生产车间一角　　北海利博盛公司供图

围主要分为工业市场与零售市场两大部分。产品主要分为工作手套（包括工业工作防护、一般日常工作防护、农牧园艺业类工作防护）、运动手套（包括自行车、滑雪、高尔夫、摩托车等各类户外运动）两大类，其中工作手套占80%，运动手套占20%。年内，北海利博盛公司销售市场主要有中国、日本、欧洲各国、美国、加拿大5个，其中美国、加拿大市场占40%，欧洲市场占40%，中国及日本市场各占10%。北海利博盛公司新的品牌营运中心设计在上海市，年内完成初步的品牌（VGO）建设，建立国内及跨境国际电商销售团队及渠道——中国京东及亚马逊多国（日本、美国、加拿大、英国、法国、德国、意大利、西班牙）平台；配合国际营运，设立美国子公司与仓库、欧洲（英国）子公司及仓库。2020年度北海利博盛公司国内外商品销售额1.45亿元。

【客户服务】　2020年，北海利博盛公司研发与生产的产品远销欧洲、美国、加拿大、日本等国家和地区，为各国行业内著名品牌提供“一站式”的供应服务，从市场调研分析、产品设计与构成方案、产品制造、产品的包装设计与展示方式、产品价格定位以确保达成的市场利润率及产品的市场推广物料等“一站式”的供应解决方案。北海利博盛公司创立的“利博盛”制造商品牌，获得国内外工业与零售行业同行的一致认可。

【公司发展】　2020年，北海利博盛公司投入大量人力和资金，加大对生产设备及产品的研发和测试力度，加强企业生产自动化、智能化转型升级。进而提高生产效率，增强产品质量保证。年内研发投入500多万元，用于改进生产工艺，提高劳动生产率，降低劳动成本，增加产品附加值。北海利博盛公司积极推进技术创新、技术改造、设备更新、市场开拓、人才培育，不断学习和吸取经验，致力推进制造业转型升级。从日本购进生产先进设备一体成型横编织机10台，用于自动生产手套芯，能够织造出三维立体的手套芯。　（韦光武）

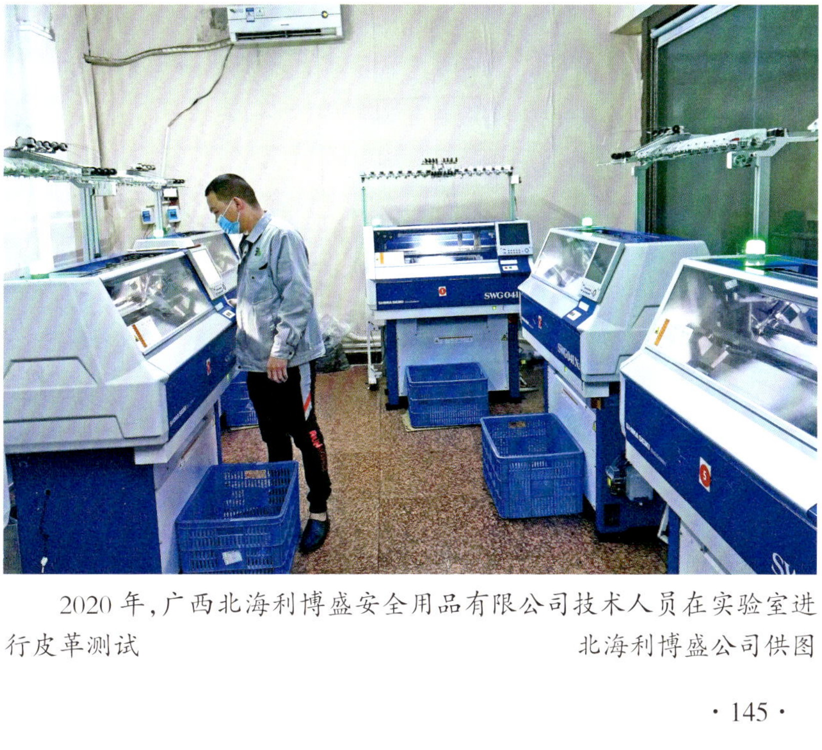

2020年，广西北海利博盛安全用品有限公司技术人员在实验室进行皮革测试　　北海利博盛公司供图

农业农村·水利

农业综述

【农业概况】 2020年，海城区涉农街道3个，乡镇1个，村（居）民委员会33个，村民小组190个。全区常住人口38.43万人，村户数1.21万户，农业人口4.72万人，村劳动力2.48万人，村从业人员2.02万人，其中农业从业人员0.93万人。年内，海城区土地确权总面积1328.63公顷，2020年累计征地200多公顷，剩余耕地400多公顷。年内，海城区农作物总播种面积3345.22公顷，比上年减少6.38%。其中：粮食作物播种面积938.22公顷（稻谷播种面积241.79公顷，玉米播种面积409公顷，薯类播种面积286.63公顷），比上年增长2.43%；经济作物播种面积2407公顷（油料作物播种面积398公顷，甘蔗播种面积42公顷，蔬菜播种面积1676公顷，瓜果类播种面积147公顷，木薯播种面积144公顷），比上年减少9.41%。年末果园面积581公顷。全年全区主要农产品总产量分别是：粮食3165.58吨、油料1106吨、蔬菜4.98万吨、水果1.48万吨，比上年分别增长10.45%、减少3.74%、减少2.54%、增长1.7%。年内，海城区农林牧渔业总产值41.32亿元，比上年减少6.9%。其中：农业产值3亿元，与上年持平；畜牧业产值0.27亿元，比上年减少61.2%；林业产值0.02亿元，增长17.1%；渔业产值34.87亿元，增长2%；农林牧渔服务业产值3.16亿元，增长5.2%。农村居民人均可支配收入17964元，名义增长8%。

【社会主义新农村建设】

水利工程建设维修　2020年，海城区落实资金78万元，用于建设海城区高德街道翁山螺壳村旧农科所灌溉渠道建设工程（二期），主要修复加固灌溉渠道三面防渗加固1.08千米，改善灌溉面积86.67公顷。控制用水总量在0.68亿立方米以内，农田灌溉水有效利用系数提高至0.514，万元国内生产总值用水量比2015年下降38%，万元工业增加值用水量比2015年下降25%，完成上级下达的指标任务。投入112万元资金建设高德街道开江新村人饮工程，为开江新村南队和北队265户（其中贫困户6户）村民安装城镇自来水，铺设管网，改善农村供水条件。投入61万元农村饮水工程维修养护资金，加装消毒及加碱设备、更换潜水泵等。

村级经济建设　2020年，海城区10个行政村村级集体收入全部超过5万元，村集体经济收入累计达到140.14万元。农村社会保障覆盖面继续扩大，共发放农村低保资金189.6万元，农村低保人口5798人次。

基层组织建设　2020年，海城选派“美丽广西”乡村建设（扶贫）工作队队员26名（含工作队队长），进驻10个行政村帮扶。

【农业产业化建设】 2020年，海城区发展培育新型农业经营主体，全区有农民专业合作社33家、家庭农场9家，其中市级农民专业合作社2家，北海市示范家庭农场1家。发展壮大龙头企业实力，年内海城区共发展市级以上农业龙头企业7家，其中自治区级龙头企业3家。培育一批农产品加工标杆企业，指导广西金海盈食品有限公司、北海玖嘉久食品有限公司2家龙头企业获评广西农产品加工100强企业；玖嘉久食品有限公司获评广西农业重点龙头企业。完成海城区农产品加工集聚区建设任务并通过市级验收。

【产业扶贫】 2020年，海城区着力抓好产销对接工作，多渠道扩宽农产品销售途径。为解决贫困户农产品销售难题，巩固脱贫成效，制订《海城区特色农产品产销对接实施方案》，组织辖区企业参加区内外各种展销会。年内，共组织企业参加海城区本级农副产品产销对接会、丰收节展销会2次，参加自治区及北海市展销会2次，扩宽农产品市场营销渠道，提升产业扶贫质量，增加贫困村贫困户收入。调整以奖代补政策门槛，加大产业扶持力度。按照疫情期间的政策措施，制订《2020年海城区扶贫产业"以奖代补"项目实施方案》，重新调整奖补比例，科学谋划疫情防控期间技术帮扶，引导鼓励贫困户发展特色产业，全年发放奖补金额77.66万元，扶持156户贫困户发展"以奖代补"到户产业项目。强化产业科技支撑，提升指导服务。积极开展各类产业扶贫培训班，根据"5+2""3+1"特色产业需求，举办区级产业扶贫培训班5期，采取室内授课、实地讲解、专家指导等形式，累计培训人数189人次，发放培训资料80本，培训内容覆盖到贫困户发展的特色产业。落实产业指导员制度，建立一支以第一书记、驻村工作队队员、村"两委"干部组成的产业指导员队伍，在赤西贫困村落实产业指导员4名，4个非贫困村每村落实1名产业指导员；通过产业指导员向贫困户宣讲产业扶贫政策、指导贫困户科学选择产业、帮助贫困户联系项目落地、协调开展贫困户生产技术指导、引导贫困户组建或加入农民合作社、协调建立新型经营主体与贫困户的利益联结机制、帮助贫困户销售农产品、建立贫困户产业发展台账等工作，进一步将产业扶贫精准帮扶举措落实到村到户到人，提升产业扶贫、精准脱贫质量。

【现代特色农业】 2020年，海城区深入推进现代特色农业示范区建设，投入现代特色农业示范区扶持培育资金55万元，完成8个现代特色农业示范区（园、点）创建任务，分别是：高德街道食用菌产业示范园、地角街道鑫冀海洋产业示范园、高德街道垌尾村华庭花卉苗木种植示范点、高德街道马栏村鸿福罗汉松种植示范点、高德街道赤西村源和花卉苗木种植示范点、高德街道马栏村小阳春罗汉松种植示范点、地角街道家芳金鲳鱼养殖示范点、地角街道源生珍珠养殖示范点。年内，海城区累计创建现代特色农业示范区19个，其中完成创建现代特色农业县级示范区3个，乡级示范园3个，村级示范点13个，圆满完成海城区现代特色农业示范区建设3年行动目标任务，示范区建设基本实现县、乡、村全覆盖，为全面实施乡村振兴战略奠定坚实基础。

【农产品品牌建设】 2020年，海城区抓好农产品品牌建设工作，组织指导新型农业经营主体积极申报"三品一标"认证，指导北海市赤彩田园旅游发展有限责任公司成功申报认证无公害农产品1个，北海市海城区畅优园果蔬种植农民专业合作社"苦瓜""丝瓜""茄子"成功申报认证无公害农产品3个。组织开展第三批广西农业品牌目录申报工作，推荐北海市万景海产有限公司"338"品牌、国家珍珠及珍珠制品质量监督检验中心"合浦南珠"品牌入选广西农产品品牌及农产品区域公用品牌。树立海城区优质农产品品牌形象，提高优质农产品品牌的认知度、美誉度和忠诚度，进一步增强农产品市场竞争优势。

【参加农产品交易会】 2020年8月28日—30日，海城区组织广西北海涠洲岛生态农业科技有限公司、北海市海城区维兴食用菌农民专业合作社、广西恒之味餐饮管理有限公司、北海海庆兄弟水产有限公司、广西北海市海帆冷冻食品有限公司5家企业，精心选送代表海城区特色农产品参加2020年桂粤扶贫协作消费扶贫对接活动暨第18届广西名特优农产品（广州）交易会。12月24日—27日，组织北海市海城钰翠珠宝商行、北海鑫冀海洋科技开发有限公司、北海玖嘉久食品有限公司、北海香渔海食品有限责任公司、美尚珍珠有限公司、广西北海涠洲岛生态农业科技有限公司、广西绿燕农业科技有限公司7家企业，精心选送代表海城区特色农产品参加第19届广西名特优农产品（桂林）交易会。

【农业执法】 2020年，海城区开展农资店专项整治和监管工作，惩治生产和经销假冒伪劣肥料、种子、农药的违法行为，强化农资市场管理，规范农资市场经济秩序，完善农业执法各项规章制度，推进农业依法行政、依法治理。开展全区性农资打假专项治理行动，年内共开展执法检查48次，出动执法人员81人次，检查农资经营店（户）92个（户）次，无违法现象。加强农业法制宣传教育，开展“放心农资下乡进村”活动，发放宣传资料1000余份。开展农资产品质量监督抽检工作，全年抽检3个牌子的肥料，抽检3个牌子的农药，合格率100%。

【土地确权档案数字化工作】 2020年，海城区加大力度做好土地确权档案数字化工作，档案数字化成果经验获得媒体“今日头条”报道，并在广西推广。11月2日，海城区获得中央农办、农业农村部通报表扬，并被评为全国农村承包地确权登记颁证工作典型地区。年内全区流转土地面积260公顷，为发展规模种养提供充足土地资源。

【农村综合改革】 2020年，海城区农村综合改革成果取得新突破。完成海城区农村产权流转交易平台建设，完成与自治区级平台联网，建立健全制度和交易品种，受理线上线下农村产权流转交易业务2件，为推动海城区农村产权流转，激发农村经济活力增添新引擎。完成全国第四批农村集体产权制度改革试点任务，辖区18个村（涉农社区）全部完成农村集体资产清产核资、组织成员身份确认、股权设置与管理、股份经济合作社成立、合作社登记赋码和换证赋码等工作。农村集体资产清产核资总额2.78亿元，集体土地总面积1766.67公顷，确认农村集体经济组织成员4万余人。

【落实农民减负政策】 2020年，海城区扎实推进耕地地力保护补贴发放工作，完成补贴发放3185户、补贴面积695.78公顷、补贴金额121.99万元。年内，实施发展大棚果蔬产业项目，印发《北海市海城区发展大棚果蔬产业项目实施方案（试行）》，通过奖励政策引导，鼓励有条件的农业企业、农民专业合作社、家庭农场、村集体经济组织和种植农户开展果蔬大棚建设，对符合条件的项目业主按新建大棚每亩一次性奖励1万元标准实施奖补，减轻投入负担。全年完成申报验收新建大棚1.53公顷，发放奖励资金23.02万元，惠及农户7户。年内，海城区6所农村小学学生6470人全部实行零收费，拨出农村义务教育阶段中小学公用经费443.12万元，减免课本费58.23万元。全年，海城区落实上级一事一议财政奖补资金共640万元（其中中央

2020年11月4日，北海市农业农村局在海城区开展全国第四批农村集体产权制度改革试点市级验收工作　　区农水局供图

2020年6月4日，海城区农水局组织开展2020年耕地地力保护补贴面积抽查工作　　区农水局供图

区农水局）印发《2020年海城区高素质农民教育培训实施方案》，采取课堂教学、现场教学和线上学习相结合的形式，开设海城区高素质农民教育培训班2个，培训高素质农民100人，其中专业技能型果蔬种植专业培训50人，经营管理型乡村旅游与销售班专业培训50人。不断发展壮大适应现代农业需求和农业农村高质量发展的高素质农民队伍，强化乡村振兴人才支撑，助力农业农村高质量发展。

财政奖补资金124万元，自治区财政奖补资金516万元），无区本级财政奖补资金。海城区一事一议财政奖补项目建设有40个，项目总投资606.65万元，其中财政奖补资金594.51万元，筹集资金（社会捐助）12.14万元。40个项目按有关政策规定进行筹资，没有超过标准，没有加大农民负担。为减轻农民负担，项目筹资部分用社会捐助资金代替村民筹资，没有发现增加农民负担等现象。年内，海城区没有涉及增加农民负担的违纪违规案件和没有收到任何关于增加农民负担的上访信件。

农业科技

【科教培训】 2020年，海城区重点推广测土配方施肥、节水灌溉、无公害生产等先进农业适用和清洁生产技术，引进高产、优质、适应性广的新品种进行示范，整体提高农作物产量和品质。广泛宣传农业法律法规和农产品质量安全知识。全年开展农业技术培训5期，培训农民305人次，实现农民掌握1—2门实用技术，促进农业增效、农民增收。

【农民教育培训】 2020年，海城区农业农村和水利局（简称

【农业良种良法推广】 2020年，海城区主要推广应用测土配方施肥、节水灌溉技术、无公害生产、冬种绿肥等技术，促进农业增产。全区形成以普通大棚、小拱棚为主的大棚种植格局，设施农业面积78公顷，年亩产值普遍超过1.50万元。全区推广实施测土配方施肥面积666.67公顷。推广节水农业技术，全区节水农业技术应用面积666.67公顷。推广节

2020年12月25日，2020年海城区农民教育培训（经营管理型）乡村旅游与销售班在玉林市北流市开展基地实践　　区农水局供图

水灌溉技术比常规灌溉的可增产30%以上。推广绿色植保技术，发展冬种绿肥20公顷，降低农药使用量，改良中低产田面积266.66公顷，其中黑泥散田面积13.33公顷，海积黄色红沙土田面积253.33公顷。

【农产品质量安全】 2020年，区农水局持续加大农产品质量安全监管力度。通过面对面、集中培训等方式加强对农药、兽药投入品使用的宣传，强化农业生产投入品科学合理使用知识宣传普及，控制农药、化肥、农膜等的过量使用，有效减少农业化学品的投入量。开展"放心农资下乡"活动，宣传法律法规，指导群众识假辨假，科学合理选用农资产品和依法维权，提高农业生产者质量安全意识。开展农产品质量安全例行检测和监督抽查，健全区、街道两级农产品例行检测机构，落实人员按照北海市下达的例行检测任务，做好农产品检测工作；全年区本级完成例行检测农产品样品2100个，合格率100%；3个涉农街道完成例行检测农产品样品2520个，合格率99.5%。组织开展农产品质量安全专项整治活动，全年区农水局出动执法人员81人次，检查生产经营企业92家，发放宣传资料1000余份，全面排查整治安全隐患，严厉惩治假冒农资销售行为。开展农产品质量安全信用档案建设和食用农产品合格证制度试行工作。对全区43家新型经营主体全部建立信用档案，在全区种养示范基地实行食用农产品合格证制度。年内，共开具合格证540张，保证全区农产品质量安全。全区已累计通过自治区认定的无公害农产品生产基地4个，通过绿色食品认证的生产企业3家。全区已获无公害农产品认证的产品9个，绿色食品5个。

种植业

【粮油生产】 2020年，海城区粮食作物种植面积938.22公顷，比上年增加2.43%；总产量3165.58吨，比上年增加10.45%。其中：水稻种植面积241.79公顷，总产量1030.2吨；玉米种植面积409公顷，总产量1073.24吨；红薯种植面积286.63公顷，总产量662.14吨（折粮）。油料作物种植面积398公顷，比上年减少5.46%，总产量1106吨，比上年减少3.74%。

【蔬菜生产】 2020年，海城区蔬菜种植面积1676公顷，比上年减少4.66%，总产量4.98万吨，比上年减少2.54%。西瓜、甜瓜种植面积147公顷，比上年减少37.97%；总产量4370吨，比上年减少38.65%。全年全区蔬菜设施栽培面积78公顷，产量2381吨，分别比上年增加2.63%和2.36%。年内，全区栽植蔬菜有20多个品种，满足市场需求。蔬菜产品质量稳步提升。

【水果生产】 2020年，海城区水果种植面积581公顷，比上年增加1.9%，水果总产量1.48万吨，比上年增加1.7%。其中：香蕉园面积552公顷，比上年增加0.5%，产量1.29万吨，比上年增加0.8%；其他水果面积10公顷，产量1123吨，比上年减少9.1%。

2020年10月10日，区农水局调研海城区翁山果蔬产业示范区水稻种植情况 区农水局供图

2020年12月29日，海城区高德街道赤西村农户陈德发新建的果蔬大棚　　区农水局供图

畜牧业

【动物疫病防控】 2020年，区农水局重点抓好"非洲猪瘟"防控工作，春秋两季对高致病性禽流感、口蹄疫、小反刍兽疫实施强制免疫，统筹抓好猪瘟、高致病性蓝耳病等重大动物疫病的综合防控。全年共免疫猪口蹄疫0.98万头，牛口蹄疫0.12万头，羊口蹄疫400只，免疫密度分别达到99.85%、99.8%和99.88%。生猪挂标4705套，挂标率98%。禽流感免疫鸡19.62万羽、鸭24.49万羽，免疫密度分别是99.87%、99.88%。鸡新城疫免疫19.62万羽，免疫密度99.87%。海城区的畜禽免疫密度均达到上级规定的要求，春秋防工作通过市级验收。年内辖区没有发生"非洲猪瘟"疫情。

【畜牧产品监管】 2020年，区农水局配合上级主管部门开展"瘦肉精"等违禁药品专项整治行动，做好辖区内兽药、饲料生产经营及畜牧产品的监管工作。全年共完成60份畜牧产品样品的快速检测工作，检测结果全部合格。

农业机械化

海城区本级没有设置农机化管理机构。2020年，全区农用机械总动力17.67万千瓦。全区农业机械（含渔业机械）拥有量2489台（艘），比上年增加41台（艘），增加1.6%。其中大中型拖拉机47台，小型拖拉机299台，拖拉机配套农具142台，农用排灌电动机32台，农用排灌柴油机68台，联合收割机5台，机动脱粒机11台，捕捞渔船1462艘，养殖渔船229艘，农用水泵194台。全年全区完成机耕面积2886.67公顷，比上年减少140公顷，减少4.74%；完成机播面积380公顷，比上年减少1.56%；完成机收面积466.67公顷，比上年减少2.5%。

2020年7月，海城区珍品果蔬种植农民专业合作社最新购置的轮式拖拉机和微耕机　　区农水局供图

水　利

【水利工程建设维修】 2020年，海城区加快推进水利基础设施建设，强化水利管理。水利维修建设主要有农村人饮工程建设、水利工程修复加固、农田灌溉渠道维修加固等方面。

农村人饮工程建设　年内，海城区落实112万元资金建设开江新村人饮工程，为开江新村南队和北队265户（其中贫困户6户）村民安装城镇自来水，铺设管网，改善农村供水条件。落实61万元农村饮水工程维修养护资金，加装消毒及加碱设备、更换潜水泵等。

水利工程修复加固　年内，海城区落实50万元资金用于修复加固垌尾海堤和开江村水毁挡墙，主要修复加固垌尾海堤0+540—0+625段和开江村行洪河道尾段右岸挡墙39米。

农田灌溉渠道维修加固　年内，海城区落实资金78万元，用于建设海城区翁山螺壳村旧农科所灌溉渠道建设工程（二期），主要修复加固灌溉渠道三面防渗加固1.08千米，改善灌溉面积86.67公顷。

【水行政执法】 2020年，区农林水行政综合执法大队加大执法力度，经过各级各部门及北海市供水有限责任公司的共同努力，为东海新村、西藏新村、银湾花园和庞达物业公司（福利花园小区）共安装981户水表和5组总表，推进全区关闭自备水井工作。4月底前依法关闭东海新村、西藏新村、银湾花园和庞达物业公司（福利花园小区）4口自备水井，进一步加强海城区地下水超采区的管理与保护。按照上级要求，加强水政执法周巡查方式，全年累计巡查海河堤防长度69.3千米，累计巡查监管对象51个，水域面积36.7平方千米，出动执法人员96人次及执法车辆48辆次。

【水资源管理】 2020年，海城区实行最严格水资源管理的各项制度。印发实施《2020年度海城区实行最严格水资源管理制度考核工作方案》等文件，明确各街道办事处、各有关单位实行最严格水资源管理制度考核工作的指标、任务，扎实推进实行最严格水资源管理制度考核工作，最严格水资源管理各项制度得到全面、有效落实。年内，海城区年度用水总量控制在1.68亿立方米以内，万元地区生产总值用水量比2015年下降38%，万元工业增加值用水量比2015年下降25%，农田灌溉水利用系数提高至0.514。

【水土保持】 2020年，海城区紧紧围绕推进生态文明建设和中央新时期治水思路，以促进生态文明和经济和谐发展为目标，依法依规加大水土保持监督管理，增强全民依法治理水土流失意识，自觉参与生态环境建设。年内，区农水局对全区38个生产建设项目疑似图斑进行核查登记；依法督促开发建设项目落实水土保持方案申报审批，受理审批生产建设水土保持项目共36个，收缴水土保持补偿费共195.64万元。

【海河堤安全检查】 2020年，海城区加强海河堤汛前检查，确保安全度汛。组织工作人员对海河堤等防汛关键地方进行全面的安全检查，做到排查不留死角。加强汛期值班值守和信息报送工作。按照汛期值班规定，从每年4月1日至9月30日，实行24小时不间断值班，确保汛情汇报及时、准确，通讯畅通。

【全面推行河长制】 2020年，海城区积极开展江河湖库"清四乱"专项行动，联合高德街道办事处清理七星江水库坝首旁建筑垃圾、生活垃圾及湖海运河亚叉岭段的废旧轮胎和岸坡的杂树杂稍、水面漂浮物等垃圾，垃圾阻塞河道现象得到缓解。按照职责分工，督促区河长制会议成员单位落实整改巡河发现的问题，推动全区河流水库面貌改观、水质改善等。着力解决城区河湖水库环境"脏、乱、差"以及水域岸线乱占、乱采、乱堆、乱建等现象。印发实施《2020年海城区河湖整治大行动工作方案》，助力创建全国文明城市和国家卫生城市。开展江河湖库管理范围划定工作，委托自治区水利电力勘测设计研究院有限责任公司编制完成《七星江管理范围划定方案》《龙头江管理范围划定方案》《后沟江管理范围划定方案》并公示，落实江河湖库空间管控边界，有效提升河湖管护成效。

【农村饮水安全】 2020年4月和11月，区农水局联合街道、村委、帮扶人、驻村工作队员等全面排查172户贫困户（含脱贫户）和23户退出户的饮水问题。经过摸排调查，172户贫困户（含脱贫户）和23户退出户均有安全饮水。全区18个（赤西村3个，垌尾村1个，翁山村3个，开江村1个，军屯村3个，马栏村5个，驿马村2个）农村人饮工程均落实2名农村人饮管护人员，18个农村人饮工程均投入使用。落实农村饮水安全管理"三个责任"，并设立农村饮水安全管理"三个责任"供水服务公示标志牌，将地方政府主体责任人、水行政主管部门行业监管责任人、运行管理责任人和工程管护责任人等信息和监督电话、水价进行公示，接受群众监督。每个村供水工程均落实相关管理制度，并印发制作上墙。18个人饮工程水质均符合《生活饮用水卫生标准》(GB 5749—2006)标准要求。

【水利安全生产】 2020年，海城区充分利用LED显示屏、海报、网络等宣传手段，加大对水利政策法规的宣传力度，提高思想认识，加大督查力度，树立安全理念，增强安全意识。强化重点领域安全监管，重点抓农村人饮、水毁工程修复等项目安全监管，做好安全措施。组织开展辖区内重点水域防溺水安全隐患排查工作，并设置、完善、更新安全警示标志牌18块。

（陈德丽　陈扬　李远珍　裴凤　刘志忠　黄森　刘科）

林　业

【森林防护】

森林防火工作　2020年，区自然资源局强化森林防火工作，着力加强应急管理。全年先后组织召开5次全区森林防火工作会议，全面部署森林防火各项工作。持续严格执行24小时值班和领导带班制度，做好值班巡查和火灾隐患排查工作，补充防火物资，落实应急处置措施。清明节、"三月三"、"五一"、国庆节以及重阳节等重点节假日期间，组织对冠头岭林区、垌尾防护林区等重点林区进行全面布防，严防一切火源进山入林。大力开展宣传教育，提高群众防火意识，全年在冠头岭林区、垌尾防护林区悬挂防火宣传横幅50多条，张贴海城区人民政府森林禁火的通告60多份，更新防火警示牌、宣传板报7块，发放森林防火宣传手册300多份。

病虫防治工作　2020年，区自然资源局加强森林病虫防治工作，保护森林生态安全，促进林业经济健康发展。3月25日，区自然资源局和北海市森防站组织人员，采用风力灭火机喷洒白僵菌高孢粉的方法，对冠头岭森林进行菌粉喷洒作

2020年10月24日，重阳节期间，区自然资源局在冠头岭森林公园给登高的群众发放森林防火宣传手册进行森林防火普法宣传

区自然资源局供图

业。该次作业施放白僵菌粉孢共 100 千克，防治面积 52.67 公顷，主要防治马尾松毛虫。

薇甘菊清理工作　2020 年 9 月 25 日，区自然资源局联合高德街道办事处组织人员到高德街道马栏村，通过工作人员利用化学除草剂进行喷药以及采用人工除草的方式对薇甘菊进行清理。

【陆生野生动物监管】 2020 年，新冠疫情发生后，为从源头阻断野生动物传染源，区自然资源局采取有效措施加强陆生野生动物监管：暂停辖区内全部涉及野生动物行政许可审批及实施；对辖区 10 家陆生野生动物人工驯养繁殖单位就地隔离封存，落实消毒防疫措施；强化对野生动物的市场监管，禁止野生动物交易和转运。年内，区自然资源局出动人员 194 人次，车辆 54 辆次，检查酒店、大排档 350 家，检查全部农（集）贸市场 30 道，检查蛇类养殖场 8 个、竹鼠养殖场 1 个、野猪养殖场 1 个、养龟场 2 个、野生动物园 1 个（海底世界），封控隔离养蛇场 6 个、竹鼠养殖场 1 个、野猪养殖场 1 个、野生动物园 1 个（海底世界）、花鸟市场 4 道，指导、教育经营业主 396 人，发放防控新型冠状病毒肺炎宣传手册 100 本，张贴、发放国家市场监督管理总局、农业农村部和国家林草局联合发文的关于禁止野生动物交易的公告 495 份、市自然资源局公告 453 份，北海第一号令 46 份、海城区自然资源局告知书 261 份、大型告知书 68 份，手机短信平台群发防疫短信 3 次共 2869 条。陆生野生动物疫源疫病监测站实行 24 小时监测防控。全年全区没有在陆生野生动物身上发现疫病。

【陆生野生动物补偿工作】 2020 年，区自然资源局根据《北海市海城区人工繁育野生动物处置及维护稳定工作专班实施方案》和《北海市海城区人工繁育陆生野生动物补偿处置工作方案》，明确工作职责，落实工作责任和措施，切实做好人工繁育陆生野生动物处置、补偿和转产转型等工作。截至 9 月 3 日，区自然资源局作为海城区人工繁育野生动物处置及维护稳定工作专班成员单位参与对辖区范围禁食野生动物养殖全面的清退行动，共处置 7 户野生动物养殖户（全部是蛇类养殖户）滑鼠蛇 3414.95 千克、眼镜蛇 28 千克，无害化处理竹鼠 85 只，共发放补偿金 39.40 万元。　（郭柱）

2020 年 3 月 25 日，区自然资源局和北海市森防站组织人员，对冠头岭森林采用风力灭火机喷洒白僵菌高孢粉的方法防治马尾松毛虫

区自然资源局供图

脱贫攻坚工作

【脱贫攻坚概况】 2020 年，海城区有脱贫村 1 个——高德街道赤西村；面上村（贫困人口低于 200 人的村）4 个：高德街道开江村、高德街道军屯村、高德街道翁山村、驿马街道驿马村；有建档立卡脱贫户 172 户，脱贫人口 681 人。年内，海城区共投入财政专项扶贫资金 707.98 万元，其中中央和自治区财政资金安排 357.98 万元，市本级财政资金预算安排 200 万元，区本级财政安排预算安排 150 万元。全面完成对已经实现脱贫摘帽的赤西村和脱贫户持续进行有效跟踪帮扶，不断巩固提升，实现高质量稳固脱贫任务。年内，北海市海城

区扶贫开发和水库移民工作局（简称区扶贫移民局）扎实做好全区脱贫攻坚和水库移民工作，取得新的成绩。

【基础设施建设】 2020年，区扶贫移民局筹集资金277.1万元，建设基础设施项目6个，其中修建排灌渠道6条共5.59千米。

【产业扶贫】 2020年，区扶贫移民局投入78.65万元扶持128户脱贫户发展“以奖代补”到户产业项目。投入326.8万元建设赤西乡村旅游配套设施项目，发展乡村旅游产业。

【扶贫小额信贷】 2020年，海城区建档立卡脱贫户172户，新增获贷脱贫户41户，获贷金额166万元，其中用于第一产业投资的35户141万元，用于第三产业投资的6户25万元。年内，到期清收资金703万元，无逾期贷款。

2020年9月22日，区扶贫移民局工作人员在高德街道赤西村检查排灌渠道支沟项目建设情况　　区扶贫移民局供图

【一帮一联】 2020年，海城区安排220名科级以上干部结对帮扶海城区172户脱贫户，每个脱贫户都有1名以上帮扶责任人，实现干部定户定人联系帮扶全覆盖。推出海城区扶贫管理小程序，通过“互联网+扶贫管理”方式，实现帮扶信息“码”上看、帮扶任务“码”上管、帮扶事项“掌”上办，大幅提高脱贫户信息及帮扶工作的精准度，并设立每月7日、17日为海城区固定帮扶日，督促帮扶人入户开展帮扶工作。

【雨露计划】 2020年，海城区开展雨露计划学历教育，为2名本科学历、17名职业学历贫困学生发放教育补助资金5.05万元。

【消费扶贫】 2020年，海城区大力倡导民营企业、各类社会组织和社会成员参与脱贫攻坚。一方面积极推进“百企帮百村”活动，深化21个企业与21个有脱贫人口的自然村帮扶；另一方面与北海来邦食品配送服务有限公司和北海市全满康餐饮管理有限责任公司签订消费扶贫合作，实现产销无缝对接。完成海城区各级单位食堂每年认购贫困地区农产品数量不低于年消费农产品总量的20%和各级单位总工会每年采购金额不低于该单位当年职工福利支出总额的50%指标，其中海城区各级单位食堂扶贫消费17.22万元，各级工会扶贫消费近200万元。加强扶贫产品认定，促进24个扶贫产品销售3183万元。

【疫情防控】 2020年，海城区根据《自治区扶贫办自治区财政厅自治区农业农村厅等九部门关于印发坚决打赢疫情防控阻击战保障决胜脱贫攻坚若干措施的通知》要求，制定《北海市海城区扶贫开发领导小组关于印发坚决打赢疫情防控阻击战保障决胜脱贫攻坚若干措施的通知》《北海市海城区扶贫开发领导小组办公室关于建立新冠肺炎疫情对脱贫攻坚影响分析应对机制的通知》等措施机制，做到疫情防控和脱贫攻坚工作同部署、“两不误”。在做好疫情防控的同时，积极创新帮扶方式，做到生产不减，转移就业不降，实现脱贫人口劳动力外出务工434人，复工率128%。

【选出脱贫攻坚“明白人”】 2020年6月15日前，海城区按照自治区和北海市要求，组织脱贫户开展争当脱贫攻坚“明白人”集中交流会，选出脱贫攻坚“明白人”195 人，参与率 100%。发放 2016—2020 年脱贫户享受扶贫政策情况一览表，让每户脱贫户清楚脱贫攻坚以来所享受的帮扶政策和无私帮助，确保每个建档立卡脱贫户家庭有 1 名懂政策、明事理、会感恩的脱贫攻坚“明白人”，做到明白家底、明白政策、明白脱贫、明白感恩的“四个明白”。

【贫困人口动态调整】 2020 年，海城区根据《广西壮族自治区建档立卡扶贫对象动态管理办法(试行)》等文件要求，全区于 8 月 31 日前完成贫困人口动态调整工作，未发现“应纳未纳”“应剔未剔”人员，全区各项动态调整工作按自治区的统一部署按时按质完成。

【精准防贫】 2020 年，海城区按照中央、自治区和北海市要求，制订《海城区 2020 年精准防贫工作方案》，成立海城区精准防贫工作领导小组，组织人员积极开展精准防贫工作。经排查，海城区没有新增边缘户、脱贫监测户。 (邓亚宁)

水库移民工作

【水库移民概况】 2020 年，海城区有水库移民(包括连带影响人口)共 5166 人，分布在区辖高德街道和驿马街道。全区大中型水库移民人口有 443 户、1242 人，纳入后期扶持人口有 443 户、1242 人，涉及 2 个街道、15 个村委会、71 个村民小组。全区有小型水库移民人口 3785 人，其中淹田淹地不搬迁涉及人口 3785 人，涉及高德街道 4 个村委 21 个村民小组。年内，海城区在库区和移民安置区共投入资金 519 万元，其中移民部门投入资金 242 万元。

【安置区基础设施建设】 2020 年，海城区移民安置区基础设施完成投资 242 万元。其中道路建设项目 5 个，投资 171.4 万元，建设道路 2.95 千米，受益 2 个村委 5290 人；建设太阳能路灯项目 2 个，投资 55 万元，安装太阳能路灯 90 盏(套)，受益 2 个村委、2300 人。项目建设解决移民群众的农产品运输，方便移民群众生产、生活。

【资金发放】 2020 年，海城区发放水库移民后期扶持资金 74.52 万元，受益移民 1242 人，年人均收入 600 元。按时足额发放辖区三合口农场移民家属口粮补助，全年共发放 77.04 万元，其中发放 2018 年 5 月至 2019 年 3 月 22.81 万元，发放 2019 年第二季度至第四季度 18.66 万元，发放 2019 年全年农场移民家属口粮补助差价 3.44 万元，发放 2020 年第一季度至第四季度 32.12 万元。有效解决三合口农场移民家属的生活困难。

【安置区维稳】 2020 年，区扶贫移民中心建立完善信访目标责任制、风险研判、预警防范、矛盾排查等一系列工作机制，在水库移民安置区开展常态化矛盾排查化解活动，领导干部下访基层村委和村民小组，及时把问题化解在萌芽、化解在基层。全年全区没有发生库区移民和农场移民非正常上访、集体越级上访和突发群体性事件。 (邓亚宁)

2020 年 10 月 26 日，区扶贫移民中心工作人员在高德街道马栏村检查该村产业基地硬化屯路(二期)项目建设情况 区扶贫移民局供图

渔　业

渔业综述

【渔业机构概况】　北海市海城区濒临北部湾，海岸线全长28.35千米，海域面积994.83平方千米，可养殖海域面积约200平方千米，渔业资源丰富，渔业产业基础雄厚，是国内重要的渔业生产基地。2020年2月，根据《中共北海市海城区委机构编制委员会关于调整北海市海城区农水局机构编制事项的通知》精神，将渔业管理职责划转到北海市海城区海洋局（简称区海洋局）；将海城区农业经营管理指导站承担的水产管理服务职责划转至北海市海城区海洋与渔业综合执法大队，北海市海城区水产站牌子由挂在区农业经营管理指导站调整为挂在区海洋与渔业综合执法大队。区海洋与渔业综合执法大队由区海洋局管理，业务上接受区海洋局指导。

【渔业生产】　2020年，海城区水产品总产量23.85万吨，产值34.16亿元，比上年增长0.18%。其中水产养殖产量12.9万吨，产值19.31亿元；捕捞产量10.95万吨，产值14.85亿元。

海洋捕捞业

【海洋捕捞业概况】　2020年，海城区海洋捕捞业从渔场利用方面划分，主要分为沿岸捕捞业、近海捕捞业和远海捕捞业。海洋捕捞的主要作业区域有北部湾北部海区、北部湾中南部至湾口海区、海南东部近海和粤西近海海区、南海北部大陆架边缘海区及南沙海区，主要的作业类型有拖网、围网、刺网等，主要渔获品种有鱼类、虾蟹类、贝类、头足类等60多个。年内，海城区管辖的海洋机动渔船617艘，其中600匹马力以上渔船27艘，380—600匹马力渔船222艘，380匹马力以下渔船368艘。按作业类型分，拖网渔船588艘，杂渔具渔船11艘，其他作业类型渔船18艘，总吨位14.83万吨，总功率16.88万千瓦。

【远海捕捞】　南沙群岛渔业资源富饶，自古以来是中国渔民的捕捞作业渔场。2020年，由于近海渔业资源减少，海城区积极发展远海渔业，鼓励渔民群众发展海洋远海捕捞业，拓宽海洋捕捞空间，缓解近海捕捞压力，促进渔业经济稳步增长。引导装备精良的大功率渔船到渔汛较好的西沙、南沙、东沙、湾口和珠江的渔场进行远海捕捞生产，特别是积极组织持有南沙证渔船编队到南沙开展生产作业。同时，配合国家做好未开发海域的渔业资源试捕，积极探索与其他国家进行渔业合作的可能性，大力发展远海渔业，从而稳定海洋捕捞产业，达到渔业稳增长效果。年内，海城区继续贯彻落实国家对渔用柴油进行补贴政策，提高渔民生产的积极性；引导大功率渔船普遍使用先进卫星导航仪和先进的探捕设备，钢质渔船全部安装制冷设备，极大提高渔船的适航能力和生产效率，确保渔业生产稳步发展。

【渔港渔船安全监管】　2020年，

海城区重视渔港渔船安全监督工作,执法人员每天坚持巡查渔港渔船,对渔港渔船安全采取多方位管理,确保渔港航道畅通,有效预防和遏制生产安全事故的发生。特别在伏季休渔、节假日和台风等恶劣天气期间,海城区加大巡查、管控和宣传力度,组织执法人员加班加点认真值守,规范渔船停放秩序,排查并消除安全隐患,维护渔港安全。全年全区累计组织渔船安全检查271次,出动安全检查执法人员1657人次,检查渔船1698艘次,疏通航道105次,现场销毁“三无渔船”98艘,渔业立案6起,结案6起;排查出安全隐患83处,发放整改通知书99份,完成整改99项,整改率100%。

水产养殖业

【水产品质量安全】 2020年,海城区规范水产养殖生产经营管理,推进标准化生产进程,积极开展水产品无公害产地认定、产品认证和水产健康养殖示范场创建工作,推行水产健康养殖模式,狠抓水产品质量安全监管,重点加强养殖投入品监管。组织执法人员开展水产品质量安全抽样检测,打击水产品养殖、育苗过程中违法使用硝基呋喃类代谢物、孔雀石绿和氯霉素等禁用药物违法行为。针对个别水产养殖企业三项制度落实不到位、记录填写不规范等问题,责令其限期整改,并安排水产技术人员直接进行指导、示范,以点带面,推进全区水产品质量安全和水产养殖用药长效管理机制的落实。全年全区出动执法人员40余人次,检查养殖企业23家。

2020年,海城区深水网箱养殖一角　　区海洋局供图

【水产品养殖用海管理】 2020年,海城区通过深水网箱养殖、珍珠筏式养殖及人工渔礁等多种增养殖方式用海,多措并举发展海水养殖,打造海洋经济新增长点。年内,海城区挂牌出让冠头岭西南海域14宗827.6公顷,有6个企业或个人中标。投入生产深水网箱91口,养殖金鲳鱼1092万尾,产值1.3亿元;投入生产海水珍珠深海品质化第一期养殖,养殖面积66.67公顷,共购入10万个珍珠贝养殖笼投放700万只珍珠贝苗,完成200万只插核珠母贝;新增发展象鼻螺规模化养殖约80公顷,全年全区象鼻螺产值6.9亿元。

海洋资源管理

【海洋资源管理概况】 2020年,海城区加强海洋管理,认真贯彻国家和地方的海域使用法律、法规,在落实海域权属管理、海域有偿使用、加强海洋环境整治等一系列工作,取得一定成效。

【海洋防灾减灾】 2020年,海城区加强海域整治与灾害预防,对戏水乐园旁缸瓦窑段海域的互花米草开展清理整治,清理互花米草1560平方米。11月3日,开展2020年自治区风暴潮灾害应急演练暨北海市海城区风暴潮灾害应急演练,提升自救互助能力。

【海洋科技创新】 2020年,海城区大力推进海洋牧场建设,新增出让7宗共计420公顷社会投资海洋牧场建设海域,组织指导广西精工海洋科技有限公司完成首期2万空立方米人工鱼礁投放，并成功创建国家级海洋牧场示范区。年内，海城区积极创建南珠养殖示范基地，实施213.33公顷南珠养殖示范基地建设工作，开创海城区南珠养殖历史。通过加大对企业技术研发和创新扶持力度，引进珍珠养殖转型升级、提质、增效的新型浮台设备，实现深海(10米以上水深)“工厂化养殖模式”，发挥抗风浪能力强、平台作业平稳的特点，养殖工作效率提高300%。突破传统浅海浮球沿绳珍珠养殖吊养存在的风浪大、风险大、人工成本高、育珠周期长的问题，有利于根据珠贝不同生长阶段及季节的需要及时护理、调节营养成分和输送量，产出的珍珠品质更好，圆珠率大幅提升，提高珍珠养殖经济效益。

【海洋管控能力建设】 2020年，海城区挂牌出让养殖用海14宗面积827.6公顷；续期养殖用海3宗面积78.7公顷。成功实施高德垌尾文化旅游用海一期海域使用权出让，确权文化旅游用海4.3公顷。全年合计收缴所有类型的海域使用金2101万元。

渔业行政管理

【渔业行政管理概况】 海城区位于北部湾北岸，水生生物资源丰富。根据相关文献资料，海城区浅海浮游植物307种，浮游动物109种(类)，底栖生物832种，鱼类虾类等游泳生物91种，沿海滩涂生物47科140种，渔业资源丰富，渔业产业基础雄厚。

【渔业资源保护】 2020年，海城区严厉打击非法捕捞和非法采砂行为，组织力量拆除渔箔及渔箔围网，没收“三无船舶”。全年累计出动执法人1230人次，执法艇210艘次，执法车辆200辆次，检查渔船977艘，航行664海里；查处违规渔船10艘，没收违规渔船(含涉渔“三无渔船”“三无渔排”)3艘；现场清理“三无船舶”155艘；没收、销毁地笼等非法渔具60套。

【渔业项目】

生态海洋牧场项目 2020年，区海洋局申报“北海市海城区生态海洋牧场人工鱼礁创建项目”成为2020年国家级海洋牧场示范区建设储备项目中的储备项目，该项目总投资1790万元，拟申请中央财政渔业油价补贴政策调整人工鱼礁创建项目补助资金1750万元，自筹40万元，由区海洋局下属区海洋与渔业综合执法大队承担该项目申报及后续建设工作。

高德渔港扩建工程 高德渔港扩建工程是北海市重大项目之一，2020年提升成为自治区层面重点推进项目之一，估算总投入1.79亿元。年内，该项目环境影响评价获得北海市行政审批局核准批复，项目实施方案获得自治区农业农村厅批复，高德渔港扩建工程前期工作完成。8月，自治区投入渔港建设资金3000万元。

廉州湾二期整治 2020年，海城区继续实施广西廉州湾海湾新城区海域综合整治二期项目，完成项目岸滩1.2千米生活垃圾清理；完成项目位置向海2千米内的违法占海设施和禁用渔具清理，合计清理渔箔113所；完成项目投资56.48万元。

（蒋伟添　邱洁云　曾芝艳　姚诂霖　王贤丰　周丽梁剑明　张焮炀　闭海源）

2020年，区海洋局执法人员拆除非法占海设施，保护海洋生态

区海洋局供图

交通·邮政

交　　通

【住建交通机构和工作概况】北海市海城区住房城乡建设和交通局(简称区住建交通局)是北海市海城区人民政府工作部门。北海市海城区人民防空和海防办公室在区住建交通局挂牌。2020 年 3 月 6 日机构改革,局下属海城区环境卫生保洁站由财政差额拨款变更为财政全额拨款;海城区环境卫生保洁站和海城区市容市政管理中心 51 名事业编制连人带编划转到区直部门下属事业单位和区辖 7 个街道国土规建环保安监站。年内,区住建交通局扎实做好交通、城乡建设和城市综合管理工作,取得好成绩。

【农村公路基础设施建设】2020 年,区住建交通局负责的"四建一通"项目用以保障农村道路的安全畅通,其中 3 个安防工程(庙山—塑料厂、西南大道—北海陶瓷厂、高德—南康路段的标志牌和减速带设置)在 11 月底已竣工验收。11 月,七星江桥危桥改造工程开工。

2020 年 11 月 16 日,七星江危桥改造工程开工建设

区住建交通局供图

【农村公路养护】 2020 年,区住建交通局负责的农村道路养护总里程为 32.96 千米。年内,海城区筹集市、区补助资金 15.18 万元,投资 14 万元对县道 X221 线高德—南康公路海城区辖区路段(高德—平阳)路面进行小修保养;投资 45 万元对高德—平阳公路的北海大道—西南大道段 600 米路段进行大修保养。

【交通安全生产】 2020 年,区住建交通局做好农村公路安全隐患排查,对存在安全隐患的路段汇总整理,在年度养护任务中重点安排。对缺少安防设施的路段及时上报上一级交通运输部门,争取资金,完善农村公路安防工程。5 月 12 日是防灾减灾日,区住建交通局在海门广场开展交通安全的宣传活动,通过发放交通安全宣传单,设置交通安全宣

2020 年 5 月 12 日，区住建交通局在海门广场开展交通安全宣传活动　　区住建交通局供图

传牌等方式对群众进行交通安全知识普及。　　（黄贻宁）

邮政管理

【邮政管理概况】 2020 年，中国邮政集团有限公司北海市分公司（简称中国邮政北海市分公司）负责海城区邮政业务的 11 个邮政网点，分别是化工路邮政支局、佳美邮政支局、体育路邮政支局、金星花苑邮政支局、高德邮政所、地角邮政所、中山西路邮政所、四川路邮政所、解放路邮政所、重庆路邮政所、涠洲岛邮政所，有邮政投递段道 169 个。海城区各邮政网点承担信件收寄、报刊订阅、包裹投送、金融储蓄、电子商务等业务，落实通信与信息安全保障措施，保证机要通信、党报党刊发行、义务兵免费信件等特殊通信任务的完成，满足区域内群众的基本通信要求。邮政通信服务范围 141 平方千米，服务人口 39 万人。承担普遍服务和特殊服务，依法经营邮政基础业务、金融业务、快递物流业务和电子商务业务。年内，海城区各邮政网点以习近平新时代中国特色社会主义思想为指导，围绕中共十九届五中全会精神和“十四五规划”，全面贯彻落实上级会议精神，真抓实干，较好地完成上级下达的各项工作任务。年内，中国邮政北海市分公司获中国邮政广西分公司抗击新冠肺炎疫情先进单位称号。

【邮政服务】 2020 年，海城区各邮政网点积极配合做好疫情防控工作，做到“四不中断、四免费办”，全力保障邮政寄递服务不停业。2 月月底，网点服务、投递作业基本恢复正常。全年未出现违反“两条红线”的违规行为，无员工感染新冠肺炎。年内，北海市邮政分公司普邮全程时限 12 项指标全部达标；营业服务达标率、乡镇网点覆盖率、投递频次深度达标率、建制村直接通邮率、出口平信条码化率和县级及以上党政机关《人民日报》当日见报率均达 100%；邮件全程时限、次日达标率达 96.42%，2 日达标率达 99.87%；投递外勤关键点扫描率达 97.27%，信箱筒开箱扫描率 99.86%，均超过自治区邮政公司考核标准。年度邮政普遍服务满意度 90.44 分，排名广西第一位。

【邮政代理金融业务】 2020 年，中国邮政北海市分公司代理金融业务稳步发展，收入 6836 万元，比上年增长 4.93%。利差收入 5874 万元，比上年增长 3.45%。代理保险业务收入 812 万元，比上年增长 26.43%。第一季度开展“开门红”活动，全市新增月日均余额 1.33 亿元，完成必达目标的 105.5%，保险发展保费 9749.54 万元，创收 565.01 万元，完成必达目标的 107.62%；理财新增 819 万元，完成任务目标的 273.02%。第四季度开展“众志成城　全力冲刺”比学赶帮超活动，全市净增时点余额 2.46 亿元，比上年增加 7094 万元。其中：11月净增时点余额 1.44 亿元，点均新增 959 万元，排名广西第一位；跨赛一阶段月日均余额净增 1.13 亿元，完成一阶段目标进度的 237.6%，排名广西第二位。严格按照上级要求，加强金融风险防控，年内未发生案件、罚款、大额赔付、重大风险和负面舆情，没有受到监管部门处罚。

2020 年 2 月 19 日，中国邮政北海市分公司快速将北海市捐赠的防疫物资运往湖北省武汉市。图为中国邮政北海市分公司出席启运仪式
中国邮政北海市分公司供图

【增值业务】 2020 年，中国邮政北海市分公司增值业务收入 112.65 万元。简易险业务在豇豆项目和社保卡项目的带动下，较上年有较大突破，累计出单 1.75 万笔，实现收入 77.53 万元。

【协同发展】 2020 年，中国邮政北海市分公司通过常态化开展协同走访工作，全年联合走访北海市农业农村局、银海区社保局、银海区税务局等客户 93 个。全年较好地完成上级下达的 14 大类协同项目 37 项协同指标的 21 项指标，进度排名广西第一位，惠农项目和对公账户项目完成进度排名广西前列。

【其他工作】 2020 年，中国邮政北海市分公司巩固深化主题教育成果，落实意识形态工作责任制，扎实推进中央巡视整改、未巡先改、自治区邮政分公司巡察整改和市内巡察工作。按照北海市委、市政府抗击新冠疫情的部署，做好疫情防控工作，负重逆行，向疫情重灾区运输抗疫物资；按照北海市创建全国文明城市工作要求，组织党员和青年志愿者开展学雷锋志愿服务、交通疏导、义务清洁活动，展示邮政职工良好形象，践行中国邮政的“担当”和“使命”。 （顾裕全）

城乡规划建设和管理

城乡规划

【民房规划】 2020年,区自然资源局民房办理建设用地规划许可证531户,面积3.90万平方米;办理建设工程规划许可证440户,面积11.62万平方米;办理建设工程放线验查、竣工验收单350户,面积11.45万平方米。

【村庄规划编制】

自然村村庄规划编制 2020年,区自然资源局组织编制的实用性村庄规划为开江村,已通过专家评审。

行政村村庄规划编制 2020年,区自然资源局根据《北海市2020年村庄规划编制实施工作方案》要求,组织开展马栏、驿马、翁山、军屯、赤西5个行政村的村庄规划。上述行政村的村庄规划均已于11月底前通过专家评审。

乡村规划师挂点服务文件印发 2020年,海城区自然村及行政村的村庄规划编制都由北海市城市规划设计研究院负责规划设计,区自然资源局与北海市城市规划设计研究院签订补充协议,由北海市城市规划设计研究院派驻乡村规划师专业服务高德街道办事处,为高德街道辖区的村庄规划建设提供业务指导和技术支持。区自然资源局起草乡村规划师挂点工作方案,征集区农水局、区住建交通局、各涉农街道办事处的意见,修改完善报区政府审定正式印发。2021年即可开展挂点服务。

(石娟 李路明 郭柱 黄芳芳 裴婉君)

城乡建设

【乡村风貌提升】 2020年,区住建交通局统筹衔接实施乡村振兴战略和农村人居环境整治三年行动要求,全力推进乡村风貌各项工作落实取得阶段性成果。配合各级相关部门通过国家和自治区对北海市开展农村人居环境整治三年行动的验收。海城区乡村基础设施进一步夯实、环境风貌进一步美化、乡村产业进一步发展。年内,地角街道新营社区流下村入选第二批全国乡村旅游重点村,获评广西AAAA级乡村旅游区,高德街道赤西村获评自治区级生态示范村、北海市“九有”建设示范点,海城区城乡风貌提升工作经验多次得到中央和自治区主流媒体推介。

村容村貌提升 年内,海城区通过实施环卫作业市场化,实现城乡环卫一体化,做到农村生活垃圾清运处理率、农村垃圾标准化规范化清运处理体系覆盖面、农村非正规垃圾堆放点治理率3个100%。加大“三清三拆”力度,一大批多年的村庄垃圾杂物、池塘沟渠淤泥、乱搭乱盖、废弃建筑、危旧房、露天厕所及废弃广告招牌得到有效清理,村庄环境质量明显提升。率先在全市试点开展农村垃圾分类,建立垃圾全流程处理体系,打造高德街道赤西村成为北海市首个农村垃圾分类示范村。

村庄基础设施建设 年内,区住建交通局按照任务要求完成地角街道流下村、高德街道军屯村等5个自然村的乡村风貌基本整治建设和高德街道赤西塘儿村设施完善型村庄建设；完成赤西村自治区乡村风貌精品示范型村庄50%的资金投资；完成5个自然村屯公共照明项目建设等，村庄基础建设逐步夯实。

村庄规划编制工作　年内，区住建交通局协调区自然资源局、区文体广电旅游局和有关街道，编制完成以发展乡村旅游主线的《赤西村村庄建设规划》，以发展高端民宿为主线的《冠岭流下村旅游开发建设规划》。完成军屯村等5个行政村的村庄规划编制工作，开展新甸塘村、牛角塘村等7个自然村的实用性村庄规划编制工作。

村民自治机制建立　年内，海城区加强部门与街道之间的协同配合，指导各村成立红白理事会、道德评议会、禁毒禁赌会、村民议事会，实现村里事、村民议、村民定。立足乡村各类活动阵地，设立“文明行为红榜”，开展道德讲堂、“传承良好家风家训”“立家规、传家训、树家风、扬家誉”等文明创建活动，评选“文明之星”“清洁之家”，在村庄各主要干道设立“农耕文化”“乡贤文化”“家风家训”等主题创意彩绘墙，营造浓厚农村文明新风。

【农村危房改造】 2020年8月，区住建交通局针对北海市对贫困户住房安全交叉检查，组织工作人员会同村委工作人员对195户建档立卡贫困户实行自查整改；9月，再次开展建档立卡贫困户住房安全保障排查，针对全区195户建档立卡贫困户等4类重点对象进行逐村、逐组、逐户上门调查摸底核实，完成全区195户建档立卡贫困户住房安全保障排查，确保“危房不住人，住人不危房”；进一步实施网格化管理责任，实行区、街道、村委三级对贫困户入住的动态监控管理，村级每天巡查1次、街道每3天巡查1次、区级每周巡查1次，发现问题及时采取措施立行立改，形成危旧房屋户户有人看、户户有人管的工作机制；督促指导各街道办事处进一步做好农村建档立卡贫困户危旧房屋拆除和修缮攻坚工作，拆除贫困户危旧房9户，拆除总面积990.36平方米，投入资金18.46万元，其中拆除补助14.86万元，奖励资金3.60万元；修缮贫困户危旧房135户，投入资金76.57万元；结合建档立卡贫困户住房安全保障排查工作，组织开展全区建档立卡贫困户住房安全保障情况的签字确认工作，对存疑问题认真入户复核，由区住建交通局、驻村工作队、驻村第一书记、帮扶联系人签字确认贫困户房屋安全情况，并落实好贫困人口住房情况的动态监测，确保排查情况真实到位，坚决做到“危房不住人、住人不危房”。

【棚户区改造】 2020年，海城区棚户区改造项目3个，分别为三塘村（城中村）棚户区、高德街和大小岭村棚户区（城中村）、小小岭棚户区（城中村）改造项目。其中：三塘村棚户区（城中村）改造项目完成了三塘村（城中村）改造项目39.30公顷土地的权属勘测定界，改造范围的土地经过驿马街道驿马村委各村民小组签字确认；北海市国土资源信息中心完成该

2020年11月25日，海城区举行2020年度公共租赁住房保障实物配租抽签仪式
区住建交通局供图

项目的土地测绘成果；下一步会协调项目业主尽快出台改造的安置补偿方案报北海市人民政府审批。高德街和大小岭村棚户区（城中村）改造项目三期地块一宅地基施工于6月15日验收；地块二完成180户，剩余16户，一期配套完成总工程量的85%；二期规划四路、规划六路和小区配套进行到管道施工。小小岭棚户区（城中村）改造项目用地约92公顷，其中一期用地约38公顷，二期用地约54公顷；小小岭棚户区（城中村）改造项目用地中道路、学校、绿地等市政配套公用设施38.67公顷，村民回建安置用地约20公顷；年内已完成回建面积及安置村民均达80%以上，项目开发用地33.33公顷，已竞得一期招拍挂用地16.53公顷；二期项目正在开展征地调查、风险评估、地上房屋附着物清点、安置补偿方案、购买增减挂指标、建新方案、国有用地收回、征地报批等工作；项目周边3条市政道路（重庆路、河南路、湖北路）纳入小小岭村"城中村"二期改造范围，进行到搬迁、清场等工作。

【老旧小区改造】 2020年，海城区老旧小区改造任务数为25个小区，预计投资6660.23万元，总户数3061户，建筑单体为88栋，改造总建筑面积27.08万平方米。项目分一期（供水改造、楼本体改造）和二期（弱电改造和消防设施、雨污管线、小区内道路改造等）。所有小区3月底前完成入户调查和收集居民意愿相关工作。9月25日，一期工程开工，预计2021年完工；二期工程共9个子项目，下达资金仅有前3个子项目共9个小区，年内开工建设完成60%工程量，预计2021年完工。

【公共租赁住房保障工作】 2020年，海城区完成38户公租房保障家庭申请房变更，发放实物货币资金补贴2户。11月25日，开展公共租赁住房实物配租抽签分配，共90户（人次）（含2018年的申请户）保障户参加抽签。 （黄贻宁）

城市综合管理

【"双创"工作】 2020年，区住建交通局拟定"双创"（创建全国文明城市、创建国家卫生城市）工作方案，牵头拟订"三无小区"，城中村、城乡接合部，商业大街、主次干道和小广告4个专项整治提升工作方案报海城区政府印发实施，明确责任分工，严格按照"创城"实地考察标准，按"创城"工作要求对标对点完成。在营造"创城"氛围，拆除乱搭乱建，清理小广告，清运陈年垃圾，完善小区设施设备，成立业主委员会等工作取得实效，进一步提升"三无小区"的管理水平。

"三无小区"整治 年内，区住建交通局督促京环公司完成对辖区456个"三无小区"面积测量工作，推动将"三无小区"纳入环卫作业市场化服务范围，改善"三无小区"环境卫生脏乱差现象；各街道办针对"三无小区"整治工作共开展城乡清洁志愿服务、红色星期六等进小区整治主题活动581次，累计组织人员1.28万人次，清理卫生死角2.64万处，清运垃圾2490车6480.92吨，铲除小广告45.58万张，拆除违建9132平方米，清理杂草1.27万平方米；开展大清扫志愿活动701次；安装灭火器1386个，投放垃圾桶245个；张贴市民公约1242处，安装照明533处，规划停车位3010个。京环公司每天出动20人次，车辆2辆，清运"三无小区"垃圾3.5吨；每天清理小广告约200处。年内，区住建交通局分小组对包干"三无小区"环卫处宿舍和单位办公区的环境卫生进行日常整治，粘贴公益宣传标语15张，发放调查问卷130份，完成基础设施整改，安放灭火器12个，规划停车位2个，封盖小区内露天排水沟渠，完成整治。

"创城"点位达标工作 年内，海城区"创城"点位达标情况是：公共厕所点位125座，已全部达标；安装45座公厕扶手，已安装46座（92个蹲位）老年人厕位扶手，安装更新公厕隔板758.27平方米；海城区背街小巷点位1917条，已达标完成1374条；城中村点位数23个，已完成达标8个；城乡接合部点位数33个，已完成达标20个；“三无小区”点位数319个，已完成达标269个；商业大街点位数7个，已完成达标7个；包干“三无小区”1个和单位办公区1个均完成达标。

【生活垃圾分类】

设施设备投放　2020年，区住建交通局更新2000多个240升二分类垃圾桶和600个四分类垃圾桶，方便居民分类投放生活垃圾。

宣传发动　2020年，区住建交通局张贴生活垃圾分类公益广告约200处，各街道办开展城乡清洁志愿服务、红色星期六等进小区环境卫生整治、生活垃圾分类宣传教育等活动1000余次，累计组织人员6000余人次。学校通过班队会、课程教育、学校滚动电子屏、微信、家长会等多种形式向学生、家长开展生活垃圾分类教育超过15万人次。

宣传示范片区打造　2020年，东街街道牵头，区住建交通局指导，东街各社区共同开展垃圾分类宣传，印制5000份《北海市生活垃圾分类指南》，专项组织党员干部、志愿者、社区工作人员等60人次上门入户宣传，覆盖东街示范片区约3000人；东街街道制作10个生活垃圾分类宣传栏放置在各社区、生活小区等场所，扩大生活垃圾分类宣传。

【环境卫生保洁】 2020年，北海京环公司投入价值2000万元的环卫基础设施设备，其中车辆132辆，垃圾收集容器1.9万多个；每天出动人工保洁约1460人次，各种垃圾清运车辆约970辆次，清运大件杂物约20辆次，清理野广告约70处，清理杂草约90处，全年清运垃圾23.57万吨，道路清扫保洁面积1063万平方米，实现城区、农村清扫全覆盖，清扫率100%，可机械道路作业率100%。年内，北海京环公司完成生活垃圾中心转运站平台改造工作，投入288万元增设2个泊位，改造后的生活垃圾中心转运站转运生活垃圾量从每天320吨提升至480吨，大大提升海城区垃圾转运的效能。年内，全区每天垃圾收集清运量约680吨，生活垃圾日产日清，生活垃圾无害化处理率达100%。年内，全区收缴城镇垃圾处理费1717.62万元，其中应支付垃圾处理厂687.05万元。

【市政工程建设与维护】

背街小巷改造　2020年，区住建交通局协调市园林绿化、排水、路灯、燃气、市政、供水、道路设计等部门单位及7个街道办事处共出动120多人，对辖区全部背街小巷开展拉网式排查。排查统计全区共需改造背街小巷1801条，其中海城区负责改造981条开挖性的背街小巷。海城区制订《北海市海城区背街小巷提升畅通行动实施方案》，成立领导小组和专项工作组，明确分工，落实责任，统筹开展工作，确保目标任务按时完成。发放《北海市背街小巷提升畅通行动——致海城区人民群众的公开信》、张贴宣传海报和利用施工围挡投放公益广告等形式提高背街小巷改造提升与创建全国文明城市工作知晓率。年内，区住建交通局具体负责实施施工改造建设道路266条，投资1.37亿元，完成道路改造26.80万平方米，进入验收阶段。

路灯安装　2020年，海城区有路灯安装任务120盏，结合6个片区背街小巷畅通提升行动统一进行，全年完成路灯安装405盏。

公厕建设　2020年，海城区投入约300万元完成新建、改建市政公厕13座，其中改造固定公厕4座，新建及改建移动厕所9座。

市政设施维修　2020年，海城区处理街道、社区及群众反映的市容市政问题共603个，结合“创城”工作，投入维护资金约50万元，更换井盖、井箅83套，装防坠网23套，疏通污水管道923米，新建污水管道138米，新建污水井7座，修复路面和人行道921平方米。

【行政审批】 2020年，海城区

完成临时性占道行政审批工作，按照行政许可办证程序，办理建筑工程施工许可证2本，临时占用城市道路许可336起（其中富贵路夜市成衣摊位审批98起、工艺品摊位审批97起、小百货摊位审批21起、其他占道审批120起），临时性建筑物搭建、堆放物料、占道施工审批26项，占道面积9175平方米。

2020年4月12日，区住建交通局工作人员检查在建工地安全生产情况　　区住建交通局供图

【住建安全生产】 2020年，区住建交通局坚持“安全第一、预防为主、综合治理”的方针，从严从实从细抓好安全生产工作，严格安全生产责任制，严格落实各项安全防范责任和措施，坚决防范重特大事故，有效遏制较大事故，努力减少一般事故，继续保持全区安全生产总体平稳向好态势。组织工作人员定期对年内开工的工程进行大排查，实地查看在建工地是否规范配备消防器材设施，工人用电用火安全教育和管理是否到位，施工现场和办公生活区是否存在消防安全隐患。排查在建工程施工现场安全隐患，坚决杜绝盲目赶工期、抢进度施工行为。积极联系各街道办事处，做好冬季防范一氧化碳中毒宣传，提高居民防范意识。（黄贻宁）

环境保护

环境保护综述

【环境保护机构概况】 北海市海城生态环境局(简称海城生态环境局)主要职能是:贯彻落实国家生态环境保护相关政策、法规;协调和组织实施主要污染物减排。监督管理环境污染防治生态环境保护修复;开展生态环境监督工作。2020年,海城生态环境局坚持以环境质量改善为核心,集中力量打好大气、水、土壤三大污染防治攻坚战,着力解决生态环境突出问题,强化企业监管,区域环境质量持续改善,生态环境保护持续稳定发展。

【环境污染综合整治】 2020年,海城区认真贯彻落实《中华人民共和国环境保护法》,转变环保工作观念,落实环保"党政同责、一岗双责"责任制,加快形成"党委政府负总责、环保部门实施统一监督管理、其他部门齐抓共管"的"大环保"工作格局。加强污染源普查、土壤污染防治与修复、工业企业达标排放等工作的开展,着重抓好水、气、土等污染防治计划的深入推动和专项整治行动,加强各部门间合作,开展联合执法,解决关系群众切身利益热点环保问题,解决可能对环境造成污染的隐患问题。做好突发环境事件的防范和控制,加大对重点行业企业的监管力度,实施环境应急全过程监管,强化高风险工业企业环境安全隐患排查,及时消除环境问题。年内,全区无一般及以上突发环境事件发生。

【国家生态文明示范区创建】 2020年,海城区印发实施《北海市海城区国家生态建设示范区规划(2019—2025)》,组织开展国家生态文明示范区创建工作,协助推进海城区昆明路社区居民委员会大细村EOD开发项目。全年生态系统格局总体稳定。

生态环境质量

【大气环境质量】 2020年,海城区累计有效监测空气优良,$PM_{2.5}$均值为25微克每立方米(考核目标不高于35微克每立方米),PM_{10}均值为40微克每立方米(二级标准为不高于70微克每立方米),二氧化氮、二氧化硫、一氧化碳、臭氧等指标均达到《环境空气质量标准》(GB 3095—2012)二级标准。

【地表水质量】 2020年,海城生态环境局认真落实《水污染防治行动计划》和《广西水污染防治行动计划工作方案》,深入推进重点流域水环境综合治理、饮用水水源保护、城市黑臭水体整治、工业园区污水处理设施建设等工作,坚定不移打好碧水保卫战。入海河流断面水质均达国家考核要求,海城区城市集中式饮用水水源水质全部达到国家考核要求,城市黑臭水体消除比例100%,水污染防治攻坚战各项任务全面完成。

【近岸海域水质】 2020年,据广西生态环境厅监测数据统计显示:海城区的近岸海域监测水质为优,海域水质环境功能区达标率100%,环比、同比与上年同期均保持不变。

生态环境监测和管理

【生态环境监测】 2020年,海城区推进地角街道红坎村蚂蝗沟污水收集管网工程、北海市红坎污水处理厂进厂明渠加盖盖板工程、北海市云南北路水产市场西侧被淹土地抽排清淤工程3个工程项目建设。其中地角街道红坎村蚂蝗沟(昆明路—西藏路)污水收集管网工程先行铺设施工便道,1.2千米DN800污水管道建设;北海市红坎污水处理厂进厂明渠加盖盖板工程继续采用砌砖和混凝土压顶的方式将原有0.65千米的明渠加高0.5米;北海市云南北路水产市场西侧被淹土地抽排清淤工程将继续抽排8.33公顷土地里的17万立方米积水并清理12.5万立方米淤泥。此外,百丰花园空气异味及红坎村周边土地被淹问题整治工程全面开展环保监测工作。该工程完成,有效解决红坎村土地被淹及百丰花园空气异味问题,极大改善红坎村的生态环境。

2020年,喷雾降尘车在北海大道(贵州路—云南路段)进行道路洒水降尘工作

海城生态环境局供图

【生态环境管理】 2020年,海城区严格抓好扬尘管控治理和生活垃圾分类工作,保持良好大气质量。

城市扬尘综合治理 年内,海城区加大道路清扫保洁、洒水频次,对渣土车运输重点道路实行夜间洒水抑尘,及时清扫撒落渣土;每天安排环卫作业人员41人次、41车次,对各主次干道进行机械化洒水、机械化清扫保洁,每天用水500吨,机械化洒水和清扫6次,形成常态化作业。

建筑施工扬尘管控 年内,海城区加强建设和监管的工程现场施工管控。背街小巷建设开工后产生的土方砂石堆料均采取密网覆盖,工地均做有施工围挡,挡风防尘。责令不落实扬尘治理措施的施工单位停止施工、限期整改。

2020年12月31日,地角街道红坎村蚂蝗沟污水收集管网工程和北海市红坎污水处理厂进厂明渠加盖盖板工程建设现场 海城生态环境局供图

生活垃圾分类工作 年内,海城区在公共机构单位共投放300组生活垃圾分类容器。同时,将东街街道作为海城区生活垃圾分类示范片区,组织党员干部、志愿者等开展上门入户宣传活动,共发放5000余份《北海市生活垃圾分类指南》,积极运用微信公众号等新媒体宣传垃圾分类相关知识,推动垃圾分类工作开展。

【中央环境保护督察"回头看"反馈意见问题整改】 2020年,海城区完成第一轮中央环保督察涉及海城区牵头的所有问题整改；完成2018年中央环境督察“回头看”反馈意见涉及海城区牵头的10项任务。

【环境监管执法】 2020年，海城区出动检查人员205人次，开展联合督察2次，专项检查6次。接受各类投诉案件25件，处理率100%。针对群众投诉案件委托第三方监测项目13个。共查出涉及环境违法情况的企业或个人29家(人)，向北海市综合行政执法局、市公安局移送涉嫌环境违法行为线索11条。

生态环境污染治理

【水污染治理】 2020年，海城区以提升水环境质量为目标，深入开展水污染源监控治理。全年投入清理拆除工作经费140万元，共拆除廉州湾禁养区渔箔125所、蚝桩50.2公顷，动员群众自行拆除蚝桩4公顷，辖区范围内的海域水质下降趋势得到遏制。加大对污水收集与整治力度，开展背街小巷配套污水管网建设和各类排污管道整改，提高城区污水处理率。全年全区建设雨水管沟859条，完成雨水管沟改造100.21千米。全力开展河湖水库环境“脏、乱、差”整治，完成整治48处，河流、水库8条(座)，整治销号率100%。组织完成辖区内379家企业的排污许可登记，超额超前完成企业排污许可证登记工作。全年全区水环境质量良好，饮用水水质稳定达标，近岸海域水质优良率100%，廉州湾水质明显改善。

【大气污染防治】 2020年，海城区加大秸秆禁烧和露天焚烧防治。共组织1092人次对辖区范围内进行巡查，发现并及时扑灭秸秆及垃圾焚烧约180处，秸秆焚烧完成率排名居市辖县区第一名。加强机动车和非道路移动机械排气污染物监督管理，完成海城区非道路移动污染源调查核实工作。组织相关人员对全区24家加油站改造升级、油气回收等工作进行抽查，对抽查中发现的问题通知企业自行整改。全年全区空气质量优良率为97.8%，优良率比上年上升6.8个百分点，环境质量空气明显改善。

【土壤污染防治】 2020年，根据北海市生态环境局对海城区建设用地土壤污染状况的调查结果，未发现区内存在污染地块。

【固体废物监督管理】 2020年，海城区组织区工业与信息化局、区应急管理局等7个部门组成联合帮扶工作组，对辖区范围内包含北海工业园区、北海出口加工区、海城区产业园在内的65家危险废物产生和经营企业，开展为期1个月的整治帮扶工作。拟订《北海市高德泰新金属电镀厂关闭实施方案》报区政府研究实施。全年全区辐射环境质量保持正常。

【农村生态环境整治】 2020年，海城区组织开展全区农村黑臭水体排查工作，未发现辖区范围内农村黑臭水体现象。积极实施农村环境综合整治，获得自治区农村环境综合整治项目资金518万元，开工建设集中式生活污水处理设施及配套管网2套，布设管网项目3个。 （黄鸿甫）

2020年6月，海城区开展清理整治廉州湾禁养区海域非法用海设施工作 海城生态环境局供图

商贸业·旅游业

商业综述

【商业机构及工作概况】 2020年，北海市海城区商务和投资促进局（简称区商投局）认真做好商务工作，在内贸行业、对外贸易行业、疫情防控工作、助推商贸服务业回稳向好方面取得新成绩。

【内贸行业】 2020年，海城区共有限额以上商贸企业147家，其中法人企业118家（批发业23家、零售业65家、住宿业27家、餐饮业3家），产业、个体29家（零售业7家、住宿业4家、餐饮业18家），海城区本级限上企业家数分别占北海市的批发业50%、零售业53.6%、住宿业53%、餐饮业37.7%。据统计，全年全区社会消费品零售总额51.16亿元，总量居全市县区第一，比上年下降2.8%（受疫情影响）；批发业销售额116.39亿元，增长31.5%；零售业销售额50.79亿元，下降0.6%；住宿业营业额2.52亿元，下降41.1%；餐饮业营业额1.03亿元，下降46.9%。

【对外贸易行业】 2020年，海城区（含北海综合保税区、北海工业园区）共有进出口企业131家，其中北海综合保税区38家，北海工业园区36家。据海关统计，年内海城区（含北海综合保税区、北海工业园区）实现外贸进出口总额144.02亿元，比上年下降22.7%，其中出口总额86.71亿元，进口总额57.32亿元。海城区本级（不含北海综合保税区、北海工业园区）实现外贸进出口总额10.07亿元，比上年下降18.3%，其中出口总额6.33亿元，进口总额3.74亿元。

【疫情防控工作】 2020年，区商投局贯彻落实区委、区政府工作部署，落实落细各项防控措施，全力做好防疫保供。带领干部职工到茶亭路社区、上海北路社区以及对150多家小型商业超市、便利店开展疫情防控摸排工作；组织干部职工深入商场、超市、集贸市场、加油站等指导企业做好疫情防控，全力做好物资储备和保障供应工作。协调大润发超市开展线上下单、线下配送服务，确保小区封闭管控期间，群众生活需要不脱档、不断档。

【助推商贸服务业回稳向好】

助力商贸企业复工复产　2020年，区商投局开展“走企连心解困”行动，免费向136家企业发放口罩1.6万个、消毒液840千克、体温枪9支，有效保障企业复工复产；指导国美电器等26家企业做好企业融资需求申报，助力企业解决资金问题；帮扶服务业小微企业和个体工商户共减免租金4180.24万元，缓解服务租金压力。

助力农副产品销售　2020年，区商投局持续推进电子商务与电商扶贫工作，举办海城区电子商务培训班；组织和安、福达冷链等商贸流通企业与农户以及畅优园、维兴等农民专业合作社开展产销对接会，助力农副产品销售。3月，促成大润发等超市向辖区农户采购淮山 500 千克、青枣 250 千克;还促成 1 家电商企业与 2 家农产品生产企业达成产销合作。

培育市场主体　2020 年,海城区新注册外资企业 8 家,新增培育限上批发、零售商贸企业 13 家。

助力消费升级回暖　2020 年,区商投局发动商家参加"壮美广西·三月三暖心生活节"——情暖珠城线上促销、广西"7·17 生活狂欢节"、广西"3·3 消费节"千企万店扫码购活动,组织汽车企业参加"2020 北海惠民车展""2020 年年中厂家直销车展""云上购车"补贴活动,组织苏宁易购等企业开展"家电以旧换新"活动,推动消费升级。

落实扶持政策　2020 年,海城区 19 家限上批发、零售商贸企业获北海市 2019 年服务业发展专项资金奖励 114 万元,1 家企业获利用外资奖励资金 11.05 万元,4 家商业超市获疫情保供补贴资金 195.37 万元,20 家纳税贡献大户企业和 20 家纳税增长大户企业获奖励资金 500 多万元;对 2019 年 198 家批零住餐统计单位统计人员发放补助资金 38.7 万元。

助力农贸市场升级改造　2020 年,区商投局指导南珠市场、文明路市场完成厕所升级改造工作,并协助申请奖补资金 12 万元。

（谢石真　蒙日茜）

粮食商业

【粮食调控】 2020 年,区发改局加强市场监测和统计调查。坚持执行每日监测、每周分析、每月汇总的粮油市场监测和分析制度,及时准确掌握粮食市场变动情况。加强粮食统计调查工作,完成 2020 年度全区社会粮油供需平衡调查。积极完善应急保障体系,完善粮食应急供应网点和应急加工网点,明确其责任和义务,确保在应急时服从政府的统一安排和调度。

【粮食流通监督检查】 2020 年,区发改局加强粮食流通日常监管,协助北海市粮食和物资储备局开展专项检查,维护正常的市场秩序。

粮食库存检查　年内,区发改局根据北海市粮食和物资储备局制订的年度全市粮食库存检查方案,借助市粮食和物资储备局的培训资源,以会代训组织库存检查业务培训,开展粮食库存检查。通过检查,相关企业基本查清纳入范围粮食库存的数量、质量、储存安全及账实相符情况,查清储备粮轮换、库贷挂钩、政策性粮食补贴拨付使用、仓储管理、安全生产和收购资格等情况。

直补订单收购政策落实监督检查　年内,区发改局协助市粮食和物资储备局重点加强对储备粮直补订单收购政策落实情况的监督检查,重视完成收购任务。从检查情况看,没有发现违规现象。

社会粮食流通监督检查　年内,区发改局认真贯彻执行食品安全法,积极配合有关部门开展成品粮油市场检查,重点加强对放心粮油店的监督检查。在重大节假日期间,协助

2020 年 5 月 14 日,区发改局工作人员到高德粮库开展粮食安全检查工作
区发改局供图

市粮食和物资储备局，会同市食安办成立联合检查组，对放心粮油店履行相关制度和承诺情况进行监督检查，确保粮油食品质量安全。

粮食质量安全监管　年内，海城区结合双随机、安全生产月、安全生产八桂行、国庆节、中秋节安全生产检查和安全生产举一反三工作等要求，全年共对北海市高德粮库进行安全生产检查8次，督促北海市高德粮库加强质量管理，注重日常检查，坚持粮食质量监测检验制度，坚持粮食进出库检验制度，把好质量关。

【粮食仓储管理】 2020年，按照“谁储粮、谁负责”“谁坏粮、谁担责”要求，区发改局坚持“有仓必到、有粮必查、有账必核、查必彻底”的原则，每季度对储粮安全、粮情记录、仓房设施、出入库手续完备、粮食数量、质量、“一符四无”等每个环节进行认真、细致检查，通过清查，达到了账实相符、账账相符、库容整洁、卫生良好，粮情检查及时准确，确保储粮安全。

（吴艳）

旅游业

【旅游业综述】 2020年，海城区共有国家A级旅游景区5处，其中AAAA级旅游景区3处（海底世界、北海老城、印象·1876景区），AAA级旅游景区2处（南珠博物馆、贝雕博物馆）。有星级农家乐2家，其中五星级农家乐2家（邻·舍创意客庄、荷缘生态农庄），流下村获全国乡村旅游重点村及广西四星级乡村旅游区，赤西村获广西三星级乡村旅游区。全区10个行政村和41个社区都建有文化活动室，其中14个社区建有社区文体广场（含舞台），村级公共服务中心实现全覆盖。全年，海城区共接待国内游客人数2182.7万人次，比上年下降21.44%；接待入境游客人数1145人次，比上年下降98.92%；国内旅游消费285.74亿元，比上年下降25%；国际旅游收入49.06万美元，比上年下降98.98%。

【旅游项目规划与建设】 2020年，区文旅局承接重点建设项目7项：北海高德滨海文旅项目综合体项目，滨海世界主体部分混凝土结构完成97%，地上部分框架混凝土结构施工完成80%，园林景观部分电力、给排水管网铺设完成，混凝土垫层施工计划完成，累计完成投资4.5亿元；珠海路—沙脊街—中山路环境整治项目，7月30日完工，年度投资累计400万元；流下山海休闲艺术村项目，7月28日完工，年度累计投资额调整为50万元；外沙岛海丝文化景区项目，忘忧岛用海年内进行“招拍挂”，外沙旅游码头用海进行到论证环评单位招标工作；高德街和大小岭村棚户区（城中村）改造项目，完成一期配套道路建设总工程量的80%，完成三期地块一的169户宅基地基础施工；赤西田园综合体项目，7月30日完工，年度累计投资200万元；北海市旅游厕所工程，完成新建厕所2座、改建厕所4座的工作任务。

（陈丹玲　周明　阚晓丹）

信息产业

中国电信股份有限公司北海分公司

【电信公司机构及工作概况】中国电信股份有限公司北海分公司(简称中国电信北海分公司)下辖的城东分公司、城西分公司主要负责海城区的电信业务发展和客户服务。主要经营固定电话、移动通信、卫星通信、互联网接入及应用等综合信息服务。2020年,2个区域分公司在集团公司“三大目标”(建设网络强国、打造一流企业、共筑美好生活)及“三化转型”(网络智能化转型、业务生态化转型、运营智慧化转型)的指引下,在通信服务、通信网络及信息化建设、应急通信保障等方面提升能力,助力海城区经济建设发展。

【市场经营】 2020年,中国电信北海分公司坚持市场需求为导向,聚焦渠道管理、渠道经营、客户服务等方面,深耕智慧农贸、天翼云等信息化业务,加快推进5G信息惠民应用,为广大用户提供诚信、优质的服务。

提速降费　年内,中国电信北海分公司持续深化提速降费工作:降低家庭宽带、企业宽带和专线使用费;开展免费提速、“普惠上门”等活动;为用户提供更多用得上、用得起、用得好的信息服务,继2019年推出“地板价”、阶梯计费、越用越便宜的“无忧卡”套餐后,针对新冠疫情,推出5G会员升级包、暖心流量包,满足广大用户享受视频会员权益、畅享大流量的需求。

千兆服务　年内,中国电信北海分公司进一步满足用户的差异化需求,针对不同区域的网络条件及用户消费习惯,向市区用户推出三千兆+全屋Wi-Fi+智家等智慧家庭产品业务,极力打造千兆品牌;通过金融分期,为用户提供便捷、智能、实惠的数字智能化产品,向广大用户提供千兆宽带上网、高清电视等多种优质业务,在满足智能家庭用网需求的同时,推进5G终端普及,让用户充分享受信息化建设带来的美好生活。

便民惠民服务　年内,中国电信北海分公司通过互联

2020年12月30日,中国电信北海公司与中国联通北海分公司携手共建5G二期SA网络竣工开通发布会　中国电信北海分公司供图

网+智慧金融产品，使用金融分期业务和翼支付应用，结合线上线下商家合作、民生服务接入、线上知名平台合作，推动商家实体店、民生服务及校园等行业信息化转型发展，为用户提供实惠、便捷、高效的互联网线上服务。翼支付可应用于公交扫码、电费缴纳、购买火车票、油卡充值和加油、党费缴纳、美团和饿了么外卖支付等线上民生服务，同时具备和安、新力等各大商场、和安和闽辉等连锁超市以及1600多线下商家消费支付能力，积极打造互联网+智慧生态服务体系，为广大用户和各行业提供便民惠民服务。

智能信息化服务　年内，中国电信北海分公司重点推动“互联网+政府服务”在公安、政法、教育、医疗、旅游、物联网等领域信息化发展，为平安海城、智慧医卫、市场农贸等行业提供智能信息化服务。积极打造智慧农贸市场，推动农贸市场信息化建设。1月18日，北海首个智慧农贸市场完成建设并正式投入使用，进一步提高市场安全、信息化管理水平，得到北海市市场监管部门、市场管理方和消费者的高度认可，为北海建设“智慧城市”增添色彩。全力打造北海市“12345”政府服务热线建设。6月29日，北海市“12345”政府服务热线正式投入使用，该平台打通北海市委、市政府“听民声、察民情、解民忧、暖民心、达民意”渠道，夯实城市管理基础，助力北海争创全国文明城市。依托云网融合、“空中课堂”业务助力复学。为有效应对新冠疫情，协同北海市教育局及各相关学校，向受疫情限制停课停学的广大师生特别是毕业班学生，推出“天翼云空中直播课堂”业务，以点播+直播互动的方式，满足不同时段学生学习需求，提高广大学生学习效率，为政府做好“停课不停学”，坚决打赢疫情防控阻击战贡献力量。

【网络建设】 2020年，中国电信北海分公司加快网络建设，打造优质千兆网络，提升网络品质。

基础网络建设　年内，中国电信北海分公司根据国家“网络强国”部署，加快网络基础建设，优化网络结构，推动网络向大容量、广覆盖、智能化演进；提升网络通信质量，在全力打造精品4G网络基础上，推进5G网络基础建设，助力建设网络强国、数字中国。

优质千兆网络打造　年内，中国电信北海分公司根据市场需求、网络现状、网络宽带提速需求等，加快城区住宅、农村等区域光网网络建设和无线网络建设，打造千兆网络行业优势。

网络覆盖能力提升　年内，中国电信北海分公司继续对北海市城区和县城快速完成小区深度覆盖，加大弱覆盖区域信号建设，逐渐从广覆盖向深度覆盖、室内覆盖转移，不断增强网络承载能力。加快4G网络和5G网络全覆盖建设，无线及有线网络覆盖率分别达98%、99%；推进光网建设，实现全市光网覆盖。

网络质量整治　年内，中国电信北海分公司把网络质量

2020年6月29日，北海市“12345”政府服务热线正式投入使用。北海市市长蔡锦军（二排左二），市委常委、副市长黄江（二排左三）到中国电信北海分公司调研　　中国电信北海分公司供图

整治与北海市创建全国文明城市工作有效结合，对老旧设备退网、线缆侧及设备侧进行整治，加强日常维护，对管道路由、直埋路由、管道人孔、护坎护坡等进行整治1600余处，提升网络品质。

【通信保障】 2020年，中国电信北海分公司自新冠疫情暴发后快速做好联防联控应急通信保障，为北海市政府、市卫健委、医院等单位开通应急通信，对被影响区域快速抢修恢复通信；先后完成中考和高考、中国—东盟博览会和“两会”、自然高尔夫海上丝绸之路探索赛北海站、南珠文化旅游周、第三届中国国际进口博览会等重大活动期间应急通信保障任务。

【客户服务】 2020年，中国电信北海分公司坚持以“用户至上·用心服务”为理念，以提升用户满意度为目标，以关键服务环节为切入点，积极打造差异化服务优势。积极构建“全方位、全过程、全员”的“三全”服务体系。持续巩固“当日装、当日修、慢必赔，好宽带、高速率、必达标”，宽带受理零拒绝与逾期补偿，营业厅等候超时赠送话费和7×24小时在线服务等承诺，加强窗口服务人员礼仪培训，建立售后服务激励机制，持续提升服务质量；立足客户体验和感知，加强实名制、重点业务、网站备案及不良信息处理、用户信息安全等重点领域管理，为用户营造安全、舒适的高质量消费环境。

【疫情防控】 2020年，新冠肺炎疫情发生后，中国电信北海分公司积极响应北海市委、市政府号召，以高度政治责任感和使命感，积极担当、主动作为，充分发挥信息化主力军和国家队作用，高效做好通信保障服务，迅速完成北海后备医院等定点医院通信建设、应急专线开通等工作，共投入7863人次开展通信保障；发挥云网融合的优势，为北海市卫健委、医院等重点防疫防控单位提供专项服务保障，在各级学校部署67套热成像体温筛查应用，给辖区派出所和街道办等一线防控单位免费开通6956个“来电名片”业务，有效提高疫情防控力度；免费开通天翼云会议，保证北海市政府部门、单位实现一对一、一对多实时视频，有效支撑各级政府沟通决策、指挥调度，累计会议时长超过126小时；开通“空中课堂”业务，在北海市教育系统推出光纤宽带电视、天翼云直播课堂等服务，确保广大学子“停课不停学”；推出天翼大喇叭业务，通过“有线+无线”“互联网+物联网”模式让防疫声音直达34个村屯，有效传递政府防疫信心和决心。此外，及时推出免停机、大数据疫情防控排查等10余项特别服务措施，主动为防控指挥、医疗人员提供免停机服务，减免北海市医疗队到湖北省武汉市支援期间的通信费用，疫情期间配合市政府部门发布预防疫情、公共卫生等2916.3万条短信，大力推广电子渠道在线服务，让35万户用户足不出户享受信息服务。同时，通过开展“复苏行动”“携手行动”“暖春行动”等，全面助力北海市复工复产。

（何莉）

中国移动通信集团广西有限公司北海市城区分公司

【移动公司机构及工作概况】 2020年，中国移动通信集团广西有限公司北海市城区分公司（简称中国移动北海市城区分公司）坚持把“不忘初心、牢记使命”主题教育与落实上级党委各项工作部署相结合，坚持以理念引领实践，高质量发展平稳推进。年内，在10个网格分局及各部门努力下，整体市场运营取得较好成绩，收入份额、客户份额、宽带份额等关键指标保持正向增长。

【移动云视讯助力“送教下乡”】 2020年12月5日，中国移动北海市城区分公司落实“送教下乡”工作，切实提升“送教下乡”工作质量及成果。中国移动北海市城区分公司党支部

2020年12月5日，中国移动北海市城区分公司助力“送教下乡”工作。图为云视讯远程授课现场　　中国移动北海市城区分公司供图

与北海职业学院教育系在合浦县石康镇中心小学开展“党建和创”乡村教育服务行活动。中国移动北海市城区分公司分别在北海职业学院录播教室、石康镇中心校教室布置云视讯设备各1套，将录播系统与云视讯远程视频系统对接，让处于两地的教师、学生，既可以听到对方的声音、看到对方的形象，又同时能看到对方的场景以及在会议中展示的实物、图片、表格、文件等。通过远程支教智慧系统，“缩短”沟通者之间的距离，增强会议、教学现场的气氛，实现远程互动、课件共享等，就如同师生面对面授课一样，生动形象。

【自治区首个“智慧家庭专区”开放体验】 2020年9月29日，自治区首个“智慧家庭专区”在中国移动北海市城区分公司北部湾西路营业厅对客户正式开放体验，见证科技进步对生活的改变。北部湾西路营业厅“智慧家庭专区”整体设计以木纹色、白色为主，营造明快、温暖的爱家氛围。该专区由千兆宽带全覆盖，千兆宽带高速率、低时延的优良特性全面支撑产品展示及体验，给客户带来“最贴心的智能生活”的沉浸式体验。智慧家庭涵盖家庭安全监控、智能音响、视频娱乐设备、温控设备、智能照明和大小家电等，用户通过遥控可进行家电控制、照明控制、窗帘控制、电话远程控制、防盗报警、环境监测、空调控制等多种功能体验。

【新冠疫情防控】 2020年，中国移动北海市城区分公司为深入贯彻“客户为根、服务为本”的服务理念，投身防疫一线。1月28日起，在疫情期间安排北部湾西路营业厅人员厅内接听咨询电话，2月4日起，轮流安排上班。迅速采取有效防控举措，对进入营业厅人员实施分流、进行防疫知识宣传、引导客户使用自助办理机办理业务等方式，确保移动业务和服务在线。在营业厅外设立隔离带，用红外体温计测量客户体温，严格做好出入管控。在防疫物资紧缺的情况下，发动全体党员积极筹措口罩、护目镜、消毒液等防疫

2020年9月29日，自治区首个“智慧家庭专区”在中国移动北海市城区分公司北部湾西路营业厅对客户正式开放体验

中国移动北海市城区分公司供图

物资，为一线工作人员做好防护提供支撑的同时确保对客户的全面服务。

（易虹谷）

中国联合网络通信有限公司北海市分公司

【联通公司机构及工作概况】 2020年，中国联合网络通信有限公司北海市分公司（简称中国联通北海市分公司）主要经营GSM、WCDMA和FDD-LTE制式移动网络、固定通信、国内和国际通信设施服务、卫星国际专线、数据通信、网络接入、各类电信增值以及与通信信息业务相关的系统集成业务等。

【资费降低】 2020年，中国联通北海市分公司坚决贯彻落实国家有关提速降费政策和工作部署，采取措施把提速降费作为重点工作全力推进，让用户共享民生硕果。移动流量资费平均单价比2019年下降34.5%；家庭宽带单位带宽资费比2019年下降42.6%；国际语音漫游资费平均降幅达52%，国际数据漫游资费平均降幅达68%。

【疫情防控服务工作】 2020年3月，北海市进入疫情常态防控和复工复产阶段，中国联通北海市分公司使用通信科技抗疫手段服务广大客户。开通IPTV空中课堂，助力全市中小学通过IPTV空中课堂学习课程。为北海市辖一县三区政府和工信、卫健、公安等单位提供"沃云信息发送平台"，免费发送疫情公益信息逾2000万条，助力防疫信息及时传递到各市民。为服务全面复工复产，专项打造联通"企业开复工平台""疫情信息防控平台"等疫情防控产品。年内，中国联通北海市分公司作为市"中小企业公共服务平台"指定云服务通信运营商，全力为北海市各类型企业提供"企业上云"信息服务。

【客户服务】 2020年，中国联通北海市分公司围绕"提升客户口碑和满意度"工作目标，以客户体验实时测评为指引，通过改善各渠道触点内部指标，实施差异化服务内容，监督日常执行，驱动内部规范运营，以客户声音衡量服务执行效果，对内进行服务标准纠偏管理，持续提升客户感知。

【信息化建设及互联网化应用】 2020年，中国联通北海市分公司成功中标北海平安城市二期续租项目、市政府网站IPv6改造项目等重大项目，累计签约金额1亿元。北海市平安城市二期项目是由中国联通北海市分公司承建的特大型公安类ICT项目，围绕云平台、大数据等先进技术，对现行视频监控系统的运维模式进行升级，通过软硬件相结合，形成高效、安全、先进的网络视频监控体系，有效确保视频监控系统高效运行，提高运维效率，降低运维成本，提高城市管理水平。积极承建北海市建筑工地数字信息平台，将北海市所有工地业务数据进行有序管理，建成包括监控视频、环境、人员等全面的工地综合业务监控服务管理平台，并将各子系统组成一个完整的整体。以政策和行业需求为导向、管理模式创新为手段、新技术集成应用为途径、业务管理拓展为建设思路，提供远程监控服务，及时发现和消除重大安全生产隐患，有效防范和遏制质量安全事故的发生，促进工地文明施工和绿色施工。打造北海市智慧社区建设服务项目，社区重要场所安装智能安防设备并接入社区和社区警务室，安装一键报警、联防布控系统、人脸抓拍预警系统，实现社区与公安部门的联防联控，推动平安北海建设。年内，承建的北海市住建局智慧工地管理平台通过验收，正式开始上线运行投入使用。智慧工地管理平台验收投入使用后，将可以利用互联网平台技术通过信息化、可视化监管手段对在建项目的质量控制、安全管理、农民工信息、工程进度、危大工程管理、特种设备管理、管理人员考勤、诚信信息管理等方面内容逐步实现远程实时监控。中国联通北海市分公司充分发挥5G、AI、大数据、云计算等新技术的创新带动作用，紧抓“疫情驱动数字转型”带来的数字经济新需求，助力中国—东盟信息化水平不断提升，助力“三企入桂”等自治区重大部署实施，服务北海扎实做好“六稳”工作，全面落实“六保”任务。

2020年10月20日，中国联通北海市分公司为第二届“一带一路”侨商侨领交流合作大会做通信保障　　中国联通北海市分公司供图

【网络投资建设】 2020年，中国联通北海市分公司与中国电信北海分公司紧密联系，合作共建一张5G接入网络，建立机制、流程、资源、规划4个对接，通过天面整合、技术升级等手段，实现5G基站同步开通，全年共建共享开通437个5G站点，实现城区连续覆盖，平均上行速率达180Mbps（兆比特每秒），平均下行达588Mbps。5G网络共建共享合作，特别是双方连续的5G频率共享，有助于降低5G网络建设和运维成本，高效实现5G网络覆盖，快速形成5G服务能力，增强5G网络和服务的市场竞争力，提升网络效益和资产运营效率，达成双方的互利共赢。

【通信保障】 2020年，中国联通北海市分公司高标准高质量完成“央企入桂”“湾企入桂”“民企入桂”和第二届“一带一路”侨商侨领交流合作大会等重大会议通信保障工作，依托联通云视频平台完成会议的各项支撑需求，以零差错的过硬技术手段保障会议的顺利召开。同时，完成“遇见北海，扬帆丝路”系列活动、自然高尔夫海上丝绸之路探索赛等系列赛事及活动的通信保障。为做好通信保障，累计扩容35个基站，投入现场保障人员628人次，最大限度确保会议、赛事及活动期间通信畅通。

（谭日清）

财政·税务

财　政

【财政机构概况】 北海市海城区财政局（简称区财政局）是海城区政府主管财政收支、财税工作和有关国家资金基础工作的综合经济管理部门。2020年，区财政局下辖海城区国库支付中心、海城区非税收入管理所、街道财政所。

【财政改革】 2020年，海城区实施预算绩效管理改革，印发《关于全面实施预算绩效管理的实施方案》，夯实实施全面预算绩效管理的基础。推进国库集中支付改革，全区101个预算单位全部上线国库集中支付电子化管理系统，实现电子化全覆盖和支付“无纸化”，提前完成自治区改革任务。推进财政电子票据改革，区级用票单位基本实现全覆盖，实现往来结算电子化。财政评审提质增效，全年评审项目702个、核减金额4113万元，审结项目59个、审减金额124万元。健全常态化监督机制，开展“系统抓，抓系统”专项治理，组织3次财政专项扶贫资金检查，对区辖10个单位和部门开展财务收支检查。推动“互联网+政府采购”改革，全年“政采云”平台完成政府采购636笔，计划备案金额5.31亿元，成交金额4.70亿元，节约资金6068万元，配合做好优化营商环境绩效考评中政府采购指标工作。实现村级代理记账全覆盖，通过政府购买服务对区辖51个村（社区）实施会计代理记账，提高基层财务管理水平。委托第三方机构对全区村（社区）干部开展任期经济责任审计，为村（社区）“两委”换届选举打好基础。采用PPP模式（政府和社会资本合作，是公共基础设施中的一种项目运作模式）推进项目建设。落实“桂十条”措施，实施PPP百日攻坚，按自治区时间节点完成PPP项目入库。

【预算收入】 2020年，海城区财政收入19.57亿元，其中一般公共预算收入9.43亿元，上级补助收入8.92亿元，上年结余收入329万元，地方政府一般债券转贷收入2300万元，调入资金3120万元，动用预算稳定调节基金6444万元。全区一般公共预算收入9.43亿元，完成预算调整数的101.98%，比上年下降3.43%。

税收收入　年内，海城区全口径税收收入17.11亿元，完成年初预算的78.14%，比上年下降20.80%，其中上划中央税收收入7.07亿元，上划自治区税收收入1.84亿元，区本级税收收入8.2亿元：增值税收入1.88亿元，企业所得税收入3636万元，个人所得税收入1112万元，城市维护建设税收入4333万元，房产税收入3854万元，印花税收入1688万元，城镇土地使用税收入2730万元，土地增值税收入4.46亿元，车船使用和牌照税收入1086万元，其他税收收入111万元。

非税收入　年内，海城区非税收入1.23亿元，比上年增长4.44%。其中专项收入3026万元，行政事业性收费收入3204万元，罚没收入1785万元，国有资源有偿收入4305万元，其他收入27万元。非税收入占一般公共预算收入13.09%，比上年上升4.43%。

【预算支出】 2020年，海城区一般公共预算总支出19.57亿元，其中一般公共预算支出15.30亿元、上解支出3.22亿元，地方政府债务还本支出2550万元，安排预算稳定调节基金1922万元。收支相抵，年终滚存结余6053万元，扣减结转下年使用6053万元，净结余为0元。全区一般公共预算支出15.30亿元。其中一般公共服务支出1.41亿元，比上年增长23.90%；国防支出282万元，增长30.56%；公共安全支出6083万元，增长11.76%；教育支出3.96亿元，增长0.03%；科学技术支出157万元，下降30.53%；文化旅游体育与传媒支出753万元，下降49.83%；社会保障和就业支出1.54亿元，增长8.08%；卫生健康支出2.08亿元，增长9.20%；节能环保支出417万元，下降30.15%；城乡社区支出1.49亿元，下降29.45%；农林水支出2.83亿元，下降6.18%；交通运输支出295万元，增长953.57%；资源勘探信息等支出1177万元，增长39.79%；商品服务业等支出469万元，增长26.42%；金融支出524万元，下降47.60%；自然资源海洋气象等支出1350万元，增长165.75%；住房保障支出6050万元，增长101.87%；灾害防治及应急管理支出1503万元，增长73.16%；债务付息支出737万元，下降7.18%；债务发行费用支出3万元，增长50%；其他支出72万元，下降87.50%。

总预备费支出　年内，海城区年初预算安排总预备费930万元，支出837万元，用于新冠肺炎疫情防控经费。

“三公”经费支出　年内，海城区年初预算安排“三公”经费305万元，支出112万元，比上年减少17万元。其中公务接待费支出21万元，公务用车运行维护费支出91万元。

预算稳定调节基金支出　年内，经区十届人大常委会第35次常委会议审议批准，全年海城区预算调整调入预算稳定调节基金6444万元。

【政府性基金预算收支】

政府性基金预算收入　2020年，海城区政府性基金预算总收入4.38亿元。其中区本级收入8万元，上级补助收入3.74亿元，上年结余收入547万元，债务转贷收入5800万元。

政府性基金预算支出　2020年，海城区政府性基金预算支出3.82亿元，比上年增长3947.08%，调出资金3120万元。收支相抵，年终结余2503万元。

【社会保险基金预算收支】

社会保险基金预算收入　2020年，海城区社会保险基金预算收入3.02亿元，完成预算的107.95%。其中城乡居民基本养老保险基金收入6962万元，完成预算的180.41%；城乡居民基本医疗保险基金收入1.55亿元，完成预算的91.39%；机关事业单位养老保险基金收入7729万元，完成预算的108.20%。

社会保险基金预算支出　2020年，海城区社会保险基金预算支出1.88亿元，完成预算的81.05%。其中城乡居民基本养老保险基金支出1607万元，完成预算的82.75%；城乡居民基本医疗保险基金支出1.00亿元，完成预算的77.46%；机关事业单位养老保险基金支出7209万元，完成预算的100.92%。收支相抵，当年结余1.14亿元，年终滚存结余3.93亿元。

【政府债务】 2020年年底，海城区政府债务余额2.53亿元，政府债务率20.13%，其中一般债务余额1.95亿元，专项债务余额5800万元。全区政府债务余额控制在限额之内。年内，海城区新增地方政府债券支出5800万元，用于高德街和大小岭村棚户区改造项目；海城区再融资一般债券2300万元，用于置换到期债券还本支出；海城区安排政府债务还本支出2550万元，付息支出737万元，付息支出占一般公共预算支出比重为0.48%。

【“六稳”“六保”工作】 2020年，海城区严格落实自治区、北海市财政工作会议精神，确保“三保”支出优先保障。全年共盘活存量资金7220万元，充分发挥财政资金的效益。全区各部门争取上级转移支付、直达资金、政府债券等各类资金13.34亿元，比上年增长46.3%。认真落实“六稳”“六保”责任。大力压减区本级一般性支出和“三公”经费支出，及时拨付直达资金，发放各类补贴补助资金1236万元，兜牢基本民生。筹集资金支持人社、扶贫等部门开发非固定性公益岗位，力保居民就业。按时拨付各单位运转经费，对辖区医疗卫生机构财政供养比例提高10%，区环卫保洁站由差额拨款转为全额拨款予以保障，力保基层正常运转。

2020年5月20日，北海市海城区政银企金融税收政策业务对接会召开
区财政局供图

【疫情防控资金保障】 2020年，海城区及时拨付疫情防控经费1227万元，会同区审计局督促加快资金支出进度，争取抗疫特别国债资金9760万元用于公共卫生体系建设。积极筹措资金，发放中小企业扶持发展资金596万元和复工复产贴息、补助补贴等资金508万元，扶持企业161家，对受疫情影响的企业减免租金30万元，助力企业解困。拨付就业补助资金1166万元助力稳就业。区财政局开展“走企连心解困”行动，联合多部门走访企业98家，组织80余家企业参加3期海城区“政银企”对接会，宣传抗击疫情各项优惠政策。全面落实中央、自治区各项税费优惠政策，截至11月为市场主体减免税费2.87亿元。打好财政+金融组合拳。与北海市小微企业融资担保公司合作，助力企业融资贷款，为全区160家企业提供融资担保，年内企业在保余额6.02亿元。兑现“壮美广西·三月三暖心生活节”等专项补贴1308万元。

2020年6月15日，区财政局在北部湾广场举办海城区惩治和处置非法集资宣传月活动
区财政局供图

【脱贫攻坚资金保障】 2020年，海城区筹措财政专项扶贫资金708万元，为脱贫攻坚战圆满收官提供财力保障。海城区印发《关于加强财政扶贫资金支持村级集体经济项目管理和收益分配工作的通知》等文件，规范资金管理使用、落实减贫成效。落实经费招聘村医16人，提升健康扶贫覆盖面。投入维修改造资金63万元改造贫困户危旧房。整合资金112万元安装开江新村自来水设施。

【政府债务风险化解】 2020年，海城区足额安排政府债券还本资金2550万元和付息资金737万元，政府债务率处于较低水平。争取再融资债券

2020年4月29日，自治区PPP工作专班对北海市海城区PPP项目对接辅导会召开　区财政局供图

2300万元，有效缓释到期政府债券偿付风险。执行政府隐性债务风险化解方案，超额完成年度化解任务。合并区城投公司、廉投公司，加快融资平台公司市场化转型。年内，区财政局组织开展宣传活动，提高干部群众的思想认识，防范各种非法集资活动，化解债务风险。

【服务城乡经济发展】 2020年，海城区与广西清川咨询公司合作，加大项目包装申报，年度到位资金1.95亿元，海城区教育信息化PPP项目进入财政部项目库。区财政局筹措背街小巷建设资金2.09亿元，改造街巷981条。推动新鸥鹏教育产业城、高德滨海文旅综合体等重点项目建设。安排招商专项资金90万元、企业发展扶持资金900万元支持发展现代服务业和楼宇经济。筹措渔业生产用油补贴9176万元，渔船更新改造、减船转产资金1.20亿元，提升渔船装备水平；安排渔港基础设施建设资金3000万元，推进高德渔港基础设施建设；加大海域出让经费支持，大幅扩大深海养殖面积，发展向海经济。（张洁）

政府采购

【政府采购概况】 北海市海城区政府采购中心（简称区政府采购中心）是政府集中采购的代理机构，依据《中华人民共和国政府采购法》，在采购单位的委托授权范围内开展采购工作。2020年，区政府采购中心认真做好依法采购、营商环境优化、监督管理、业务能力提升、政采云平台建设等工作，取得好成绩。

【依法采购】 2020年，区政府采购中心坚持遵循“公开透明、公平竞争、公正和诚实信用”原则，认真组织各项政府采购活动。在采购过程中，严格依照《中华人民共和国政府采购法》及其实施条例等法律法规，规范执行政府采购工作程序，提高政府采购工作效率，保障政府采购各方合法权益。全年全区成交的线下项目采购预算金额431.63万元，合同金额428.77万元。年内，政府采购电子化交易“政采云”平台共交易1520单，交易额4.47亿元。其中网上超市交易1100单，交易额1335.64万元；在线询价5单，交易额155.32万元；反向竞价41单，交易额979.32万元；通用定点278单，交易额4.21亿元；扶贫馆96单，交易额128.64万元。

【营商环境优化】 2020年，海城区聚焦加快实施“互联网+政府采购”行动，优化采购流程，压缩采购时间，降低市场交易成本，提升供应商参与政府采购活动便利程度等优化营商环境工作目标，有序开展各项业务工作。

电子采购平台建设　年内，海城区政府采购电子化交易“政采云”平台已具备电子卖场的网上超市、在线询价、反向竞价、定点服务、协议供货等功能，在上线运行项目采购交易管理系统（线下辅助开评标）的基础上，为支持脱贫攻坚战，7月，海城区进一步启用“政采云"平台乡村振兴(扶贫)馆，用于展示、推介和销售扶贫产品和农特产品，更好实现消费扶贫。年内，全区扶贫馆累计完成交易金额128.64万元，消费扶贫成效显著。

扶持小微企业参与政府采购　年内，凡委托区政府采购中心开展的政府采购项目均落实扶持中小企业政策，对小微企业产品价格给予6%—10%的扣除，用扣除后的价格参与评审。8月，区政府采购中心根据最新出台的文件要求，对于非专门面向中小企业的项目，在采购文件中做出规定，对小型和微型企业产品的价格给予10%的法定最高比例扣除优惠，进一步提高小微企业在政府采购活动中的中标(成交)概率。

政府采购合同管理　年内，区政府采购中心在严格执行法律规定时限的前提下，为争取量化指标优中更优，与区财政局紧密对接，合议决定，将采购单位与中标(成交)供应商的政府采购合同签订时间提前至"在中标(成交)通知书发出之日起7日内"，并"自政府采购合同签订之日起1个工作日内，将政府采购合同在广西政府采购网上公示，但政府采购合同中涉及国家秘密、商业秘密的内容除外"。大大缩短政府采购合同的签订及公示时长，进一步实现合同签订及公示时长、程序的优化。其间，区政府采购中心向由区政府采购中心代理项目的采购单位发出告知函并督促其在规定时间内发布合同公告。

政府采购保证金管理　2020年3月起，区政府采购中心率先取消向政府采购供应商收取履约(质量)保证金，若根据项目特点确需收取履约保证金的，由采购人收取；对小微企业的履约保证金收取，上半年规定不超过政府采购合同金额的5%，8月起，该比例降至2%。8月起，区政府采购中心对参与区政府采购活动的诚信记录良好的供应商，不需要缴纳投标保证金。年内，区政府采购中心高度重视已收取的各类政府采购项目保证金的退付工作，对到期且达到退付条件的，及时办理退付手续。

政府采购意向公开　2020年，区政府采购中心为提升政府采购透明度，便于供应商提前了解采购信息，7月1日起，海城区各采购单位按文件要求，在广西政府采购网等指定媒体上实施单位政府采购项目的采购意向公开，公开内容包括主要采购项目、采购内容及需求概况、预算金额、预计采购时间等。区政府采购中心认真做好接受采购单位咨询、指导开展采购意向公开工作。

【监督管理】2020年，区政府采购中心配合北海市采购中心在区内推行北海"政采云"平台异地不见面全流程电子招投标系统，该系统打破地域空间限制，将采购人、供应商与评审专家从地域上最大限度地隔离，有效化解评标中"熟人圈子""围猎评委"等廉政风险，减少政府采购领域腐败行为。区政府采购中心坚持以《中华人民共和国政府采购法》及其实施条例为依据，围绕优化政府采购营商环境等重点工作，坚持服务政府、依法依规开展全区政府采购工作，提高工作质量和服务水平，努力在加强财政支出管理、提高财政资金使用效益、促进廉政建设等方

2020年11月20日，"政采云"平台"服务超市"操作流程培训会召开　　区政府采购中心供图

面发挥积极作用。

【业务能力提升】 2020年，区政府采购中心政府加强《中华人民共和国政府采购法》《中华人民共和国政府采购法实施条例》和财政部颁布的《政府采购货物和服务招标投标管理办法》《政府采购质疑和投诉办法》《北海市政府采购负面清单》等政府采购相关法律法规知识的宣传学习，提高中心工作人员业务水平。同时，抓好政府采购信息的采集与分析，不断加强对采购效率问题、质疑投诉问题等开展调查研究，提高分析、解决问题的能力。

【"政采云"培训】 2020年11月20日，区政府采购中心组织召开"政采云"平台"服务超市"操作流程培训会，全区各采购单位100多人参加会议。通过猪八戒网专业技术人员详细讲解，帮助全区采购单位更加熟悉服务超市操作，确保全区"互联网+政府采购"改革顺利实施。 （叶海涛）

税　务

【税务机构及工作概况】 2020年，国家税务总局北海市海城区税务局（简称区税务局）管辖纳税人正常户4.13万户，其中企业2.26万户，个体工商户1.87万户。全年累计组织自治区政府口径税收收入32.76亿元（不含海关代征收入），组织海城区财政税收收入17.41亿元，比上年减收4.65亿元，下降21.09%。1月3日，区税务局第一税务分局获国家税务总局评为全国税务系统先进集体。12月14日，区税务局潘可芸获国家卫生健康委、全国老龄办评为2020年全国敬老爱老助老模范人物。12月28日，区税务局局长刘德新获中共广西壮族自治区党委、自治区人民政府评为2020年广西壮族自治区先进工作者。

【税收优惠政策落实】 2020年，区税务局学习贯彻习近平新时代中国特色社会主义思想，聚焦组织收入主业，大力实施减税降费，持续优化税收营商环境，加快推进队伍融合，各项工作持续稳步推进，呈现出新特点、新面貌。全年累计实现减税降费3.18亿元。年内，新出台支持疫情防控和经济社会发展税费优惠政策新增减税降费1.39亿元；2019年更大规模减税降费政策在2020年继续实施形成的减税降费1.78亿元。

【依法治税】 2020年，区税务局构建风险预警格局。继续做好风险扎口管理，全面开展重点税源企业风险应对、纳税评估工作等各项工作，年度风险任务推送86批次，取得风险应对应补税款1053.91万元，实际入库税款776.56万元，征收滞纳金31.83万元。完善依法治税机制。建立健全纳税人诉求快速响应机制，完善公示网站，做好行政许可和行政处罚等信用信息的归集、管理、共享和公示工作，每周在区政府门户网站公示，让权力在阳光下运行。形成扫黑除恶打击合力。持续加强与公安机关和政法部门在扫黑除恶专项斗争中的联

2020年4月19日，区税务局青年专家咨询岗值班干部向纳税人解答疑问　　区税务局供图

2020年,区税务局工作人员走访银河产业城为纳税人送上最新税收政策

区税务局供图

系对接与信息共享,建立问题线索反馈机制。成立专案调查组,进行全方位的纳税评估和税收风险排查,确保形成坚不可摧的打击合力。推进税收法治。充分利用"互联网+"的改革创新,与政府各监管执法平台互联互通。

【纳税服务】 2020年,区税务局精益求精,奋力提升纳税人满意度和优化税收营商环境。大力推广"非接触式"办税模式,常办业务实现100%网上办;优化实体办税服务,实现到厅业务速办速走。建立12个钉钉税企交流群,实现线上线下宣传辅导全覆盖。组织"联户进企",对重点企业入户走访全覆盖,累计入户走访7291户次,电话联系纳税人1.16万户次;举办小型座谈会24场,累计为2442户次提供有针对性的个性辅导。开展复工复产税收情况分析,向政府报送税收分析6篇,并联合区工信局、区财政局、北海市中小企业公共服务平台等单位举办活动4场,参与企业160户次。积极配合完成自治区政府上半年优化营商环境第三方评估迎检、国家发改委优化营商环境第三方评估长沙现场资料填报工作。

【税收征管】 2020年,区税务局不断努力夯实税收征管基础。围绕"提效、提速、提能"业务运维目标,稳步推进征管信息化工作,配合做好金税三期系统及社保费子系统并库环境的数据清理、权限配置、压力测试等工作。加快征管流程整合优化。精细梳理并整合涉税事项业务流程、优化清税注销办理、规范核定征收管理、加强税费种一体化管理等系列征管制度,着力破除业务壁垒。确保征管系统高效运行。进一步制定和完善相关操作指南并建立本级的数据间逻辑关系扫描模型,提高干部系统操作能力,进一步规范税收执法行为。做好数据运维工作及数据质效处理工作,确保系统的平稳高效运行,提升税收管理质效。强化税收风险管理。健全风险管理职责,强化风险管理统筹职能;进一步完善风险管理机制建设,统筹风险应对任务推送、过程监控、效果分析和考核。

（谢雨蝶）

2020年4月18日,区税务局到北海综合保税区开展一般纳税人试点政策宣讲会

区税务局供图

银行·保险

中国银行股份有限公司北海分行

【中行北海分行概况】 2020年，中国银行股份有限公司北海分行（简称中行北海分行）下辖营业部1个、县级支行1个、城区支行13个。12月月末，中行北海分行本外币全量金融资产时点186亿元，比上年新增3.77亿元。年内，中行北海分行与中国人寿保险股份有限公司北海分公司、合浦县直属机关工委等单位签订党建共建暨廉洁伙伴协议，加强廉洁自律。年内，中行北海分行风险内控部获中国银行总行授信管理工作“中银优秀集体”称号，个人数字金融部获自治区分行个人数字金融条线“中银优秀集体”称号，湖南路支行获自治区分行经营性网点“中银优秀集体”称号，综合管理部获自治区分行支持保障条线“中银优秀集体”称号。

【存款业务】 2020年年末，中行北海分行本外币存款余额0.88亿元，在当地四大行中市场份额占24.57%。其中个人存款四大行市场份额占23.02%，公司存款四大行市场份额占27.55%。

【贷款业务】 2020年年末，中行北海分行本外币贷款时点余额100亿元，较上年新增7.3亿元，在当地四大行中市场份额占19.82%。其中个人贷款四大行市场份额占21.35%，公司贷款四大行市场份额占16.42%。全辖授信资产不良率0.35%，与上年持平。其中公司授信均为正常类，不良率继续保持为零。

【社会服务】 2020年，中行北海分行积极服务实体经济，落实“六稳”“六保”，强化社会责任担当。抓住北海市“项目落实年”的契机，大力发展贷款业务。积极关注各类防疫防控生产企业的资金需求，授信批复12家防疫类企业，授信金额3.84亿元；累计为11家企业（涉及农林牧、教育行业、民生消费等）办理无还本续贷放款4390万元，累计为25家企业（涉及农林牧、教育行业、民生消费等）办理延期、展期5849万元，解决企业短期周转困难。累计

2020年9月21日，中行北海分行与中国人寿保险北海分公司举行党建共建暨廉洁伙伴签约仪式　　李洪国摄

为企业办理复工贷贴息贷款33笔，合计2.38亿元，降低企业经营成本约471.76万元。大力发展普惠金融，全年普惠金融新增1.87亿元，超额完成下达任务；小微企业贷款增速50.54%，各项贷款增速超过40%，较好地完成“两增两控”目标。

【风险管控】 2020年，中行北海分行按横向到边、纵向到底的内控管理要求，从员工行为管理抓起，夯实风险内控意识初步形成的良好氛围，通过监督管理，通过不间断的检查和案例学习（特别对入职5年内的新员工），强化警示教育，做好员工异常行为排查，持续加强内控合规与反洗钱风险管理，切实做好保密风险管理等措施，不断强化风险内控管理能力，进一步树立风险内控竞争力，风险内控是效益的发展观。

【疫情防控】 2020年，中行北海分行成立中国银行北海分行新冠肺炎疫情防控工作领导小组，严格落实各项疫情防控要求，压实管理责任，落实好疫情防控工作“十严格”，践行对外以客户为中心，对内以员工为中心理念，强化客户和员工关怀，抓好疫情防控各个环节，做好办公大楼和网点的防护管理工作，为员工创造健康安全的工作环境，在做好疫情防控的前提下，为客户提供优质高效的服务。

【精准扶贫】 2020年，中行北海分行定点帮扶的合浦县常乐镇中直村贫困户13户、53人已全部实现脱贫，定点帮扶的合浦县闸口镇平坡村如期实现脱贫33户、172人。抓好消费扶贫，成功推荐某重点扶贫企业入驻“公益中国”平台和中国银行手机银行，累计销售额30万元。消费扶贫购买总金额25.93万元，其中“公益中行”平台购买金额13.68万元，线下购买金额12.25万元。

【党建共建】 2020年，中行北海分行与中国人寿保险股份有限公司北海分公司、合浦县直属机关工委等单位签订党建共建暨廉洁伙伴协议，积极开展庆祝中国共产党成立99周年系列活动，激励全辖各级党组织和党员在谱写建设新时代全球一流银行的北海篇章中主动担当作为、积极干事创业。同时，大力推广“复兴壹号”智慧党建平台，以智慧党建场景建设提高客户黏性，稳定业务关系，促进业务高质量发展。年内，中行北海分行外部推广“复兴壹号”党建平台新增单位13户，党员1.4万人。 （李春宏）

中国建设银行股份有限公司北海分行

【建行北海分行概况】 2020年，中国建设银行股份有限公司北海分行（简称建行北海分行）所辖海城区营业网点共13个，分别为分行营业部、云南路支行、北海大道支行、海城支行、广东路支行、深圳路支行、北京路支行、重庆路支行、解放路支行、四川南路支行、科技支行、北部湾东路支行、湖南路支行。

【存款业务】 2020年年末，建行北海分行各项存款余额129.07亿元，比年初减少0.89亿元，比上年减少0.56%。其中：储蓄存款余额71.45亿元，比年初增长4.93亿元，比上年增长7.67%；对公存款余额57.62亿元，比年初减少5.82亿元，比上年减少9.17%。

【贷款业务】 2020年年末，建行北海分行各类贷款余额126.67亿元，比年初增加18.14亿元，比上年增长16.77%。其中：对公贷款余额40.15亿元，比年初增加10.37亿元，比上年增长35%；个人贷款余额86.52亿元，比年初增加7.77亿元，比上年增长9.94%。

【业务发展】 2020年，建行北海分行紧紧围绕“执行力强化年”工作要求开展各项工作。

落实中央决策部署 年内，建行北海分行面对疫情，落实中央和建行广西分行工作部署，全面支持复工复产和服务“六稳”“六保”，累计为1540家企业和个体工商户提供贷款支持超56.96亿元，全年各项贷款余额、新增额、增速均居北海四大行第一名。

干事创业能力提升　年内，建行北海分行围绕中心工作，持续增强“三个能力”（服务国家建设能力、防范金融风险能力、参与国际竞争能力）建设，深入践行新金融行动，扎实推进“三大战略”（全面实施普惠金融、住房租赁、金融科技），坚持数字化经营不动摇，以“钉钉子”精神坚持开拓创新、攻坚克难、奋斗拼搏。

服务实体经济　年内，建行北海分行紧密跟进自治区层面统筹推进重大项目及北海市重大招商引资项目，重点支持川化钾肥项目等“双百双新”和“三企入桂”项目；支持全市公租房建设运营和各主要医疗机构、工业园区、交通运输等领域的重点基础设施项目建设，为北海市社会经济发展做出积极贡献。

2020年7月20日，建行北海分行与北海市农业农村局举行金融服务乡村振兴战略合作协议签订仪式　建行北海分行供图

【客户服务】 2020年，建行北海分行持续推动金融消费者权益保护工作，强化金融服务意识，构建和谐的金融消费环境。

疫情防控工作　年内，建行北海分行坚持人民至上原则，全面贯彻各级党委、政府及上级银行关于疫情防控工作的部署，统筹疫情防控和支持经济发展工作，通过线下开辟金融服务应急绿色通道、线上搭建客户经理“云工作室”等方式，确保满足疫情期间客户金融服务需求。1月27日，建行北海分行启动假日疫情金融服务绿色通道应急预案，将22万元现金调配到位，解决北海火车站备用金不足的问题。

服务质量提升　年内，建行北海分行聚焦提升服务质量和客户满意度。加强服务环境及质量检查考评，全年服务等级评为A级，营业网点客户等候时间平均4.72分钟，业务处理时间平均5.63分钟，两个事项用时最短，在广西建行系统均位居第一名。

保护消费者权益　年内，建行北海分行开展系列消费者权益保护教育宣传周活动，得到人民银行和广西教育系统的高度认可。

脱贫攻坚工作　年内，建行北海分行实现扶贫贷款新增2.45亿元，任务完成率1066%；涉农贷款新增7.1亿元，任务完成率308%，挂钩联系帮扶的

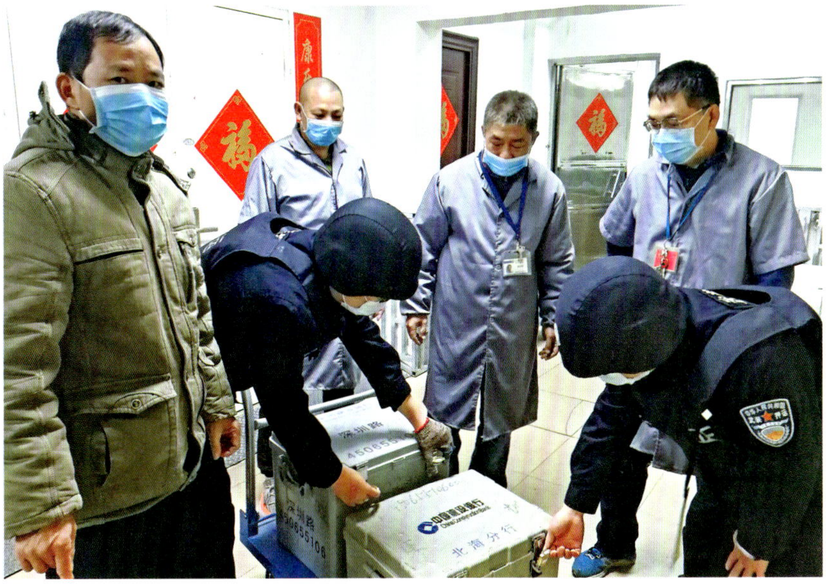

2020年1月27日，建行北海分行启动假日疫情金融服务绿色通道应急预案，解决北海火车站备用金不足的问题　建行北海分行供图

3个村委(社区)16户68名贫困户均已实现脱贫,圆满完成各项扶贫工作任务。聚焦践行社会责任,在辖区网点设立"劳动者港湾"和学雷锋服务站点,为户外劳动者提供休息场所和便民服务。

【风险防控】 2020年,建行北海分行紧紧围绕"保质量、调结构、控成本、守底线"的工作主线,落实防范化解重大金融风险的工作要求,全面风险管理能力稳步提升。年内,建行北海分行制订全面风险管理及内控合规考核方案,明确职责,突出考核重点,提升风险管控水平。安排专人紧盯信贷基础管理,按月发送《信贷基础管理报告》,对评级、分类等基础管理工作有提示、有跟踪、有考核。制订《北海分行员工行为网格化管理要点》,结合扫黑除恶加强员工行为排查,划分网格,实现全员线上网格化管理全覆盖。持续开展警示教育活动,形成强高压、长震慑的局面。全年无案件事项发生,未发生重大违规事件,无因违规造成财产损失、声誉风险、监管处罚。(满靖雯)

北海市区农村信用合作联社

【信用社机构及工作概况】 2020年,北海市区农村信用合作联社(简称市区农村信用社)各项存款余额127.11亿元,比年初增加14.32亿元,比上年增长12.70%。其中储蓄存款余额98.17亿元,比年初增加9.98亿元,比上年增长11.32%;对公存款余额28.93亿元,比年初增加4.33亿元,比上年增长17.60%。各类贷款余额101.40亿元,比年初增加13.64亿元,比上年增长15.54%,其中对公贷款余额63.65亿元,比年初增加9.66亿元,增长17.89%。个人贷款余额37.75亿元,比年初增加3.97亿元,比上年增长11.76个百分点。

【业务发展】 2020年,市区农村信用社围绕北海市委、市政府的战略决策部署,大力支持北海市重点产业、行业、领域发展,年内累计发放各项贷款39.26亿元,新增贷款余额13.64亿元。积极支持北海市重点项目和基础设施建设,支持自治区层面统筹推进重大项目、"双百双新"项目、北海市"四定"重点项目建设。发放贷款8亿元支持海城区电子信息产业项目建设。大力支持"三农"区域优势主导产业和特色产业发展,全年涉农贷款累计发放21.81亿元,累计发放农户贷款8.97亿元,比上年增加1.36亿元。支持海城区海洋捕捞、海水养殖、海产品加工、船舶制造、南珠养殖等产业发展,通过产品创新、服务升级,合理确定贷款期限、利率和偿还方式,支持海城区一批有市场、有效益、资信好的水产品精深加工企业。积极运用"4321"新型政银担以及"桂农担"模式,帮助小微企业摆脱抵押物受限的瓶颈。年内,"4321"新型政银担项目以及"桂农担"系列项目业务153笔,贷款余额2.13亿元,存量位于全市银行业金融机构首位。加强金融精准扶贫力度,累计发放扶贫小额贷款2836户1.27亿元。全年新增发放贫困户贷款847户3051万元,超额完成北海市下达任务2400万元的127%,实现有效信贷需求"能贷尽贷",促进贫困户增收脱贫。助力"六稳""六保"和助力复工复产。疫情以来支持1193户企业和个体工商户复工复产,涉及金额24.91亿元;发放复工贷财政贴息贷款42户1.35亿元;首贷客户121户5.1亿元。开展降息减费,减轻企业负担。全年累计发放贷款加权平均利率同比下降47个BP。全年累计发放贷款平均利率比上年下降0.64个百分点,合计让利(利息收入减少)约4840万元。不抽贷、不断贷、不压贷,为企业减负纾困。为108家小微企业延长贷款期限(调整还款计划),涉及贷款金额5亿元,帮助企业渡过难关。扎实推进普惠金融建设,打通融资"最后一公里"。

【客户服务】 2020年,市区农村信用社强化担当、优化服务，普惠金融建设扎实推进。大力完善农村金融服务渠道，建成全市最大最广，也是唯一实现市—县（区）—镇—村（社区）包括涠洲岛在内全覆盖的普惠金融服务体系，布设村级助农服务点144个，成为全市唯一实现金融服务全覆盖机构。着力优化营商环境，持续改善金融服务。优化压缩申贷办贷材料、环节、时间，推行申贷材料统一公告、一次告知和一次补齐制度，实现1000万元以下小微企业抵押贷款业务办理“224”（将抵押贷款业务办理环节优化到2个、由原来的6项申请材料精简至2项、办理时间压缩至4个工作日以内）工作目标，为海城区企业提供高效、便捷、优质的金融服务，助推招商引资项目落地。

（梁翠玉）

中国人寿保险股份有限公司北海分公司

【中国人寿北海分公司概况】 2020年，中国人寿保险股份有限公司北海分公司（简称中国人寿北海分公司）累计保费收入7.92亿元，比上年增长9%。全年处理理赔案件0.9万件，赔付支出4376.81万元，比上年增长21%。市场份额35.91%，领先主要竞争对手20.78个百分点。

【业务发展】 2020年，中国人寿北海分公司经营的险种涵盖生存、养老、疾病、医疗、身故、残疾等多种保障范围，面向个人及团体的寿险、意外和健康保险产品，全面满足客户在人身保险领域的保险保障和投资理财需求。其中普通寿险以团体终身保险、养老年金保险等为主要销售产品；人身意外保险以百万如意行、人身综合意外伤害保险、学生幼儿平安保险、农村小额保险、扶贫保险、计划生育关爱保险等为主要销售产品；健康险以国寿福、康终、康悦和男女性两癌、男女性四癌保险等为主要销售产品；分红险以财富传家、鑫禧宝和鑫富宝等为主要销售产品。年内，通过市妇联办理“男女性两癌”保险，保费收入700万元，比上年增加150万元。

【客户服务】 2020年，中国人寿北海分公司着力优化客户服务体验，持续助力公司业务发展。中国人寿北海分公司持续推进微信、寿险APP及e店理赔团险渠道企易赔，e宝、国寿e店和国寿智慧柜员机等e化服务，致力于提高服务效率，提升柜面服务质量和服务水平，从而提升客户体验满意度。举办客户节、名医养生讲堂、VIP主题亲子、VIP生日礼、VIP年末大拜访积分换礼、国寿小画家系列少儿绘画等各类增值服务线下活动，配合中国人寿广西分公司举办新春好礼、抗疫攻击、中秋国庆送礼、七夕送礼、看直播赢好礼系列、百日健身等多项线上抽奖活动，全年累计享受普惠活动的参与客户人数3万多人，增值服务覆盖率达到41%。累计参与VIP客户服务的人数1262人，VIP活动覆盖率达76.02%。通过举办相关活动，不断提升公司服务品牌形象，也使“国寿1+N”服务品牌越来越响亮。

【风险防范】 2020年，中国人

2020年，中国人寿北海分公司举办名医大咖养生讲堂
中国人寿北海分公司供图

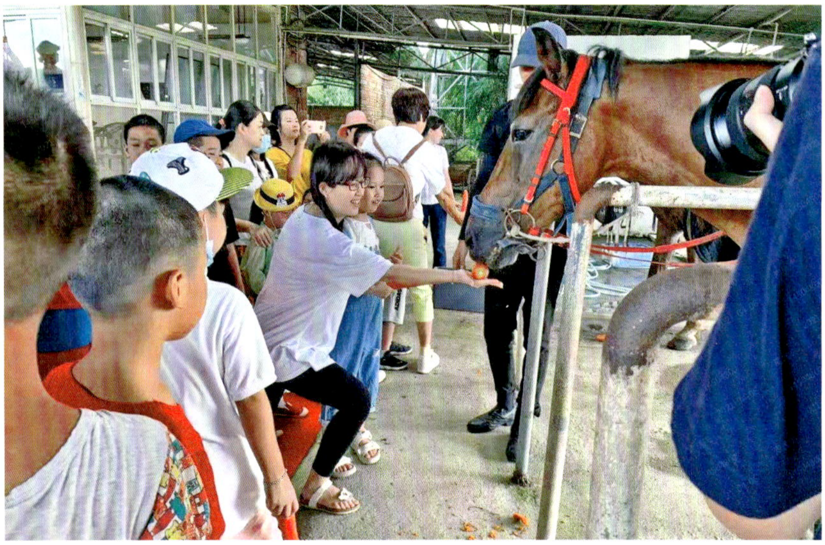

2020 年，中国人寿北海分公司举办客户盛夏骑马 VIP 主题亲子活动　　中国人寿北海分公司供图

寿北海分公司时刻绷紧风险防范这根弦，以依法合规经营为立足点，严守风险防范底线要求，杜绝各类经营风险，强化预警，将问题处理在萌芽阶段，确保公司经营平稳健康发展。在选人用人、财务资金管理、集中采购(包括房屋装修工程)招投标等做到制度化、规范化，确保“三重一大”制度落实到位；积极配合监管要求，开展网络借贷及互联网保险风险应对排查、侵害消费者权益乱象整治排查、2020 年“治乱象　促合规”专项工作、扫黑除恶专项斗争排查等，及时消除风险隐患；加强合规教育，倡导和培育良好的合规文化，开展防范非法集资系列公益远程课程培训，提高全员风险管理意识；坚持每季度召开纪检监察暨风险管理委员会工作会议，向管理层发出公司风险提示，做好风险预警，使公司风险防范水平不断提升。　　（麦喜庆）

中国太平洋财产保险股份有限公司北海中心支公司

【中国太保财险北海中支概况】2020 年，中国太平洋财产保险股份有限公司北海中心支公司（简称中国太保财险北海中支）持续深化太保“转型 2.0”战略布局，坚持“以客户需求为导向，坚持高质量发展”的总体工作目标，对标一流看齐先进，团结一致积极参与市场竞争，努力完成各项工作任务，为北海市的经济建设和人民生活分解风险，提供保障。中国太保财险北海中支下辖县区支公司 1 个，营业服务部 1 个。中国太保财险北海中支坚持秉承“诚信天下，稳健一生”的企业宗旨，始终遵循“以市场为导向，以客户为中心”的经营理念，不断提高综合服务保障能力，努力为客户提供精准高效的保险服务，稳步推进各项工作总体部署，整体经营管理持续稳定。

【主要险种】2020 年，中国太保财险北海中支开设的主要险种有：机动车辆保险、船舶保险、企业财产损失保险、家庭财产损失保险、国内货物运输保险、海洋货物运输保险、家庭财产综合保险、雇主责任险、公众责任险、校园方责任保险、学生险、建筑工程保险、安装工程一

2020 年 6 月 12 日，中国太保财险北海中支与北海市乃志海洋科技有限公司举行合作协议签约仪式　　中国太保财险北海中支供图

切险和意外伤害综合保险等。年内，中国太保财险北海中支积极创新保险产品，推出金鲳鱼养殖风力指数保险，与北海市乃志海洋科技有限公司签订合作协议，助力广西特色农产品优势区铁山港区金鲳鱼养殖业发展。

2020 年 8 月 28 日，中国太保财险北海中支在营盘中学举行 2020 年营盘中学贫困生学平险捐赠仪式　　中国太保财险北海中支供图

【经营情况】 2020 年，中国太保财险北海中支保费收入 1.15 亿元，比上年增长 12.41%；市场占有份额 13.37%，比上年增长 0.40%。其中车险业务保费收入 7968 万元，比上年增长 26.64%；农险业务保费收入 442 万元，比上年下降 16.07%；其他业务保费收入 3101 万元，比上年下降 9.38%。

【客户服务】 2020 年，中国太保财险北海中支落实疫情期间保险服务“零接触”办理，大力推广微信公众号“一键式线上服务指南”，引导消费者自助完成投保、理赔、权益中心、投诉维权服务，提升保险服务质效。运用无人机、OCR 工具等结合“E 农险”APP，实现客户信息采集、单证收集、验标一步到位，有效提升承保信息真实性和保险事故结案率，通过技术创新和新技术应用努力满足农户尤其是新型农业经营主体多元化的保障需求，更好地服务农业现代化发展。中国太保财险北海中支运用“太·AI 智能定损系统”打造具有完整车险理赔能力的“全智能、无人工”车辆定损工具，能够覆盖市场上 97% 以上的车辆品牌，部件识别准确率可达到 92%，为客户提供智能化、数字化、差异化的极速定损体验，做到秒级定损、分级赔付。年内，中国太保财险北海中支坚持市场化改革方向，不断满足消费者需要，为客户提供优质的服务；发挥保险“稳定器”和“风险共担”的作用，为促进北海市经济发展和社会稳定做出贡献。

【保险扶贫】 2020 年，中国太保财险北海中支响应国家扶贫战略号召，实施爱心助学助力教育扶贫。通过北部湾保险行业协会向铁山港区营盘中学开展“益·学无忧”进校园学生平安保险捐赠活动，为建档立卡贫困户学生捐赠保额共 713 万元的学生平安保险保单，向贫困学生传递企业扶贫济困、勇于担当的社会使命，用实际行动为脱贫攻坚贡献力量。

（陈刚）

经济行政管理和监督

经济管理

【经济管理机构及工作概况】 北海市海城区发展和改革局（简称区发改局）是海城区人民政府工作部门。2020年，海城区实现地区生产总值479.64亿元，比上年下降2.7%。财政收入18.34亿元，比上年下降19.5%。规模以上工业总产值471.87亿元，比上年下降29.5%。固定资产投资比上年下降4.8%。社会消费品零售总额200.74亿元，比上年下降9.5%。城镇居民人均可支配收入39057元，比上年增长3.6%，农村居民人均可支配收入17964元，增长8%。

【"十四五"规划编制】 2020年，海城区印发《海城区"十四五"经济社会发展基本思路研究报告》《北海市海城区"十四五"规划编制工作方案》，成立海城区"十四五"规划纲要编制工作领导小组，由区委书记、区长担任组长，组织编制完成《北海市海城区国民经济和社会发展第十四个五年规划和二〇三五年远景目标纲要（草案）》。

2020年6月20日，《海城区"十四五"经济社会发展基本思路研究》评审会召开　　区发改局供图

【投资项目监管】 2020年，海城区完成70个社会投资项目备案，51个政府投资项目立项，6个政府投资项目获得初步设计批复，18个政府投资项目获得可研批复。全面推广应用投资项目在线并联审批监管平台，依申请受理行政审批项目均按承诺时间办结，办结率和满意率均达100%。

【资金筹措】 2020年，海城区中央预算内投资项目有海城区第八小学银河校区等5个，项目总投资1.59亿元，中央预算内投资总额2250万元。海城区获得地方政府专项债券资金5800万元，用于支持高德街和大小岭村棚户区（城中村）改造项目建设，项目总投资3.07亿元。海城区获得抗疫特别国债9760万元，用于海城区疾病预防控制中心等5个项目建设。获得市本级财政预算内前期经费325.96万元，用于北海市高德渔港扩建工程等19个项目建设。

【产业发展】 2020年，海城区以

新经济引领产业转型，三次产业结构的比例为 5.3∶32∶62.7，与 2019 年三次产业结构的比例为 5.6∶39.7∶54.7 相比，第二产业占比有所下降，第三产业比重再创新高。

现代农业提质增效　年内，海城区农产品加工集聚区通过市级验收，以食用菌、绿色果蔬为代表的农业品牌效应不断提升。引进民间资本建设生态海洋牧场，实现广西民营企业海洋牧场建设零突破。

工业发展升级　年内，惠科移动智能终端项目首个园区开园，中海石油涠洲作业公司新采油平台等项目开工。全区规模以上工业企业 121 家，完成工业产值 471.87 亿元，占全市规上工业产值比重的 28.7%。

服务业上新台阶　年内，北海工业园区京东云（北海）新经济展示中心、京东云（北海）直播基地、北海电商生态聚集中心建成投入运营。区本级持续推进高端服务业集聚区建设，新增投入使用面积 1500 平方米，引进广西农实实业投资有限公司等 5 家非总部经济类高端服务业企业。

【优化营商环境工作】 2020 年，海城区成立海城区优化营商环境服务中心，统筹做好营商环境优化工作。制定印发《北海市海城区优化营商环境重点指标百日攻坚行动方案》《2020 年北海市海城区优化营商环境实施方案》等一系列文件。统筹推进街道政务服务中心建设，打通基层服务群众的“最后一公里”。启动基层治理改革集成试点工作，成为北海市唯一列入自治区试点的县区。深入开展走企连心解困、护商除乱、问政督效三大行动。率先在全国启用企业开办“7 合 1”一网通办 + 智能秒批营业执照系统，企业开办实现一点登录、一键审批。（钟家娴）

2020 年 12 月 18 日，2020 年海城区优化营商环境第三方评估冲刺动员会召开　　区发改局供图

自然资源管理

【自然资源机构及工作概况】 北海市海城区自然资源局（简称区自然资源局）整合区发改局的组织编制主体功能区规划职责，区农水局的林业、水资源调查和确权登记管理职责，区海洋局的海洋自然资源调查和确权登记管理职责，是海城区人民政府工作部门，加挂海城区林业局牌子。2020 年，区自然资源局贯彻落实区委、区政府关于自然资源工作的方针政策和决策部署，坚持和加强对自然资源工作的集中统一领导，扎实有效推进各项工作，成绩突出。

【土地确权工作】 2020 年，区自然资源局采取有效措施将机构改革原部门遗留约 100 宗确权业务和年内群众陆续提交的确权申请共约 160 宗进行清理整合处置，将不符合申请条件的 25 宗做退件处理，局务会通过并公告的 53 宗，其中报区政府审批通过 45 宗，待批复的 4 宗，公告中的 4 宗。

全民所有自然资源资产清查工作　2020 年，区自然资源局积极配合北海市自然资源局开展该项工作，并已将清查试点工作报告、成果报告、自检报告报海城区政府和北海市自然资源局。

房地一体的农村集体建设用地和宅基地使用权确权登记颁证工作　2020年，区自然资源局根据北海市自然资源局要求，按照10月27日北海市海城区人民政府办公室印发《北海市海城区房地一体农村宅基地和集体建设用地使用权确权登记发证工作方案》，积极配合开展该项工作并稳步推进。

配合开展背街小巷提升畅通行动　2020年，区自然资源局根据海城区年内的背街小巷提升畅通行动要求，在签署保密协议的情况下，积极配合调查土地面积约8000平方米。

配合开展土地征收工作　2020年，区自然资源局为了加快推进湖海路征地项目，积极配合有关部门调查土地面积约2.6万平方米，涉及房屋建筑面积约2.9万平方米。

配合开展三调工作　2020年，区自然资源局积极配合有关部门开展三调的相关工作，对区内无法举证的图斑协助举证。

信访件办理工作　2020年，区自然资源局收到信访件27件，已办结23件，其余4件在协调办理中。

【地质灾害防治】 2020年，区自然资源局全力做好防汛防台风各项准备工作。年内汛期，为做好应对台风和强降雨工作，共计启动防御台风Ⅳ级应急响应4次。在台风登陆前，对防台工作进行全面部署，安排人员24小时值班，加强值班值守，做到领导带班、保持通信畅通，密切注意台风动向，及时传达信息。值班人员坚守工作岗位，认真接听电话、接收电传，做好防台风值班记录，按要求及时做好信息报送。严格执行地质灾害防治“三查”制度，即汛前排查、汛中巡查及汛后核查工作的指导、监督工作，充分做好地质灾害防治准备和落实防治措施工作。为加强地质灾害防治的监督力度，及时掌控地质灾害情况，保障地质灾害防治工作的开展，区自然资源局对辖区地质灾害情况实行定期巡查，汛前、汛期、汛后均及时组织人员对辖区内所有地质灾害隐患点进行全方位的排查，同时对地质灾害险情巡查做好详细、准确的记录，并做好地质灾害险情巡查台账。对辖区7个街道范围内9个坑洼地段、水塘等隐患区域进行全方位排查，主要排查原安全隐患点设置的警示标志牌完好程度以及警示区周边土质松软开裂情况，并对损坏的灾害警示标志牌重新设置，加强辖区隐患点的安全警示，确保无安全事故发生。

【自然资源执法监督】 2020年，区自然资源局开展自然资源领域扫黑除恶专项斗争工作，配合政府部门进行拆违工作，切实履行执法监督职责，且取得较好的成果。年内，区自然资源局根据自然资源部下发海城区2019年度土地卫片图斑317个，土地卫片总面积535.79公顷，涉及耕地112.25公顷。由北海市综合行政执法局立案查处44个违法图斑36宗(10个图斑合并处罚)，收缴

2020年，北海工业园区科旺路北侧水塘灾害警示标志牌隐患点整改前　区自然资源局供图

2020年，北海工业园区科旺路北侧水塘灾害警示标志牌隐患点整改后　区自然资源局供图

罚款27.65万元。年内,2020年海城区土地卫片前四个季度图斑下发完毕,完成外业核查和系统填报等工作。年内,完成闲置土地处理25宗,非闲置认定1宗,征收闲置费1.75万元。

(石娟　李路明　郭柱　黄芳芳　裴婉君)

审计工作

【审计机构及工作概况】 2020年,北海市海城区审计局(简称区审计局)下设事业单位北海市海城区审计中心。年内,区审计局组织召开海城区审计委员会第二次会议,认真做好财政审计、固定资产投资审计、经济责任审计、专项资金审计(调查)等工作,取得新的成绩。年内,区审计局报送的领导干部自然资源资产离任审计项目获得广西区县级审计机关优秀审计项目一等奖;计算机审计获第八届广西审计机关计算机审计成果演示县级组三等奖;地理测绘技术辅助自然资源资产离任审计获自治区审计厅AO实例优秀奖。

【审计成果】 2020年,区审计局完成审计项目12个,审计金额30.15亿元,审计发现问题67个,查出违规金额1940.05万元,管理不规范金额2.43亿元,应上缴财政1940.05万元,出具审计报告12份,出具审计结果报告4份,提出审计建议34条,向区政府报送审计情况反映4篇。

【财政审计】 2020年,区审计局完成财政审计项目1个,查出主要问题金额2.45亿元,其中违规金额1940.05万元,管理不规范金额2.25亿元,应上缴财政1940.05万元,已上缴财政1815.85万元,揭示预算协行等方面存在问题8个。

【固定资产投资审计】 2020年,区审计局完成固定资产投资审计项目3个,查出主要问题金额817.5万元,其中管理不规范金额817.5万元,揭示了项目在建设前期、工程质量管理、资金使用等方面存在问题21个。

【经济责任审计】 2020年,区审计局完成经济责任审计项目4个,查出主要问题金额897.44万元,其中管理不规范金额897.44万元,揭示了相关部门和单位在贯彻落实上级决策部署和财政财务管理方面存在问题9个,推动出台或修改规章制度3项。

【专项资金审计(调查)】 2020年,区审计局完成专项资金审计(调查)项目3个,查出主要问题金额44.33万元,其中管理不规范金额44.33万元,揭示在扶贫政策落实等方面存在问题3个。另受区委组织部委托,开展党费审计项目1个,查出主要问题金额1.18万元,其中管理不规范资金1.18万元,揭示部分党员欠缴党费等审计问题11个。

【业务培训交流】 2020年,区审计局共组织审计人员参加上级培训86人次,开展局内经验分享业务培训2次。

【其他工作】 2020年,区审计

2020年8月21日,海城区委审计委员会第二次会议召开

区审计局供图

2020 年 7 月 1 日，区审计局组织审计干部到中央储备粮北海直属库有限公司学习交流　　区审计局供图

局开展丰富党日活动，7 月 1 日，区审计局组织审计干部到中央储备粮北海直属库有限公司学习交流。区审计局志愿者服务队多次组织审计志愿者参与疫情防控入户排查值守工作和全面落实“三无小区”包干工作，多次组织志愿者到包干小区开展清洁卫生、完善消防基础设施配备、解决电动车飞线充电和楼道照明问题等志愿者活动，受到海城区“创城”工作通报表扬 2 次。开展脱贫攻坚与扶贫领域监督执纪问责工作，全面落实扫黑除恶专项斗争工作。（刘珂莹）

统计工作

【统计机构概况】 2020 年，北海市海城区统计局（简称区统计局）全面贯彻中共十九大关于“完善统计体制”的重要部署，紧紧围绕区委、区政府工作中心，落实防范惩治统计造假主体责任，加强统计服务，承担组织协调和指导全区统计工作，确保统计数据真实、准确、及时；贯彻执行国家统计工作的政策和法律、法规，制定全区统计改革、统计科学发展规划及统计调查计划；组织协调和指导全区统计工作，监督检查统计法律、法规、规章的实施。组织实施农林牧渔业、工业、建筑业、批发和零售业、住宿和餐饮业，固定资产投资、房地产业、租赁和商务服务业、居民服务和其他服务业、文化体育和娱乐业、运输服务业、仓储业、科技交流和推广服务业、社会福利业以及能源、投资、消费、居民收入、科技、人口、劳动力、社会发展基本情况等统计调查，组织开展社情民意调查，收集、汇总、整理和提供有关调查的统计数据。年内，全区 7 个街道、企业以及相关部门都配备了兼职统计人员，形成覆盖全区的统计网络。

【统计四大工程】 2020 年，区统计局通过统计四大工程结合开展“走企问政督效·优化营商环境”专项工作，采取灵活方式加班加点，及时掌握企业上报情况，积极上门服务、网上协助等多种方式确保网上直报工作顺利进行，不但全面完成工业、投资、建筑业、服务业、房地产、住宿餐饮、批发零售、行政事业、能源消耗、劳动工资等网上直报工作，还加深与企业的联系，助力“走企问政督效·优化营商环境”专项工作深入开展。企业联网直报表是统计四大工程的中心工作，区统计局各专业股室分工负责审核上报，严把数据质量关，全面完成工业、投资、建筑业、服务业、房地产、住宿餐饮、批发零售、行政事业、能源消耗、劳动工资等网上直报工作，直报率达到 100%。统计联网直报“四上企业”总量保持全市第一。此外，编写发布《统计简报》等内部资料。

【海城区第七次全国人口普查工作】 2020 年，区统计局牵头，全区总动员，社会各阶层积极参与、政府部门全力配合，招募 2579 名普查员、443 名指导员开展海城区第七次全国人口普查。用时近 6 个月的人口普查，顺利完成市级试点工作，并

取得长表登记完成进度广西排名第一、短表登记的两个完成进度广西排名第六名和第十九名的良好成绩，圆满完成入户登记工作。在人口普查工作中，该局及时总结人口普查工作的好经验、好做法形成多篇普查信息，其中《抓牢人口普查廉洁诚信统计》《坚持理念创新，打造特色人普试点》被自治区人口普查网站采用，《关于第七次全国人口普查“两员”选聘的思考与探索》被国务院人普办采纳，在第七次全国人口普查内网发表。

2020 年 9 月 16 日，海城区举办北海市海城区第七次全国人口普查动员大会暨综合业务培训班。海城区副区长梁彩坤（主席台右）出席动员会并讲话　　区统计局供图

【统计督查】 2020 年，区统计局认真贯彻落实《中华人民共和国统计法》，恪守统计工作底线，通过定期开展“双随机”抽查、对数据波动异常的企业定期核查、数据查询等多种方式，严把数据质量关，确保数据真实性。8 月 24 日，国家统计局第五统计督察组进驻北海市，督察组对海城区防范和惩治统计造假、弄虚作假进行延伸督察。对海城区规模以上工业企业、规模以上服务业企业数据进行了执法检查，受检企业均能做到数出有据，充分体现海城区防范和惩治统计造假、弄虚作假工作取得的成效。

2020 年 11 月 6 日，海城区第七次全国人口普查员在高德街道开展人口普查入户登记工作　　区统计局供图

【新时代基层统计工作规范化建设】 2020 年，区统计局继续做好各项规范化建设工作，不断完善统计机构和人员配置、统计管理制度、统计调查、统计信息化建设、统计法治建设、统计服务等方面工作台账。继续加强规范统计业务工作流程，保证源头统计数据来源可溯、生产规范、质量可靠。在做好自身建设的同时，全力指导部门、街道、企业创建自治区级示范。区水库移民和扶贫局、区残联、区人社局、区卫健局、区文体旅游局、区科技局、海角办、地角办、中街办及 100 家企业等先后获得广西新时代基层统计工作规范化建设示范单位。

【地区生产总值核算改革】 2020 年，根据国家 2020 年正式试行的季度地区生产总值核算方法，海城区涉及季度地区生产总值核算的行业门类有 10 个，10 个门类对应的核算基础指标从 23 项扩充至 38 项。区统计局加强对新核算方式的学习，调配人员加强核算数据收集、整理，确保地区生产总值

2020 年 12 月 29 日，区统计局领导给城乡住户一体化调查记账户颁发“优秀记账户”荣誉证书 区统计局供图

核算改革顺利推进。

【城乡住户一体化调查】 2020 年，区统计局为确保海城区城乡住户一体化调查数据质量，通过实施记账改革全力提高电子记账户比例、采取每个季度定期全覆盖回访、不定期实地走访、节日慰问、电话交流等多种方式了解记账户实际收入情况。并切实做好抽查账本、开展记账户记账培训工作，确保数据真实有效地反映辖区内城乡居民收入水平。年内，区统计局获自治区级先进集体三等奖。

【四下调查】 2020 年，国家统计局将规模以下工业、资质等级外建筑业、限额以下批零住餐业、规模以下服务业等企业和个体户的统计调查下放。区统计局承接的调查对象超过北海市其他县区的总和，其中规模以下工业企业 10 家、资质等级外建筑业企业 5 家、限额以下批零住餐业企业和个体 21 家、规模以下服务业企业 71 家。区统计局统筹布置，合理安排，通过加班加点，加强走访、强化与统计对象沟通等多种措施确保在没有增加经费和人员的情况下按时完成调查工作。

【统计服务】 2020 年，国家统计局扎实做好统计服务工作。及时提供经济和社会发展统计数据，为区委、区政府决策提供依据；配合各主管部门做好绩效考评工作；积极接受社会咨询等。 （许庆）

市场监督管理

工商行政管理

【市场监管机构及工作概况】 2020 年 3 月机构改革，原属海城区政府工作部门的海城区市场监督管理局（海城区知识产权局）与北海市市场监管执法支队海城区大队职能合并，成立海城区市场监督管理局（海城区知识产权局、海城区市场监管综合执法大队）（简称区市场监管局），并调整为北海市市场监督管理局派出机构，负责行使辖区范围内市场监督管理职能，承担辖区食品安全委员会日常工作。12 月 12 日，区市场监管局驿马市场监督管理所所长林炳礼获国家市场监督管理总局授予全国市场监管系统抗击新冠肺炎疫情先进个人称号。

【企业注册登记管理】 2020 年，海城区实现企业一窗（网）通办。利用北海市自主研发的企业开办“7 合 1”秒批系统，整合各部门业务，将企业开办业务流程压缩到 1 个，通过信息共享，同步完成企业设立登记、印章刻制、申领发票、社会保险登记、医保备案登记、住房公积金缴存开户登记、银行开户等 7 个事项“一网通办”智能“秒批”。在北海市率先开展企业住所承诺制改革。企业申请登记设立，可通过对市场主体住所和经营场所的合法使用实行书面承诺，企业不需要提供住所和经营场所的相关证明材料，降低市场主体的准入门槛。依托广西数字政务一体化平台，开设企业注销一网服务专区，企业只需在网上服务专区“一次登录”、身份“一次认证”“一键申请”,即可在线办理企业登记注销、税务登记注销、社保登记注销、预约银行账户撤销等相关事宜。简易注销公告时间从45天缩减至20天,企业注销更方便。

【广告监管】 2020年,海城区对虚假违法广告保持零容忍的高压态势,积极开展虚假违法广告专项整治行动、烟草广告专项清理整顿行动、集中查处含有“特供”“专供”等内容广告专项行动、集中整治住房租赁中介乱象专项行动、规范公务员考试培训市场秩序专项行动等各类行动,打击虚假违法广告取得明显成效,广告市场得到有效净化。重点加强对户外、互联网发布的广告监测,有效防范广告监管系统性风险。全年共查办违法广告案件6件,罚没款2.95万元。年内全区没有发生涉及广告监管执法的重大舆情。

【非公企业党建促经济发展】 2020年,海城区“小个专”党委注重以点带面,抓好党支部示范点培育工作,下辖的中共北海市好学未来教育科技有限公司支部和中共南宁嘉和物业服务有限公司北海分公司党支部被评为自治区“小个专”党建工作示范点。新冠肺炎疫情发生后,中共珍珠行业协会支部和中共海味干货行业协会支部积极与水产市场开办方沟通协调,全年累计为水产市场内670余家商户减免租金380余万元。中共南森物业服务有限公司支部积极协调新力百货开办方,全年累计为新力百货旗下卖场700多户商户减免租金2800多万元,助力商户复工复产。

【新冠肺炎疫情防控】

农贸市场和商场超市监管　2020年,海城区压实农贸市场和商场超市开办方主体责任。对农贸市场和商场超市开展行政约谈36家次,送达行政提醒指导通知书56份;加强每日监督检查。共出动执法人员3860人次,检查集贸市场1114道次,商场超市840家次,下发整改通知书18份;加强指导和帮扶,在农贸市场和商场超市封控、通道设置、扫码出入、人员出入管理、场所消毒等方面,全力开展业务指导,在确保疫情防控高标准严要求的同时保证市场的正常经营秩序。帮助缺乏测温仪的6道市场解决测温仪器;做好市场保供稳价工作。收集辖区各农贸市场和商场超市主要商品价格,监测价格波动变化,掌握物价动向,及时向上级反馈市场供求信息。向辖区农贸市场发放《行政提醒告诫书》,引导经营者切实履行社会责任,明码标价、诚信经营,把违法苗头扼杀在萌芽状态。疫情发生后,市场生活必需品供应充足、价格稳定。

药品医疗器械经营企业监管　2020年,区市场监管局向药店等相关经营者发放行政提醒告诫书,查处哄抬物价、囤积居奇、散布涨价谣言等行为。要求药店落实购买发烧、咳嗽药实名登记和每日信息报送制度,加强对重点人群的管控。不断督促指导规范,持续进行跟踪督查,对于信息登记不规范的药店进行现场指导,加强发热人员监测筛查,最大限度切断传染源。加强药品、防疫用品的质量检查,严禁“三无”产品和质量不合格产品进入市场。防控工作开展后,共检查药店1000余家次,收集报送购药人员信息2.47

2020年4月30日,海城区区长裴相春(前排右二)到海城区沃尔玛超市检查疫情防控工作　　区市场监管局供图

万条。立案查处1件经营无合格证明口罩案件,没收涉案口罩7300个,罚款5万元。为解决市场上酒精短缺的问题,协调北海国发海洋生物产业股份有限公司向辖区234家药店投放医用酒精600件。

进口冷链食品安全监管　2020年,区市场监管局将进口冷链食品监管作为疫情防控工作的重中之重来抓,对辖区内进口冷链食品经营户进行摸底排查,严堵漏洞不留死角,掌握辖区内96家进口冷链食品经营户的信息并形成台账;加大监管力度,配合市疾控部门对冷链食品每批次进行风险监测,督促经营者建立进货台账和销售台账,严格履行进货查验和索证索票义务,不采购、不加工、不经营无溯源凭证、来源不明的食品,确保经营的食品来源可溯,去向可查。对涉及进口冷冻冷藏食品而未能出具"三证明一报告"(进口货物检验检疫证明、业经消毒证明、合法追溯信息证明、核酸检测阴性报告)的,不得进货、贮存、销售。强化执法,形成震慑。一经发现未按要求采购赋码进口冷链食品、未落实消毒防疫措施等违法行为要坚决从严处罚,做到发现一起、处理一起、震慑一群的效果。年内对55家食品流通环节冷冻库、30家经营冻品的生产企业、11家大型餐饮冷冻库进行全覆盖检查;配合疾控部门完成核酸样品采样3500余份,经检测新冠病毒核酸结果均为阴性。

疫情防控宣传　2020年,区市场监管局动员辖区内经营单位通过LED显示屏滚动播放防疫宣传标语和宣传片。发放市场和商场超市疫情防控"十严格"措施、药店提醒告诫函、餐饮防控预警等宣传资料1.5万份。动员全民共同参与"使用公筷　健康你我"行动,发放倡议书和宣传资料1万余份,培育使用公筷公勺、健康文明用餐的新风尚,形成全民抗疫的良好社会氛围。

【优化市场环境】2020年,区市场监管局优化市场环境,严查违法行为,树立执法部门权威。全年共办结一般程序行政处罚案件1570件,罚没款899.59万元。投入经费约24万元,开展创建无传销小区240个,共查处传销类案件1092件,罚没款835.45万元。大力开展"诚信经营　放心消费"创建活动,营造放心舒心的市场消费环境。全年共创建28户电商示范店,1户在线消费纠纷解决(ODR)企业。共组织工作人员65人次,逐户上门现场指导经营户开展创建工作,发放宣传资料230份,设置专门标识103块,督促重点企业履行诚信承诺和社会责任,推动市场主体自我约束、诚信经营。创造良好的消费环境,围绕"凝聚你我力量"消费维权年主题,落实疫情防控的要求,把"3·15"宣传工作和疫情防控工作、"使用公筷　健康你我"行动、服务企业复工复产工作有机结合起来,组织开展"3·15"国际消费者权益日宣传活动。全年共办结"12315"平台、"人民E眼"平台投诉举报3352件,为消费者挽回经济损失228.35万元,切实维护消费者的合法权益。创新措施加强重点节日旅游市场监管。采取节前约谈警示并签订诚信经营承诺书、节假日期间24小时值班、加强巡查、错时监管、消

2020年2月6日,北海市委常委、副市长辛红梅(左三)到海城区大润发超市检查疫情防控工作　区市场监管局供图

费投诉快速处理等多项措施，有力维护旅游市场秩序，海鲜餐饮行业在“五一”、中秋、国庆等节假日期间零投诉。

质量技术监督管理

【计量监管】

民生计量监管 2020年，区市场监管局持续开展各项民生计量器具专项整治行动，针对集贸市场、加油站、眼镜制配场所等在用计量器具，检查是否依法进行检定、是否超过检定周期继续使用、是否存在计量作弊等行为，营造和谐稳定的民生计量消费环境。

诚信计量集贸市场建设 2020年，海城区以北京路智慧市场，金癸·隆昌市场为试点市场，率先开展农贸市场诚信计量建设活动。要求市场方对进入市场的电子秤统一进行管理，电子秤必须经过检测合格方可使用。固定摊位在用计量器具100%进行登记造册，100%检测合格，100%淘汰家用度盘秤和杆秤。同时设立电子公平秤，配备计量管理人员和标准砝码，定期开展计量巡查。建立市场内部计量奖惩制度，由市场管理方负起主体责任，对在交易中缺斤短两的经营户按制度规定进行惩处。通过诚信计量集贸市场试点建设，进一步强化集贸市场计量诚信内部管理机制建设，营造“政府主导、主办者自理、经营者自律、全社会监督”的浓厚氛围。此外，区市场监管局在外沙岛举办“文明健康 有你有我”2020年诚信经营示范街主题实践活动。

【商标品牌帮扶活动】 2020年，区市场监管局为充分发挥商标品牌建设作用，助力脱贫攻坚行动，积极开展“机关支部进乡村商标标准品牌行”产业扶贫活动，采取“支部+贫困村+合作社”的方式，9个党支部结对帮扶18个贫困村新注册商标18件。截至年底，海城区有效注册商标1826件。

【特种设备安全监察】

专项整治行动 2020年，区市场监管局为组织开展海城区市场监管系统“安全生产月”和“安全生产八桂行”行动、特种设备安全监管“强监管严执法年”专项行动、特种设备和工业产品质量安全专项检查整治行动、安全生产专项整治三年行动、气瓶充装站和检验站安全专项整治等专项行动，对海城区内商场、酒店、宾馆等人员密集场所的特种设备进行安全检查，共检查特种设备使用单位235家次，清理排查安全隐患187处，下达安全监察指令书53份，立案查处4件，罚款9.42万元。落实特种设备安全责任制，要求特种设备重点使用单位及42家电梯维保单位签订《特种设备安全承诺书》。督促相关单位切实履行安全主体责任，提高安全防范责任意识，保障特种设备安全有序运行，杜绝安全事故发生。

电梯安全责任保险推广 2020年，区市场监管局积极探索、多措并举推进电梯“保险+服务”工作。摸清海城区内电梯使用单位及电梯底数，深入分析电梯安全责任险投保率低的原因；通过会议、电话、上门走访、微信群等方式耐心讲解国家、自治区关于推行电梯安全责任险相关文件精神；主动联系保险公司，为电梯使用单位提供内容详尽、款式多样的

2020年6月19日，2020年诚信经营示范街（外沙岛）主题实践活动举办

区市场监管局供图

电梯安全责任保险方案，如可以根据电梯层数、梯龄、电梯使用领域、环境的不同，以及电梯维护保养等情况，实行不同费率的差异化保险，让电梯使用单位都能找到合适的电梯安全责任保险方案，年内海城区电梯投保覆盖率达95%。

【知识产权保护】 2020年，区市场监管局积极配合北海市市场监督管理局培育4家企业申报自治区知识产权优势企业、开展马德里商标国际注册体系培训工作，为8家重点企业提供知识产权保护"直通车"服务，培育辖区企业申请商标注册11个，马德里商标1个。年内，海城区每万人口发明专利拥有量17.43件，每万人口发明专利拥有量增长率10.55%；有效注册商标总量到1826件，比上年增长41.88%；查办商标侵权案件13件，罚没款6.7万元。

食品药品监测

【食品安全监管】

食品生产安全监管 2020年，区市场监管局督促生产企业严格开展自查工作，落实生产过程控制、进货查验、从业人员健康管理、出厂检验、销售记录等食品安全管理制度，并要求定期提交自查报告，鲜食米粉、肉制品、食用植物油等重点品种食品生产企业自查率超过90%；开展风险分级等级评定工作，根据评定等级进行相应频次的检查，做到生产企业全覆盖监管；开展生产企业食品安全培训和考试，组织企业负责人和食品安全管理员开展食品安全培训，并利用"食安员抽考"APP开展考试，辖区内66家企业食品安全管理人员已全部完成考试，考试合格率100%。

食品销售安全监管 2020年，区市场监管局开展水产品质量安全专项整治、打击食品非法添加和注水肉专项整治、进口食品专项整治等行动，检查各类食品销售单位3657家次，风险分级评定率达70%。加强农贸市场食品安全规范化管理，落实农贸市场食品安全管理"十规范"，推进食用农产品合格证制度。北京路智慧市场、金癸·隆昌市场被自治区市场监督管理局授予广西示范性农贸市场称号。

餐饮服务安全监管 2020年，区市场监管局深入实施校园食品安全守护行动和餐饮质量安全提升行动，检查学校、幼儿园食堂181家，学校"明厨亮灶"完成率达98%，量化等级评定B级以上100%。全面推广使用公筷行动，对辖区内餐饮单位开展培训，动员餐饮单位配置公筷公勺并积极参加"文明之星"评选，推选出使用公筷示范餐饮店，以单位示范带动行业示范，实现辖区餐饮合餐场所实施公筷行动全覆盖。推动"三城同创"再提速。以创建全国文明城市、国家卫生城市、食品安全示范城市为抓手，对辖区内餐饮单位进行全面整治，重点对涉及食品安全和病媒防治的迎检点位进行无死角监管，顺利通过创建国家卫生城市国家检查组检查。

重大活动食品安全保障 2020年，区市场监管局充分发挥市场监管职能，加强监管，确保春节、"五一"、国庆、"两会"等重大节假日和活动期间无食品安全事件发生，共承担食品安全保障任务22次，保障

2020年6月24日，区市场监管局在北海市第三中学开展2020年食品安全进校园宣传教育活动 区市场监管局供图

2000名用餐人员饮食安全。

【药品和医疗器械安全监管】2020年，区市场监管局开展中药饮片经营质量专项监督检查。以零售药店和中医诊所为重点监督检查对象，共出动执法人员124人次，检查药店91家次、中医诊所7家次。重点检查中药饮片的购进渠道是否合法，购进票据是否齐全，储存、销售和使用环节是否规范，养护记录、验收记录是否完整，严禁经营企业从事饮片分包装、改换标签等行为，严厉打击无证照经营和销售假劣中药饮片违法行为。开展疫苗接种单位疫苗质量检查。年内，区市场监管局为进一步加强疫苗接种单位的监督，确保疫苗质量安全，确保群众用药安全有效，出动执法人员25人次，对辖区内9家疫苗接种单位开展全覆盖检查。重点检查接种单位使用的疫苗是否由上级机构供应分发，收货验收时是否对运输过程中的疫苗进行监测并记录，是否建立收货验收记录，疫苗存储设备是否符合要求和及时监测记录，是否使用过期、失效疫苗等。检查中未发现使用过期、失效疫苗的情况。开展医疗器械清网行动。年内，对辖区内的医疗器械网络销售企业开展监督检查，加强线上信息和线下实体的监管，重点检查医疗器械网络销售企业网络发布的信息是否存在虚假夸大宣传，销售的产品是否符合相关法律要求，加大对违法违规行为查处力度，保障医疗器械质量安全。共出动执法人员30人次，检查医疗器械网络销售企业45家次。做好药械化不良反应上报工作。年内超额完成北海市市场监督管理局下达的药械化不良反应报告任务，其中药品类上报51例，化妆品类上报114例，医疗器械类上报104例，完成数均排名北海市前列。

【食品抽检监测】2020年，区市场监管局坚持问题导向，紧紧围绕社会关注度高、日常消费量大的行业、品种，以超市、农产品批发市场和食品加工小作坊等单位为重点对象，以米粉、蔬菜、水果为重点品种，完成北海市市场监督管理局下达的食品抽检任务2434批次，加上第三方抽检机构在海城区内抽检的1528批次，共完成3962批次，食品抽检量达8批次/千人。针对质量可疑、风险较高的药品、化妆品展开了监督抽检。年内抽检17批次药品，18批次化妆品，27批次口罩和防护用品，并对抽检不合格产品开展核查处置。

【“四品一械”案件查办】2020年，区市场监管局深入贯彻落实中共中央总书记习近平关于食品药品安全“四个最严”指示精神，以及自治区、北海市关于加强市场监管工作的决策部署，继续保持打击食品、药品、医疗器械、化妆品、保健食品方面违法行为的高压态势。全年共办结“四品一械”案件273件，罚没款30.42万元。（张桂碧）

2020年6月10日，区市场监管局工作人员到药店开展药品检查工作

区市场监管局供图

科学技术

科学技术综述

【科学技术机构及工作概况】 北海市海城区科学技术局(简称区科技局)主要负责海城区科技政策和科技计划的组织和实施,负责科学技术普及、高新技术产业化及应用技术的开发与推广、科技成果、科技奖励等工作。2020年,海城区荣获国家级创新平台1个,广西精工海洋科技有限公司被评定为国家级海洋牧场。全区有国家级高新技术企业19家,认定科技型中小企业27家,推动重大科技成果转化8项,组织实施北海市海城区赤西村食用菌种植新技术示范项目1项。年内,区科技局组织指导广西弋久丰农业科技有限公司申报自治区级星创天地项目。

【科技项目建设】 2020年,区科技局向上级部门争取资金40万元,用于赤西村食用菌种植示范基地新技术、新品种推广。该项目实施引进水帘降温新技术1项,引进红灵芝、榆黄蘑2个食用菌新品种,新增就业岗位10个,其中提供贫困户就业岗位5个。水帘降温新技术的引用,取得良好的效果:能提前7日—15日出菇,生物转化效率可提高18%;可缩短菌床内菌丝生产期10日左右,增加1—2潮菇,提高产量15%以上;可以增加单位面积的菌棒数量,进行立体高密度堆放,直接提高单位面积产量20%;在北海地区可以利用6月—10月的高温期,进行全年生产,提高经济效益。年内,赤西食用菌基地申报自治区级星创天地。星创天地是引入北海高新技术创新创业服务中心创业导师及其资源,星创天地提供优质技术咨询及创业服务,为电商创业者提供外景基地及平台。创建赤西村食用菌项目品牌,培育产品商标,申报“三品一标”认证和富硒认证,增强农产品竞争力,提升品牌价值。

2020年6月23日,区科技局组织验收组,在高德街道赤西村,对广西弋久丰农业科技有限公司承担的“北海市海城区赤西村食用菌种植新技术示范”项目进行验收　　区科技局供图

科技计划和科技开发

【高新技术产业】 2020年,海

城区深入辖区企业实地调研，了解企业科技发展动向与需求，努力挖掘优质企业，促进企业科技创新，指导和服务企业申报高新技术企业，同时联合上级业务部门举办2020年北海市高新技术企业认定工作推进会，发动辖区企业积极参与，加大政府对申请高新技术企业鼓励和优惠政策宣传。广西喷施宝股份有限公司、北海市盛弘净水设备有限公司、广西新宇瑞霖医疗科技股份有限公司、广西金业建设工程检测有限公司、广西大自然旅游规划工程咨询有限公司、广西中检食品检测有限公司、广西旺百旺农业科技有限公司、北海顾家智能系统安装有限公司8家企业通过国家高新技术企业认定评审，全区高新技术企业达到19家。年内，全区围绕重点产业、新兴产业，在电子信息、节能环保等领域中优选出一批重点项目申报国家、自治区和市级科技计划项目，加大新产品新技术的开发。

【科技创新平台建设】 2020年，海城区强化科技创新平台建设，获国家级创新平台1个，同时指导海城区经济数字创业园申报自治区级科技孵化器，营造良好的创新创业氛围，为创业者及科技企业提供高效专业、全方位一条龙服务，为海城区经济产业结构优化升级、经济发展方式转变和经济社会高质量发展发挥应有作用。

【产学研对接平台建设】 2020年，海城区通过引入科技力量，改良深水海水养殖，开发培育多功能深水养殖区域，为企业引进新技术、新品种。积极动员北海源生海洋生物产业股份有限公司、广西北海家芳海水养殖有限公司、北海鑫冀海洋科技开发有限公司等多家企业参加上级部门开展成果对接会，促使国家海洋二所、中山大学、广东海洋大学、北部湾大学、广西水科院等高校和科研机构与海城区深水养殖企业进行技术合作，为企业提供技术支持。

2020年5月21日，区科技局联合北海市科技局召开2020年北海市高新技术企业认定工作推进会　　区科技局供图

科技成果转化和科技扶贫

【科技成果转化】 2020年，区科技局根据《北海市人民政府办公厅关于印发〈北海市科技成果转化大行动实施方案（2015—2020年）〉的通知》要求，为加速推进企业和个人知识产权成果应用的深入开展，促进科技成果在海城区转化为生产力，积极加强政府支持引导。区科技局深入走访企业，了解企业创新情况，认真听取企业科技需求、意见和建议，发挥市场的资源配置作用，促进科技成果通过市场转化，推动全区经济发展。年内，广西玉群信息技术有限公司（玉群物联安防报警系统V1.0、海量数据分布式并行集群存储系统V1.0、玉群计算机数据管理系统V1.0）、广西安讯科技股份有限公司［家用火灾安全远程监控系统V1.0、一种具有防水功能的智能一氧化碳检测报警器、电气火灾远程管理系统（PC端）、一种无线可燃气体控制器］、广西贯鼎电气有限公司（高压配电柜红外智能测温报警系统）的8项科技成果

2020 年 4 月 17 日，区科技局联合北海市科技局到北海源生海洋产业股份有限公司调研企业创新情况　区科技局供图

实现成果转化，广泛应用于生产。年内，广西安讯科技股份有限公司荣获自治区科学进步三等奖。

【科技扶贫】 2020 年，区科技局大力实施科技产业扶贫，推进“企业 + 农户”模式的深入开展。区科技局以培养有文化、懂技术、会经营的新型农村劳动力为目标，按照“实际、实用、实效”的原则，立足贫困户增收，突出贫困村、面上村特色产业发展，不断增强贫困户自我发展的内生动力，巩固和提升脱贫成效。经区扶贫开发领导小组研究决定，11 月 14 日，由区科技局牵头，区扶贫移民局、区人社局、高德街道办事处配合，组织 7 名建档立卡贫困户到广东省韶关市薪界农业科技有限公司开展食用菌种植新技术学习培训。培训期间，贫困户认真听教授授课，深入公司车间、栽培基地实际操作，动脑动手，学以致用，培训成效显著。

科学技术普及

【科技培训】 2020 年，区科技局为决胜脱贫攻坚战、助力乡村振兴战略实施，积极选派 3 名科技特派员到高德街道赤西村开展农业技术指导并创建科技特派员科技创新基地。年内，在田间地头实地开展农民实用培训班 3 期，共培训 154 人次。6 月 5 日，区科技局联合北海市科技局在赤西村食用菌种植示范基地举办 2020 年北海市海城区赤西村食用菌栽培技术培训活动，邀请广西食用菌产业扶贫专家韦仕岩给赤西村 59 名村民授课，受训村民对食用菌产业有了全方位的认识；7 月 31 日，区科技局联合区农水局在高德街道开江村委会举办 2020 年北海市海城区开江村蔬菜种植技术培训活动，邀请北海市蔬菜研究所高级农艺师杨明彰给 30 多名村民授课，讲解蔬菜的栽培和主要病虫害防治等技术，助力村民增产增收；10 月 16 日，区科技局联合北海市科技局在高德街道赤西村举办海城区 2020 年赤西村苦瓜种植技术培训班，邀请合浦县植保站推广研究员黄向荣给赤西村 60 余名村民讲授苦瓜种植技术，专家现场解答村民生产上遇到的疑难问题，让村民进一步掌握苦瓜种植技术，提高村民的生产积极性。

【科普宣传】 2020 年，区科技局大力普及科学知识、弘扬科学精神。充分利用科技、文化、卫生“三下乡”“科技活动周”等节点，开展知识讲座、知识竞答、技能竞赛、咨询服务、发放宣传资料、举办科技节等活动开展科普工作。全年共发放科学种养、“三减三健”、垃圾分类、优生优育、防“艾”知识、慢性病防治等宣传册和科普口袋书等宣传资料 1000 余份。1 月 16 日，区科技局联合区委宣传部、区文体广电旅游局、区文明办、区卫健局、高德街道办事处，在高德街道马栏村开展深入学习贯彻中共十九届四中全会精神暨 2020 年文化、科技、卫生“三下乡”活动，活动现场向村民讲述种植相关知识及发放科学种植

2020 年 10 月 8 日，区科技局联合区教育局、区科协、北海市科协、北海市科技局、北海市青少年人工智能机器人协会开展“科技竞秀　筑梦创城”为主题的科技节活动　　区科技局供图

类书籍，开展农业科技问答互动，帮助农民提高科技种植的能力，发挥科学技术在乡村振兴中的重要作用。6 月 18 日，区政府办联合北海市科技局、区科技局在北部湾广场开展 2020 年全国科技活动周暨北海科技创新成果全民科普展，活动围绕“发展向海经济、写好丝路篇章”主题，以展板、实物等形式，向公众展示北海科技新成果、新产品、新技术。7 月 17 日，区科技局联合北海市科技局、北海市科协、海城区科协在北部湾社区开展 2020 年全民科学素质提升宣传活动，邀请北海市疾病预防控制中心质量管理科科长、受聘广西医科大学教学基地带教老师包贤艳授课。年内，区科技局着力推进全民发明创造热情，突出创新驱动发展，服务基层群众和青少年。10 月 8 日，区科技局联合区教育局、区科协和北海市科协、北海市科技局、北海市青少年人工智能机器人协会在海城区第十五小学开展“科技竞秀　筑梦创城”为主题的科技节活动，共有 14 所学校组队 343 人参赛，设比赛项目 4 项：超级轨迹赛、机器人遥控足球竞赛、创意编程与人工智能比赛、3D 打印笔创意挑战赛，活动融科技知识与趣味于一体，深受学生们的喜爱。　　（傅森森）

教　育

教育综述

【教育机构及工作概况】 2020年，北海市海城区教育局(简称区教育局)下辖海城区教育教学研究室、海城区学生资助和勤工俭学管理中心、海城区青少年学生校外活动中心。年内，海城区共有中小学、幼儿园217所，在校学生8.19万人，教职工6997人，专任教师5027人。其中公办幼儿园10所，在园幼儿2091人，教职工370人(在职在编教职工186人)，专任教师204人(在职在编专任教师174人)；民办幼儿园167所，在园幼儿2.44万人，教职工3005人，专任教师1572人；公办小学24所，在校学生4.09万人，教职工2452人(在职在编教职工2074人)，专任教师2276人(在职在编专任教师2060人)；民办小学1所，民办九年一贯制学校12所，民办十二年一贯制学校3所，在校小学生6133人，初中生4844人，高中生3557人，教职工1170人，专任教师975人。公办幼儿园师生比为1∶10.9，公办小学师生比为1∶19.7。年内，全区每万人在园幼儿690人，在校小学生1224人，在校初中生126人。全区公办小学占地面积63公顷，生均面积15.4平方米；教学及辅助用房面积约23万平方米，生均面积5.6平方米。全区公办幼儿园占地面积3公顷，生均面积14.3平方米；教学及辅助用房面积2.4万平方米，生均面积11.4平方米。

【办学条件改善】 2020年，海城区加快推进中小学“三三零工程”(计划在2019年—2021年，投资30亿元，新建、扩建30所优质中小学校)建设。投资1.43亿元建设海城区第二小学南珠校区和海城区第八小学银河校区，教学楼全面竣工，秋季学期正式启用；实施校舍维修工作项目，投资589万元维修5所学校教学楼及综合楼。投资2.5亿元，规划建设海城区第二十一小学、海城区第二十二小学、海城区第九幼儿园、海城区第十一幼儿园和海城区实验幼儿园，其中海城区第二十一小学、海城区第二十二小学已开工建设。

2020年12月，海城区第二十二小学箱涵工程开工仪式

区教育局供图

【教育信息化建设】 2020年，海城区深入实施“互联网+教育”行动计划，组建管理团队和培训团队。制定海城区教育信息化PPP项目规划。举办骨干教师信息素养高级研修班，开展云教学，录制“空中课堂”课例316节，市级优质课39节。举办“双线混融教学”专题研讨活动，推进信息技术与教育教学深度融合。

【教育督导工作】 2020年，海城区调整聘任中小学责任督学14人，学校督导员43人，家长督学43人，设置6个责任区；聘任幼儿园责任督学58人，设置29个督学小组，实现全区幼儿园责任督学挂牌督导全覆盖。实施责任督学经常性督导和专项督导相结合，聚焦问题导向，狠抓整改落实。开展114所幼儿园办园行为无纸化督导评估。年内，海城区列为国家义务教育质量监测样本县，抽到参测样本学校20所（含北海市直学校），严格按照国家质量监测工作部署和要求，顺利完成国家义务教育质量监测工作。

【法治建设】 2020年，区教育局严格规范教育管理，推行学校法律顾问制度。区教育局发挥青少年法治教育基地作用，深入开展预防电信网络诈骗、校园欺凌、暴力侵害、禁毒预防教育等为主题的“法治进校园、法治进课堂”活动，组织中小学校参加全国“学宪法 讲宪法”普法活动、禁毒预防教育平台学习竞赛，参与率位于北海市前茅。

【卫生安全管理】 2020年，区教育局开展创建全国文明城市、国家卫生城市、慢病防控示范区复审等迎检工作，组织近14万名师生、学生家长参加网络问卷调查“1+6”行动，提升“双创”（创建全国文明城市、创建国家卫生城市）知晓率、参与率和支持率。部门联动防控儿童青少年近视，海城区第十五小学被列为自治区儿童青少年近视综合防控特色学校。开展“厉行节约，反对浪费”主题教育，将垃圾分类内容列入健康教育课程，开展垃圾分类系列校园宣传教育活动，积极参与生活垃圾分类工作示范区建设。推进学校心理健康教育工作，参加自治区中小学“5·25”心理健康教育活动月“疫路同心，关爱生命”中小学优秀心理健康教育微课评比，海城区第二小学逄晨、海城区第九小学郝士瑶和张家玲、海城区第一实验小学谢瑜等教师的作品分别获一、二、三等奖。年内，区教育局继续实施安全防范建设三年行动计划。建立家校共管、部门联控机制，深入开展防范中小学生溺水安全专题教育活动，开展对校园及周边环境、校外午托、培训机构整治30多次，消除各类事故隐患，整改率100%。

【社会活动】 2020年，区教育局组织党员志愿者900余人配合街道、社区开展新冠疫情排查防控和“三无小区”防控值守工作，为疫情防控工作捐款7万多元，认购扶贫农产品68.65万元。组织在职党员进社区“双报到、双报告”互联共建，开展党建微心愿、“红色星期六”等活动。坚持落实“两案九制”“四包”“日报告”“零报告”等制度，对师生全覆盖跟踪服务管理。狠抓学校疫情防控常态管理，做好师生自我健康防护。加强宣传引导，通过新媒体积极推送疫情防控文章4000多篇。

【廉洁教育】 2020年，区教育局多举措开展警示教育，积极办理信访和政府门户网诉求咨询202件，开展任前谈话37人、集体谈话提醒500人次、集体约谈37人次，谈话提醒3人、约谈4人，政务处分2人，有效遏制教育系统领导干部违规违纪现象。

【招生工作】 2020年，区教育局制订并严格实施《海城区2020年秋季学期一年级招生办法》。年内，海城区公办小学一年级共招教学班153个、招收学生7238人，平均班额47.3人；民办学校小学一年级共招教学班24个、招收学生753人，平均班额31.4人。全区班额控制在50人以下，无“大班额”现象。海城区外来务工人员随迁子女与海城区户籍适龄儿童享受同等待遇，入学问题得到解决。

学前教育

【公办幼儿园发展】 2020 年，海城区制订实施《北海市海城区 2020 年提高公办幼儿园占比建设工作方案》，选址新建公办幼儿园北海市海城区机关幼儿园等 6 所，新建公办性质幼儿园 1 所，利用闲置校舍扩建公办幼儿园 3 所，通过政府财政性资金投入组建学前教育集团 5 个并认定公办性质幼儿园 12 所，完成小区配套幼儿园整治 1 所，不断增加公办学位，完成公办幼儿园在园幼儿占比达到 50% 以上的任务目标。

【多元普惠幼儿园认定】 2020 年，区教育局实施《海城区关于开展多元普惠幼儿园认定工作的实施方案》，组织开展海城区级多元普惠幼儿园的认定工作。年内，全区新认定自治区一星级多元普惠幼儿园 13 所，海城区级一星级多元普惠幼儿园 16 所。全区共有自治区级多元普惠幼儿园 57 所，海城区级多元普惠幼儿园 29 所，普惠性幼儿园覆盖率达 84.56%，进一步扩大普惠性学前教育总量。

【普惠性幼儿园扶持】 2020 年，海城区给 2019 年该区拥有的自治区级多元普惠幼儿园 48 所、在园幼儿 1.22 万人，发放奖补资金 267.9 万元(每生每年 200 元，新认定一次性奖补 3 万元每所)；给 2019 年海城区拥有的，海城区级普惠幼儿园 28 所、在园幼儿 4067 人，发放奖补资金 46.7 万元(每生每年 100 元)。健全奖补资金管理工作的监督机制，做好奖补资金管理和使用的监督工作，确保专款专用，提高专项奖补资金的使用效益。

【民办幼儿园审批】 2020 年，区教育局完善学前教育机构的准入制度，全面提高民办幼儿园的整体办园水平。年内审批方舟幼儿园、湖北路国学幼儿园、来滨塔幼儿园、独江萌芽幼儿园、小海星幼儿园、海贝儿幼儿园、迎鑫艺术幼儿园、育嘉幼儿园、安心艺术幼儿园、德礼幼儿园、春天幼儿园、多贝乐幼儿园、悠悠乐幼儿园、贝蓝幼儿园、小海豚幼儿园、海之星幼儿园、迈红幼儿园、博文国学幼儿园、星悦艺术幼儿园、恩迪幼儿园、金玉国学幼儿园、蓝精灵幼儿园、优贝幼儿园、桂来幼儿园共 24 所民办幼儿园。年内，全区持证办学的民办幼儿园共 167 所，在园幼儿 2.65 万人，学前三年幼儿入园率达 96.8%。

2020 年 10 月 18 日，北海市海城区机关幼儿园开园。图为区机关幼儿园外景一角　　区教育局供图

义务教育

【教育管理改革】

学区制管理改革　2020 年，区教育局继续推进学区制集团化办学管理改革，探索集团学校在教育管理、教师培训、教学改革、质量评价等方面策略，系统推进集团内各成员学校发展，提高区域义务教育优质均衡发展和城乡一体化水平。

教师队伍建设改革　2020

2020 年 4 月 26 日，北海市海城区"自治区基础教育教学改革示范区"项目启动会在海城区第十五小学多功能厅召开　　区教育局供图

年，区教育局组织实施《海城区全面深化新时代教师队伍建设改革的实施方案》，启动"县管校聘"改革工作试点。全区公办小学教职工全员参与"县管校聘"竞聘工作，有效调动教师工作积极性。

改革示范区建设　2020 年，区教育局制定实施改革示范区三年建设规划，举办项目启动会、项目论证会、课题立项开题论证会，聘请广西师范大学专家开展专项调研，为海城教育把脉问诊、出谋献策。年内，区教育局承办广西小学语文统编教材单元教学主题研讨活动，举办第二届"新星杯"教师教学展评活动，组织参加各类教学比赛活动，获国家级奖项 1 人次、自治区级奖项 5 人次、市级奖项 133 人次。深入推进课题研究，立项 105 项，教学教研工作经验在自治区教育厅视频会议上交流。

【师资队伍建设】

教师配备　2020 年，区教育局多渠道补充教师 139 人、聘用后勤服务人员和顶岗教师 11 人。派出 122 名校长、教师交流轮岗，促进优质教学资源共享。

教师培养　2020 年，区教育局优化学校干部、教师队伍结构，将优秀青年教师提拔到学校中层管理岗位，选拔任用小学、幼儿园正、副职领导干部、中层干部共 63 名。

教师培训　2020 年，区教育局坚持"面向全员，突出骨干，倾斜乡村"，分层分类施训，高级研修、名校访学、名师授课与专家讲座、体验培训、跟岗锻炼并举，形成全方位、立体式教师培训发展机制，提升培训层次和培训实效。组织参加"国培""区培"项目 273 人次，开展海城区本级培训 8000 多人次。

教师表彰　2020 年，区教育局遴选北海市教育拔尖人才和海城区教育领航人才、优秀教师、优秀教育工作者 210 名。继续实施名校长、名师、名班主任等"三名工程"，成立工作室 9 个，发挥名校长、名师的示范、引领、辐射作用，提升教师队伍整体素质。

【思想道德教育】　2020 年，区教育局深入开展《红色传奇》

2020 年 9 月 9 日，海城区庆祝 2020 年教师节暨"海城教育领航人才""海城区优秀教师""优秀教育工作者"表彰大会在驿马小学多功能厅召开　　区教育局供图

进校园争做新时代好少年等系列德育主题教育实践活动，实行文明校园创建动态管理，实现中小学文明校园创建活动100%覆盖。广泛开展“先进班集体”“三好学生”等评选活动及“新时代好少年”宣讲、“红领巾奖章”争章等活动，3名学生被评为北海市“新时代好少年”，评先表彰2018—2019学年度区级优秀学生51名、三好学生406名、优秀学生干部405名和先进班集体155个。引导青少年学生见贤思齐，做个有道德的人。大力推动家庭教育，引导家长树立科学育儿观念，增进家校联系，形成良好共育氛围。

2020年7月，海城区逸夫小学选送的诗朗诵《田爸爸》参加自治区、北海市“我邀明月颂中华”爱国诗词诵读大赛，分别获优秀奖和特等奖
区教育局供图

【素质教育】 2020年，区教育局组织开展中小学“非遗云课堂”“美育云端课堂”活动，选拔文艺展示节目98个、艺术作品76幅参加北海市童子功“1+N”个人展示云比赛活动，35个节目在广西经典诵读大赛北海赛区视频选拔赛获奖。举办海城区首届中小学生戏剧展演活动，21个节目获奖。39名足球队员入选广西校园足球最佳阵容夏令营，其中5名入选全国青少年校园足球夏令营最佳阵容总营。举办各类足球赛事活动310场，1800人次参与。年内，区教育局开展民族团结进步宣传月暨“关注海洋保护海洋”海洋科普教育系列活动，举办海城区“科技竞秀筑梦创城”科技节，10所学校获奖。参加第五届广西青少年科技运动会，7所学校作品获奖。开发研学旅行课程，拓展综合实践课程，全区5万多名学生参与实践活动。

2020年11月，海城区第十二小学选送的戏剧《穆桂英挂帅》，参加广西首届中小学生戏剧展演活动，获小学传统戏剧类金奖　区教育局供图

【民办教育】 2020年，海城区共有民办中小学校、幼儿园183所，区教育局加强民办学校的指导服务，进一步提高民办教育教学水平，重点扶持优质民办教育发展，打造民办教育特色品牌。规范校外培训机构的教学行为，区教育、民政、市场监管等部门联合执法，采取重点监管、限期整改等措施对不规范办学行为进行整治。截至10月底，共督查指导校外培训机构149所，其中规范引导69所、限期整改54所、停止办学12所、纳入黑名单公布14所，整改完成率100%。

【控辍保学】 2020年，区教育局压实控辍保学工作责任，开展“大劝返大排查”“千名教师进万家”等活动。建档立卡贫困家庭学生及非建档立卡贫困家庭学生失学辍学实现“双清零”；全区适龄残疾儿童安置率100%，义务教育巩固率102.6%；通过多种方式补充农村教师48名；全面落实教育资助政策，发放义务教育阶段建档立卡贫困生生活费资助资金45.86万元，补助1679人次。

【教育惠民】 2020年，区教育局认真落实城乡义务教育经费保障机制，多渠道筹措城乡义务教育经费1.19亿元。为24所公办小学校3.91万名学生全部免除学杂费，拨出义务教育阶段中小学公用经费2649万元，减免课本费352.1万元。给17所民办中小学校划拨1.27万名学生公用经费补助资金1027.01万元，减免课本费160.74万元。精准实施学生资助政策，助力教育扶贫。发放学前教育资助资金50.71万元，补助672人次；发放义务教育资助资金89.54万元，补助2701人次；办理发放生源地信用助学贷款626.76万元，补助806人；发放广西高校毕业生学费和国家助学贷款补偿资金23.1万元，补助20人。

（庞乾珍）

文化·体育

文化综述

【文化机构及工作概况】 北海市海城区文体广电旅游局（简称区文旅局）下辖海城区文化馆。2020年，区文旅局扎实做好社会文化、专业文化、文化旅游市场管理、旅游项目规划与建设和体育等工作，取得新的成绩。

【社会文化】 2020年，区文旅局积极开展文化海城建设，增强文化自信，提升海城文化品质。2月26日，区委宣传部、区文旅局、地角街道办事处主办，区文化馆、地角街道新营社区协办"我们的中国梦"文化进万家暨2021年北海市"我们的节日"元宵节最美流下游园灯会在流下村举行。11月24日—26日，成功举办"流下盛宴　山海相约"首届流下村文化艺术节，各类线上平台推广点击量14万余次，成功引爆流下村文化旅游品牌。同时举办线上线下各类文化活动，开展"壮族三月三·海城嘉年华"等线上文化旅游展示活动，"铁血铸军魂"庆祝八一建军节93周年大型文艺演出、"我们的节日·迎中秋·贺国庆"第二届"海珍城"杯广场舞大赛、首届"海珍城"杯卡拉OK大赛、第五届北海民间文化艺术博览会等活动约60场次，为群众带来丰富的文化盛宴，提高人民群众生活幸福感。

2020年11月24日—26日，海城区成功举办"流下盛宴　山海相约"首届流下村文化艺术节　　区文旅局供图

【专业文化】 2020年7月25日，区文旅局选送的舞蹈《战疫》，器乐合奏《势如破竹》入围在桂林市举行的"决胜小康　奋斗有我"第八届自治区基层群众文艺会演决赛，分别获评舞蹈类二等奖及器乐类优秀奖。

【文化旅游市场管理】 2020年，区文旅局通过宣传教育、实地检查等方式进一步强化对全区文化、旅游市场的防疫管控和安全监督管理工作。以对生命安全高度负责的精神，积极联合上级执法部门对演出现场、KTV、网吧、海上游、旅游景点等危险高发区进行检查，并提前做好预防，确保管辖范围内文化娱乐场所和旅游景点不出安全事故。同时严抓境外卫星电视传播

2020 年 7 月 25 日，区文旅局选送的舞蹈《战疫》，在第八届自治区基层群众文艺会演决赛中获舞蹈类二等奖　区文旅局供图

专项整治工作，坚持“以人为本，处罚与教育并举”的工作原则，对全区范围内销售、使用非法卫星地面接收设施进行严格管制，有效巩固全区传播领域意识形态安全。不定期对辖区文物点进行排查，确保不发生文物安全事故。

（陈丹玲　周明　阚晓丹）

党史研究与地方志工作

【党史研究与地方志工作概况】 2020 年，中国共产党北海市海城区委员会党史研究室（简称区委党史研究室）、北海市海城区地方志编纂委员会办公室（简称区志办）合署办公，实行“一个机构”“两块牌子”。年内，区委党史研究室、区志办凝聚共识，主动作为，认真贯彻落实《广西壮族自治区地方志工作办法》，进一步推进地方志工作，各项工作取得预期成效。

【党史研究工作】 2020 年，区委党史研究室认真履行“存史、资政、育人”职能，努力推进党史研究各项工作。

党史资料征编　年内，区委党史研究室认真组织实施《中共北海市委执政纪事·2020》（海城部分）编纂，完成相关资料收集、统稿、编纂工作，按时按质完成海城部分稿件报送，报送文字 1.4 万字，图片 17 幅。在全区部署开展“改革开放以来的北海”口述历史征集活动、“一切为了前线，一切为了胜利”专题资料征集工作等，为重大党史事件及革命历史事件的材料收集编纂工作打下坚实的基础。核实北海西炮台旧址和七烈士就义处——牛车沟等 2 处遗迹遗址情况，积极推进党史遗迹遗址的保护利用。

党史国史教育宣传　年内，区委党史研究室将党史国史知识纳入区委中心组第二季度学习内容。区委党史研究室联合区委组织部、区直属机关工委在高德街道赤西村举办“传承红色基因　创建模范机关”红色定向赛；联合区委宣传部举办党史知识讲座；联合有关部门举办海城区 2020 年《红色传奇》进校园系列活动，组织开展观看红色爱国主义题材电影《大会师》，使全区广大

2020 年 5 月 20 日，区委党史研究室召开《中共北海市委执政纪事·2020》（海城部分）编纂工作会议　区委党史研究室供图

党员干部群众及青少年铭记红色历史、坚定理想信念、传承红色基因。

【地方志工作】 2020年，区志办认真贯彻落实《全国地方志事业发展规划纲要(2015—2020年)》和《广西地方志事业发展规划(2016—2020年)》，围绕"两全目标"抓好地方志工作。

《海城年鉴(2020)》编纂出版　年内，区志办根据《广西壮族自治区地方志工作办法》设立"红黑榜"并进行通报，确保《海城年鉴(2020)》编纂出版工作顺利完成，实现一年一鉴。3月2日，区政府办印发《关于报送2020年海城年鉴稿件的通知》，明确全区各承编单位的承编内容、质量、时间等要求，年鉴编修工作稳步推进。5月8日，区志办组织召开地方志知识培训，地方志专家对年鉴的概念、结构、条目、写作方法以及撰稿中需要注意的事项进行详细讲解，进一步提高年鉴承编单位分管领导和主笔人的编撰水平，增强与会人员做好地方志工作的责任感、使命感。经过各承编单位和年鉴编辑部人员的共同努力，12月，《海城年鉴(2020)》由线装书局出版发行。《海城年鉴(2020)》全书有32个类目、64.2万字、200多张照片，全面、系统、客观地记载2020年海城区自然、政治、经济、文化、社会、生态等方面的情况，为党政机关、企事业单位和社会各界了解和研究海城区提供较全面的信息资料。

2020年5月8日，区志办召开2020年海城年鉴编纂工作暨业务培训会　区志办供图

完成上级志鉴供稿　年内，区志办按照自治区政府、北海市政府关于做好本级年鉴、图鉴、地方志资料年报等供稿工作的文件要求，精心组织，严格把关，专人撰写，按时按质完成《广西年鉴(2020)》(海城区部分)、《广西图鉴(2020)》(海城区部分)、《北海年鉴(2020)》(海城区部分)的供稿工作。同时，按照北海市地方志办公室的要求，完成2019年北海市地方志资料年报的供稿。完成其他上级部门下达的地方志供稿任务。

区本级地方志资料收集　年内，区志办通过对编纂人员开展地方志业务培训，提高地方志编纂水平，进一步将区本级地方志资料年报报送工作常态化，持续整体推进资料收集。年内，区志办完成全区各呈报单位2006—2010年以及2019年共6年的地方志资料年报收集工作，为海城区第三轮修志工作打好坚实的资料基础。

地方志资源利用　年内，区志办在中街街道幸福里社区和驿马街道银湾社区设立地方志成果展示书柜，向社区群众展示最新出版的上级和区本级年鉴、图鉴、志书等地方志书籍，让史志文化成果走出馆藏、走向大众，让社区群众共享史志成果，更便捷地了解北海市和海城区自然、政治、经济、文化、社会等方面的情况。

【信息报送工作】 2020年，区委党史研究室、区志办向区委、区政府及上级业务部门报送"海城区委党史研究室积极参与新冠肺炎疫情防控工作""海城区召开《中共北海市委执政纪事》(海城部分)编纂工作会议"等数条工作

2020 年 2 月 2 日，区委党史研究室、区志办工作人员在东街街道黄海路社区徐屋西，开展新型冠状病毒感染的肺炎疫情排查工作

区委党史研究室、区志办供图

信息，向《党史工作情况交流》（自治区党委党史研究室编印）及“方志北海”公众号等报送稿件多篇。

【疫情防控工作】 2020 年，新型冠状病毒感染的肺炎疫情发生后，区委党史研究室、区志办全体干部认真按上级部署做好疫情防控工作。到疫情防控第一线，深入社区参与逐小区、逐户、逐人疫情排查工作；参与“三无小区”值守、人员疏散工作，上门为辖区内低保户和居家隔离的重点人群送去生活必需物资；参与发放疫情防控宣传资料、悬挂宣传横幅、张贴宣传海报等工作，为全区疫情防控工作贡献力量。

【精准帮扶工作】 2020 年，区委党史研究室、区志办加强扶贫后续帮扶工作，巩固脱贫成效。年内，入户 14 次，积极为帮扶对象落实各项政策补助，春节、中秋节等节庆日给帮扶对象送上大米及食用油等慰问品，帮助帮扶对象在赤西村争取到公益性岗位，保证其稳定性收入，帮扶对象的生活条件得到进一步提高和改善。

（魏永霞　陈德媚）

档案工作

【档案机构及工作概况】 北海市海城区档案局承担的行政职能划归区委办公室，对外保留区档案局牌子，区档案馆作为区委直属正科级事业单位，由区委办代管。2020 年，区档案局、区档案馆立足档案资源建设，督促、指导、检查、接收各单位到期机关各门类档案、重大活动档案、民生档案等各类档案进馆。抢救虫蛀霉变破损严重的国企改制的会计档案 2000 册，裱糊破损档案 800 多页。到钦州市档案馆和银海区侨港镇、平阳镇查找收集涉及海城区的档案资料 38 件 559 页。全年征集照片 2 万多幅、接收档案进馆 4.63 万件。年内，首次接收自 1999 年成立区档案馆以来重大活动“不忘初心、牢记使命”主题教育、突发事件“新冠肺炎疫情防控工作”以及改制企业档案进馆。

【档案信息化建设】 2020 年，区档案馆根据纸质档案数字化技术要求，对部分馆藏纸质档案进行整理、扫描、校对，年内累计完成馆藏纸质档案数字化 33.7 万页，完成 33 万页的数字化成品图像检查和档案实体抽验。

【档案资料服务利用】 2020 年，区档案馆以档案查阅服务中心为平台，采取预约查档、到馆查档、电话查询、送档上门等多种方式，用心用情接待各类查档者 800 多人次，为因就医、高龄行动不便的群众和相关单位提供送档上门服务 20 多次。完善档案利用“一站式”服务，在该馆无相关档案的情况下，多方联系有关单位帮助查档群众解决档案查阅 100 多人次。为查档者解决工龄证明、子女教育、婚姻情况、干部任免职、修编志书等提供大量原始档案材料。

2020 年 6 月 24 日，区档案馆工作人员将接收进馆的档案整理上架
区档案馆供图

【档案安全工作】2020 年，区档案馆严格按照《档案馆安全风险评估指标体系》及相关规章制度和标准规范要求，加强档案的程序化、科学化、规范化管理，严格按照每天进行安全检查，每月 1 次大检查。7 月，组织开展消防演练，提高防范意识和实际操作能力。年内，购置真空充氮杀虫灭菌消毒机 1 台，对新接收进馆档案进行消杀后入库。全年未出现档案失密、失窃、泄密等事件和虫蛀、水淹、火灾等安全事故。

【权责清单制度推行】2020 年，梳理区档案局行政处罚事项 2 项、行政强制事项 1 项、行政检查事项 1 项、行政奖励 1 项、其他行政权力 2 项，编制区档案局权责清单，做好权责清单事项在广西数字政务一体化平台事项库的维护，进一步方便群众办事。

【档案业务监督指导】2020 年，区档案局、区档案馆改变“等靠”思想，由业务骨干组成档案工作小组，由区档案局、区档案馆领导带队到相关区辖机关单位、街道办、部分村（社区）调研指导，着重提高各单位档案意识和收集整理水平。指导区疫情防控办公室完成上半年新冠肺炎疫情防控工作档案整理并移交进馆。同时，抓好创建全国文明城市、农村土地承包经营权确权登记颁证、精准扶贫、全国第二次污染源普查、婚姻等专业档案归档整理的指导。年内，采取面对面、一对一进行档案指导培训 230 人次。配合区农水局精心指导收集整理保管好土地确权档案。10 月，海城区被评为全国农村承包地确权登记颁证工作典型地区，受到农业农村部通报表扬。

（陈艳阳　吴扬康）

体育综述

【体育概况】2020 年，区文旅局紧密结合“为民办实事”工程，严格落实体育设施建设“快一步”，覆盖面“进一步”的要求，不断完善辖区体育公共设施。开展城乡“15 分钟体育健身圈”，严格体育器材申请、安装、管理程序。同时积极推进公共体育设施和学校体育场地设施向社会开放工作。海城区文体活动中心球馆全面对公众开放，发挥其专业性强、服务优质的精品效应。保持所有公共体育设施和符合条件的学校体育场地设施 100% 对外开放，提高设施利用率和社会服务能力，并以社会力量参与场地设施建设和现有场地设施的管理运营，提高设施利用率和社会服务能力。利用体育主题公园、全民健身中心、全民健身广场、球馆等小型、多样的体育场地举行体育活动，推进丰富多彩的全民健身运动。

【体育公共设施建设】2020 年，海城区以“为民办实事”及北海市旅游文体局健身设施工程为契机，体育设施建设进一步加快，全年人均体育场地面积达到 2.8 平方米以上。年内，安装完成旅游文体局配备健身路径 7 条，区文旅局自行购买安装 2 条健身路径。覆盖面进一步扩大,在农村、社区、城市公共绿地、公园、广场配建相应的体育健身设施,努力提高 15 分钟健身圈数量。

群众体育

【休渔期足球赛】 休渔期足球比赛是北海市传统体育赛事,深受广大渔民的欢迎。2020 年 8 月 6 日—14 日,区文旅局在北海市第十中学(原地角中学)举办“全民健身 健康中国”2020 年全国县域社会足球赛广西赛区暨广西足球争霸赛北海市海城区“听海一品”杯休渔期足球赛。该届足球赛历经 2 个月的精心准备,共有 8 支高水平足球队伍参赛,竞赛项目为男子九人制足球赛,经过激烈角逐,海角·洪门啤酒队夺得休渔期足球赛冠军。

【第五届百县千乡活动】 2020 年 12 月 10 日和 11 日,区文旅局分别在高德街道高菜村、驿马街道西边垌村开展第五届百县千乡活动。该活动以“推动全民健身和全民健康深度融合,助力健康广西建设”为主题,倡导“我参与,我奉献;我运动,我快乐”的活动理念。通过开展国家体育总局推荐的太极拳“健康工程”和健身气功“百城千乡展示活动”,推广普及中华民族传统体育健身项目,传承中华文化,推行“一平方米”健身项目,提高群众身体健康水平。

【海城区第一届羽毛球赛】 2020 年 10 月 24 日,“全民健身 健康中国”“佛雷斯杯”2020 年北海市海城区第一届羽毛球赛在西藏路花鸟市场长青球馆开幕。海城区直各机关事业单位、羽毛球俱乐部的 19 支参赛队、近 200 名运动员参加开幕式。该次羽毛球赛为混合团体比赛(第一混双、第一男双、女双、第二男双、第二混双)。该届羽毛球赛共举行比赛 149 场次。

【传统体育进校园】 2020 年 12 月 16 日—17 日,在中央民族大学附中北海国际学校举行传统体育(武术、八段锦、太极)进校园活动。为了推动传统体育项目进校园,丰富校园体育活动,区文旅局根据学校实际情况,聘请武术教练到学校执教。教练集中全班学生进行教学时,一招一式的拆分讲解,并由助教帮助学生纠正,确保每个学生规范学会每一个动作。为了保证教学效果,要求学校对大课间活动、体育课、课外活动的时间进行有效整合,从而优化学生的活动时间。

(陈丹玲　周明　阚晓丹)

2020 年 10 月 24 日,“全民健身 健康中国”“佛雷斯杯”2020 年北海市海城区第一届羽毛球赛在西藏路花鸟市场长青球馆开幕

区文旅局供图

医疗卫生·计划生育

医疗卫生综述

【医疗卫生机构及工作概况】 2020年，北海市海城区卫生健康局（简称区卫健局）下设海城区防治艾滋病管理中心，指导海城区计划生育协会的业务工作。下属单位有高德中心卫生院（含工业园社区卫生服务中心）、地角卫生院、驿马社区卫生服务中心（由地角卫生院托管）、东街社区卫生服务中心、海城区疾病预防控制中心（未挂牌）。年内，海城区有医疗卫生机构258个，其中公立综合医院2家，民营医院1家，社区卫生服务机构9家，门诊部及个体诊所246个，行政村卫生室10个。2020年度，全区人口自然增长率为5.68‰。年内，完成免费孕前优生健康检查目标人群830对，全面完成年度计划生育责任制指标。

【卫生计生专业人员】 2020年，海城区辖医疗卫生单位共有卫生专业人员305人。在人才学历构成方面：本科学历91人，大专学历167人，中专学历81人；在人才职称构成方面：副高级职称18人，中级职称72人，初级职称160人。全区7个街道卫健所落实人员25人；53个村（社区）配备计生专干75人，全部享受村（社区）副主任待遇，工资纳入财政预算。

医药卫生体制改革

【行政审批制度改革】 2020年，区卫健局结合深化行政审批制度改革的要求，清理行政审批事项，推动职能转变，减少审批环节和审批事项。

【国家基本药物制度实施】 2020年，海城区巩固政府办基层医疗卫生机构实施基本药物制度的成果，有序推进乡村卫生服务一体化管理工作，对乡村医生实行有效管理，促进乡、村两级卫生机构协调发展，健全和完善乡村医疗服务网络建设。同时积极开展基本药物临床应用培训（重点是村卫生室人员的培训），提高基本药物使用率，配合开展药品（疫苗）电子监管系统建设项目工作。组织开展新一轮药品招标采购工作。

【乡村医生“乡聘村用”】 2020年，区卫健局制定《北海市海城区乡村医生“乡聘村用”实施方案（试行）》，招聘乡村医生16名，签订“乡聘村用”工作合同，落实人员工资及相关福利待遇。

【社区卫生用人制度改革】 2020年，海城区全面推行以竞聘上岗、全员聘用、合同管理为主要内容的社区卫生服务人员聘用制度和岗位管理制度，建立“定编定岗不定人”的用人新机制和“托低不限高”的激励性绩效工资制度，对基层卫生机构实施绩效分配和收支“两条线”管理，实行绩效考核结果与绩效工资、公共卫生专项补助直接挂钩，促进效能提升，提高基层医务人员工作积极性。

【医养结合试点工作】 2020年，海城区以参与自治区级医养结合试点单位为契机，积极整合养老和医疗两方面资源，增强养老机构医疗服务能力。5月，海城区开展基层治理改革，深入探索实施有效方法，创建海城区海合老年公寓“以养伴医”和北海赋康医院“以医伴养”两种医养结合方式，倾心打造医养结合典范，较好地满足老年人多层次的养老需求。截至12月31日，海城区65岁以上老年人健康管理率达71.28%，区辖公立综合医院100%开设老年人优先挂号、优先就医绿色通道。区辖4家养老机构全部可以为入住老年人提供医疗卫生服务，提供医疗服务率100%，有效解决老年人老有所医、老有所养的问题。

卫生法制与监督

【医疗服务市场整顿】 2020年，区卫健局联合市卫生监督所开展整顿医疗秩序、惩治非法行医专项行动，严厉惩治损害人民群众切身利益的“黑诊所”“医托”等，查处医疗机构、计划生育技术服务机构的违法违规行为。以虚假违法医疗广告和群众投诉为执法监管的重要线索，加大对基层医疗机构出租承包科室、使用非卫生技术人员等违法违规案件的查处力度。全年联合执法18次，出动人员18人次，处理投诉案件19件。

【卫生行政审批】 2020年，区卫健局政务服务窗口共受理各类卫生审批事项申请1631件（次），办结1631件（次）。其中：医疗机构执业登记24件，医师执业注册（变更）变更审批327件，护士执业审批430件，医疗校验审批239件，医疗机构变更审批25件，公共场所卫生许可证审批558次，母婴保健技术服务机构与技术人员执业审批2次，放射源诊疗技术和医用辐射机构执业许可审批26次。接受群众咨询3200多人次。所有事项全部在承诺时限内办结完成，没有超时办结现象，群众满意度100%。

基层卫生

【基层医疗卫生体系建设】 2020年，海城区疾控中心获批复成立，10月，建设项目完成主体工程；昆明路社区卫生服务中心建设完成，正式开业；地角卫生院搬迁建设完成前期工作，举行开工仪式；高德中心卫生院新建项目完成初步设计和用地清场；海城区基础设施工程完成可研审批，申请2021年地方政府专项债券2.2亿元支持项目建设；海城区应急医疗“平战结合”示范项目立项，申请子项目区疾控中心能力提升项目用地规划；区妇幼保健院、区卫生监督所申请纳入自治区公共卫生服务体系三年行动计划（2020—2022年）得到推进。投入经费500.55万元支持各医疗机构开展“优质服务基层行”活动，进一步改善各医疗机构就医环境，提升综合服务能力。

【卫生下乡】 2020年，区卫健局积极开展卫生下乡活动，共发放卫生健康宣传资料70余万份，高德中心卫生院、地角卫生院、东街社区卫生服务中心、驿马社区卫生服务中心下乡义诊75次，开展送医送药送卫生知识及医保政策宣传。建立农村贫困人口“因病致贫，因病返贫”信息平台。完成国家下达海城区因病致贫、返贫贫困人口入户调查工作，优化门诊特殊慢性病申办流程，指导医疗机构实行“先享受待遇后备案”制度，全区确认29种门诊特殊慢性病的贫困患者159人次，并为各患者发放慢病卡。落实先诊疗后付费政策，所有建档立卡贫困人口（包括2014年、2015年退出户和不在2年持续扶持期内脱贫户、未脱贫户、2年继续扶持期内脱贫户）在县域内定点医疗机构住院享受“先诊疗，后付费”政策。年内，区卫健局共组建家庭医生团队73个242人，签约服务人口17.4万人，一般人群签约率32.48%，重点人群签约率67.88%。建档立卡贫困人口家庭医生签约服务工作覆盖率达100%。全部实行一年一签，对高危人群和慢病患者实行分类管理，并及时录入健康扶贫系统。

2020年10月21日，区卫健局、区公民无偿献血管理委员会联合北海市中心血站在区政府大院开展"捐献热血，为爱逆行"应急无偿献血志愿服务活动 区卫健局供图

医政管理

【医疗机构管理】 2020年，海城区辖医疗卫生单位开展"优质服务基层行"活动和"平安医院"创建工作，坚持以病人为中心，以问题为导向，以改善人民群众看病就医感受为出发点，围绕群众看病就医反映突出的医疗服务问题，大力推进深化改革和改善服务，通过改善环境、优化流程、提升质量、保障安全、促进沟通、建立机制等措施，为人民群众提供安全、有效、方便、廉价的基本医疗服务。鼓励社会资本办医，全年全区新批准执业登记的医疗机构24家，其中口腔门诊部7家，其他医疗机构17家。

【护理管理】 2020年，海城区继续深化"以病人为中心"的服务理念，落实责任制整体护理，持续改善优质护理服务，在广度和深度上进一步推进优质护理服务。加强护理管理，修订完善护理工作核心制度，操作技术规范，持续开展优质护理服务评价工作。加强护理队伍建设，提高整体素质和服务能力，加强护士的理论和技术操作培训，特别是加强新入职护士、护理管理人员、专科护理骨干等人员的培训，运用广泛的专业知识和规范、熟练的操作技能为群众提供医学照顾、病情观察、健康指导、慢病管理、康复促进、心理护理等各项服务，不断提高护理服务质量。区辖2所卫生院持续推广优质护理服务活动，全部医院开展优质护理服务。为巩固优质护理服务工作成效，卫生院继续扩大优质护理服务覆盖面，100%住院病房实施优质护理服务。

【血液质量管理】 2020年，区辖医疗卫生单位加强血液质量管理，坚持每月的质量情况反馈、分析活动和定期的质量培训，对上级卫生行政部门查出的问题及时进行整改。进一步加强无偿献血宣传，营造良好社会舆论氛围。年内，全区共有102人次参加无偿献血，无偿献血总量3.44万毫升。全区临床用血100%来自无偿献血。

疾病预防控制

【新冠肺炎疫情防控】 2020年初新冠肺炎疫情发生后，海城区及时成立疫情防控工作指挥部，下设办公室和疫情防控与医疗救治组等11个工作组，连续召开专题会议16次研究部署疫情防控工作，进一步强化疫情防控工作措施，完善重大疫情防控体制机制，健全公共卫生应急管理体系，"外防输入，内防反弹”成效显著，疫情防控阻击战取得重大成果。2月29日，海城区实现确诊病例和疑似病例“双清零”，3月3日，降为低风险地区，此后没有出现疫情反弹。截至12月31日，海城区连续317天无新增本地确诊病例，确诊病例10人（均为输入性病例）全部治愈出院，没有无症状感染者，无疑似病例，无住院观察病例，无密切接触者。全年全区累计管理密切接触者281人，集中隔离中国籍离船入境船员530人，预约重点人群进行核酸检测5403人次；各基层医疗机构累计排查监测体温49.35万人次。

2020年3月13日，北海市海城区新冠肺炎疫情防控应急预案推演举行

区卫健局供图

2020年1月30日，海城区区长裴相春（左二），区委常委、副区长白银冰（左一），区委常委、宣传部部长、副区长叶卫国（右二）到地角卫生院检查新冠疫情防控工作

区卫健局供图

【传染病疫情报告】 2020年，海城区各卫生院及社区卫生服务机构均建立传染病报告制度和突发公共卫生事件报告制度，积极配合疾控部门参与流行病学调查和现场疫点处理。年内，各单位及时发现、登记并报告辖区内发现的传染病病例212例，传染病报告率、及时率均为100%，无甲类传染病报告，无“非典”、人禽流感、炭疽等重大传染病疫情发生，无重卡、无缺报。

【慢性非传染性疾病、精神病管理】 2020年，海城区积极推进慢性病综合防控示范区工作，结合国家基本公共卫生服务项目，广泛开展各种慢性病防治宣传日的健康教育和健康促进活动，在北海市疾控中心指导下，年内创建健康支持性环境建设，建设健康主题公园2个、健康步道2条、健康街区1个、健康餐厅1个、健康小屋1间。实现基本公共卫生服务全覆盖，高血压患者规范管理率79.90%，血压控制率63.8%；糖尿病患者规范管理率83.23%，血糖控制率66.83%。年内，启动海城区精神卫生综合管理试点工作，完善精神卫生综合管理试点工作各项机制及措施，全面提升精神卫生综合管理服务水平。全区各卫生院、社区卫生服务机构认真开展重性精神疾病健康管理工作，年内，管理患者1326人，管理率为93.31%，规范管理患者1254人，规范管理率88.25%。

【免疫规划】 2020年，海城区健全预防接种服务网络，加快规范化预防接种门诊建设。遵循“区域规划，合理布局，定点接种，规范管理”的原则，按规定开展预防接种，严格执行一类疫苗和二类疫苗接种的有关规定，保证全区预防接种工作正常有序开展。做好国家免疫规划信息管理系统的管理，开展儿童预防接种个案信息管理建设工作，完善儿童预防接种信息化管理系统。开展疑似预防接种异常反应的监测，及时妥善处理异常反应。加强脊髓灰质炎监测，落实脊髓灰质炎疫苗常规免疫和查漏补种免疫活动，保持全区无脊髓灰质炎状态。落实消除麻疹的各项措施，组织开展麻疹疫苗查漏补种活动，确保目标儿童接种率达到95%以上，努力实现控制工作目标。年内，全区继续宣传贯彻《疫苗流通和预防接种管理条例》，全面实施国家免疫规划。乙肝疫苗、卡介苗、脊髓灰质炎疫苗、百白破疫苗、含麻类疫苗、A群流脑疫苗、乙脑疫苗和甲肝疫苗的全程接种率分别为98.21%、99.68%、99.52%、99.51%、99.77%、99.5%、99.59%、99.53%，乙肝疫苗首针接种及时率98.21%。

妇幼保健

2020年，海城区继续以《中华人民共和国母婴保健法》和《广西妇女儿童发展纲要》为中心，围绕“健康北海”卫生健康工作重点，全面加强妇幼健康服务能力建设。贯彻落实《北海市地中海贫血防治计划》，推进实施“一免二补”母婴安康幸福工程。全区重症地中海贫血胎儿治疗干预率100%，地中海贫血基因诊断补助率及地中海贫血产前诊断补助率均为100%；全区婚检率99.46%，超过自治区95%的目标要求。年内，产前筛查、新生儿疾病筛查及新生儿听力筛查工作继续稳步推进，筛查率分别为84.14%、98.95%、97.59%，三项指标均取得较大进步。全年住院分娩率100%，孕产妇死亡率低于18/10万，婴儿死亡率为2.33‰，5岁以下儿童死亡率为3.11‰，婴儿死亡率及5岁以下儿童死亡率2项指标均取得较大进步，各项妇幼卫生控制指标均达标。

爱国卫生运动

【助力卫生城市创建】 2020年，区卫健局协调组织全区开展创卫各项工作，共投入经费32.5万元。重点针对辖区老旧小区、“三无小区”环境卫生脏乱差、乱搭乱建、乱堆乱放、病媒生物预防控制不达标的问题进行督查，组织相关单位及时进行整改，取得良好的成效。按照《国家卫生城市评审与管理办法》，全国爱卫办组织专家对2018—2020年周期申报创建国家卫生城市的城市进行资料评审、暗访、技术评估和综合评审，并进行社会公示，根据评审结果和公示情况，全国爱卫会决定命名北海市为国家卫生城市。

【爱卫月活动】 2020年，海城

2020年11月25日，创建国家卫生城市自治区考核验收反馈问题海城区整改部署会召开　区卫健局供图

2020 年 11 月 19 日，海城区 2020 年创建国家卫生城市冲刺攻坚大会召开

区卫健局供图

区大力开展爱国卫生运动，强化预防优先，打造健康环境。积极组织开展以“防疫有我，爱卫同行”为主题的系列工作，举办爱国卫生运动知识讲座 4 次，利用 LED 电子显示屏 24 小时滚动播放爱国卫生运动宣传标语、在主干道悬挂横幅 43 条；组织社区干部走进市场、商铺、小区及居民住宅区发放“防疫有我，爱卫同行”宣传资料 3769 份、倡议书 700 份，大力弘扬爱国卫生运动精神。结合第 32 个爱国卫生月志愿服务周，积极开展“防疫有我　爱卫同行”城乡清洁志愿服务活动，共出动志愿者 1000 人次，群众 400 人次，清理垃圾 317 大车，清理小街小巷陈年垃圾 300 余处，清除小广告 150 余条。

【病媒生物预防控制】 2020 年，海城区以创建国家卫生城市为契机，投入防治病媒生物经费 13 万元，以防控治理病媒生物滋生地为重点，以建立除“四害”（鼠、蟑、蚊、蝇）工作长效机制为出发点，不断提高辖区卫生、文明水平，持续提高城市综合竞争力。年内，全区清理容易滋生蚊虫的积水、腐叶枯枝共 500 处，下水道药物消杀蚊虫、苍蝇 262 处，全面清理卫生死角，消除“四害”等病媒生物的滋生环境。强力清理蚊虫滋生地和灭杀成蚊，预防登革热、寨卡病毒等蚊媒传染病在夏季传播流行。坚持环境治理与药物消杀相结合，大面积灭杀与局部突击灭杀相结合，专业公司灭杀与群众参与灭杀相结合。组织专业队伍对重点位置、公共场所进行覆盖式消杀，将除“四害”工作与各个街道办和责任部门日常工作紧密结合，达到辖区“四害”密度被控制在国家标准允许范围之内。

【健康教育】 2020 年，区卫健局以“献血日”“禁毒日”“抗癌日”“爱牙日”“爱国卫生月”“肿瘤宣传周”“减盐宣传周”“疟疾日”“高血压日”“世界无烟日”“世界艾滋病日”等主题日为契机，结合“红色星期六”，利用党员志愿者、新时代文明实践中心、卫生健康宣讲等队伍，在辖区范围内开展新冠肺炎疫情防控、爱国卫生、慢性病防治、艾滋病防治等宣传活动，累计制作宣传横幅 112 条、板报 50 块、宣传海报 2 万余张，发放宣传资料 50 万份，

2020 年 9 月 22 日，区卫健局在北部湾广场开展“就要 5 克”减盐宣传周活动

区卫健局供图

解答咨询问题 500 人次，举办健康讲座及宣传活动 8 场，刊登宣传报道 30 余篇，向群众宣传健康理念，普及健康知识和技能，倡导健康生活方式。群众文明健康生活方式和卫生习惯逐步养成，城乡居民卫生意识和身体素质进一步提高。

计划生育工作

【目标管理责任制】 2020 年，海城区为贯彻落实《自治区党委、自治区人民政府关于实施全面两孩政策改革完善计划生育服务管理的意见》和《国家卫生计生委关于印发“十三五”全国计划生育事业发展规划的通知》精神，坚持计划生育基本国策，实施全面两孩政策，改革完善计划生育服务管理，落实党委和政府主体责任，促进生育政策和相关经济社会政策的配套衔接，推动人口长期均衡发展，为全区经济社会发展和加快建设创新型开放城市营造良好的人口环境。根据《中共北海市委办公室、北海市人民政府办公室关于坚持和完善计划生育目标管理责任制的实施意见》和《2018—2020 年北海市人口和计划生育目标管理（党政线）责任书》要求，继续抓好人口计生党政线、计生线、部门线三线责任制工作。

【宣传教育】 2020 年，海城区充分利用元旦、春节、“5·29”计生协会活动日、“7·11”世界人口日等节假日和时间节点，在辖区人员密集的地点举办“关爱女孩”“婚育新风进万家”“实施全面两孩政策”“流动人口关怀关爱”等主题宣传活动。营造打击“两非”（非法鉴定胎儿性别、非法选择性别终止妊娠）宣传氛围，引导群众树立“生男生女都一样”“男女平等”的婚育新观念。在南珠路、环卫路、四川路、北部湾路、北京路等人员密集地点设置打击“两非”、打击“代孕”、倡导婚育新观念等内容的大型宣传牌、宣传长廊以及电子宣传栏，并建立有奖举报制度。年内，共发放手提袋、毛巾和宣传手册等宣传品 1000 多个（条、份），制作宣传板报 2 块，悬挂横幅 5 条。

【依法行政】 2020 年，海城区准确把握实施全面两孩政策的总体要求，按照“以人为本、创新发展、法治引领、统筹推进”的基本原则，稳妥扎实有序实施全面两孩政策，推进生育服务证制度改革。开展“阳光计生、便民办证”活动，统一规范生育审批表格式，不断规范办证程序，在政府门户网站公开计生行政审批事项、操作及流程图。对符合办理条件且材料齐全的采取街道卫健所及村（社区）联合现场实时审核，实行即到即审；对特殊困难的对象，办事处或村（社区）计生工作人员进行上门办理，实行特事特办的便民措施，提升群众满意度，全年网上办理生育服务证及再生育证 2806 本。加强社会抚养费征收和管理使用工作，开展整治乱收费、乱罚款专项行动，坚决防止和纠正损害群众利益的行为，转变以管控为主的工作方式方法。年内，违法生育立案 32 宗，征收社会抚养费 37.58 万元。完善信访管理制度，排查信访积案、信访

2020 年 1 月 16 日，区卫健局党工委在高德街道马栏村开展“送健康、送温暖”志愿服务活动　　区卫健局供图

难点,掌握当地矛盾纠纷的苗头和隐患,把矛盾化解在基层和萌芽状态。杜绝因执法不当引发的恶性案件和群体性上访事件的发生,使得行政执法公信力得到有效提升。

【综合治理出生人口性别比】2020年,海城区进一步明确区公安、市场监督、卫健、妇联等部门在综合治理出生人口性别比工作中的职责。区卫健局联合区公安、市场监督、妇联等部门联合开展打击"两非"专项督查行动4次。各相关单位分别进行自查自纠,对卫生技术人员资质、"B超"设备和终止妊娠药品管理和使用情况重新进行审核、登记。

【基层基础工作】2020年,区卫健局全面深化"政府诚信、群众守信、村(居)民互信、依法自治"的诚信计生模式,夯实计划生育基层基础工作,开展创建示范街道及示范村(居)活动。部门联动,落实政策,区卫健局、区扶贫办、区教育局、区民政局等相关部门都落实对诚信计生家庭的优惠政策,调动群众参与诚信计生的积极性。

【人口监测】2020年,区卫健局根据自治区卫健委《2020年基本公共卫生服务人口监测项目实施方案》的要求,结合海城区实际情况,制定人口监测项目实施方案。将全员人口数据库信息建设工作纳入常态化管理,认真组织开展数据库信息清理工作。定期召开全员人口数据库建设工作推进会,认真总结部署海城区数据库建设工作。区卫健局坚持与区医疗、民政、公安等部门沟通,每月及时提供孕妇分娩信息、出生婴儿医学证明个案信息、结婚人员登记信息及死亡人员信息等数据,实现信息共享。将数据库建设质量纳入平时抽查和考核,实行每周一通报。将数据库建设质量纳入年度考核,督促各街道将信息化建设常态化管理。年内,采购14台人口监测专用电脑给村(社区),专门用于开展人口监测信息采集和录入。全年共清理错误信息4万多条,全面完成人口监测项目绩效指标要求。

【奖扶政策落实】2020年,海城区认真落实计生奖扶政策,解决计生困难家庭实际问题,关心关注独生子女失独家庭、双女户女儿死亡家庭、独生子女父母双亡家庭、独生子女和农村双女户子女伤残家庭、计生贫困户上学困难家庭等。年内,上报兑现各类奖励扶助5935人次、673.29万元,兑现率达100%,其中兑现独生子女保健费1774人、19.75万元,全国计划生育家庭特别扶助人员282人、324万元,自治区农村部分计划生育家庭奖励扶助人员(55—59周岁)296人、21.31万元,国家农村部分计划生育家庭奖励扶助人员162人、23.33万元,参加合作医疗的农村独生子女户和双女结扎户2163人、54.08万元,农村新农保68人、1.36万元,城镇居民独生子女父母年老奖励687人、118.51万元,市级及区本级诚信计生公益基金470人次、110.96万元。农村计划生育家庭子女中考高考加分33人,没有错报漏报现象。

【人口与家庭动态监测调查】2020年,区卫健局根据《自治区卫生健康委办公室关于开展全面两孩政策实施效果调查的通知》和《国家卫生健康委人口家庭司关于举办全面两孩政策实施效果调查培训班的通知》要求,认真组织开展全面两孩政策实施效果调查工作。区卫健局及时与区公安、统计、妇幼保健等相关部门沟通协调,收集2010年至2020年11月30日的海城区户籍人口、常住人口和住院分娩活产等数据,并于12月8日前,完成计划生育服务管理情况、政策外生育处理情况、计划生育特殊家庭扶助关怀情况和基层工作网络情况的线上填报,12月15日前完成C101人口数(户籍人口数、常住人口数、全员人口数据库管理人口数、出生人口数)、C102全员人口数据库管理人口分年龄性别人口数和C103全员人口数据库育龄妇女分年龄、孩次的生育状况的调查填报工作,按时按质按量完成该次所有的调查填报任务。

【婴幼儿照护服务】 2020年，海城区根据国家和自治区卫健委工作部署，积极推进婴幼儿照护服务工作。区卫健局积极与区民政局、区市场监督管理局对接，并认真组织各街道办进行摸底排查，共排查出辖区内有6家托育机构(3岁以下)，均在区市场监督管理局登记注册。5月28日—29日，区卫健局牵头组织北海市疾控中心、市妇幼保健院、市卫生计生监督所和区市场监督管理局对托育机构进行新冠肺炎疫情防控评估，确保安全。为更好地推进全区婴幼儿照护服务工作，根据《广西壮族自治区人民政府办公厅关于印发广西促进3岁以下婴幼儿照护服务发展工作厅际联席会议制度的通知》和《北海市人民政府办公室关于印发北海市促进3岁以下婴幼儿照护服务发展工作联席会议制度的通知》要求，10月28日，印发《北海市海城区人民政府办公室关于印发北海市海城区促进3岁以下婴幼儿照护服务发展工作联席会议制度的通知》，制定出台联席会议制度，按制度做好婴幼儿照护服务工作。

【计生协会工作】 2020年，区计生协会积极推进小额贷款贴息项目。年内，区计生协会推进的小额贷款到期还款户数7户，已还款7户，应贴息7户，贴息金额为0.77万元，已贴息0.77万元，贴息率100%。为全区符合条件的农村独生子女户、双女结扎户购买自治区财政支付保费的爱心保险；全年全区共为219户农村计生家庭购买爱心保险，保费金额1.095万元；理赔案件3件，理赔金额0.58万元。协调北海市人寿保险公司设计“计生特殊家庭综合保险”，为全市49周岁以上的计划生育特殊家庭的父母及孩子共355人办理保险，保费为每人每年400元，保障金额为14.20万元，让年老的失独父母在遇到意外或患病住院时可报销治疗、护理等费用；理赔案件36件，理赔金额10.18万元。联合北海市人寿保险公司为独生子女户及农村双女结扎户购买关爱保险，全年共购买关爱保险5.59万份，保费共125.43万元，其中财政出资购买5.14万份、保费102.764万元，群众自费购买4511份、保费22.66万元；理赔案件802件，理赔金额112.17万元，大大提高计划生育家庭抵抗风险的能力。年内，为巩固自治区青春健康教育项目县成果，投入2.1万元为青春健康教育基地(海城区第十五小学)配备电脑、投影仪及椅子等硬件设备。为进一步做好全区家庭服务中心和优生优育小屋创建工作，投入0.7万元将原有的“幸福家园”“会员之家”及卫生计生服务阵地升级换代，打造铜鼓里社区计生协会家庭服务中心、铜鼓里社区计生协会优生优育小屋。 （叶志敏）

2020年6月2日，自治区卫健委赴北海市开展3岁以下婴幼儿照护服务工作专题研究座谈会召开　区卫健局供图

侨　务

侨务综述

【侨务工作概况】 北海市海城区民族宗教侨务局(简称区民宗侨务局)在区委统战部挂牌,是负责海城区民族、宗教、侨务工作的职能部门,其中侨务工作方面的主要职能是为到海城区创业的移民及其眷属服务,为促进侨属企业的发展提供指导、帮助,为到海城区旅游的侨胞提供便利,向归侨及眷属、侨胞推介海城区等。2020年,区民宗侨务局认真做好侨务服务能力提升、涉侨服务、关爱归侨侨眷、侨法30周年纪念活动等工作,取得新的成绩。

【侨务服务能力提升】 2020年,区民宗侨务局抓好政治学习和业务学习,提高侨务工作人员的政治理论水平,不断提高侨务工作者的政治素质、业务能力,不断提升侨务干部在深入基层、加强联系、沟通情况、协调工作、形成合力上下功夫,更好为华侨、归侨侨眷服务。积极组织部门干部认真学习侨务工作业务知识,以学习强化干部业务能力,促进干部工作思路的更新和树立端正的工作作风,促进侨务工作落实。不断增强创新精神,把学习与干部个人的思想实际结合起来,通过理论学习和工作交流探求解决侨务工作面临困难问题的思路对策。

侨务工作

【涉侨服务】 2020年,区民宗侨务局强化为侨服务意识,努力掌握为侨服务的本领,尽心竭力为侨服务。在实际工作中,努力做到真心爱侨,以诚相待,事无大小,有求必应,以真情和爱心赢得侨心。认真做好归侨群众的来信处理、到访接待和解答工作,确保侨民信访渠道畅通。摸排区内涉侨人员底数,深入各街道和高德华侨新村探望华侨及归侨侨眷,倾听他们的诉求,了解他们的生产生活状况,更好提供服务。严格把关“三侨考生”及归侨侨眷身份证明申请材料,指派专人负责,以高度负责的态度做好辖区“三侨考生”身份认定工作,确保每一名符合条件的“三侨考生”都能享受政策优惠,维护归侨侨眷的合法权益。年内,区民宗侨务局办理“三侨考生”证明24份,归侨侨眷认定2份。

【关爱归侨侨眷】 2020年10月22日,区委统战部到高德华侨新村慰问9名高龄归侨侨眷,为他们送上米、油等慰问品和党对他们的关心与祝福。10月23日,区委统战部与北海市委统战部、市侨联一同在高德华侨新村举办送医送药活动,邀请高德卫生院2名医护人员现场为聚居点内的高龄归侨侨眷进行义诊,现场赠送二天油、红花油、板蓝根等药品一批。

【《中华人民共和国归侨侨眷权益保护法》宣传活动】 2020年是《中华人民共和国归侨侨眷权益保护法》颁布30周年,区委统战部和区民宗侨务局结合国庆节、中秋节开展系列纪念活动，广泛宣传《中华人民共和国归侨侨眷权益保护法》，在区内营造爱侨护侨、懂法守法的良好氛围。9 月 25 日晚，区委统战部与中街街道党工委在中山路社区党建主题广场举办"海上明月传党情　民族团结一家亲"暨归侨侨眷权益保护法颁布 30 周年百姓灯会活动。晚会以歌曲、舞蹈、乐器演奏、知识有奖问答等形式向广大群众宣传《中华人民共和国归侨侨眷权益保护法》和民族政策法规，寓教于乐。

（符志平）

2020 年 9 月 29 日，为纪念《中华人民共和国归侨侨眷权益保护法》颁布 30 周年，区委统战部在海角街道独树根西社区举办"民族团结一家亲　携手奋进新时代暨'欢度国庆·喜迎中秋'文艺晚会"

区民宗侨务局供图

台湾事务

台湾事务综述

【台湾事务概况】 中国共产党北海市海城区委员会台湾工作办公室　北海市海城区人民政府台湾事务办公室(简称区台办)在区委统战部挂牌。2020年,海城区共有涉台企业11家,台胞、台属、台商共70人。

【理论学习】 2020年,区台办紧紧围绕中共中央、自治区、北海市台办工作部署大局,贯彻落实中共中央总书记习近平关于对台工作的重要论述,特别是在《告台湾同胞书》发表40周年纪念会上的重要讲话精神,深入贯彻习近平关于常态化疫情防控工作的重要讲话和重要指示精神,以"服务台企,复工复产,稳定发展"为主题,深入开展走访活动。加强干部学习国家对台方针政策和理论知识,收集最新两岸关系时事新闻,坚持一个中国原则,认真学习、解读国家政策和相关法律法规,进一步加强做好对台工作的责任感和紧迫感。充分利用业余时间,促进干部队伍平时多读书、看报,养成"学习"型干部,不断拓宽知识层面,发扬探索精神,充分运用现代工作理念,全面掌握科学文化知识。年内,区台办组织订阅《台湾工作通讯》和《两岸关系》等刊物,拓展干部对台湾政治、经济、文化等社会现状的认识,增长涉台知识,提升对台工作的业务能力。

2020年9月16日,区委统战部副部长、区台办主任朱懋斌(左一)到高德岭底立昌海水虾鱼苗场调研　区台办供图

台湾事务工作

【维护政治稳定】 2020年,区台办经常关注社会动态,确保社区稳定。坚决反对和遏制"台独"分裂图谋和行径,贯彻中共中央对台工作大政方针,认真做好台商、台胞、台属的思想教育工作,全力维护政治稳定。

【维护台商台胞台属的合法权益】 2020年,区台办加强基层对台工作能力建设,增强责任感和服务意识,努力创新工作思路、工作方法和工作措施。积极处理台商、台胞、台属来信到访工作,切实维护台商、台胞、台属的合法权益,妥善处理各类纠纷。召集各街道研究部署涉台人员摸底工作,严格按照要求开展台商、台胞、台属的统计。年内,区台办深入基层定期走访辖区台商、台胞、台属,听取他们的诉求,全面了解他们生产生活情况和面临的困难,切实为他们解决实际困难和问题。全年区台办到辖区台企开展调研 6 次,服务、解决台商、台胞、台属诉求 12 次。

2020 年 1 月 17 日,区委统战部、区台办工作人员到梵海甜品店走访慰问台商　　区台办供图

【服务地方经济】 2020 年,区台办派人员参加北海市台办组织的到广东省湛江市开展考察台湾特色种养项目暨学习交流活动,大力推荐台商到海城区发展产业,引进台湾地区农业新品种、新技术,服务全区乡村振兴、健康旅游等产业发展。

【对台统战工作】 2020 年,区台办深入学习领会习近平关于加强和改进统一战线工作的重要思想,树立“大统战”理念,增强“四个意识”,坚定“四个自信”,做到“两个维护”,始终不忘初心、牢记使命,不断夯实思想政治基础,丰富内容,全面推进高质量发展,广泛凝聚共识、凝聚人心、凝聚智慧、凝聚力量,着力提升对台统战工作。

（谢诗瑜）

社会事务

民族工作

【民族工作概况】 北海市海城区民族宗教侨务局(简称区民宗侨务局)在区委统战部挂牌,是负责区政府民族、宗教、侨务工作的职能部门,其中民族工作方面的主要职能是发展民族经济,文化、教育、体育事业;开展民族团结进步创建活动;处理和协调各类民族矛盾。2020年,区民宗侨务局认真做好民族团结进步创建、民族政策落实等工作,取得新的成绩。

【民族团结进步创建】 2020年,海城区高度重视民族团结进步工作,在区委常委会第131次会议上专题学习统一战线最新理论政策,并研究部署2020年民族团结进步工作,深入贯彻落实中共中央总书记习近平关于民族工作的重要论述,推动全区民族团结进步创建工作深入持久开展。区民宗侨务局年初制订《2020年海城区民族团结进步创建工作方案》,机关事业单位、街道、村(社区)、学校、企业按照各自实际情况,开展一系列内容丰富、形式多样的民族团结创建活动。

2020年10月14日,区委统战部、区民宗侨务局在西街街道贵州南路社区举办“我们的节日——党群暖心迎重阳”文艺游园活动

区民宗侨务局供图

民族团结活动 年内,区民宗侨务局结合疫情防控形势,采取线上线下宣传双结合的形式开展庆祝“壮族三月三”活动。在线上以微信公众号为载体,制作民族知识网络小测试,广泛发动干部群众参与线上答题活动,进一步增强干部群众对党的民族政策的了解。突出地方特色美食文化,区民宗侨务局与地角街道合作,精心摄制地角群众制作“鸡屎藤”糖水的短视频《舌尖上的地角——“三月三”特别篇》,通过网络进行广泛宣传,让观众在回味中加深对民族团结的认同。在线下以板报、横幅为载体,在政府大院、街道、村(社区)展览、悬挂,广泛利用LED电子显示屏滚动播放宣传视频和宣传标语,直观宣传党的民族政策和全区民族团结进步创建工作的成绩。

电商直播销售活动 4月18日,区民宗侨务局联合区直属机关工委、团区委、区妇联、区文体广电旅游局一同举办的

“壮美三月三 海城旅游购助农产品电商云销售活动”准时开播。海城区青年干部及助农达人东妮身穿少数民族服饰，以移动方式共同对地角街道新营社区流下村进行网络直播介绍，让直播间的观众对流下村的风土人情有更全面、直观的了解。在抖音直播间，助农达人涛玮同步进行美食介绍和推荐，十几位主播同时参与该次助农“带货”活动。该次活动通过抖音直播间、YY直播、速点优鲜各大平台同步直播，观众超过30万人次，北海40多家电商销售平台及企业共同参与互动，同时在流下村线上直播销售，拉动海城区线上电商及当地旅游民宿消费，提升海城区知名度。

民宗干部培训活动 年内，海城区将民族宗教政策法规纳入干部职工教育培训内容。6月18日，举办海城区民族宗教政策法规培训会，区委统战部干部、街道分管领导和民宗专干、村(社区)民宗工作信息员近80人参加培训，达到预期的学习教育效果。此外，利用网络学习平台对各级领导干部进行民族团结进步教育培训。

【民族政策落实】 2020年，区民宗侨务局贯彻落实党的民族政策，按照《中国公民民族成分登记管理办法》规范事项程序，严格审核，切实做好更改民族成分变更的初审工作，为群众办理民族成分更改10件。严格落实《广西壮族自治区少数民族语言文字工作条例》规定，各街道、区直机关事业单位、人民团体的牌匾、印章均使用规范汉字和国家批准的《壮文方案》确定的壮文。 （符志平）

宗教工作

【宗教工作概况】 北海市海城区民族宗教侨务局(简称区民宗侨务局)在区委统战部挂牌，是负责区政府民族、宗教、侨务工作的职能部门，其中宗教工作方面的主要职能是贯彻执行党的宗教政策，依据国家宪法和法律、法规，检查监督有关宗教政策、法规的贯彻实施；依法保护公民宗教信仰自由，保护宗教教职人员正常的教务活动，保护宗教团体和宗教活动场所的合法权益，推动宗教界人士进行爱国主义、社会主义、拥护祖国统一和民族团结的自我教育，团结和动员广大信教群众为改革开放和经济建设服务；组织和指导开展宗教政策宣传、法制教育工作；配合政法部门揭露和惩治披着宗教外衣进行的破坏活动和其他犯罪活动，取缔非法、反动组织。2020年，区民宗侨务局认真做好宗教工作能力提升、新冠肺炎疫情防控等工作，取得新的成绩。

【宗教工作能力提升】 2020年，区民宗侨务局深入贯彻落实中共十九届四中全会精神和中共中央总书记、国家主席、中央军委主席习近平关于新时代宗教工作的指示精神，坚持宗教中国化方向，积极引导宗教与社会主义社会相适应，提高全区宗教界人士、信教群众及宗教工作干部的政策法规意识。根据《自治区民宗委关于开展宗教政策法规学习月活动的通知》文件精神，结合全区实际情况，区民宗侨务局广泛深入开展党的宗教政策法规的学习宣传，加强宗教政策法规普及力度，推动党的宗教政策法规全面贯彻落实。6月18日，区民宗侨务局举办2020年海城区民族宗教政策法规培训会，邀请北海市民宗侨务局宗教工作科科长和业务骨干授课。区委统战部、区民宗侨务局全体干部，辖区街道分管领导和民宗专干，村(社区)民宗工作信息员近80人参加培训。培训结合多个经典案例和国家民族、宗教政策法规，对如何做好基层民族宗教工作进行科学、系统的指导，提高基层干部民族宗教工作能力。

【新冠肺炎疫情防控】 2020年，新型冠状病毒感染的肺炎疫情发生后，为减少群众聚集，降低疫情传播风险，区民宗侨务局积极采取措施参与疫情防控工作，助力打赢防控阻击战。遵照自治区民宗委《关于暂停宗教(民间信仰)活动场所对外开放和取消相关活动的紧急通知》精神，区民宗侨务局及时进行相关工作部署。及时通知各宗教（民间信仰）活动场所负责人，要求各宗教（民间信仰）活动场所立即暂停对外开放和停止相关活动，做好场所消毒和对信仰群众的正面引导工作。要求各街道、村（社区）民宗干部到各宗教（民间信仰）活动场所检查，并做好对场所管理人员的宣传教育工作。区民宗侨务局全体干部到各宗教（民间信仰）活动场所检查，督促各活动场所张贴暂停开放的公告并及时通知信仰群众，确保疫情结束前不对外开放和开展相关活动。积极发动宗教界人士发扬扶危救困、乐善好施的传统，本着“爱心至上，自觉自愿”的理念奉献爱心。年内，北海市基督教协会向北海市红十字会捐款2.42万元，北海市天主教协会通过河北进德公益基金会向湖北捐款3000元，北海市海城区伊斯兰教活动场所管委会向北海市红十字会捐款1万元，用于抗击疫情。海城区宗教界以实际行动为战胜疫情做出贡献。　　（符志平）

2020年4月30日，区委常委、统战部部长翁澜（右四）到辖区伊斯兰教活动场所调研、检查防疫工作　　区民宗侨务局供图

医疗保障工作

【医疗保障机构及工作概况】2020年3月18日，北海市海城区医疗保障局（简称区医保局）成立，是区人民政府正科级工作部门，下辖副科级财政全额拨款公益一类事业单位海城区医疗保障服务中心。区医保局主要职责是：（一）贯彻执行国家、自治区和市有关城乡居民基本医疗保险、医疗救助等医疗保障制度及医药价格的法律法规、方针、政策和标准，制定全区医疗保障事业发展规划、政策和标准，并组织实施和监督检查。（二）组织实施市医疗保障基金监督管理实施细则，建立健全本级医疗保障基金风险防控机制。（三）贯彻执行国家、自治区和市医疗保障筹资和待遇政策，完善动态调整机制，落实城乡医疗保障待遇标准。组织实施长期护理保险制度改革政策。（四）组织实施和监督全区药品、医用耗材、医疗服务项目、医疗服务设施等医保目录和支付标准。（五）贯彻执行国家、自治区和市药品、医用耗材价格和医疗服务项目及价格、医疗服务设施收费等政策。（六）根据市定点医药机构协议管理细则，组织实施区定点医疗机构协议管理。推进医疗保障基金支付制度改革，组织实施支付管理办法。协助上级医保部门健全定点医药机构服务评价考核体系和信息发布制度。监督管理纳入医保范围内的医疗服务行为和医疗费用，依法查处医疗保障领域违法违规行为。（七）负责全区医疗保障经办管理、公共服务体系和信息化建设。贯彻执行国家、自治区异地就医管理和费用结算政策。建立健全医疗保障关系转移接续制度。开展医疗保障领域合作交流。（八）负责对区医疗保险经办机构开展城乡居民基本医疗保险、医疗救助等相关业务进行监督管理。（九）完成区委、区人民政府交办的其他任务。（十）职能转变。区医疗保障局执行统一的城乡居民基本医疗保险制度

和大病医疗保险制度，建立健全覆盖全民、城乡统筹的多层次医疗保障体系，不断提高医疗保障水平，确保医疗保障资金合理使用、安全可控，推进医疗、医保、医药“三医联动”改革，更好保障人民群众就医需求，减轻医药费用负担。9月17日，区医保局和区医疗保障服务中心在海城区政务服务中心一楼挂牌。年内，区医保局认真做好各项工作，取得优异的成绩。

【参保缴费及补助工作】 2020年，海城区城乡居民基本医疗保险缴费18.48万人次，超过指标数18.35万人次0.73个百分点；财政补助按规定落实到位9936.55万元（每人每年550元）。年内，区医保局配合区民政局、区残联、区福利院等相关部门做好城镇特困人员、孤儿、重度残疾人员的城乡居民参保及补助工作。12月7日—11日，区医保局到辖区各街道办事处、社区居委会和定点医疗机构开展城乡居民医保宣传周活动，提高居民的医保意识。

【待遇保障工作】 2020年，海城区参保人员报销10.95万人次，医疗总费用2.08亿元，基本医疗保险报销9913.49万元（不含大病保险报销）；异地就医结算2936人次，医疗总费用4928.62万元，基本医疗保险报销1761.07万元（不含大病保险报销）。

【医疗救助工作】 2020年，区医保局完成交接并扎实开展医疗救助工作。全年全区五类困难人员（特困人员、重残人员、孤儿、低保人员、低收入人员）医疗救助4979人次，医疗总费用2045.01万元，医疗救助报销397.27万元。区医保局积极向区政府争取追加资金122万元、市级配套资金21.8万元，缓解海城区下半年的医疗救助资金紧缺问题。

2020年12月7日—11日，区医保局到辖区各街道办事处、社区居委会和定点医疗机构开展城乡居民医保宣传周活动。图为12月9日，区医保局工作人员到贵州路贵州市场开展宣传活动　　区医保局供图

【医保基金监管】 2020年，区医保局加强沟通，配合上级部门推进医保基金统筹制度，同时加强基金监管，确保医保基金平稳运行、可持续发展。全年全区城乡居民医保基金收入1.55亿元，支出1.00亿元，实现收支平衡、略有结余的目标。年内，全覆盖开展打击欺诈骗保检查工作，对3家违反协议管理的医疗机构发出限时整改通知，拒付13家定点医疗机构医疗违规费用21.93万元。

【就医结算改革】 2020年7月，海城区取消北钦防区域内异地就医转诊转院、备案手续，实现北钦防就医“一站式”结算，报销比例不降低，比自治区要求的10月底完成实现提前3个月。7月1日至12月31日，海城区钦防异地就医结算190人次，医疗费总额155.49万元，基本医疗保险报销82.85万元。年内，海城区15家定点医疗机构均已实现“一站式”“一单制”结算；10个村卫生室均已实现“村医通”门诊慢性病（高血压、糖尿病）直接结算。

【门诊特殊慢病筛查认定】 截至2020年12月31日，海城区建档立卡贫困户门诊特殊慢病筛查认定159人次，慢病卡已全部发放到位。

【贫困人员参保就医】 2020年,海城区建档立卡贫困人员806人,参保率100%,其中参加城乡医保719人,100%享受全额补助;贫困人员就医结算461人次,医疗总费用164.38万元,综合报销151.55万元,住院报销比例90%以上,29种门诊特殊慢性病报销比例80%以上。 (文冬梅)

婚姻管理

【婚姻登记】 2020年,海城区共办理结婚登记2077对(其中补办98对)、离婚登记1069对;补发结婚证337对、补发离婚证89对,登记合格率100%。

【档案管理】 2020年12月18日,区民政局根据婚姻登记档案管理办法,移交结婚档案291盒11087件、离婚档案124盒3161件到区档案馆。

【事务公开】 2020年,区民政局为进一步方便群众登记、接受群众监督,将婚姻登记办事指南上墙公示,将婚姻登记一次性告知书、办事须知等资料放置宣传架让办事群众取阅。同时,通过海城区政府网等互联网平台,将办事所需手续、办事流程、离婚协议书范本、电话号码等上传公布,让办事群众知晓。

【婚检宣传】 2020年,区民政局在婚姻登记咨询窗口进行免费婚检宣传,免费发放婚检宣传资料,大力宣传婚前医学检查的重要性,提高结婚登记的群众对婚前检查的认识,提高婚检率。

社会福利和慈善事业、老龄人工作

【未成年人关爱保护】 2020年,区民政局建立海城区农村留守儿童关爱和困境儿童保护局际联席会议制度,认真开展事实无人抚养儿童和孤儿排查,将符合条件的纳入民政保障范围,做好应保尽保、应退尽退,保障其基本生活。至12月,全区有孤儿13人,全年按每人每月1200元的标准发放孤儿生活保障金171人次、20.52万元;审批事实无人抚养儿童16人,按每人每月1200元的标准补差发放生活补贴116人次、10.45万元。有留守儿童1户、4人,学习和家庭生活正常,监护情况良好。六一国际儿童节期间,组织慰问困境儿童61人次,发放慰问金和慰问品折款共2.66万元。

【“两项”补贴发放】 2020年,海城区按要求将残疾人“两项”补贴(困难残疾人生活补贴、重度残疾人护理补贴)发放标准由每人每月80元提高到每人每月120元。全年共发放残疾人“两项”补贴42677人次、512.13万元,其中重度护理补贴28923人次、347.08万元,困难生活补贴13754人次、165.05万元。

【养老服务】 2020年,区民政局继续抓好海合老年公寓医养结合试点工作并取得阶段性成果。深入开展养老机构服务质量建设专项行动工作。积极做好增加养老床位数、养老机构评星及居家养老改革集成试点工作。年内,赋康医院被评为广西二级养老机构。通过政府购买方式购买开展居家养老上门服务工作,共服务约880名老人,服务时长约4万小时。年内,海城区综合福利院公办养老机构改革工作被民政部办公厅、国家发改委办公厅评为公办养老机构改革优秀案例。

【高龄津贴发放】 2020年,海城区共发放高龄津贴74956人次、415.35万元。

【殡葬改革工作】 2020年,区民政局积极协助抓好北海市重大建设项目征地迁坟工作,确保项目征地按期完成。认真落实上级对清明期间开展扫祭活动的工作要求,加强值守,防止群体性、聚集性扫祭活动开展,避免新冠肺炎传播扩散。深入开展违建殡葬设施排查,落实整改工作。 (陈世坤)

乡镇(街道)

涠洲镇

【涠洲镇概况】 涠洲镇位于北海市正南方的北部湾海面上，与北海市直线距离21海里，是广西唯一的海岛镇。辖涠洲、斜阳两岛，总面积26.88平方千米(其中涠洲岛24.99平方千米，斜阳岛1.89平方千米)，耕地面积1120公顷，林地面积252.32公顷，海岸线57.20千米。2011年1月1日起，涠洲镇由海城区管辖成建制委托给北海市涠洲岛旅游区管理委员会管理。2020年，涠洲镇下辖百代寮、盛塘、公山、荔枝山、后背塘、城仔、西角、竹蔗寮、斜阳9个行政村和东湾、南湾2个社区，53个自然村，97个村(居)民小组；户籍户数5296户，户籍人口1.93万人。涠洲镇气候温和，风景秀丽，空气清新，拥有火山地质遗迹、海蚀熔岩地貌、海底珊瑚等得天独厚的自然景观和宗教文化、妈祖文化、客家文化等浓郁鲜明的人文资源，被誉为“蓬莱仙岛”“中国夏威夷”，景区景点有南湾鳄鱼山景区、天主教堂、圣母堂、石螺口、滴水丹屏、三婆庙等。年内，涠洲镇南湾鳄鱼山景区正式晋升国家AAAAA级旅游景区。

【经济主要指标】 2020年，涠洲镇第三产业经营性收入3.65亿元，比上年增长0.24%；规模以上工业产值4518.54万元，比上年下降30.5%；农民人均纯收入17964元，比上年增长8%。

【新冠肺炎疫情防控】 2020年，涠洲镇全面落实新冠肺炎疫情防控措施，切实扛起疫情防控重大责任，制订网格化管理作战图，落实分片包干防控责任。涠洲镇党政主要领导深入疫情防控一线，组织镇、村、组干部对辖区内812家酒店、民宿、农(渔)家乐和5086户村(居)民进行全面排查，并对疫区上岛游客、返乡人员实行动态管理。落实好村民自治，设立113个联防联控点，发动3000余人次参与联防联控，严格管控进(出)村人员。通过集中布置、微信推送、印发倡议书、村中小广播、流动宣传车等方式，全力做好社会舆论引导工作。及时发放防疫物资和强化公共场所消毒工作，保障群众出行安全。全岛没有出现本土病例，获得北海市新冠肺炎疫情防控工作突出贡献集体称号。

【农林渔牧业】 2020年，涠洲镇全面深化农村改革，充分激发乡村振兴活力。完成11个村(社区)清产核资工作，村集体经济资产总额1.04亿元；完成成员身份确认工作，认定成员1.72万人；完成资产量化和股权设置工作，量化资产1846万元；全部成立村股份经济合作社，完成村民合作社换证赋码工作。整合历年农业发展扶持资金，购买376千克玉米种子发放给复耕农民，解决涠洲岛土地撂荒问题；发放土地灭荒扶持资金9.12万元；发放耕地地力保护补贴22.18万元。积极开展农业产业招商引资，全年共洽谈项目10个，签约项目7个，落地项目2个，分别是项目总投资1000万元的城仔

2020 年 4 月，涠洲镇政府组织干部职工志愿服务队开展土地灭荒行动，助力春耕　涠洲镇政府供图

村田园综合体和由广西华远海洋水产养殖科技有限公司投资1亿元建设的涠洲海域深海养殖网箱150组。完成涠洲镇特色农业示范点创建任务3个。继续抓好空壳农民专业合作社专项清理工作，并指导相关合作社规范经营，提高合作社管理者管理水平，吸收有意向的贫困户加入发展较好的合作社。强化“非洲猪瘟”防控和鼓励恢复生猪生产“两手抓”。落实伏季休渔期间渔港渔船安全和渔民减船转产转业工作。扎实开展农产品质量安全检测及春秋两季重大动物疫病防控工作，全年无农产品质量安全事故及重大动物疫情发生。

【项目建设】 2020年，涠洲镇围绕乡村振兴战略，把发展壮大村级集体经济作为主要途径，因地制宜，整合资源，多层次、多渠道促进村集体经济发展，形成村级集体收入的稳定来源，为扎实推进乡村振兴战略提供有力支撑。年内，涠洲镇投入资金60万元建设城仔村汽车修理厂项目，增加城仔村村集体经济收入，并带动周边村民增加就业机会。投入237.70万元建设新安村美丽乡村项目，主要用于道路硬化、建设排污管网、村庄绿化等工程，其中硬化村中道路约5000平方米，建设排污管1.2千米，种植各种绿化苗木2000棵，村庄绿化面积率达到50%以上，方便群众的生产生活，并改善村庄环境。涠洲镇农业产业项目招商引资引进涠洲岛研学旅游基地项目，促进全镇农业产业发展。

【旅游发展】 2020年，涠洲镇充分挖掘海岛特色元素，大力发展乡村旅游，打造滨海特色旅游品牌。4月30日，组织涠洲镇干部到高德街道赤西村和地角街道流下村考察学习旅游发展经验。携程发布《2020年元旦暨春节期间境内外避寒海岛报告》，涠洲岛位居国内避寒海岛榜首。涠洲岛技术资金双扶持助力复耕情况在中国中央电视台新闻频道《新闻直播间》播出。涠洲岛入选广西首批自治区级中小学生研学实践教育基地。广西两个全新的15秒文化旅游整体形象宣传片在中国中央电视台播出，涠洲岛壮

2020 年 5 月 22 日，2020 年涠洲镇农业产业招商引资项目签约仪式举行　涠洲镇政府供图

美风光精彩亮相中国中央电视台综合频道和中国中央电视台新闻频道。北海广播电视台《乡约北海》节目为涠洲岛西角村制作特辑，讲述乡村振兴战略在西角落地生根。北海—涠洲岛航线豪华高速客轮“北游26”正式投入运营，北海至涠洲岛水上航行时间缩短至50分钟，大幅提升北海至涠洲岛旅游客运接待能力。南湾鳄鱼山游客中心广场涠洲·风情集市开张。涠洲岛再次亮相中国中央电视台财经频道《消费主张》栏目，成为金秋长假好去处的推荐地点。涠洲岛海岛智慧书房展现北部湾经济区图书馆服务联盟的建设成果。涠洲海域再度出现布氏鲸，成为广西旅游新地标。涠洲岛南湾鳄鱼山景区正式晋升国家AAAAA级旅游景区。

2020年4月30日，涠洲镇组织镇干部到地角街道流下村考察学习旅游发展经验　涠洲镇政府供图

【脱贫攻坚】 2020年，涠洲镇打好义务教育、基本医疗、住房安全、饮水安全“四大战役”攻坚战，严格按照脱贫标准精准施策，如期完成现行标准下贫困人口全部脱贫。严格落实控辍保学工作机制，保障贫困人口适龄儿童全部接受义务教育并享受“两免一补”（免除义务教育阶段学杂费、免费提供教科书、补助寄宿生生活费）有关政策，落实发放贫困学生“雨露计划”补助20人次、3.5万元；全面落实医疗保障政策，全镇建档立卡贫困人口参保率100%；严格落实“先诊疗后付费”“一站式结算”服务；扎实开展贫困户住房安全等级排查认定和饮水安全核查，统筹扶贫资金9.99万元为建档立卡贫困户修房建房；强化以奖代补推进产业扶贫，对69户贫困户发展“以奖代补”到户产业项目发放补助23万元；用好就业扶贫政策稳定就业，全年共安排扶贫公益性岗位人数19人、开发非固定村级扶贫公益性岗位18个、开发村级临时性扶贫公益性岗位37个；全额收回2016—2017年小额信贷159万元，没有出现逾期还款情况；抓好扶贫小额信贷新增发放工作，宣传覆盖率100%；根据“应贷尽贷”原则，为符合贷款条件的29户建档立卡贫困户发放2020年扶贫小额贷款86万元，全部用于自主发展产业；严格按要求办理拨付小额信贷贴息，贴息2.6万元。作为2019—2020年资产性扶贫项目的公山精品民宿、荔枝山精品民宿、斜阳村集体经济（南湾珍珠旅游展示基地）、西进民宿改造项目，全部成功招租，获得租金总收入为58.5万元，根据合作协议分成比例将租金用于村集体经济收入和差异化分配。年内，涠洲镇共发放全年资产性收益扶贫项目受益对象奖励金5.05万元，各村村集体经济收入已全部超额完成。

【民生保障】 2020年，涠洲镇共发放城乡低保金68.19万元，发放特困人员供养金53.36万元，发放照料护理费17.92万元。新增城乡低保24户、57人，新增农村特困户4户、4人。实施临时救助8户、13人，发放困难残疾人生活补贴12.38万元，发放重度残疾人护理补贴26.06万元，发放高龄老年人津贴37.96万元；发放冬春救助资金17万元，投入10.5

万元组织实施“党员扶残温暖同行”“阳光家园计划”项目，落实残疾人康复服务和评残办证；完成所有贫困户、退出户房屋安全等级鉴定工作，确保没有1户贫困户住危房。配合推进涠洲供水工程(一期)、涠洲水库扩容、涠洲岛旅游区医院(二期)等民生重点工程建设，持续推进村级公益事业财政奖补项目建设，完成新安村美丽乡村建设项目。

【社会治理】 2020年，涠洲镇严格落实安全生产责任制，认真开展季度安全生产大检查和“安全生产月”咨询日活动，督促企业开展安全生产综合应急演练，全年组织安全生产大排查30次、地质灾害巡查10次，全年没有发生重特大安全生产事故和交通安全事故。做好防台防汛及地质灾害安全隐患点巡查、中小学生防溺水和预防一氧化碳中毒工作。落实“七五”普法规划，9月，顺利通过自治区、北海市法治政府建设和“七五”普法双验收；优化社会管理职能，提高村(社区)处置突发事件能力，充分发挥基层干部在调解、综治等工作中第一道防线的作用，有效维护社会稳定；坚持上下联动、群众参与的管理机制，建立完善镇、村、组三级排查网络，做到“小事不出村、大事不出镇、矛盾不上交、就地化解”。年内，全镇共调解民间纠纷53起，成功调解52起，调解成功率98%；协同旅游区调解中心积极调处各类旅游纠纷，全年共调解旅游纠纷141起，调解率和成功率均是100%，获得游客好评，列入第二季度北海市司法行政系统矛盾纠纷及时调处率红榜；落实一村一法律顾问制度，实现法律服务全覆盖。法律顾问发挥职能作用，为岛民提供法律咨询和解答104起，主持调解纠纷3起，协助清理各村委、社区的历年合同71份，为村民委员会、群众起草、修改有关法律文书10份。11月，北海市海城区涠洲镇禁毒办挂牌成立。

【社会事业】 2020年，涠洲镇持续举办党员亮牌经营、道德模范先进典型进机关进基层宣讲、“不忘党恩，争当脱贫攻坚明白人”主题演讲竞赛等活动。协助开展2020年“迎国庆贺中秋”羽毛球赛等文体活动，组织村(社区)、学校文艺队开展文艺演出30场次；完成公益电影放映120场次；免费开放图书室、健身室及教育阵地等场所。推进计划生育服务管理改革，切实加强人口管理，符合政策生育率98.8%，人口自然增长率-2.3‰；发放服务手册(准生证)151本，再生育证6本，独生子女父母光荣证19本；为独生子女户及结扎双女户共821人购买城乡居民基本医疗保险；为计划生育家庭共911人购买关爱保险；为123户独生子女户或结扎双女户购买爱心保险；为51人申请发放全国农村部分计划生育家庭奖励扶助资金7.34万元；为98人申请发放广西部分农村计划生育家庭奖励扶助资金7.06万元；为124人申请发放独生子女费1.33万元。稳步推进基层统计规范化建设，完成第七次全国人口普查工作。推进就业和社会保险工作，新增就业92人，城镇失业人员再就业16人，农村劳动力转移就业54人，城镇失业率为2.18%，控制在4%之内。社会保险累计参保人数6007人，全年缴费人数1821人，缴费总金额131.49万元，养老支出费用431.91万元。为41个被征地农民办理养老保险；为530人办理新参保申报手续；新增接收退休人员档案26人。持续优化政务服务，年内，审批通过房屋拆旧建新21户，房屋改造审批9户，民房简易维修审批55户，公租房保障类型变更审批9户。

【“三清三拆”】 2020年，涠洲镇开展创建全国文明城市活动，全面落实乡村风貌提升乡村环境整治要求，逐步解决村屯脏、乱、差的问题，积极开展乡村“三清三拆”(清理村庄垃圾、乱堆乱放、池塘沟渠，拆除乱搭乱盖、违规广告招牌、废弃建筑)环境整治行动。年内，全镇清理垃圾堆积及物品乱堆乱放共392处；拆除违章建

2020 年 7 月，涠洲镇志愿者服务队组织开展创建全国文明城市活动
涠洲镇政府供图

筑及乱搭乱建 59 处，拆除面积 3042 平方米；拆除废弃建筑 29 处；拆除危旧房 6 间，拆除面积 133 平方米。清理沟渠淤泥 4 处。开展“三微整治”82 处，整治面积 1438 平方米；全力整治西角码头环境卫生和绿化工程，营造干净整洁的旅游环境。

（陈星余）

东街街道

【东街街道概况】 海城区东街街道位于北海市区东北面，属北海老城区，东至上海路，西至广东路，南至湖海路，北至北岸海边，辖区有 4 纵 7 横 11 条主次干道，交通便利。2020 年，街道辖有 6 个社区，179 个居民小组。辖区北边有海底世界、南珠宫、海滨公园、半岛公园等旅游景点景区，有香格里拉、富丽华等高档酒店，有候鸟湾、富丽华·海御、碧海云天等系列高档海景小区；辖区南边有南珠市场、东海市场等 4 道农贸市场；辖区中部有北海广播电视大学、北海国发高中、北海第二实验学校、海城区第六小学等学校，人口密集、人流量大。街道驻有北海市发改局、市农业农村局、市水利局等 90 多个单位，还有选矿厂、纸箱厂、五金厂、商标厂等一批二十世纪七八十年代已停产闲置老厂房，改造潜力巨大。年内，街道坚持务实、高效、创新的工作理念，敢于担当、主动作为，全力以赴抓发展、优环境、保稳定、强队伍，有效推进各项工作迈上新台阶。疫情防控实现辖区范围内零确诊病例目标；建成茶亭路社区“解忧超市”，成为北海市“三事通解”现场推进会参观点；在辖区富钰大厦写字楼建成北海市首个楼宇党群服务中心；5 月，海南路（广东路—市安全局段）实现通车；12 月底，海南路（六小东里—上海路段）实现通车；北海市背街小巷提升畅通行动工程中所承担的 159 条背街小巷建设任务全面完成。

【新冠肺炎疫情防控】 2020 年，新冠肺炎疫情暴发后，东街街道第一时间成立疫情防控领导小组，建立“1+6+N”工作机制，充分发挥党组织在基层

2020 年 2 月 14 日，东街街道党工委领导带领街道、社区干部到北部湾东社区做好小区封闭式管理防控工作　　东街街道办事处供图

2020 年 9 月 18 日，东街街道北部湾东谭屋片区街巷先锋站揭牌启用
东街街道办事处供图

治理中的引领作用和党员的先锋模范作用。采取“定点 + 上门 + 流动”的宣传模式，让疫情防控知识家喻户晓，引导居民积极配合开展排查登记、管控服务等。按照“横向到边、纵向到底”的要求，通过“敲门行动”“3+N”网格化管理模式，做到排查不漏一户、不漏一人。联合辖区派出所、综合执法大队、市场监管等部门，对拒不按要求整改的物业小区、相关市场和单位进行约谈、督查、训诫，发放整改令。经严防严控，街道实现辖区范围内零确诊病例的目标。

【基层党建服务优化】 2020 年，东街街道推行党建引领新模式，优化基层党建服务品牌。在谭屋片区推行党建、综治、执法“三网”融合，推行 1+N 管理模式，实行片区党员挂牌亮身份；谭屋片区已经确定街巷长 9 人，建设街巷先锋站 9 个；谭屋片区改造中形成的“支部挑头、党员带头”的做法成为背街小巷改造的示范。加强街道“大工委”、社区“大党委”常态化工作，积极探索党员积分管理模式，开展好党员红色账户，擦亮街道“街区党旗红”品牌。按照社区“一月一主题”思路，围绕便民服务开展“党建 +”系列主题活动，持续开展持续深化“红色星期六”“党组织活动 +”、党员志愿服务活动开展。阶段性整理出群众“三事”725 件，解决 581 件，解决率 80.1%；建成茶亭路社区“解忧超市”，成为北海市“三事通解”现场推进会参观点，并作为唯一一个乡镇街道代表，在全市“三事通解”现场会上做典型发言。

【基层治理改革】 2020 年，东街街道在北部湾东社区谭屋片区推行党建进网格，引领网格治理，在每个街巷网格中，推行“1+1+N”管理模式，开展基层社会治理、党组织活动开展等工作。因地制宜，打造“融入百家”工作体系，建立完善的工作流程，使“小网格”推动“大治理”，提升治理成效。在辖区富钰大厦写字楼建成首个楼宇党群服务中心，创设“楼宇直通车”，实现楼宇党建和楼宇经济的共同发展。东街街道茶亭路社区以社区“大

2020 年 8 月 12 日，海城区富钰大厦党群服务中心启用仪式举行
东街街道办事处供图

党委”、协议式党建联盟为突破口，有效整合驻区、共建单位等区域化党建资源，助推基层治理水平的提升，成为北海市首个市域社会治理现代化试点社区。

【平安海城建设】 2020年，东街街道充分利用辖区商铺、小区LED电子显示屏及横幅标语宣传扫黑除恶工作，结合节日开展扫黑除恶主题宣传活动，深入开展扫黑除恶专项斗争。加强反邪教宣传“一墙一窗”阵地建设，在街面显眼位置制作大型反邪教墙体宣传栏及橱窗，发动辖区群众沿街安装有LED显示屏商铺播放反邪教宣传标语，定期组织干部群众加强反邪教警示教育，扎实推进无邪教创建活动。重大活动、重大节点期间，全面统筹，做到有事报情况，无事报平安，重大紧急情况随时报，及时管控各社区维稳动态，确保社会安全稳定。

【“双创”工作推进】 2020年，东街街道通过微信、LED电子显示屏、网络和发动党员群众志愿者入户发放宣传资料等“线上+线下”的宣传模式，发放2万余张宣传资料和调查问卷，不断提高市民对“双创”的知晓率、支持率和参与度。持续开展“红色星期六+创城”“美我珠城”等志愿活动130余次，清运垃圾300余车，清除卫生死角30多处，清理小广告5000余张，大大改善辖区环境卫生。积极组织召开夜话创城会，紧扣“三事”工作，逐步推行“自我管理、自我服务”模式。对63个街道包干“三无小区”进行达标整治，并开展飞线改造、安装公共晾晒区、修补坑洼路面等工作，进一步提升“三无小区”设施和环境。

【助力重大项目建设】 2020年，海南路“断头路”征地搬迁工作启动后，东街街道主要领导带领干部、多次协调市有关部门工作人员深入走访居民群众，了解居民群众意愿，召开会议研判分类施策。5月，海南路（广东路—市安全局段）实现通车；12月底，海南路（六小东里—上海路段）实现通车，大大缓解了南珠市场周边交通压力，方便群众出行。全力实施背街小巷提升畅通行动，坚持不懈，11月8日，东街街道承担的年内北海市背街小巷提升畅通行动工程的159条背街小巷建设任务全面完成，辖区街巷全部旧街换新容。

【民生改善】 2020年，东街街道不断加强窗口服务规范化管理，明确责任，提高效率，使社保、劳动、就业、低保、计生、卫生等各项公共服务工作更好地服务社会。年内，东街街道城乡居民基本养老参保入库率85.63%，城镇新增就业243人，城镇失业人员再就业72人，失业率控制在3.11%。城乡居民基本医疗保险缴费人数1.99万人，低保覆盖率比上年提高0.33个百分点，做到应保尽保。积极推进卫生健康工作，辖区居民艾滋病防治知识知晓率85%以上。积极组织、配合开展健康素养促进项目和慢病防控示范区建设，不断提高辖区居民健康指数。

【垃圾分类工作推进】 2020年，东街街道在街道办事处、社区、小区及学校共投放32组新型分类式垃圾桶，在东海街、谭屋村建设2个生活垃圾分类收集点，进一步规范主次干道的垃圾桶设置，引导机关企事业单位、小区、商铺、市场等在单位、小区、商铺、市场红线内设置垃圾桶，新增投放四分类垃圾桶50组。通过标语、横幅、宣传栏、板报、微信公众号等多种方式进行广泛宣传，普及垃圾分类知识。全年共开展垃圾分类知识宣传活动200多场，发放生活垃圾分类宣传册2万多份，在108个“三无小区”设置垃圾分类宣传栏、张贴宣传海报及标语，营造“垃圾分类工作就是新时尚”的浓厚氛围。在街道、社区开展丰富多彩的垃圾分类工作宣传教育、分类培训等活动，提高广大干部职工和居民群众生活垃圾分类意识，动员大家积极参与分类行动。

（杨贞纯　肖柏丰　陈秋言　何远辉　沈杨琼　黄颖）

中街街道

【中街街道概况】 中街街道是北海市的政治、文化、商贸、医疗中心,街道党务政务服务场所驻牛皮巷30号。辖区范围东起广东路,西至四川路,南起北海大道,北至滨海路。2020年,中街街道下辖北部湾、中山路、幸福里、广场东里、塘仔里、南珠路、新安街、公园路8个社区居委会。驻有北海市人民政府、海城区人民政府2个政权中心;辖区各类资源齐全,形成“十分钟便民生活圈”,有以新力广厦—和安商都—和安商港为代表的北部湾广场商业圈及泰业广场、百家汇超市等5个大型商业超市;有北海市图书馆、人民剧场、工人文化宫、中山公园、长青公园、海门广场、北部湾广场,满足辖区居民的文化休闲娱乐需求;有北海市人民医院、市第二人民医院、市中医院等大型医院,方便居民就医;有北海市二运公司、市客运中心,交通便利;有北海市第一中学、市第八中学2所中学,有海城区第二小学、区第三小学等5所小学,有幼儿园17所;有长青市场、文明市场、幸福市场、中山东市场4道农贸市场。公园路、体育路周边商品批发零售业态成熟。珠海路、中华街、兴华街、沙脊街、中山路是北海最早的商业繁华区。其中,珠海路是闻名的“百年老街”,是北海市旅游、观光、购物、休闲的国家AAAA级旅游景区。北岸的红帆步行街是市民观海、听涛、休闲的好去处,三角临海地带新建中山路社区党建主题广场。年内,中街街道办事处获自治区卫生先进单位(2019—2021年)称号,先后被定为自治区司法厅立法联系点、2019年北海市市级人大代表履职活动中心示范点;北部湾社区获评第四批全国“扫黄打非”进基层示范点、2019年度广西五四红旗团支部等称号;离退休干部服务点工作成效获自治区党委老干部局发文表彰。

【新冠肺炎疫情防控】 2020年,面对突如其来的新冠肺炎疫情,中街街道坚持党建引领,以网格为单位,率先在海城区发布党员集结招募令,第一时间组建由社区综治专干、卫生院医护人员、社区民警和各行各业在职党员志愿者等组成的“3+N”“红色网格”队伍,网格联防联控、群防群控、稳防稳控工作机制持续健全。年内,招募居家观察服务、医务防护、疫情防控宣传等志愿者共265人,投入防控疫情志愿服务中,为打赢新冠肺炎疫情防控阻击战贡献中街力量。

【项目建设】

背街小巷提升畅通 2020年,中街街道结合工作实际,对负责的76条背街小巷制定作战图,明确进度表,以“一图一表”方式扎实推进背街小巷改造工作。年内,街道按时按质按量完成负责的76条背街小巷提升畅通建设任务。

服务场所提档升级 2020

2020年2月3日,中街街道联合区委组织部、区政府办等6个单位145名党员干部、志愿者组成“3+N”“红色网格”队伍,下到社区网格开展“敲门行动”,做好新冠肺炎疫情防控工作　　中街街道办事处供图

年，中街街道完成3048.04平方米中街街道党群服务中心、1700.06平方米幸福里社区党群服务中心的建设，分别在7月、9月正式入驻；完成500平方米“一站式”党务政务服务大厅建设；其他便民惠民功能室建设得到推进。中山路社区党群服务中心主体建设封顶。

2020年4月13日，中街街道背街小巷提升畅通行动第一批项目开工仪式在文明南路七巷横巷举行　　中街街道办事处供图

2020年7月1日，中街街道党群服务中心启用仪式举行　　黄一红摄

【基层党建】

党建引领民主议事　2020年，中街街道创新“两代表一委员”“有事大家说”“三访三动”“五步微协商”等民主议事机制，丰富众人事众人议的制度化实践。工作经验获《人民政协报》《广西政协报》、人民网、广西卫视等媒体刊播，并在自治区现场会上推广。

党建赋能基层治理　2020年，中街街道抓好“党建领航”工程行动在辖区的实践，打造街区党旗红“红领之家”、培育小区党旗红“邻里名座”、深化景区党旗红党建主题广场。创设海城区首个“解忧超市”供需对接平台和北海市首个景区里的“解忧超市”，设计理念在全市推广，其中北部湾社区“解忧超市”工作成效经验在北海市现场会上做发言。

【“三事”工作】　2020年，中街街道深入贯彻习近平新时代中国特色社会主义思想，巩固拓展“不忘初心、牢记使命”主题教育成果，创新工作思路，在辖区推行“委员问事进社区，百姓说事提议题，二五议事出主意，及时办事亮结果，定期评事有反馈”的“五步微协商”工作法，打造“有事大家说”平台，实现说事阵地从室内向户外拓展，保证说事后续有跟进。在北部湾社区试点探索建立“五单解民忧”工作闭环，形成“五味入民心”工作成效。联合多部门通办联解老百姓“三事”，搭建以“解忧超市”为载体的“大党委”党建服务项目平台，将各种形式收集到的如给小学生买书、给老年人配眼镜等可以力所能及帮助解决的“微心愿”汇集到社区，发动社区各界力量认领“微心愿”，兑现“微心愿”。年内，收集“三事”445件，解决430件，办结率96.63%，满意率100%；收集困难群众“微心愿”115个，全部兑现。

【第七次全国人口普查开展】

2020年，中街街道克服外来人

口众多、人户分离较为普遍、户籍管理和人员构成较为复杂等困难,出动387名普查“两员”对249个普查小区开展“挨家挨户”的实地走访入户式登记,如期在时间节点前圆满完成人口普查工作,摸排辖区总人口数9.57万人,其中户籍人口数6.81万人,常住人口数5.07万人。

【社会事业】

社会保障 2020年,中街街道完成城乡居民基本养老保险参保入库率100%,城镇新增就业人数237人,城镇失业人员再就业人数90人,组织城乡劳动者职业培训305人,城镇居民参加医疗保险2.76万人。

计划生育 2020年,中街街道采取政策推动、宣传教育、利益导向等多种措施,优化人口结构。年内,出生419人,死亡286人,人口自然增长率2.52‰。

民政救济救灾 2020年,中街街道严格落实民政低保工作、困难群众救助、医疗救助等各项惠民政策,做到民生对象有进有出、应保尽保、不漏保、不虚报。年内,共为辖区低保户296户、489人发放低保金175.20万元,为高龄老人1803人发放生活津贴100.96万元。

【城市管理】 2020年,中街街道发挥“大党(工)委”“党建360”作用,结合新时代文明实践活动、“红色星期六”等开展志愿服务活动,宣传、执法、保洁“三管齐下”,切实做好“双创”工作。联合执法中队、京环公司,增强工作合力,处理中山路沿街垃圾乱放“整治—反弹”顽疾。整治工作成效得到海城区创城办通报表扬6次,上红榜2次。

【平安建设】 2020年,中街街道坚持“主要领导负总责、分管领导具体抓,全员动员,上下联动,齐抓共管”的工作格局,在各项维稳工作中做到早排查,早发现,早化解,把各种不稳定因素化解在基层。年内,共调查处理民事纠纷30起,成功调解30起,成功率100%;信访答复件25件,实现无人进京赴邕非访。结合街道实际情况,围绕“民法典宣传进社区、进小区、进学校、进机关”,积极开展法治宣传活动。年内,共开展法治普法活动12次,悬挂横幅16条,发放宣传资料2000余份,普及群众2000余人。

(杜琴艳 李天骄 邓晓庞舒宁)

西街街道

【西街街道概况】 西街街道辖区东起四川南路,西至西藏路,南起重庆路,北至北部湾西路。2020年,西街街道下辖贵州南路、云南南路、广场西里、平安街、西藏路5个社区居委会。辖区行政机关事业单位、金融机构、购物商场、酒店和餐饮服务行业较集中,是集商贸旅游、餐饮娱乐、休闲购物于一体的市区繁华地带。辖区驻有北海市财政局、市海洋局、市生态环境局、市旅游文体局等多家行政机关事业单位;驻有中国银行北海分行、农业银行北海分行、交通银行北海分行、邮政银行北海分行、桂林银行北海分行等银行;有宝谊商场、启东商场、华美广场、华联商城、百佳汇超市、沃尔玛超市等大型商场;有小学2所,幼儿园19所,医疗机构6家;有宝谊商场—启东商场—富贵路夜市商业圈和华美广场—南洋国际购物广场商业区。

【经济工作】 2020年,西街街道发挥区域优势,发展楼宇经济,强化招商引资和项目建设,优化营商环境,深入企业开展“走企连心解困”行动。指导25家限上企业、1家房地产企业做好复工复产工作,跟踪指导做好西街街道党群(文体)政务中心、盛世嘉园、中环国际广场、北海移动“互联网+”智慧城市信息化建设、背街小巷维修道路工程(西街街道部分)、北海市新华书店有限公司仓库建设、中国电信北海分公司市管滚动性投资项目7个单位(项目)的固定资产投资上报工作。全年完成固定资产投资3.68亿元,完成招商引资 1000 万元。

【社会事业工作】 2020 年，西街街道落实好就业政策，提高就业率。完成下岗失业人员再就业 84 人，完成任务 186.67%；城镇失业率控制到 3.53% 以内。上半年完成城乡居民基本医疗保险参保 9764 人，完成任务 100.04%。做好退休人员社会化服务管理工作，全年共接收退休人员进入社区社会化服务管理 3946 人。全年城乡低保金额共发放 2405 人次、77.33 万元；临时价格补贴 13.17 万元；城市特困供养对象补助金共发放 33 人次、4.51 万元。发放 80 岁高龄老人津贴 4376 人次、22.26 万元；发放 90 岁高龄老人津贴 553 人次、4.45 万元；发放 100 岁高龄老人津贴 9 人次、4500 元。全年走访困难企业军转干人员 51 人，发放军转干人员的春节慰问金和生活补贴 96.93 万元。

【新冠肺炎疫情防控】 2020 年，面对突如其来的新冠疫情，西街街道党工委把疫情防控作为最重要的工作来抓，通过党建引领，全面动员辖区党员干部群众迅速响应，积极行动，打响疫情防控阻击战。形成“社区党支部—居民自治小组—党员—居民”的网格化管理机制，推广党员志愿服务，实现党建工作防疫网格的全覆盖，牢牢掌握疫情防控工作主动权。下半年，全国新冠疫情得到有效控制，西街街道疫情防控工作也相应进入常态化管理，结合实际，深入分析现阶段疫情出现的新情况、新问题，从认清形势、健全机制、社区治理、加强宣传等方面，全面做好常态化疫情防控工作。全年辖区未出现确诊病例和疑似病例。

【城市环境管理工作】 2020 年，西街街道响应北海市委、市政府“双创”号召，营造浓厚“双创”氛围，创建整洁、有序、文明的市容环境。通过互联共建、大力推动志愿者大联盟服务、鼓励群众积极参与等形式，开展环境共治理行动，组织党员志愿者、巾帼志愿者、青年志愿者约 1800 人次参加各类公益志愿者服务活动 90 余次。西街街道下辖社区共清除小广告 1.2 万处，清理卫生死角 900 余处，规划停车位 2491 个，更新公益广告 982 块，发放宣传资料和调查问卷 5 万余份，提升改造背街小巷 74 条，整治“三无小区” 70 个。

2020 年 2 月 2 日，西街街道办事处干部职工走街入户宣传疫情防控知识

西街街道办事处供图

【国土规建环保安监工作】 2020 年，西街街道提高中低收入住房困难家庭住房保障水平，办理变更 4 户保障性住房申请手续；受理群众民房报建 15 宗，办结 15 宗。落实安全生产“一岗双责”制度，安全生产严抓严管，年内，对各行业安全生产检查 15 次，检查企业、商铺 66 家，发现存在安全生产问题 20 家，责令整改 20 家，整改率 100%。年内，辖区背街小巷提升畅通行动涉及 74 条道路，西街街道以党建为引领，班子成员包点改造道路，深入改造片区，做实做细群众工作，化解改造施工中各类矛盾 130 余次，解决涉及道路改造的群众“三事” 50 余件。联合综合执法大队依法拆除背街小巷乱搭乱建违章建筑面积 1.40 万平方米，拆除违建围墙 6481.06 米。10 月，74 条

2020 年 4 月 24 日，西街街道背街小巷提升畅通行动第一批项目开工仪式在新开泰小区举行　　西街街道办事处供图

背街小巷提升畅通行动全部完成，极大地改善辖区群众的出行条件。全年辖区无重大安全责任事故发生。

【社会管理工作】 2020 年，西街街道围绕“平安西街”建设为中心，街道社会治理办公室、公共管理办公室等部门联合各社区认真做好矛盾纠纷排查调处工作，综合运用多种方式、方法，切实将矛盾纠纷化解在基层、把问题解决在当地、把隐患消除在萌芽状态，全年共排查化解各类矛盾纠纷 306 起，保证社会和谐稳定。联合辖区派出所、打传办、市场监督所等部门开展推进创建无传销小区工作。累计对辖区内的蓝海尚城、三清园、中南明珠、假日花园等小区进行清查 3 次，查封涉传出租屋 10 户，传唤涉传人员 20 余人到海城区打传队接受调查，创建无传销小区 25 个。

（陈国栋）

海角街道

【海角街道概况】 海角街道位于北海市区西北部，东起四川北路，西至西藏北路，南至北部湾西路，北至北部湾海岸。2020 年，海角街道辖独树根东、独树根西、海角大道、北部湾西路、外沙、前进路 6 个社区居委会，151 个居民小组。辖区有公办学校 6 所（幼儿园 1 所，小学 4 所，初中 1 所）民办学校 2 所，3 个渔业发展中心。年内，海角街道办事处荣获自治区社区戒毒社区康复工作示范点、北海市热心消防公益先进集体，海角街道下辖的“两新”组织——北海爱尔眼科医院党支部获北海市非公企业和社会组织党建示范点称号。

【新冠肺炎疫情防控】 2020 年 1 月 23 日起，海角街道确立 24 小时值班值守，6 个社区划分为 39 个网格，83 名干部下沉一线挂点网格，建立街道、社区、网格三级联动机制，分片分区域负责，完成 120 个疫情小区排查任务。发动辖区党员、群众参与疫情防控工作，完成排查 1.73 万户、4.67 万人。招募北海宏泰水产有限公司党支部、北海赋康医院党支部等“两新”党组织和共建单位等 150 多名党员青年相继进驻 39 个网格。通过街道“大工委”、社区“大党委”，发动市直、区直部门党员、青年志愿者积极参与疫情防控工作。“两新”组织北海市博铧医院党支部主动安排 20 名医护人员参与排查任务较重的前进路社区。在部分“三无小区”成立北海市海城区海角路印刷厂宿舍临时党支部等 6 个临时党支部参与疫情防控工作。海角街道办事处对排查出来的重点人员，以“1 个街道干部 +1 个社区干部 +1 个派出所民警 +1 个医护卫生员”包干的形式，进行管控登记、跟踪随访、健康监测，全年辖区没有发生疫情。推行北海市防疫工作措施，压实 24 个物业小区的防控责任。北岸晏城小区党支部设立党员服务岗，每天对电梯、楼道、扶手等重点部位进行消毒；万家兴小区党支部建立“党组织 + 物业 + 社会组织”模式，联合北

2020年2月11日，海角街道前进路社区干部与辖区医护人员上门为重点人群测量体温　　海角街道办事处供图

海市心理咨询师协会党支部开通心理热线，为小区住户提供心理咨询和安抚服务。抓好常态化疫情防控和经济社会发展工作。相关工作获人民网、《北海日报》等主流媒体宣传报道34次。

【背街小巷提升畅通行动】 2020年，海角街道落实背街小巷提升畅通行动，完成改造背街小巷139条，总投资4449万元，升级改造变电南片区，打通独树根东八巷等一批阻碍居民出行的“断头路”。

【街道机制体制改革】 2020年，海角街道完成管理机制体制改革。8月27日，举行海角街道人大工作委员会成立揭牌仪式，设立“一部四室执法队”［党群工作部、党政综合办公室、公共服务办公室、公共管理办公室、社会治理办公室（综合行政执法办公室）、综合行政执法大队］，成立海角街道公共事业服务管理中心。

【项目建设】 2020年，北海市规划局通过海角街道党群（文体）政务服务中心选址，用地面积0.59公顷。海角街道办事处已编制项目建议书，并按程序申请《建设项目用地预审与选址意见书》。成立工作专班，配合北海市第十四征地工作组推进北海村大水沟雨污水整治工程前期工作，利用2周时间初步完成项目红线内情况调查，实地测量登记64个建筑物。海角街道有在建房地产项目1个，计划总投资1.2亿元，已完成投资0.88亿元；有未开工的房地产项目2个。海角街道办事处走访指导企业复工复产160家、个体工商户450户，协调帮助企业解决口罩、测温枪紧缺和人员隔离等困难问题60个。

【“双创”工作】 2020年，海角街道针对“双创”工作涉及的8类551个指标实行网格化管理，责任到人。发挥街道“大工委”、珠城先锋互联共建单位的作用，开展卫生清洁和入户宣传志愿服务125次，出动志愿者2050人次。投入95万元整治北海市风机厂有限公司宿舍等一批“三无小区”。在小区达标验收工作中，海角街道兜底的小区达标验收通过率69%。组织召开小区管理居民协商会18次，参加协商居民730人次。海角街道“创城”工作获北海市创城办通报表扬1次，获海城区创城办通报表扬4次，获

2020年8月27日，海角街道人大工作委员会揭牌仪式在海角街道办事处大院（海角路41号）举行　　海角街道办事处供图

《北海日报》等市级媒体宣传小区治理做法9次。年内,海角街道办事处设立健康教育宣传栏37处,安装大型“创卫”公益广告宣传板报26块,开展城乡清洁志愿服务活动48次,参与志愿服务活动2000人次;发放防“艾”宣传资料9000份,建设社区健康小屋4间。

【社会治理】 2020年,海角街道扫黑除恶成效满意度在北海市30个乡镇(街道)中排名第一名,群众安全感排名第二。全年共受理调处矛盾纠纷62起,调处成功率96%。全面完成街道综治中心建设,配备群众接待厅、矛盾纠纷调解室、监控研判室。全年解除社区矫正人员12人,在册管理人员14人,存余社区戒毒、社区康复在册管理人员17人。海角街道办事处获自治区社区戒毒、社区康复工作示范点称号。完成街道退役军人服务站和6个社区退役军人服务站的基本建设。开展专项安全生产大检查9次,深入辖区排查企业11家,开展联合消防排查5次,发现并当场整改安全隐患20处。

【社会事业】 2020年,海角街道发放低保金188.20万元,补发价格临时补贴29.96万元,发放高龄补贴61.65万元;为282名低保户报销购买2020城镇居民医保,支出资金4.23万元。年内,海角街道城乡医疗保险参保1.99万人,完成任务100%;养老保险完成1598人,完成全年任务100%。争取北海市和海城区支持4万元,自筹部分资金,建设海角街道新时代文明实践所,进一步健全基层文明宣传阵地。海角街道全年出生上报307人,政策符合率97.3%,人口自然增长率1.4‰。

【市容环境建设】 2020年,海角街道强化环境卫生巡查,完成市容保洁收费70万元。巡查督促北环公司对环境卫生整改3035次,扣罚金额17.9万元。海角街道办事处配合上级相关部门进行黑臭水体治理和外沙内港清淤,在海城区海角路桂皮仓宿舍建设1个泵站收集雨水、污水排入市政管网。

2020年12月31日,在建的海角街道新时代文明实践所内景一角
海角街道办事处供图

【人口普查】 2020年,海角街道完成辖区第七次全国人口普查工作。其间,召开人口普查培训会议工作5次,参加海城区统计培训会议3次。海角街道共划分6个普查区,147个普查小区,选聘220名普查员参加辖区第七次全国人口普查工作,完成摸底登记2.45万户、5.15万人;正式短表登记2.43万户、6.29万人;长表抽取1434户;比对复查共计8432条。

【党建工作】 2020年,海角街道党工委利用街道微信公众号展播正能量的舆情信息245条。利用“党组织生活日+”等模式开展活动125次。将意识形态工作纳入重要议事日程。街道纪工委来访接待室和谈话室完成规范化建设,投入使用。年内,海角街道纪工委立案5件,结案5件,给予党纪处分5人。

【为民服务】 2020年,海角街道在6个社区打造“解忧超市”,辖区单位、党员积极认领,解决老百姓“操心事、烦心事、揪心事”69件。利用党组织服务群众工作经费，建成启用北部湾西路社区小广场、独树根东社区老书记工作室。

（蔡文秋）

地角街道

【地角街道概况】 地角街道位于北海市西端，东至西藏路、银河科技园，西至大墩海，南至北海大道，北濒北海港，因地形呈三角形凸入海面而得名。辖区海岸线12千米，距市区中心约8千米，管辖上寮、下寮、新营、昆明路4个社区居委会，下辖1家渔业公司、5个渔业服务部。2020年，地角街道居民主要从事海洋捕捞、海产品加工和销售等。地角街道办事处坐落在地角下寮659号，辖区内有中直单位3个、市驻军单位12个、市直单位2个、公办中学1所、公办小学3所、公办幼儿园2所，有北海市文物保护单位1处（地角岭古炮台遗址），全民国防教育先进单位1个（地角女民兵连）。

【经济发展】 2020年，地角街道完成全社会固定资产投资2.28亿元，完成招商引资实际到位资金1.75亿元。

【项目建设】 2020年，地角街道配合北海市直各有关单位完成红坎村蚂蝗沟污水收集管网工程和红坎污水处理厂进厂明渠加盖盖板工程、云南北路水产市场西侧被淹土地抽排清淤工程、百丰花园空气异味及红坎村周边土地被淹问题整治工程等项目建设，解决红坎村空气异味及土地被淹问题。年内，地角街道积极做好乡村振兴示范村的建设工作，建成新营社区流下村停车场2个及相关配套设施，整村推进厕所粪污引流排放工程开工建设，争取资金建成旅游公厕2座，继续推进“三清三拆”工作，乡村风貌得到进一步提升。北海文化周之“流下盛宴·山海相约”系列活动在流下村成功举办并取得很好的效果。推进“鲛食”餐厅（党员实训基地）、海上运动基地项目等产业项目建设，村集体经济收入得以增强。流下村产业发展初具规模，成为北海市的网红村，全年接待游客10万人次。年内，流下村入选第二批全国乡村旅游重点村。年内，地角街道负责背街小巷提升畅通行动建设任务104条，项目总投资2648.52万元，道路总长度8692米，雨水管道7345米，污水管道6127米，照明路灯40盏，拆除违章建筑1.8万平方米，惠及群众4253户、1.51万人。年内，项目工程全面竣工。

【安全生产】 2020年，地角街道结合安全生产月活动，强化宣传力度，采取多种形式入户入企业宣传安全生产月活动、“强监管严执法年”工作等，共发放宣传资料2000余份，悬挂横幅50余条，营造安全生产的浓厚氛围。督促各类企业强化安全生产工作，落实安全生产主体责任。同时组织街道、社区干部学习《中华人民共和国安全生产法》等有关法律法规，进一步提高街道、社区依法行政和监管水平。地角街道大力开展安全生产大检查和重点领域专项整治行动，狠抓元旦、春节、清明、“三月三”、“五一”、中

2020年4月29日，海城区地角街道背街小巷提升畅通行动第一批项目工程开工仪式举行　　地角街道办事处供图

秋、国庆等节前安全大检查,开展烟花爆竹和森林防火隐患排查整治活动,开展渔港安全和防溺水安全整治活动等。全年共组织开展安全生产大检查8次,出动人员120人次,排查出安全隐患183处,督促完成整改183处。

【森林火灾救援】 2020年6月29日15时左右,冠头岭海城区地角街道管辖林区发生森林火灾。火灾发生后,地角街道党政主要领导第一时间到达现场靠前指挥,在辖区党员群众及相关职能部门、救援队伍的共同努力下,火势于当日20时30分得到控制,未造成人员伤亡。在该次火灾险情救援过程中,地角街道领导干部、党员群众、应急队伍行动迅速,勇敢顽强。火情控制后,地角街道党政主要领导继续组织干部群众巡山巡查,做到24小时无间断值班值守,防止山火死灰复燃。

2020年6月29日,冠头岭海城区地角街道管辖林区发生森林火灾,地角街道党员干部第一时间到达现场参与救火　地角街道办事处供图

【社会治安综合治理】 2020年,地角街道调整地角街道综治中心办公场地,完善办公设施,按机构配齐工作人员,扎扎实实开展工作。

扫黑除恶专项整治　2020年,地角街道开展打击"黄赌毒""传销"等专项行动,辖区地角派出所共立案刑事案件115件,破案52件;查处治安案件86件,行政拘留92人;查处吸毒治安案件36件,行政拘留44人,强制戒毒22人。集中开展打击"传销"行动17次,清查出租屋105间,查处涉嫌"传销"人员67名,辖区治安风气得到净化,群众安全感和政法工作满意度得到提升。

矛盾纠纷调处　2020年,地角街道红坎村因生态环境整治引发矛盾,地角街道成立专门工作组,对挑头人、煽动者进行约谈批评和教育。同时,对群众提出的合理诉求,街道能解决的积极解决,不能解决的,积极协调上级部门下访解决,把群众矛盾化解在基层萌芽状态。全年共调处各类矛盾纠纷133件,成功调处131件。年内,地角街道共收到来信来访11件,书面答复11件,网上受理信访件30件,答复30件。

法治宣传　2020年,地角街道共发放各种群众安全感宣传资料2万余份,发动单位和个体户播放LED电子屏幕宣传标语2000多次,悬挂横幅100多条,群众安全感民意调查在北海市30个乡镇(街道)排名第六名。

网格化管理　2020年,地角街道继续抓好辖区4个社区网格化建设工作,4个社区共划分网格43个,其中普通网格16个,专属网格27个。已落实网格长和网格员,逐渐完善网格化各项管理工作制度,各项录入工作有序进行。

反邪教工作　2020年,地角街道共召开反邪教专题会议4次、悬挂横额12条、发放宣传单和宣传手册等资料4000多份,完成"对邪教说不"网络签名2484人(任务数2000人),完成全年总任务124%。积极开展无邪教小区创建,继续巩固创建百丰花园、嘉逸花园无邪教小区工作成果。

【"双创"工作】

创建国家卫生城市　2020

年，地角街道设立健康教育宣传栏8处，每2个月定期更换1次宣传内容，营造浓厚宣传氛围。召开“创城”专题工作会议7次，研究部署“创城”工作。组织志愿者大力整治“三无小区”西城佳园活动7次，切实改善人居环境。开展爱国卫生运动8次，清理小广告、整治城乡接合部环境卫生、清理卫生死角等20余次。开展灭“四害”行动7次，清除鼠、蚊、蟑螂、苍蝇等“四害”滋生环境，降低“四害”密度。

创建全国文明城市　2020年，地角街道充分运用各种宣传载体开展全覆盖的宣传活动，大力营造“创城”工作人人参与的氛围。年内，辖区主干道昆明路上设置大幅社会主义核心价值观公益宣传3幅，更换各主次干道的公益宣传广告牌75块，向居民群众发放“创城”宣传资料1万余份，调查问卷8000余份。积极联合各单位开展多种形式的志愿服务活动。街道、社区充分运用综合文化服务站、党旗红剧场和地角女民兵连史馆等活动场所，以市民教育、普法教育、防灾减灾、科普教育、道德讲堂5个主题为主，联合辖区学校、企事业单位等，通过知识讲座、志愿活动、实地演练、文艺晚会等形式，宣传“创城”工作，不断提高“创城”知晓率、参与率。全年共举办各类文艺活动10场、知识讲座15场、防灾演习4场、宣传类志愿服务活动15次。组织社区、相关单位对辖区的“三无小区”、背街小巷、城中村的环境卫生进行集中整治。年内，在大细村、流下村、西城佳园等重点点位，共开展志愿服务活动30余次，发动600余人次志愿者参与，清理杂草杂物150余车，清理电杆、商铺卷闸门小广告200多平方米，更换主次干道和“三无小区”的分类垃圾桶25个。通过集中整治行动，人居环境得到明显改善。

【社会事业】

民政工作　2020年，地角街道召开4次低保特困工作联席会议，主要审核新增低保人员情况及停保事宜。年内，地角街道辖区城市低保户201户、373人，低保覆盖率1.82%，新增48户、136人。同时，按规定将不符合条件的6户、9人予以停保。地角街道坚持严格依法办事，接受群众监督，逐步实现城市低保工作制度化、规范化，获得群众信任，维护社会稳定。

社会劳动保障　2020年，地角街道辖区城镇新增就业人数完成111人，完成全年任务的100.06%；城镇失业人员再就业完成43人，完成任务的100%；困难人员再就业完成20人，完成任务的100.25%。城镇登记失业率1.48%。城乡居民养老保险扩面新增参保359人；城乡居民医疗保险实际缴费2.38万人；城镇居民基本医疗保险新参保247人；城乡居民养老保险新参保142人，正常参保3133人，发放待遇90人。

计划生育　2020年，地角街道新出生人口147人，其中符合政策出生140人，政策外出生7人。人员数据库信息录入率100%，准确率96.20%，变更及时率100%。完成计划生育家庭关爱保险232户、545份。辖区流动人口已婚育龄妇女持验证率100%。年内，地角街道联合地角卫生院共同组织妇女进行优生优育健康培训，参加人员300余人。办理独生子女父母光荣证13本，发放生育服务手册154本，发放再生育证3本，受理独生子女退休人员增资材料12份，城镇居民独生子女父母年老享受奖励待遇材料10份，立案2件。

【整风肃纪】　2020年，地角街道正确把握和运用监督执纪“四种形态”，立足抓早抓小，对党员干部一般性、苗头性和轻微违纪问题，按照干部管理权限，进行谈话提醒和集体约谈，把问题消除在破纪之初、违法之前。年内，地角街道开展提醒谈话5人，运用第一种形态处置2人次，第二种形态处置3人次，开展集体约谈4次、62人。

【意识形态工作】　2020年，地角街道将学习贯彻习近平新时代中国特色社会主义思想作为根本指南，把党章作为根本依据，把意识形态工作纳入重要议事日程，推动意识形态工作责任制落实，形成长效工作机制。制订工作计划,持之以恒开展“三个日”(党费日、组织生活日、党务公开日)制度。高度重视解决老百姓“三事”。强化服务,各社区建成“解忧超市”,并广泛开展微心愿、微心事的收集及认领工作,创新矛盾调处模式化解矛盾纠纷。年内,地角街道为群众办实事100余件,聚“三事”解难题效果明显。

乡村振兴　年内,地角街道新营社区流下村通过党建引领乡村旅游创建工作日新月异、成绩斐然,入选第二批全国乡村旅游重点村,获北海市乡村振兴示范村称号,成为北海市的网红村、广西干部学院和北海市委党校乡村振兴现场教学点。

特色品牌打造　年内,地角街道加快推进地角女民兵连党性教育基地项目建设,结合新营社区流下村乡村振兴示范点特色教学,创新党员教育模式,极力打造地角街道党校办学特色亮点。发挥“海上党旗红”指挥部、党旗红剧场的宣传阵地作用,利用伏季休渔期定期组织渔民党员志愿者结合边海防管控、“创城”、平安建设、文化宣传、脱贫攻坚等开展系列活动。

【文体活动】

“三事”征集晚会举办　2020年12月25日晚,上寮社区党总支在社区文体广场举办“三事”(操心事、烦心事、揪心事)征集宣传主题晚会,把“解忧”超市开到群众家门口,在家门口征集群众的操心事、烦心事、揪心事,为群众解决“急难愁盼”问题。晚会共征集“三事”4件、“微心愿”6个。

干部职工健步走活动　2020年9月30日,地角街道党工委、地角街道办事处、海城区总工会、海城区民宗侨务局等部门在地角街道联合开展以“民族团结健步行,不忘初心快乐行”为主题的“地角文景杯”喜迎国庆健步走活动,60名干部职工参加。活动过程穿插民族团结、法律、卫生健康知识等相关问答冲关题,民族歌曲接唱、“我和党旗合个影”、背对背传球等趣味游戏。整个活动全程5.4千米,干部职工全部抵达终点。

“咸水歌”说唱五中全会精神　2020年11月25日晚,区妇联、地角街道党工委、地角街道办事处和地角街道妇联、上寮社区、下寮社区开展“中共十九届五中全会精神宣传”暨禁毒防艾、邻里守望、邻里互助、反家暴宣传文艺晚会。文艺演出中穿插有奖知识问答环节,发放反家暴、未成年人保护法、提升群众安全感、扫黑除恶、预防艾滋病、垃圾分类等宣传资料和宣传品。

“环保妈妈”志愿活动　2020年7月19日,北海市妇联、地角街道党工委、地角街道办事处、海城区妇联主办,北海市妇女儿童活动中心、地角街道妇联、新营社区协办的,“环保妈妈手拉手·绿色生活我在行”最美家庭你我共创系列活动启动仪式在新营社区流下村举行。

【新冠肺炎疫情防控】　2020年,地角街道在新冠肺炎疫情防控期间,积极发挥网格化管理的优势,创新“12334”网格化管理工作法,组织干部职工积极参与防疫工作,严格落实人人防,村村防,居居防,家家防,群防群控,稳防稳控措施,织牢疫情防控管控网。年内地角街道无新冠肺炎确诊病例。

(庞春燕)

2020年1月22日,地角街道新型冠状病毒感染的肺炎疫情防控工作部署会议召开

地角街道办事处供图

高德街道

【高德街道概况】 高德街道位于北海市区东北部，北接合浦县，西临廉州湾，东与银海区平阳镇以钦北铁路分界，南与驿马街道、东街街道相邻，辖区海岸线7千米，10米以内浅海及滩涂面积1666.67公顷，有耕地800公顷。2020年，高德街道辖高德一居、上海北路、上海中路、庙山、沙脚、岭底、吉林路7个社区和赤西、垌尾、军屯、高农、高菜、开江、马栏、翁山8个村委会，47个自然村，141个村(居)民小组。年内，高德街道完成全社会固定资产投资26.75亿元，完成招商引资新签约项目37.5亿元，完成招商引资到位资金31.68亿元。

【服务项目建设】 2020年，高德街道坚持以征地促发展、项目惠民生为主要工作思路，主动统筹市、区、工业园、街道等征地搬迁工作力量，积极推进重大项目征地搬迁工作。年内，推进实施项目59个，新增签订征地协议面积180多公顷，清场面积140多公顷。继续做好800公顷已征项目用地的交付使用工作，为惠科电子产业城、中电信息港、高德老街滨海文旅综合体、工业园区排水及再生水系统项目、廉州湾大道、向海大道等重点项目落地建设提供坚实的用地保障。

2020年7月22日，北海市廉州湾大道工程开工仪式在高德大桥花海公园举行　　高德街道办事处供图

【基层党建】 2020年，高德街道深入学习贯彻中共十九大和十九届四中、五中全会精神以及习近平新时代中国特色社会主义思想，始终把坚持党的领导贯穿于街道各项中心工作，突出党建示范引领，不断夯实基层堡垒。巩固“不忘初心、牢记使命”主题教育成效。持续抓好落实整改，督促整改问题80余个，为群众解决“三事”(操心事、烦心事、揪心事)120余件。狠抓基础提升，街道“两代表一委员”工作室打造完成，翁山村委、军屯村委新服务场所标准化建设得到推进，基层组织服务阵地不断改善。成功创建北海市两新党建示范点，两新组织党建工作网格化管理进一步加强。赤西村党总支部获评自治区“五星”党组织，高菜村获评自治区级生态村。加强“带头人”队伍建设。选好配强村(社区)“两委”班子人选，提前谋划2021年村“两委”换届工作，5个行政村提前100%实现村党组织书记、村委会主任“一肩挑”。加强党风廉政建设。落实全面从严治党监督责任，深入开展扶贫领域腐败和作风问题专项治理、新冠肺炎疫情防控工作监督检查、走企问政督效优化营商环境专项整治等一系列活动，强化执纪问责，不断筑牢党员干部的思想防线。全年共查处党员干部违纪违法案件9件，结案8件，给予党纪处分8人。

【脱贫攻坚和乡村振兴工作】 2020年，高德街道坚决将脱贫攻坚作为首要政治任务和第一民生工程，举全员之力抓紧抓实抓细目标任务，圆满完成脱贫攻坚任务。继续抓好产业扶贫。积极推进赤西村食用菌(竹荪)种植项目，加快发展果蔬大棚产业项目，培育壮大现代特色农业示范园(点)，积极上报村

2020年9月26日，2020年海城区庆祝“中国农民丰收节”暨农特（扶贫）产品展销活动在高德街道赤西村举行　　高德街道办事处供图

级示范点4个。落实产业扶持政策，抓好以奖代补，累计惠及贫困户278户，发放资金76.56万元。积极开展就业扶贫。开发扶贫公益性岗位39个，帮助建档立卡贫困户实现家门口就业。开展企村帮扶活动，推动14个企业与18个村签订帮扶协议，年内，有21名贫困劳动力在企业务工。疫情期间开发村级临时性扶贫岗位55个，发放岗位补贴4.9万元，确保贫困劳动力稳岗保收。不断壮大村级集体经济。推动马栏村家具仓储物流中心项目引进25家商户，带动就业200人，并升级为海城区发展壮大村级集体经济产业园。赤西村旧家具厂项目、翁山村光伏发电项目及旧办公楼改造项目（惠民仓储物流中心）建成投入使用。8个行政村集体经济收入平均达到20万元，其中20万元以上4个。大力推动乡村振兴。投入专项资金326.8万元，建设赤西乡村文旅田园综合体项目，赤西村乡村振兴示范村创建顺利通过验收。

【新冠肺炎疫情防控】 2020年，高德街道认真落实新冠肺炎疫情防控要求，第一时间成立由党政一把手任组长的新冠肺炎疫情防控工作领导小组，对疫情防控工作统一指挥；街道班子成员挂点包干，做好分片管控；印发工作方案，细化明确任务分工，进一步压实工作责任。实行疫情处置小组24小时工作制，与公安部门、卫生医疗机构等部门密切配合，运用“大数据＋网格化”手段，做到快速应对和科学布控，确保接到紧急疫情命令后1小时内到达现场。广泛组织动员，累计动员志愿者500余人投身疫情防控，为海城区之最。年内，高德街道共处置确诊病例4例、密切接触者95人，摸排总户数6.16万户、12.80万人；摸排重点人员2355人，隔离1181人，核酸检测1283次。年内，高德街道办事处获北海市新冠肺炎疫情防控工作先进集体称号。

【社会治理】 2020年，高德街道按照北海市委、市政府和海城区委、区政府的工作部署，认真执行社会治安综合治理领导责任制，以维稳为主线，深入开展平安建设活动，全力提升群众安全感，确保辖区经济

2020年9月28日，北海市庆祝中华人民共和国成立71周年暨抗击新冠肺炎疫情表彰大会召开，高德街道办事处获北海市新冠肺炎疫情防控工作先进集体　　高德街道办事处供图

社会的稳定和谐。深入开展扫黑除恶专项斗争。结合“亮剑 2020”等专项行动，利用每日巡查机制开展联合巡逻防控等，坚决惩治黄赌违法犯罪，有效净化辖区社会环境。年内，共破黄赌刑事案件 3 件，查处黄赌治安案件 49 件，抓获黄赌违法嫌疑人员 123 人。破获毒品刑事案件 5 件，查获吸毒嫌疑人员 52 人。坚决铲除传销毒瘤。坚持以“十个一律”重拳打击传销，联合公安部门、执法大队出警 600 多人次对辖区内小区进行清查，清理小区 85 个，清查涉传人员 867 人。加大矛盾纠纷调处力度。全年共接待上访群众 600 人次，成功调解各类矛盾纠纷 390 余起，成功解决中电海湾国际农民工讨薪、中电都会悦府项目工人围堵等重大矛盾事件，真正做到把矛盾解决在基层，解决在萌芽状态。强化“网格化”管理。对照网格划分标准，重新设置 114 个普通网格、36 个专属网格，配备网格员 150 人，做到村(居)有网，网中有格，格中有人。

【城市管理】 2020 年，高德街道认真贯彻落实北海市委、市政府背街小巷整治提升工作决策部署，加大宣传，强力推进，开展违建专项拆除行动 23 次，拆除违建 487 处、4.42 万平方米，整治道路 8647 米，圆满完成 55 条背街小巷建设任务，是海城区开工最晚、完工最早的街道。扎实推进老旧小区、“三无小区”整治改造。年内，结合创城工作，对基础设施不完善、破损严重、居民改造意愿强烈的老旧小区进行整治提升，对列入 2021 年老旧小区改造计划项目(利海花园)进行入户摸底调查，开展前期工作，争取 2021 年上半年开工建设。积极探索“三无小区”规范管理模式，通过实施帮扶单位和“三无小区”结对帮扶制度，推动“三无小区”成立业主委员会，实现自我管理，自我服务。 (潘政霖)

2020 年 5 月 25 日，高德街道徐屋东背街小巷改造工程拆违现场
高德街道办事处供图

驿马街道

【驿马街道概况】 驿马街道位于北海市海城区与银海区交会处，以西南大道为中轴线，东至南珠大道，西至进港铁路，南至江苏路东段，北至湖海路。辖区土地主要分布在驿马村，以种植蔬菜和花卉苗木为主。2020 年，驿马街道下辖驿马、西边垌 2 个村委会，西塘、银湾、怡海新村、白屋、湖海路 5 个社区居委会，18 个自然村，136 个村居民小组。驿马街道商贸业繁荣，交通通畅，宜居宜业。辖区有金癸市场、红路岭市场、湖南路便民市场、北京路综合市场、北京路水果市场、云南路综合市场、四川路丰盛市场、西藏路花鸟市场 8 道市场，有较大房地产企业 8 个，有时代广场、和安・宁春城、大润发、桂城大厦、万汇・海珍城 5 个商场，有曼哈顿酒店、巴伐利亚酒店等星级酒店 4 家，有物流企业 30 多家，有民营、私营企业 100 多家，有个体工商户 2300 多户，有北海大道、西南大道、广东路、四川路等 14 条城市主干道纵横交错，有住宅小区 320 多个，有市政协、市政务服务中心等 21 个机关事业单位及海军、消防、武警 3 个驻军，有北海市第七中学、海城区第十二小学、北海职业学院等中小学校、高

等院校17所，有幼儿园52家，有市疾病预防控制中心、120急救中心、社区卫生所等大小卫生机构29家。年内，驿马街道办事处获广西壮族自治区爱国卫生运动委员会授予广西壮族自治区卫生先进单位称号；驿马街道驿马村经中央精神文明建设指导委员会复查合格，继续保留全国文明村镇荣誉称号。

【城市建设】 2020年，驿马街道大力做好城市建设工作，陆续完成上海路、新世纪大道、南珠大道、重庆路、贵州路、江苏路等项目用地的征地搬迁工作，道路的建设打通了城市“断头梗阻”，完成辖区“七纵七横”路网建设，使得辖区东西南北通达；建成铁路北侧排水明渠，让北海城市内涝成为历史；建设西藏路带状公园、市花公园等项目，弥补城市公园及绿化率的短板；旅游设施不断完善，环境更加优美。

【新冠肺炎疫情防控】 2020年，新冠肺炎疫情发生后，驿马街道以战时命令，紧紧围绕“抓实体、重实战、求实效”的指导思想，依托综治中心建立一体化指挥体系，织密织牢辖区140个网格，实现全天候、全覆盖联防联控，遏制疫情扩散。从自治区发布疫情防控一级响应到解除响应期间，驿马街道对辖区的重点人员全程追溯管控，共核查1243个湖北省武汉市籍人员及366个辖区房屋产权证属湖北省籍人员信息。组建临时党支部及多彩群防群治队伍27个(支)，累计投入疫情防控人员1100人次，深入421个小区、6.30万户居民家中开展排查工作，共排查管控重点人群972人。3月3日起，实现确诊病例、疑似病例、密切接触者“三清零”目标，打赢疫情防控阻击战。驿马街道打赢疫情防控阻击战的“驿马经验”得到自治区党委政法委肯定，并在自治区社会治理工作基层创新示范交流会上做经验发言；《抓实体、重实战、求实效，依托综治中心打赢疫情阻击战》案例被评为全国城乡社区疫情防控优秀案例。

【征地搬迁】 2020年，驿马街道完成北海市妇幼保健院异地搬迁项目、桂电项目19.47公顷及周边储备土地14.13公顷等11个征地搬迁项目，完成征地83.41公顷，为重点项目建设提供用地保障，营商环境不断优化，推动区域经济快速发展。在北海市妇幼保健院易地搬迁项目工作中，驿马街道主动作为，精准研判，与时间赛跑，北海市妇幼保健院易地搬迁项目(用地4.67公顷)，从启动到交地仅用时36天。

【人口普查】 2020年，驿马街道严格按照“细”“实”“准”的要求，积极主动作为，广泛开展普查宣传动员、招聘志愿者等工作，组织710名普查员和普查指导员，按时按质完成辖区709个小区人口普查摸底、短表、长表登记等各项工作，共普查人口17.9万人，圆满完成辖区第七次全国人口普查工作。

【脱贫攻坚】 2020年，驿马街道创新社会扶贫模式，率先启动“村校结对帮扶”新模式，促成驿马村委与北海国际学校签

2020年5月1日，驿马街道西塘社区“大党委”携手社区互联共建单位在西南大道绿化带开展“弘扬劳模精神，争做时代先锋，推进文明单位创建”劳动节植树除草活动　　驿马街道办事处供图

订帮扶协议，北海国际学校吸纳4名脱贫户就业。促成北海俊辉房地产开发有限公司走进驿马村，开展慰问贫困户活动，为全村8户建档立卡贫困户每户送上3000元的慰问金。对照驿马街道关于中央第二巡视组脱贫攻坚专项巡视“回头看”反馈意见和国家脱贫攻坚成效考核反馈广西意见整改内容，街道严格落实住房安全、教育保障、医疗保障、饮水安全等各项扶持政策，防止发生返贫现象。

【城市管理】 2020年，驿马街道针对包干的74个“三无小区”，以硬体化改造、“三化”改造、增设公益广告等举措，逐个解决“三无小区”整治难题。年内，驿马街道投入资金超过200万元，已有34个“三无小区”通过市、区两级验收，小区环境得到美化，硬件、软件设施得到完善，获得北海市创城办提名表扬1次，区创城办表扬6次、红榜通报3次。驿马街道压实工作责任，做细做实背街小巷改造工作，以扎实有效的举措稳步推进施工进度。年内，由驿马街道建设的108条道路已全部保质保量完成，营造“环境优美、交通顺畅、管理有序”的街巷环境。驿马街道通过大力实施“环境秀美”工程，改善农村人居环境，全年清理村庄卫生死角60处，整治垃圾堆放点12个，清理垃圾约120吨，清理沟渠、池塘淤泥6次，房前屋后清理5户，拆除农村危旧房屋1间，修建牛角塘(东)排水沟300米、驿马大村排水沟485米，解决农村排污排水难问题，乡村风貌显著提升。

【平安建设】 2020年，驿马街道全面加强社会治安防控能力，全力维护社会平安稳定。抓好矛盾纠纷排查调处工作。全年开展矛盾纠纷排查95起，成功调处95起，调处成功率100%；抓好安全生产工作，全年没有发生重大伤亡安全生产事故；持续做好群众满意度工作，年初获得2019年度北海市平安建设A类一等奖。2020年北海市市域社会治理现场会在驿马街道召开，驿马街道在社会治理方面的成功经验得到肯定。

【改革集成试点工作】 2020年，驿马街道党工委完善街道“大工委”、社区“大党委”和“双报到、双报告”工作机制，深入推动街道管理体制改革，着力构建“全要素网格”，打造信息化全科政务，推动基层治理改革。北海市2020年改革集成试点推进现场会在驿马街道召开，驿马街道的改革集成试点工作得到肯定。

【“三事”通解】 2020年，驿马街道党工委通过打造党建新亮点服务品牌，全力构建“三事”通解党建引领基层治理新模式，着力打造的5个“解忧超市”12月12日正式营业。年内，驿马街道辖区有40个共驻共建单位(其中市级单位29个、区级单位11个)约250名党员干部加入街道“解忧联盟”。通过“街道领导干部带头走访”“面对面谈心”“微心愿征集”等方式，解决群众操心事、烦心事、揪心事187件，不断提升群众获得感、幸福感、安全感。 (吴玉福)

2020年11月19日，中共河池市委党校副校长韦克斌(左六)率调研小组一行到驿马街道中安止泊园党群活动中心调研基层党建工作 林奕龙摄

先进人物

全国先进个人

林炳礼　男，汉族，1972年1月出生，中共党员，大专学历，北海市海城区市场监督管理局驿马街道市场监督管理所（简称驿马市场监管所）所长，2020年12月获国家市场监督管理总局、国家药品监督管理局、国家知识产权局授予全国市场监管系统抗击新冠肺炎疫情先进个人称号。林炳礼1992年毕业后，扎根基层，历任办事员、副所长、所长，几十年如一日，在平凡的工作岗位上谱写一名党员的奉献与追求。驿马市场监管所下辖企业和个体工商户近3万户，是海城区监管户数最多的基层市场监管所。2020年年初，突如其来的新冠肺炎疫情极为严峻，林炳礼根据上级命令，克服人手少、任务重的困难，带领全所人员全力以赴，"白＋黑""五＋二"投入疫情防控阻击战。每天，他最早站在办公室门口，为上班的同事做体温测量，对全所进行酒精消毒。同时，林炳礼带队对辖区66家零售药店企业，290多家餐饮店，7道农贸市场进行检查指导，2个月累计走访各类经营主体2000多家次。每天从日出到深夜，从小摊、小贩到大型商超，与疫情抢时间，与病毒拼效率，超常规落实防控措施，以实际行动赢得了经营户和群众的赞誉。疫情期间，辖区经营有序，物价稳定。林炳礼于2013年、2014年、2015年、2019年、2020年被评为优秀公务员，2020年9月被北海市委、市政府评为北海市新冠肺炎疫情防控工作先进个人，事迹被《北海日报》、广西市场监管微信公众号等媒体报道。

（区市场监督管理局供）

广西劳动模范

杨凤　女，1972年7月出生，广西壮族自治区第十三届人大代表、北海市第十五届人大代表，北海京环环境服务有限公司作业与安全部一中心职工。2020年12月获中共广西壮族自治区委员会、广西壮族自治区人民政府授予广西壮族自治区劳动模范称号。杨凤2004年3月参加环卫工作，16年来，坚持以行业标兵人物为榜样，以净化美化城市环境卫生为己任，以"宁愿一人脏，换来万人洁"的环卫精神，干一行爱一行，踏踏实实做事，为建设美丽北海，做出突出贡献。不管白天黑夜，只要保洁路段脏了，杨凤一定身穿橙色工作服，立即进行保洁。眼睛熬红了，皮肤晒黑了，身子累瘦了，没有一句怨言。工作中，她坚持做到勤巡回、勤检查、勤捡拾，保洁的地段成为行业的标准，被称为"信得过免检路"。她把全部的心血都用在了保洁工作上，以路段为家默默奉献青春。有一次，她患重感冒，四肢无力，为不增加工友的工作量，收起医生的休假证明，带病坚持保洁。2016年，杨凤被自治区总工会和北海市总工会评为广西五一巾帼标兵、北海五一巾帼标兵，获得自治区总工会广西五一劳动奖章；2017年，被自治区妇联授予广西三八红旗手。

（区总工会供）

附　　录

海城区 2020 年经济运行简报

2020 年，海城区经济运行整体有所起伏，特别随着境外新冠肺炎疫情仍然蔓延扩散，经济形势更趋严峻复杂。工业总产值大幅下降、传统服务业恢复缓慢等问题仍然比较突出，经济下行压力持续加大，总体发展形势依然严峻。主要经济指标完成情况如下：

一、地区生产总值同比下降。2020 年，海城区实现地区生产总值 479.64 亿元，同比下降 2.7%，低于北海市 1.4 个百分点。从三次产业看，第一产业增加值 25.55 亿元，同比增长 0.7%，低于全市 1.4 个百分点；第二产业增加值 153.39 亿元，同比下降 23.1%，低于全市 11.6 个百分点；第三产业增加值 300.71 亿元，同比增长 12.7%，高于全市 4.6 个百分点。从经济结构看，三次产业占地区生产总值的比重由上年的 5.6∶39.7∶54.7 调整为：5.3∶32∶62.7，第二产业比重有所下降，第三产业比重再创新高。

二、农业生产形势稳定，渔业总体延续增长态势。2020 年，初步核算海城区实现农林牧渔业总产值 40.92 亿元，其中种植业产值 2.97 亿元，林业产值 182 万元，畜牧业产值 0.31 亿元，渔业产值 34.54 亿元，农林牧渔服务业收入 3.08 亿元。

三、工业总体降幅较大，电子制造业严重下滑。2020 年，海城区规上工业（包括北海工业园区和北海综合保税区）企业个数 121 家，累计完成工业产值 471.87 亿元，占北海市规上工业产值比重 28.7%，同比下降 29.5%。规模以上工业增加值 118.21 亿元，同比下降 26.5%。北海工业园区累计完成工业总产值 346.12 亿元，同比下降 33.9%。北海综合保税区累计完成总产值 62.3 亿元，同比下降 19.2%。海城区本级累计完成工业产值 63.5 亿元，同比下降 9.4%。

四、建筑业稳步增长。2020 年，海城区建筑业总产值 90.83 亿元，占北海市产值 66.79%，比上年 83.28 亿元增加 7.55 亿元，同比增长 9.06%；竣工产值 45.87 亿元，同比下降 13.41%；房屋建筑施工面积 520.27 平方米，同比增长 10.33%。

五、消费市场“一升三降”。2020 年，海城区社会消费品零售总额 193.79 亿元，同比下降 11.5%。

（一）批发业持续增长。2020 年，海城区限上批发业销售额 116.39 亿元，同比增长 31.5%，销售额占北海市 57.2%，拉动全市增长 16.3 个百分点。区本级限上批发业销售额 92.7 亿元，同比增长

5%。从商品类别来看,海城区批发业 11 类商品中,有 8 类商品为正增长。重点商品类别中,行业占比 30% 的石油及制品类限上销售额同比增长 42.7%;行业占比 22.6% 的烟酒类限上销售额同比增长 4.6%;行业占比 19% 的建筑及装潢材料类限上销售额同比增长 1.1%

(二)零售业销售额下降。2020 年,海城区限上零售业销售额 50.78 亿元,同比下降 0.6%。销售额占北海市 72.1%。区本级限上零售业销售额 46.5 亿元,同比下降 9%。从商品类别来看,全区零售业 20 类商品中,有 8 类商品为正增长。重点商品类别中,行业占比 46% 的汽车类商品同比下降 6%,行业占比 13% 的家用电器和音像器材类商品同比下降 9.3%,行业占比 9.3% 的粮油、食品类限上销售额同比增长 24%,行业占比 6.1% 五金、电科类限上销售额同比增长 153.9%,行业占比 4.2% 的服装、鞋帽、针纺织品类限上销售额同比下降 18%。

(三)住宿业营业额下降。2020 年,海城区限上住宿业实现营业额 2.51 亿元,同比下降 41.1%。

(四)餐饮业营业额下降。2020 年,海城区限上餐饮业营业额 1.02 亿元,同比下降 46.9%。

六、固定资产投资持续疲软。2020 年,海城区固定资产投资累计完成 133.61 亿元,同比下降 4.8%。其中:海城区本级固定资产投资累计完成 62.21 亿元,同比下降 13.5%(其中项目投资 31.83 亿元,同比增长 51.6%;房地产完成 30.37 亿元,同比下降 40.4%);北海工业园区固定资产投资累计完成 67 亿元,同比增长 11.4%(其中项目投资 44.34 亿元,同比增长 23.4%;房地产投资 22.67 亿元,同比下降 6.5%);北海综合保税区(A 区)固定资产投资累计完成 2.57 亿元,同比下降 41.9%;北海市涠洲岛旅游区固定资产投资累计完成 1.83 亿元,同比下降 52.5%。

七、其他营利性服务业高速发展。2020 年,海城区其他营利性服务业实现营业收入 276.85 亿元,同比上升 68.12%。海城区本级有企业 22 家,实现营业收入 2.94 亿元,同比下降 47.57%,下拉全区规模以上其他营利性服务业 1.62 个百分点。北海工业园区有企业 32 家,实现营业收入 273.91 亿元,同比增长 72.2%,拉动全区规模以上其他营利性服务业增长 69.74 个百分点。

八、全区财政收入下降。2020 年,海城区财政收入完成 183399 万元,同比下降 19.5%。其中:一般公共预算收入完成 94311 万元,同比下降 3.4%;全口径税收收入 171051 万元,同比下降 20.8%。一般公共预算支出 152995 万元,同比增加 1463 万元,增长 0.9%,其中民生支出 128405 万元,同比减少 1971 万元,下降 1.6%,占财政支出比重达 83.9%。

九、城乡居民收入稳中有升。2020 年,海城区城镇居民人均可支配收入 39057 元,名义增长 3.6%;农村居民人均可支配收入 17964 元,名义增长 8.0%。

2020 年海城区主要经济指标完成情况

指标名称	单位	2020 年全年	
		总量	增速(%)
1. 地区生产总值	亿元	479.64	−2.7
其中:一产增加值	亿元	25.55	0.7
二产增加值	亿元	153.39	−23.1
三产增加值	亿元	300.71	12.7
2. 三次产业结构	%	5.3 : 32 : 62.7	
3. 农林牧渔总产值	亿元	40.92	—
其中:种植业产值	亿元	2.97	—

续表

指标名称	单位	2020 年全年	
		总量	增速(%)
林业产值	万元	182	—
牧业产值	亿元	0.31	—
渔业产值	亿元	34.54	—
农林牧渔服务业	亿元	3.08	—
4. 规模以上工业产值	亿元	471.87	−29.5
其中：区本级	亿元	63.5	−9.4
5. 工业增加值	亿元	129.11	−24.8
其中：规模以上工业增加值	亿元	118.21	−26.5
区本级	亿元	21.82	−1.9
6. 建筑业总产值	亿元	90.83	9.1
7. 固定资产投资额	亿元	133.61	−4.8
其中：区本级	亿元	62.21	−13.5
8. 商品房销售面积	万平方米	112.39	−26.2
9. 社会消费品零售总额	亿元	193.79	−11.5
限上批发业	亿元	116.39	31.5
限上零售业	亿元	50.78	−0.6
限上住宿业	亿元	2.51	−41.1
限上餐饮业	亿元	1.02	−46.9
10. 营利性服务业收入	亿元	276.85	68.1
11. 财政收入	亿元	18.34	−19.5
12. 一般公共预算支出	亿元	15.30	0.9
13. 城镇居民人均可支配收入	元	39057	3.6
14. 农村居民人均可支配收入	元	17964	8.0

（区统计局供稿）

文件目录

中国共产党北海市海城区委员会部分重要发文

文号	文件标题
北城发〔2020〕1 号	关于贯彻落实市委加强新时代人大工作的实施意见
北城发〔2020〕2 号	关于印发《熊赤锋在区委十届十次全会上的报告》的通知
北城发〔2020〕3 号	关于深入贯彻落实党的十九届四中全会精神全面提升海城治理能力水平的实施意见

续表

文号	文件标题
北城发〔2020〕4号	关于印发《中共北海市海城区委员会常委2020年工作要点》的通知
北城发〔2020〕5号	关于印发《中共北海市海城区委员会2020年党建(组织)工作思路》的通知
北城发〔2020〕6号	关于印发《北海市海城区街道管理体制机制改革工作方案》的通知
北城发〔2020〕7号	印发《关于全区"不忘初心、牢记使命"主题教育工作总结报告》的通知
北城发〔2020〕8号	关于新时代加强和改进人民政协工作的实施细则
北城发〔2020〕9号	印发《关于全面实施预算绩效管理的实施方案》的通知

中国共产党北海市海城区委员会办公室部分重要发文

文号	文件标题
北城办发〔2020〕2号	关于印发《北海市海城区档案馆职能配置、内设机构和人员编制规定》的通知
北城办发〔2020〕3号	关于成立海城区新型冠状病毒感染的肺炎疫情防控工作领导小组的通知
北城办发〔2020〕4号	关于印发《北海市海城区机关后勤服务中心职能配置、内设机构和人员编制规定》的通知
北城办发〔2020〕5号	关于印发《北海市海城区土地房屋征收中心职能配置、内设机构和人员编制规定》的通知
北城办发〔2020〕6号	关于印发《北海市海城区政府采购中心职能配置、内设机构和人员编制规定》的通知
北城办发〔2020〕7号	关于印发《北海市海城区党史研究室、地方志编纂委员会办公室职能配置、内设机构和人员编制规定》的通知
北城办发〔2020〕8号	印发《贯彻落实〈关于聚焦服务壮美广西建设推进基层党建"提质聚力"的意见〉等6个文件全面推进基层党建质量的实施方案》的通知

北海市海城区人民政府部分重要发文

文号	文件标题
北城政发〔2020〕1号	关于切实做好全区企业复工复产协调调度有关工作的通知
北城政发〔2020〕2号	关于做好我区第七次全国人口普查工作的通知
北城政发〔2020〕3号	北海市海城区人民政府　中国人民解放军北海市海城区人民武装部关于印发2020年民兵组织整顿工作计划的通知
北城政发〔2020〕4号	关于印发北海市海城区背街小巷提升畅通行动实施方案的通知
北城政发〔2020〕5号	关于印发政府工作报告的通知
北城政发〔2020〕6号	北海市海城区人民政府　中国人民解放军北海市海城区人民武装部关于2020年海城区征兵的命令
北城政发〔2020〕7号	关于印发北海市海城区人工繁育陆生野生动物处置工作方案的通知
北城政发〔2020〕8号	关于印发2020年北海市海城区品牌建设工作实施方案的通知
北城政发〔2020〕9号	关于印发北海市海城区国家生态文明建设示范区规划(2019—2025)的通知
北城政发〔2020〕10号	关于成立海城区翁山村"11·14"火灾事故调查组的通知
北城政发〔2020〕11号	关于区长副区长工作分工调整的通知
北城政发〔2020〕12号	关于认定海城区第四批现代特色农业乡级示范园和第三批现代特色农业村级示范点的决定

北海市海城区人民政府办公室部分重要发文

文号	文件标题
北城政办〔2020〕1号	关于印发2020年春运工作方案的通知
北城政办〔2020〕2号	关于印发北海市海城区新型冠状病毒感染的肺炎疫情联防防控工作方案的通知
北城政办〔2020〕3号	关于印发海城区2020年耕地地力保护补贴项目实施方案的通知
北城政办〔2020〕4号	关于报送2020年海城年鉴稿件的通知
北城政办〔2020〕5号	关于下达2020年全区粮食生产任务的通知
北城政办〔2020〕6号	关于印发北海市海城区防御台风应急预案、防御洪涝(潮)应急预案、防御干旱应急预案和防御低温寒潮灾害应急预案的通知
北城政办〔2020〕7号	关于印发海城区2020年农用地土壤环境质量类别划分工作方案的通知
北城政办〔2020〕8号	关于印发北海市海城区生活垃圾分类实施方案的通知
北城政办〔2020〕9号	关于印发北海市海城区2020年伏季休渔工作北海内港管制方案的通知
北城政办〔2020〕10号	关于印发北海市海城区发展大棚果蔬产业项目实施方案(试行)的通知
北城政办〔2020〕11号	关于印发海城区2020年财政专项扶贫资金发展贫困村旅游产业扶持项目实施方案的通知
北城政办〔2020〕12号	关于印发北海市海城区生态环境保护问题整改工作实施方案的通知
北城政办〔2020〕13号	关于印发北海市海城区农用地安全利用工作实施方案的通知
北城政办〔2020〕14号	关于印发2020年度北海市海城区政务信息工作实施方案的通知
北城政办〔2020〕15号	关于印发北海市海城区供水应急预案的通知
北城政办〔2020〕16号	关于印发北海市海城区森林资源管护问题整改实施方案的通知
北城政办〔2020〕17号	关于做好区十届人大五次会议代表建议和区政协五届五次会议提案办理工作的通知
北城政办〔2020〕18号	关于印发海城区自然资源统一确权登记总体工作方案的通知
北城政办〔2020〕19号	关于印发关于加快建立健全北海市海城区农村饮水安全工程水费收缴制度的指导意见(试行)的通知
北城政办〔2020〕20号	关于做好市十五届人大六次会议代表建议和市政协十届五次会议提案办理工作的通知
北城政办〔2020〕21号	关于印发海城区2020年建档立卡贫困人口生态护林员选聘实施方案的通知
北城政办〔2020〕22号	关于印发北海市海城区秸秆露天禁烧区划定方案的通知
北城政办〔2020〕23号	关于成立北海市海城区人工繁育陆生野生动物处置及维护稳定工作专班的通知
北城政办〔2020〕24号	关于印发北海市海城区普速铁路环境安全隐患综合治理工作实施方案的通知
北城政办〔2020〕25号	关于印发北海市海城区处置电网大面积停电事件应急预案的通知
北城政办〔2020〕26号	关于印发海城区自然灾害救助应急预案和海城区地震应急预案的通知
北城政办〔2020〕27号	关于印发北海市海城区秸秆禁烧三年工作方案(2020—2022年)的通知
北城政办〔2020〕28号	关于印发北海市海城区房地一体农村宅基地和集体建设用地使用权确权登记发证工作方案的通知
北城政办〔2020〕29号	关于印发海城区污染天气应急响应工作方案的通知
北城政办〔2020〕30号	关于印发北海市海城区促进3岁以下婴幼儿照护服务发展工作联席会议制度的通知
北城政办〔2020〕31号	关于成立海城区农村宅基地管理工作领导小组的通知
北城政办〔2020〕32号	关于成立北海市海城区5G移动通信基础设施建设推进工作领导小组的通知
北城政办〔2020〕33号	关于印发“流下盛宴·山海相约”首届流下村文化艺术节实施方案的通知
北城政办〔2020〕34号	关于调整北海市海城区人民政府领导联系和服务工业企业生产运行工作方案的通知

文件选登

中共北海市海城区委员会关于深入贯彻落实党的十九届四中全会精神全面提升海城治理能力水平的实施意见

（2020年3月5日中国共产党北海市海城区第十届委员会第十次全体会议通过）

北城发〔2020〕3号

为深入学习贯彻党的十九届四中全会精神，全面落实《中共中央关于坚持和完善中国特色社会主义制度、推进国家治理体系和治理能力现代化若干重大问题的决定》（以下简称《决定》），以及自治区党委、市委的实施意见，切实推进我区治理体系和治理能力现代化建设，结合实际，现提出如下实施意见。

一、充分认识党的十九届四中全会的重大意义

党的十九届四中全会是我们党站在“两个一百年”奋斗目标历史交汇点上召开的一次十分重要的会议，是在新中国成立七十周年之际、我国处于中华民族伟大复兴关键时期召开的一次具有开创性、里程碑意义的会议。全会重点研究坚持和完善中国特色社会主义制度、推进国家治理体系和治理能力现代化问题并做出决定，是以习近平总书记为核心的党中央从政治上、全局上、战略上全面考量，立足当前、着眼长远作出的重大决策，充分体现了党中央高瞻远瞩的战略眼光和强烈的历史担当，对于坚定全党全国各族人民的道路自信、理论自信、制度自信、文化自信，全面建成小康社会、全面建设社会主义现代化国家、实现中华民族伟大复兴的中国梦，对于推动中国特色社会主义制度更加成熟更加定型，把我国制度优势更好转化为国家治理效能，对于统揽伟大斗争、伟大工程、伟大事业、伟大梦想，不断满足人民对美好生活新期待，战胜前进道路上的各种风险挑战，确保党和国家兴旺发达、长治久安，具有重大而深远的意义。全区各级党组织要充分认识党的十九届四中全会的重大历史和现实意义，增强贯彻落实的思想自觉、政治自觉、行动自觉，把智慧和力量凝聚到实现全会确定的各项目标任务上来，坚定不移地落实中央、自治区、北海市的决策和部署要求，不断推进我区治理体系和治理能力现代化建设，为推动全区经济社会发展再上新台阶、带领全区人民全面决胜小康提供有力保证。

二、全面准确领会党的十九届四中全会精神

党的十九届四中全会精神内涵丰富、博大精深。全会通过的《决定》，深刻回答了在我国国家制度和国家治理体系上应该“坚持和巩固什么、完善和发展什么”这个重大政治问题，是新时代坚持和完善中国特色社会主义制度、推进国家治理体系和治理能力现代化的政治宣言和行动纲领。必须在学懂弄通做实上狠下功夫，深刻领会把握习近平总书记在全会上的重要讲话精神，深刻领会把握中国特色社会主义制度发展和我国国家治理的历史性成就，深刻领会把握中国特色社会主

义制度和国家治理体系的科学内涵、本质特征和显著优势，深刻领会把握坚持和完善中国特色社会主义制度、推进国家治理体系和治理能力现代化的总体要求和总体目标，深刻领会把握坚持和完善中国特色社会主义制度、推进国家治理体系和治理能力现代化的重点任务，深刻领会把握加强党的领导、确保全会确定的各项目标任务全面落实到位的重要要求，不折不扣落实好坚持和完善中国特色社会主义制度、推进国家治理体系和治理能力现代化各项任务。全区上下要迅速把思想和行动统一到党中央的决策部署上来，科学谋划、精心组织，远近结合、整体推进，切实加强制度创新和治理能力建设，全面提升海城治理能力水平，更好地推动海城各项事业发展，更好地满足海城人民对美好生活的新期待，积极谱写海城高质量发展的新篇章。

三、推动《决定》各项重大部署在海城落地落实

（一）贯彻落实党的全面领导制度体系，提升执行党的路线方针政策和中央决策部署的能力水平

1．狠抓落实不忘初心、牢记使命的制度。总结运用好“不忘初心、牢记使命”主题教育中形成的典型经验做法，建立健全长效机制。用足地角女民兵连史馆等资源，完善加强理想信念、政治忠诚、革命传统、斗争精神教育制度。建立党员、干部经常性政治体检、党性体检、工作体检机制，推动党员、干部特别是各级领导干部常态化主动对标对表，自觉扫除思想灰尘、及时校正行为偏差。建立经常性查找解决各种违背初心使命问题和推进整改落实的制度，推动各级党组织以强烈的自我革命精神，解决党内存在的政治不纯、思想不纯、组织不纯、作风不纯突出问题。

2．坚定落实“两个维护”的制度机制。坚决贯彻落实以习近平总书记为核心的党中央决策部署，坚持和加强党的全面领导，紧紧围绕维护党中央权威和集中统一领导，全面推进党的政治建设、思想建设、组织建设、作风建设、纪律建设，把制度建设贯穿其中。建立以政治建设为统领加强领导班子建设、加强政治素质考察的制度，把做到“两个维护”作为检验政治素质的第一标准，教育引导党员、干部时刻保持政治清醒，在政治立场、政治方向、政治原则、政治道路上始终同以习近平总书记为核心的党中央保持高度一致，忠诚核心、拥戴核心、维护核心。完善落实党的政治建设重点任务的制度，健全落实政治建设重点任务专项督查制度。完善落实党内政治生活制度，增强党内政治生活的政治性、时代性、原则性、战斗性。健全违反政治纪律和政治规矩问题的查处通报、警示教育机制。

3．坚决贯彻执行党的全面领导制度。贯彻落实《中国共产党地方委员会工作条例》和《中国共产党党组工作条例》，确保区委在本辖区发挥总揽全局、协调各方的领导作用，推动党组认真履行管党治党责任、切实履行领导职责、充分发挥领导作用。贯彻落实党领导人大、政府、政协、监察机关、审判机关、检察机关、武装力量、人民团体、企事业单位、基层群众自治组织、社会组织等制度。健全区辖党工委（党组）工作制度，确保各级各方面在党的统一领导下，各就其位、各司其职、各尽其责、有序协同。

4. 认真落实为人民执政、靠人民执政各项制度。坚持问政于民、问需于民、问计于民，密切党同人民群众的血肉联系。完善党员、干部群众联系制度，创新互联网时代群众工作机制，完善机关、企事业单位定点扶贫、结对帮扶、网格化管理、领导干部联系点以及在职党员进社区“双报到”等联系服务群众工作机制，用好“农事网通”“阳光红页”等服务群众平台，拓宽信息公开渠道广泛接受群众监督，提高服务群众的效率。完善党建带群建工作机制，健全联系广泛、服务群众的群团工作体系，推动群团组织向两新组织等新领域新群体拓展和延伸，把各自联系的群众紧紧团结在党的周围。

5．建立健全贯彻落实习近平新时代中国特色社会主义思想和党中央决策部署工作机制。制定习近平总书记重要指示批示精神贯彻落实情况跟踪督办工作规范，优化完善督办催办工作机制，形成建立台账、专人盯办，会议传达、研究部署，调研督查、现场核查的工作闭环，确保件件有着落、事事有回音。完善贯彻落实党中央决策部署工作任务清单、责任清单、落实清单，建立健全督查问效机制，常态化开展“回头看”，定期梳理落实情况，严查“不落实的事”，推动各级各部门各单位贯彻落实党中央重大决策部署。

（二）贯彻落实人民当家做主制度体系，提升发展社会主义民主政治能力水平

6. 加强和改进人大工作。实行区委书记联系人大工作制度，建立讨论决定重大事项中党委、人大、政府之间的协调沟通机构，支持和保证人大及其常委会依法履职，健全人大对“一府一委两院”监督制度。健全决定、选举任免工作的制度，建立完善人大选举任免工作沟通协调机制。推进人大代表履职平台的提升，密切人大代表同人民群众的联系，持续推进“混合编组、多级联动、履职为民”工作。优化代表结构，发挥代表主体作用。健全人大组织制度、选举制度和议事规则。加强人大及其常委会自身建设。

7. 加强和改进人民政协工作。贯彻落实《中共中央关于新时代加强和改进人民政协工作的意见》及自治区党委、北海市委相关文件精神，发挥人民政协作为政治组织和民主形式的效能，把政协制度优势转化为基层治理效能。完善围绕落实区委重点工作开展协商监督制度，搭建协商平台，完善协商监督机制。加强委员履职管理，完善委员联系界别群众制度，推动政协协商与基层协商有效衔接，拓宽基层群众参与协商渠道，以基层协商推进基层治理。建立协商成果采纳、反馈机制。完善政协机关和专门委员会工作制度，加强政协自身建设。

8. 加强和改进统一战线工作。坚持党委统一领导、统战部牵头协调、有关方面各负其责的大统战工作格局。落实中国特色社会主义参政党制度，完善民主党派直接向区委提出建议制度，完善支持民主党派和无党派人士履行职能制度。开展民族团结“五进”活动，全面贯彻落实党的宗教工作方针政策，加强宗教事务管理，强化宗教政策法规宣传教育，依法依规打击非法宗教活动，促进宗教关系和谐。延伸统战工作触手，凝聚新生力量，健全同党外知识分子、无党派人士和新的社会阶层人士的沟通联络机制。深入开展网络统战工作。坚决贯彻“一国两制”方针，推进港澳台统战工作。广泛团结联系广大海外侨胞和归侨侨眷。

9. 健全基层群众自治制度。积极发挥基层党组织的领导核心作用，优化党组织设置和覆盖，把村（居）委会等各种组织有效协调起来，切实提高基层治理的活力与水平。进一步完善基层民主管理和民主自治制度，全面推行“公推直选”“一约四会”等制度，突出抓好村（居）“两委”联席会议、村（居）民会议、党务公开、村（居）务公开和监督制度的落实，强化对自治过程的监督，提高群众依法行使民主权利和参与村（居）建设的积极性。实施城乡一体化建设，探索推进村改社区工作，提高基层服务水平。

（三）贯彻落实中国特色社会主义法治体系，提升全面依法治区的能力水平

10. 认真落实社会公平正义法治保障制度。全面落实行政执法公示、执法全过程记录、重大执法决定法制审核“三项制度”，健全行政执法自由裁量基准制度，加大关系群众切身利益的重点领域执法力度，建立行政执法机关、公共服务部门与司法机关信息共享机制。深化司法体制综合配套改革，完善审判制度、检察制度和法律顾问制度。健全案件质量评查、办案流程智能化监管等机制，全面落实执法司法责任制，深入推进阳光执法、阳光司法。完善公共法律服务体系，加快推进公共法律服务实体、网络、热线一体化平台建设。整合矛盾纠纷化解、法治宣传、基层法律服务、法

律咨询等功能，充分发挥区、街道、村（社区）三级公共法律服务中心（工作站、点）作用，引导和支持群众理性表达诉求，依法维护权益。落实谁执法谁普法责任制，推动全民学法、守法，构建社会“大普法”格局。

11. 推进法治政府和服务型政府建设。贯彻落实中国特色社会主义行政体制，按照构建职责明确、依法行政的政府治理体系要求，完善政府经济调节、市场监管、社会管理、公共服务、生态环境保护等职能，实行政府权责清单制度，厘清政府和市场、政府和社会关系。健全部门协调配合机制，加强政务诚信建设。健全行政决策、执行、组织、监督权力协调运行机制。优化政府职责体系和组织机构，推进机构、职能、权限、程序、责任法定化。完善重大行政决策程序和责任追究机制。完善机构编制管理机制，完善绩效管理工作体系。提升行政服务管理水平，积极推进依申请政务服务事项统一进驻政务服务中心集中办理，推进政务服务事项“八统一”，完善公共服务事项，推进数字政府建设。

（四）贯彻落实社会主义基本经济制度，提升推动经济高质量发展的能力水平

12. 构建产业高质量发展制度体系。贯彻巩固、增强、提升、畅通八字方针，建立健全强龙头、补链条、聚集群推进机制，完善支持高端服务业、战略性新兴产业和实体经济发展的体制机制，推动产业链、价值链向中高端迈进。完善全面推进传统产业“二次创业”的政策体系，促进传统产业转型升级、优化发展。积极落实“三大三新”产业发展、“双百双新”产业项目建设机制，推动新兴产业蓬勃发展。加快完善促进消费体制机制。建立健全推动新一代信息技术与实体经济深度融合机制，促进产业数字化、数字产业化。建立健全与产业园区融合机制，推进产城融合发展。完善现代特色农业示范区、现代服务业集聚区建设体制机制，引领农业、服务业高质量发展。深化投融资体制改革，配合市金融办建立企业上市培育长效机制，健全金融服务实体经济的政策措施，完善利益共享、风险共担的新型政银企合作机制，落实产业承接和跨区域产业对接融合机制。

13. 完善激发市场主体活力体制机制。坚持“两个毫不动摇”，探索国有企业混合所有制改革，完善国有资产管理体制。完善支持民营经济、外商投资企业、中小企业等发展制度，构建亲清新型政商关系。健全精准招商、专业招商体制机制，大力推进“以商招商”“产业链招商”“以企招商”“委托招商”“合作招商”。推进公平竞争审查制度落实，全面落实市场准入负面清单制度。全面深化“放管服”改革，深入推进行政审批制度改革，大力压减行政许可和整治各类变相审批，积极推进“证照分离”改革全覆盖试点，建立部门联合“双随机、一公开”监管机制，发挥行业协会商会自律作用。推进政务服务“简易办”改革，推动“一窗受理、集成服务”审批和流程再造，尽快实现“一网通办”“一事通办”。深化财税制度改革，落实减税降费各项政策。推进要素市场化改革，积极培育资本、技术、人才、物流“四个要素市场”。完善营商环境评价体系，打造市场化法治化国际化一流营商环境。

14. 完善科技创新支撑产业发展的体制机制。健全鼓励支持基础研究、原始创新和产业科技创新的体制机制，构建前端聚焦、中间协同、后端转化的科技创新机制，深入实施“三百二千”科技创新工程。建立以企业为主体、市场为导向、产学研深度融合的技术创新体系，完善科技创新平台建设，发挥科技服务中介机构作用，培育和引进专业化的科技服务，支持科技服务中介机构对企业提供全方位辅导服务，积极培育科技型中小企业、高新技术企业，鼓励企业加大研发投入，有效推进科技成果转化。

15. 完善开放合作体制机制。全面落实“三大定位”新使命，深度融入“一带一路”建设，积极参与“南向、北联、东融、西合”全方位开放发展。建立健全常态化合作交流机制，加强与东盟各国

的交流与合作，扩大与粤港澳大湾区、泛珠三角、长三角及西南、中南等区域合作，构建开放合作新格局。

16. 创新城乡融合发展体制机制。统筹区域发展和优化空间布局，加快构建龙头带动、区带支撑、特色鲜明、协调发展的区域经济新格局。积极融入城区经济和县域经济齐头并进的“两轮驱动”战略，健全城乡区域协调发展机制，完善推进区域经济加快发展的措施办法，加快做大做强区域经济。依托北部湾一号等房产项目的辐射带动，推进廉州湾新城建设。健全城市管理长效机制，推进智慧城市管理，实现城市风格化管理全覆盖。加大基础设施配套建设，改造背街小巷和“三无”小区，完善城市功能、提升城市品质。坚持农业农村优先发展，把教育、医疗、文化等公共服务资源更多地向街道配置，把更多的项目、资金向农村投放。

（五）贯彻落实繁荣发展社会主义先进文化制度，提升建设新时代民族文化强区的能力水平

17. 牢牢掌握意识形态工作领导权。坚持马克思主义在意识形态领域指导地位的根本制度，完善党委（党工委、党组）理论学习中心组等各层级学习制度，用好“学习强国”等学习平台，持续推动习近平新时代中国特色社会主义思想学深悟透做实。加强和改进学校思想政治教育。严格落实意识形态工作责任制，进一步健全完善和坚持执行意识形态工作联席会议制度、意识形态工作督查制度、重大意识形态舆情事件应急处置机制和问责机制，推动督查和问责工作规范化，建立了解民情、反映民意、汲取民智的长效工作机制，形成意识形态工作齐抓共管的合力。巩固壮大主流舆论，提高新闻舆论传播力、引导力、影响力、公信力。加强重大舆情和突发事件舆论引导。

18. 健全培育和践行社会主义核心价值观的体制机制。坚持培育和践行社会主义核心价值观，把社会主义核心价值观要求融入法治建设和社会治理，体现到国民教育、精神文明创建、文化产品创作生产全过程。健全常态化开展社会主义核心价值观宣传教育机制，加强党史、新中国史、改革开放史教育，加强爱国主义、集体主义、社会主义教育，用好用活地角女民兵连史馆等红色文化资源，推动理想信念教育常态化、制度化。深化拓展新时代文明实践中心（所、站）建设，实施公民道德建设工程，开展道德模范、最美人物、身边好人等典型推荐选树和学习宣传。完善青少年理想信念教育齐抓共管机制，健全志愿服务体系，完善诚信建设长效机制。

19. 构建繁荣发展社会主义文化的体制机制。实施文艺创作精品战略，完善优秀作品创作生产机制，提升海丝文化、南珠文化、疍家文化等海城特色文化品牌。健全有利于激发文化创新创作活力的文化管理体制，做大做强文化产业，积极探索“文化＋产业”融合发展新模式，推动文化与其他产业融合互动发展。建立健全文化旅游产业高质量发展体制，完善举办或承办文化活动的机制，打响“南珠节”“休渔期”“油菜花节”“地角美食节”“外沙岛非遗文创艺术节”等文化旅游品牌。加强城区文物及遗产保护，传承独特传统文化，保护北海老街、高德老街、地角古炮台等，积极创建特色小镇和特色街区。加强文化研究，大力弘扬开放文化、廉政文化和海洋文化。打造滨海文化旅游休闲城区，建设黄金北岸休闲文化旅游带、南珠文化旅游带等，树立海城特色文化旅游新形象。

20. 完善覆盖城乡的公共文化服务体系。坚持以人民为中心的发展思想，优化城乡文化资源配置，在农村、社区、城市公共绿地、公园、广场进一步配建相应的体育健身设施，努力提高 15 分钟健身圈数量，推动基层文化惠民工程扩大覆盖面、增强实效性，构建政府主导、社会参与、重心下移、共建共享的现代公共文化服务体系。健全支持开展群众性文化活动机制，积极推进文化科技卫生“三下乡”、戏曲进乡村等群众性文化活动制度。建立健全公共文化设施免费开放保障机制，提升公共文化服务供给效能。

（六）贯彻落实统筹城乡的民生保障制度，提升不断满足广大人民群众美好生活新期待的能力水平

21. 健全巩固提升脱贫攻坚成果长效机制。完善以“两不愁三保障”为重点的精准脱贫制度，开展脱贫攻坚“回头看”提升活动，集中兵力打好贫困歼灭战，确保现行标准下农村贫困人口全部脱贫。支持赤西村发展乡村旅游产业，建设小型田园综合体，创建乡村振兴示范点。落实精准防贫办法，加大脱贫监测户、边缘户监测管理，对返贫致贫风险户及时给予帮扶。建立完善解决相对贫困的长效机制，完善多部门协同的相对贫困人口信息管理体系、风险监测体系和防贫保障体系，进一步完善义务教育、基本医疗、住房安全和饮水安全保障及救济救助保障机制，健全低保制度与精准脱贫政策有效衔接机制。完善巩固脱贫攻坚成果责任制，健全考核监督评估机制。建立对贫困村集体经济、贫困户产业扶持机制，构建脱贫攻坚与乡村振兴衔接联动机制。

22. 健全实施乡村振兴战略体制机制。围绕“人规地产城”五个关键要素，推动乡村振兴战略落地生根。健全加强涉农街道、乡村带头人队伍建设制度机制。实施乡村振兴战略规划及配套的行动方案。发挥合作社带动作用，大力发展乡村产业。加快构建一二三产融合的现代农业产业体系、生产体系、经营体系。完善农村承包地“三权分置”制度，有序推进农村宅基地制度改革、集体经营性建设用地入市改革、土地征收制度改革，建立城乡统一的建设用地市场。稳步推进农村集体经营性资产确权到户和股份合作制改革，持续深化集体林权制度改革。完善“三农”投入保障机制，加快推进农村基础设施建设，补齐乡村公共服务短板。积极落实自治区《推动村级集体经济高质量发展的十条措施》，创新农村集体经济运行机制，健全农村集体经济发展扶持政策，发展壮大农村集体经济。

23. 健全更充分更高质量就业和更公平分配的体制机制。实施就业优先政策，落实对灵活就业、新就业形态的支持政策，通过发展产业、建设城市创造更多就业岗位，促进就业创业。扎实做好高校毕业生、农民工、退役军人、建档立卡贫困户等重点群体就业创业工作，加强对各类就业困难人员的就业帮扶。加强就业监测及失业预警工作，建立就业结构与产业结构优化协调机制。大力弘扬劳模精神、劳动精神、工匠精神，广泛深入持久开展行业劳动和技能竞赛。坚决防止和纠正就业歧视，营造公平就业制度环境，完善政府、工会、企业共同参与的劳动关系协调机制，加大劳动关系风险预警、隐患排查消除工作力度，推进智慧劳动监察平台建设，构建和谐劳动关系。深入宣传《保障农民工工资支付条例》，依法根治农民工欠薪，建立健全保障农民工工资支付长效机制。

24. 构建终身学习的教育体系。完善立德树人体制机制，搭建学校、家庭、社会教育网络，构建全员育人、全过程育人、全方位育人的德育工作格局。深化教育领域综合改革，培养德智体美劳全面发展的社会主义建设者和接班人。健全以政府投入为主、多渠道筹措的教育现代化投入保障机制，加快建设智慧校园，积极创建基础教育教学改革示范区。完善办园体制和投入机制，推进学前教育多元普惠发展。深化义务教育学区制管理改革和教育质量综合评价改革，全力打造学区制集团化办学示范区，推进义务教育优质均衡发展。实施童子功“1+N”计划，全面推进素质教育纵深发展。深入推进学校建设“三三零”工程，着力扩大优质教育资源。深化教师队伍建设改革，全面推行“县管校聘”改革工作，实施海城区“三名工程”和“未来教育家培养工程”，通过绿色通道引进一批优秀学科教师。加强师德师风建设，全面提升教师队伍综合素质和育人水平。发挥网络教育优势，创新教育和学习方式，创建自治区社区教育实验区。

25. 完善建设健康海城长效机制。健全全方位干预健康影响因素、维护全生命周期健康、防控重大疾病的体制机制，健全重大疾病医疗保险和救助制度，健全基本医疗卫生制度，完善公共卫生

服务体系,开展中医药发展与传承,配合完善并实施预防、医疗、康复、健康促进等健康服务体系。推进医药卫生体制改革,健全医保、医疗、医药“三医联动”机制,完善网格化管理。健全完善医联体、分级诊疗制度,实施乡村医生“乡聘村用”,提升医疗卫生能力建设。完善优生优育制度。灵活引进急需紧缺医疗卫生专业人才,开展“优秀医务工作者”遴选,建立基层医疗单位薪酬制度,稳定医疗卫生专业人员队伍。完善医疗基础设施建设机制,加快推进区疾病预防控制中心、地角卫生院搬迁新建、泰和苑社区卫生服务中心等项目建设。推进我区医养结合示范区试点工作。巩固提升慢性病防控示范区创建成果。

26. 完善覆盖全民的社会保障体系。坚持应保尽保,进一步完善税务部门代收社会保险费工作机制,健全统筹城乡可持续的基本养老保障制度、基本医疗保障制度和最低生活保障制度。落实精准扶贫各项社会保障政策,坚持“一个都不落下”,加强动态管理,着力完善居家社区机构相协调、医养康养相结合的养老服务体系,推进居家养老服务。加强农村留守儿童和困境儿童关爱服务,落实残疾人帮扶政策,稳步提高部分退役军人和其他优抚对象等人员抚恤和生活补助标准,并加大在乡老复员军人生活补助提标力度。加强与银行拥军优抚合作,为军人军属、退役军人和其他优抚对象提供优先、优质、优惠的金融服务。完善保障性住房体系,落实多主供给、多渠道保障、租购并举的住房制度,加大以公租房为主的保障性住房供给,保障居民群众住有所居。

(七)贯彻落实共建共治共享的社会治理制度,提升建设平安海城、维护稳定巩固安宁的能力水平

27. 构建社会治理新格局。完善党委领导、政府负责、民主协商、社会协同、公众参与、法治保障、科技支撑的社会治理体系,健全政治、自治、法治、德治、智治“五治融合”机制,全面推动形成共建共治共享的社会治理格局。创新完善鼓励多方参与社会治理的政策体系,完善政府购买服务机制,健全市场主体、社会力量广泛参与的网状治理模式。完善社会治理资源、服务、管理下沉机制,加强各级综治中心规范化建设,完善网格化服务管理机制,打造集综合治理、市场监管、综合执法、公共服务等于一体的统一平台。加强物业管理和出租房管理,推进智慧平安社区建设。完善社会、学校、家庭“三位一体”德育网络,健全社会心理服务体系和危机干预机制。

28. 完善平安海城建设体制机制。坚持和发展新时代“枫桥经验”,健全矛盾纠纷精准排查和精细化解机制,构建人民调解、行政调解、司法调解联动工作体系,完善信访制度。完善立体化、法治化、专业化、智能化社会治安防控体系,健全扫黑除恶、禁毒严打整治和打击传销长效机制,建立问题联治、工作联动、平安联创的工作格局。健全公共安全体制机制,完善食品药品安全监管机制,落实安全生产责任制,健全防灾减灾救灾和应急管理体制机制。坚持总体国家安全观,加强国家安全人民防线建设,严防敌对势力渗透、破坏、颠覆、分裂等活动。

29. 完善加强治理的体制机制。构建党政军警民“五位一体”工作新格局,完善人防物防技防,加强智慧海防建设。加强反走私综合体系建设,建立防范打击“三非四贩”等突出违法犯罪问题长效机制。建立健全突发事件联合应急处置机制。完善“十户联防”“网格化”等群防群治机制。贯彻落实党对人民军队的绝对领导制度,健全双拥共建、国防教育、国防动员机制,推进军民融合深度发展。

(八)贯彻落实生态文明制度体系,提升建设美丽海城的能力水平

30. 完善生态环境保护与治理体制机制。实行最严格的生态环境保护制度,健全源头预防、过程控制、损害赔偿、责任追究的生态环境保护体系。落实国土空间规划和用途统筹协调管控制度,构建“多规合一”的国土空间规划体系。建立山水林田湖海湿地生态一体化保护和修复机制,完善

河长制、湖长制、林长制，完善森林生态效益补偿机制和海洋资源开发保护制度，健全水土流失整治、石漠化综合治理、红树林保护等机制。构建以排污许可制为核心的固定污染源监管制度体系，完善大气、水污染跨区域综合治理机制。建立完善重点流域上下游横向生态补偿机制。建立生态文明建设目标评价考核制度，健全生态环境保护督察机制，实行生态环境损害责任终身追究制。

31. 全面建立资源高效利用制度。构建自然资源统一确权登记制度体系，建立健全自然资源资产所有权管理制度。推进资源有偿使用制度，建立完善统一的自然资源市场交易规则和交易平台，健全自然资源市场调控机制。实行资源总量管理和全面节约制度，健全资源节约集约循环利用政策体系。完善公共机构节能管理体系。普遍实行垃圾分类和资源化处理制度，健全城乡垃圾收运处理体系。全面实施能源革命战略，构建清洁低碳、安全高效的能源体系。强化自然保护地监督考核，建立完善统一监管机制。加快建立自然资源统一调查、评价、监测制度，健全自然资源监管体制，完善自然资源执法监管共同责任机制。

32. 建立促进生态经济发展的体制机制。落实绿色生产和消费的法律制度和政策，加快发展绿色金融，建立促进生态经济提质升级的体制机制。建立生态工业加快发展机制，完善生态产品绿色设计和绿色制造标准体系，加快传统产业和产业园区生态化改造。健全生态农业提质发展机制，推进农产品“三品一标”认证，加大对海城区原产地标志、名优特新产品保护力度。构建生态服务业全面发展机制，创新“生态 +”发展模式，建立健全生产性服务业绿色发展、生活性服务业低碳发展新机制。

33. 完善美丽海城建设长效机制。健全创建全国文明城市、国家卫生城市的长效机制，推动城市智慧管理和绿色发展，提升城市品质和承载能力。完善农村人居环境整治体制机制，优化乡村生产生活生态空间。完善乡村风貌提升体制机制，健全乡村规划体系，建立健全农房建设管控长效机制。统筹推进“美丽海城·幸福乡村”建设，巩固提升清洁乡村、生态乡村、宜居乡村建设成果。

（九）贯彻落实全面从严治党制度，提升营造风清气正政治生态、激励担当实干的能力水平

34. 落实和完善权力制约和监督体制机制。贯彻落实党和国家监督体系，坚持权责法定、透明、统一，完善权力配置和运行制约机制，建立权力运行可查询、可追溯的反馈机制，健全发现问题、纠正偏差、精准问责有效机制。落实各级党组织党内监督责任，重点加强对“一把手”的监督，完善领导班子内部监督制度，保障党员监督权力。健全强化政治监督具体化常态化机制，完善纪检监察机关日常监督细化实化机制，健全执纪执法贯通、监察衔接司法制度，加强纪检监察信息化建设和大数据监督创新，深化政治巡察，完善派驻监督机制，推动监察职能向街道延伸。坚持定位向监督聚焦，责任向监督压实，力量向监督倾斜，扎实推进纪律监督、监察监督、派驻监督、巡察监督“四个全覆盖”。突出监督重点，紧紧盯住党员领导干部和公职人员中掌握公权力的“关键少数”、关键岗位。建立监督综合信息库、畅通监督信息共享交流渠道，使监督有的放矢。

35. 健全增强基层党组织政治功能和组织力的制度机制。完善组织、宣传、统战、文化、卫健、民政、人社等基层组织建设协调领导小组成员单位共建“提质聚力”制度，探索推广“智慧党建 + 基层治理”模式，用好用活“荟萃北海”党群服务平台，坚持开展“红色星期六”志愿服务，深化实施“三有三送”活动，推动基层党组织全面进步、全面过硬。坚持村党组织星级化管理、农村党员积分管理、“四议两公开”、村级后备力量培养以及推动村级集体经济发展壮大等制度。按照“一校一企一品牌”“一街一社一特色”的思路，统筹推进基层党建“一类一品”建设，探索实施区域化党建融合发展新模式。加强督促指导党支部标准化规范化建设，持续整顿软弱涣散党支部，加大力度培育基层党组织带头人队伍。严格落实发展党员工作机制，健全党员教育管理制度，推进远程教

育网络载体平台优化升级、融合发展。健全完善基层党建工作述职评议考核制度,压紧压实基层党建工作责任,推动全面从严治党向基层延伸。

36. 完善激励干部担当作为的制度机制。坚持党管干部原则,坚持新时代好干部标准,健全完善干部素质培养体系、知事识人体系、选拔任用体系、从严管理体系、正向激励体系,着力建设忠诚干净担当高素质干部队伍。实施干部精气神巩固强化工程,继续紧紧围绕新时代新担当新作为的要求,强化广大干部干事创业的精气神。完善各级"一把手"素质能力提升制度体系,以"关键少数"带动"绝大多数"。坚持选拔干部重实绩看担当的鲜明导向,健全完善体现高质量发展要求的科学考核评价机制,大力选拔重用"猛将、闯将、干将"和敢为人先、敢于担当、敢争上游的"三敢"干部;建立健全推动干部"下"的制度体系,坚决调整"昏庸散拖"干部。建立健全"推动思想大解放"长效机制,深化"三坚持两改变"实干作风建设,以"三不许"营造合力干事环境,完善和落实"八个担当"系列措施,大力倡导和自觉践行"担当为要、实干为本、发展为重、奋斗为荣"理念,坚持用考察"三问"(承担了什么风险、破解了什么难题、干成了什么实事)识别担当、用提拔重用兑现担当、用评先评优推动担当、用培训锻炼提升担当、用关心关爱提振担当、用选树典型弘扬担当、用容错纠错保护担当、用调整庸懒散拖干部整治不担当,教育引导全区广大干部切实增强担当作为的思想自觉、政治自觉和行动自觉,积极遵循新时代好干部标准。

37. 构建一体推进不敢腐、不能腐、不想腐体制机制。建立健全全面从严治党政治责任"书记点题谈"制度,推动"两个责任"落实落细。坚定不移推进反腐败斗争,坚持无禁区、全覆盖、零容忍,坚决查处政治问题和经济问题交织的腐败案件,加大重点领域和关键环节反腐力度。认真落实中央八项规定精神,持续整治形式主义、官僚主义以及群众身边腐败和作风问题,严惩扶贫民生领域腐败、涉黑腐败及"保护伞"。开展"十抓十促"专项行动,织密监督网格,贯通运用"四种形态",坚持惩前毖后、治病救人。持续开展"以案促改"活动,开展旁听法院庭审等警示教育活动。完善问题清单和廉政风险点排查工作机制,扎牢制度笼子。

四、强化制度执行力运用力落实力

(一)加强组织领导。围绕中央《决定》部署的目标任务,以及自治区和北海市的《实施意见》有关部署要求,建立由区委统一领导,人大、政府、政协各负其责,各街道、各部门单位、人民团体、社会各界和广大群众广泛参与的落实推进机制。各级党委(党工委)书记要切实肩负起第一责任人责任,勇于担当、靠前指挥,亲自部署重要工作、研究重大问题、协调重点环节。各街道各部门单位要紧跟中央和自治区党委、市委的要求以及区委的具体部署,科学制定任务书、路线图、时间表,有力有序推进各项工作。要完善考核机制,狠抓督促检查,确保各项决策部署落实落地。

(二)加强制度自信宣传教育。把制度自信贯穿宣传工作始终,营造坚定中国特色社会主义制度自信的浓厚氛围。完善领导干部带学领学、全员轮训等制度,分期分批对党员、干部进行系统培训。按照"八个讲清楚"要求,创新宣讲方式方法,有针对性地做好分层分类宣传教育,引导干部群众深刻认识中国特色社会主义制度的巨大优越性和国家治理体系的强大生命力。把制度自信教育贯穿国民教育全过程,作为学校思想政治教育和课堂教学的重要内容,把制度自信的种子播撒进青少年心灵。

(三)加强改革创新。增强改革意识、把握改革特点、遵循改革规律,强化问题意识,找准改革的着力点,坚持把制度建设贯穿改革始终。坚持统筹谋划,加强改革系统集成、协同高效,探索规划改革集成试点,统筹协调各领域、各层次、各阶段的改革成果和经验,使各项改革举措不断向中心目标靠拢,以先进典型带动全面深化改革的深入推进,切实解决群众最关心最直接最现实的问题，加快实施有力有效的改革措施，增强改革实效。

（四）加强干部队伍治理能力建设。坚持把提高治理能力作为新时代干部队伍建设的重大任务，把制度执行力和治理能力作为干部选拔任用、考核评价的重要依据。加强新时代高素质干部队伍建设，完善领导班子和领导干部考核评价机制，健全完善干部学习培训交流制度，促进各级领导干部发扬斗争精神，增强斗争本领。

（五）加强制度执行和运行。全区各级党组织以及各级领导干部要带头维护制度权威，做制度执行的表率，示范带动广大干部群众强化制度意识，提高制度执行能力，把制度建设贯穿党的各项建设之中，建立健全有关制度，狠抓制度落实。在自觉尊崇制度、严格执行制度、坚决维护制度上干在实处、走在前列，加强对制度执行的监督，坚决杜绝做选择、搞变通、打折扣的现象。

全区上下要更加紧密地团结在以习近平总书记为核心的党中央周围，高举中国特色社会主义伟大旗帜，坚定信心，保持定力，锐意进取，开拓创新，切实加强制度创新和治理能力建设，奋力推进海城治理现代化，为实现全面建成小康社会目标，加快建成平安宜居和谐幸福海城而努力奋斗！

中共北海市海城区委员会办公室　北海市海城区人民政府办公室印发《贯彻落实〈关于聚焦服务壮美广西建设推进基层党建“提质聚力”的意见〉等 6 个文件全面提升基层党建质量的实施方案》的通知

北城办发〔2020〕8 号

区辖街道党工委和街道办事处，区直各部、委、办、局，各人民团体，法院、检察院，人武部，各有关单位：

《贯彻落实〈关于聚焦服务壮美广西建设推进基层党建“提质聚力”的意见〉等 6 个文件全面提升基层党建质量的实施方案》已经区委、区人民政府同意，现印发给你们，请结合实际认真贯彻执行。

中共北海市海城区委员会办公室

北海市海城区人民政府办公室

2020 年 2 月 28 日

贯彻落实《关于聚焦服务壮美广西建设推进基层党建“提质聚力”的意见》等 6 个文件全面提升基层党建质量的实施方案

为贯彻落实《自治区党委办公厅　自治区人民政府办公厅印发〈关于聚焦服务壮美广西建设推进基层党建“提质聚力”的意见〉等 6 个文件的通知》（厅发〔2019〕126 号）和市相关文件精神，全面提升我区基层党建质量，增强基层党组织的组织力，服务壮美广西建设、推动海城高质量发展、建设平安宜居和谐幸福海城，现结合实际制定如下实施方案。

一、提升基层党组织政治建设质量

（一）切实抓好党的政治建设。坚持把党的政治建设摆在首位，增强“四个意识”、坚定“四个自信”、做到“两个维护”，增强基层党组织的功能。强化思想政治教育，推进“两学一做”学习教育常

态化制度化，落实不忘初心、牢记使命的制度，提升党员干部党性修养和政治觉悟。（责任单位：区委办公室，区纪委监委，区委组织部，各党工委；时限要求：长期坚持）

（二）坚决落实党的全面领导。强化村党组织对村级各类组织的领导，推动村党组织主导农村各类事务，增强街道社区党组织在辖区内的统领能力，明确国有企业党组织在公司治理结构中的领导地位，落实中小学校党组织领导下的校长负责制。（责任单位：区委组织部，区企业党工委，区教育党工委；时限要求：长期坚持）

（三）完善基层党建述职评议考核制度。探索村（社区）各类自治组织和经济社会组织主要负责人向村（社区）党组织述职和报告工作制度。完善基层党建述职评议考核，强化结果运用，与领导班子和领导干部年度考核有机衔接，作为领导干部选拔任用、培养教育和奖励惩戒的重要依据。（责任单位：区委组织部，各党工委；时限要求：长期坚持）

（四）严肃党内政治生活。严格执行"三会一课"、主题党日、民主生活会、组织生活会、民主评议党员等基本制度，落实党员领导干部过双重组织生活"四个必须"要求，坚持和完善重温入党誓词、过"政治生日"等政治仪式。发展积极健康的党内政治文化，教育引导党员干部夯实理想信念之基，自觉做党内先进文化的引领者、实践者、推动者。（责任单位：区委组织部，各党工委；时限要求：长期坚持）

（五）压实农村基层党建责任。把抓党建促脱贫攻坚促乡村振兴作为街道党工委书记、村党组织书记抓基层党建述职评议考核的重要内容，加大在评议考核中的权重。完善落实街道党工委抓农村基层党建问题清单、任务清单、责任清单。强化对基层党建"两随机"调研指导中发现问题的整改整治。对拟提拔为街道党工委书记的人选，在干部考核的基础上进行落实党建责任情况专项考核，评定为"基本称职""不称职"情形的，暂缓任用或取消任用，并根据实际情况采取组织约谈、交流调整等措施。（责任单位：区委组织部，区扶贫开发和水库移民工作局，区农业农村和水利局，高德和驿马街道党工委；时限要求：长期坚持）

（六）力促基层减负增效。推行村（社区）公共事项准入制度，除中央、自治区、北海市有专门部署外，凡不在清单内的事项，村（社区）"两委"一律不予执行；凡需要村（社区）协助办理的事项，相关职能部门要提供必要的经费保障和工作条件。持续集中清理规范村级组织活动场所牌匾，规范统一门牌设置，农村按规定悬挂村党组织委员会、村民委员会、村务监督委员会、村集体经济组织 4 块牌子。城市社区按规定悬挂社区党组织委员会、居民委员会、居务监督委员会 3 块牌子。突出加强指导服务，规范各类督查检查、考核评比达标，避免不必要的"痕迹"材料，切实推进基层减负增效。（责任单位：区委组织部，区民政局，区督考办，各党工委；时限要求：长期坚持）

（七）加大基层党建监督执纪力度。健全完善对基层党组织的常态化政治巡察和纪检监察监督机制，坚持每年度开展一次党建专项巡察，对履行党建工作责任不到位的，严肃批评；对问题较多、长期打不开局面的，约谈通报；对抓党建不力、出现严重后果的，严肃追责问责，形成倒逼压力。（责任单位：区纪委监委，区委巡察办、区委组织部，各党工委；时限要求：长期坚持）

二、提升基层党组织体系建设质量

（八）推进基层党组织标准化规范化建设。按照"一年对标强基础、两年深化促规范、三年全面上台阶"的要求，健全基层组织，优化组织设置，理顺隶属关系，创新活动方式，提高党的组织覆盖和工作覆盖质量。从组织体系、班子队伍、党员队伍、组织生活、运行机制、基础保障等方面，确立农村、街道社区、机关事业单位、国有企业、中小学校、公立医院、非公企业、社会组织等基层党组织标准化规范化要求，力争 3 年内所有基层党组织标准化规范化达标。（责任单位：区委组织部，各党工委；时限要求：2021 年底前）

（九）抓实自然村党组织建设。深入摸排自然村建立党组织情况，按要求开展自然村党组织标准化规范化建设“百日攻坚”行动，对符合基本条件的自然村 2020 年实现全覆盖。（责任单位：区委组织部，高德和驿马街道党工委；时限要求：2021 年）

（十）加强城市基层党建工作。推进城市基层党组织整体建设、系统建设，深化街道管理体制改革，优化街道机构设置，加强社区工作者职业体系建设，全面推进街道“大工委”、社区“大党委”工作机制建设，促进服务资源下沉到街道社区，着力构建融入、全域、服务、实践、智慧“五型”党建新格局。（责任单位：区委组织部，各党工委；时限要求：长期坚持）

（十一）加强机关党建工作。坚持以党的政治建设为统领，以提升组织力为重点，优化调整机关党组织设置，配齐配强机关党务工作力量。扎实开展在职党员进社区“双报到、双报告”工作，建立健全考核管理制度，进一步压实责任，将机关党建同街道、社区党建融为一体，努力构建“大党建”工作格局。（责任单位：区委组织部，区直属机关工委，区直有关单位党组织，各街道党工委；时限要求：长期坚持）

（十二）加强国有企业党建工作。把坚持党的全面领导、加强党的建设作为国有企业的“根”和“魂”，构建与现代企业制度相适应的基层党建工作体系。以提升国有企业党组织组织力为重点，规范海城区关停国有企业党组织“三会一课”、党费收缴等工作，创新方式方法促进企业党建与生产经营深度融合。（责任单位：区委组织部，区企业党工委；时限要求：长期坚持）

（十三）提高两新组织“两个覆盖”质量。突出抓好城市商圈、商务楼宇、社区物业以及互联网企业等重点领域和新兴领域党组织组建，建强农村新型经营主体党组织。抓党建促发展，深化“三有三送”活动，强化对民营企业的服务力度，帮助化解企业发展难题，助力优化营商环境。深入开展“党旗领航 +”系列活动和“百企扶贫”行动，助力乡村振兴和脱贫攻坚。实施党组织星级化管理和党建示范点提质创优工程，打造极具海城特色和影响力的两新组织党建品牌。（责任单位：区委组织部，区两新党工委，各党工委；时限要求：长期坚持）

（十四）整顿提升软弱涣散基层党组织。强化调研走访，区领导带队集中精准摸排，区相关部门“联审”确定软弱涣散整顿对象。按照一套整顿细案、一名领导挂点、一家单位帮扶、派驻一支工作组、选派一名第一书记、定一批帮扶项目、建一个坚强班子“七个一”要求，制定切实可行的整顿方案，从夯实基本组织、基本队伍、基本活动、基本制度、基本保障入手，确保每个软弱涣散基层党组织都得到整顿提升。（责任单位：区委组织部，各党工委；时限要求：长期坚持）

三、提升基层干部队伍建设质量

（十五）实施基层党组织带头人队伍整体优化提升工程。突出政治标准，选优配强基层党组织书记及第一书记，加大从高校毕业生、农民工、退役军人、离退休党员干部、机关企事业单位优秀党员中培养村党组织书记力度，对软弱涣散村 100% 落实村党组织书记、村委会主任“一肩挑”。及时调整不合格、不胜任、不尽职的村党组织书记。探索村党组织书记职业化管理模式，实行全脱产工作、全日制履职。突出党性教育和能力素质培训，深化村（社区）“两委”干部大培训和在职大中专学历教育，确保村（社区）党组织书记每年至少参加 1 次区级集中培训。加大从优秀村（社区）党组织书记中招录街道公务员、招聘街道事业编制人员力度。对表现优秀、实绩突出的基层党组织第一书记和工作队员，符合条件的优先提拔或重用。（责任单位：区委组织部，各街道党工委；时限要求：2021 年底前完成，并长期坚持）

（十六）推进村级后备力量选拔培养标准化。抓好《北海市海城区村级后备力量选拔培养标准化实施方案》的落实，按照先行培养、先行储备、先行使用的原则，落实区、街道领导联系，村干部结对，区、街道农技员“1+N”帮扶等培养措施，推进每村每年吸收 1 名 35 岁以下入党积极分子、有成熟发展对象的择优吸收 1 名预备党员、培育 1 名党员致富能手和 1 名党员后备力量，逐步建立一支相对稳定的农村后备力量，确保每村常态化储备 3—5 名后备人才，其中至少有 1 名女性、1 名正职后备人才。制定社区后备人才队伍管理办法，区、街道两级建立社区优秀人才库，确保每个社区有 3—5 名后备力量。（责任单位：区委组织部，区民政局，区农业农村和水利局，各街道党工委；时限要求：2021 年底前完成，并长期坚持）

（十七）从严监督管理村（社区）干部。坚持村（社区）党组织书记区委组织部备案管理和村（社区）干部任职区级联审、岗位目标管理、离任审计、实绩考核等制度，全面推行村级小微权力清单，落实“阳光红页”信息公开。对存在村（社区）干部贪腐谋私、办事不公、优亲厚友等问题的村，持续开展群众身边腐败和作风问题专项治理，严肃查处违纪违法人员。（责任单位：区委组织部，区纪委监委，区审计局，各街道党工委；时限要求：长期坚持）

（十八）实行工作队员精细化选派管理。按照从严选派、从严管理，因村派人、尽锐出战的要求，从素质能力、年龄条件、身体状况等方面严把驻村队员选派关，对政治不过硬、廉政不过关、身体条件差、工作能力弱的，坚决予以调整；全面加强队员管理，落实吃住在村，履职尽责做好帮扶。落实派出单位与队员责任、项目、资金“三个捆绑”制度及召回制度，落实驻村专项工作经费、帮扶经费和生活补助等保障措施。建立完善工作分队长工作汇报制度。（责任单位：区委组织部，高德和驿马街道党工委；时限要求：长期坚持）

（十九）加强党务工作者队伍建设。配齐配强街道、村（社区）党建工作力量。在街道设立党建工作办公室或党建工作站，确保各街道专抓基层党建的力量普遍达到 3 人以上。配齐中小学校思想政治工作者，公开选聘社区和两新组织党建工作组织员，因地制宜选派党建工作指导员。（责任单位：区委组织部，区两新组织党工委，区教育党工委，各街道党工委；时限要求：2021 年底前完成，并长期坚持）

（二十）加大基层干部关爱激励帮扶力度。坚持每年从代区管党费落实部分经费用于支持充实党内关爱专项资金，用好用活该项资金。贯彻落实《海城区关于进一步激励广大干部新时代新担当新作为的实施办法（试行）》，落实《关于加强和改进村（社区）绩效考评工作激励基层干部担当作为的方案》，发挥好考评考核的鞭策作用，加大基层干部关爱激励帮扶力度。村干部年度考核优秀等次原则上从五星级、四星级党组织所在村的村干部中产生；党内评先评优，涉及村党组织和党员干部的，一般应当从五星级党组织中推荐，未获评星级的村党组织及其主要负责人一般不得作为党内评先评优推荐对象。（责任单位：区委组织部，各党工委；时限要求：长期坚持）

四、提升党员队伍建设质量

（二十一）逐步提高发展党员工作质量。坚持把政治标准放在首位，建立完善政治审查具体操作办法，推行发展党员负面清单制度。严格按照《广西发展党员工作手册》规范操作，落实发展党员全程纪实制，建立发展党员档案清单。加大力度排查解决发展党员违规违纪问题，严把党员队伍入口关。（责任单位：区委组织部，各党工委；时限要求：长期坚持）

（二十二）适度扩大发展党员规模。以贫困村、连续三年未发展党员的行政村和无党员的规模较大自然村为重点，大力培养优秀青年农民、外出务工人员等入党。进一步加大少数民族、高知识分子、两新组织等重点群体发展党员力度。建立可发展人员信息库，把对党有感情、思想上进的优秀分子纳入信息库，落实党员联系跟踪培养，不断为党员队伍注入源头活水。（责任单位：区委组织部，各党工委；时限要求：长期坚持）

（二十三）加强党员教育管理。加强党员能力培训，研究制定党员教育培训规划，持续实施村（社区）党员大培训、两新组织“关注党员成长·激发组织活力”大培训、机关党员素质提升行动。完善党员教育管理政策措施，规范党员组织关系转接、党籍管理和党费收缴使用管理工作，推广评星定级、积分管理等做法，试行党员分类管理，探索建立党员政治表现负面清单，加强流动人才党员、离退休人员党员管理，健全党内激励关怀帮扶机制，稳妥有序开展不合格党员组织处置。（责任单位：区委组织部，区两新组织党工委，各党工委；时限要求：长期坚持）

（二十四）大力培育党员致富带头人。落实北海市《关于培育党员致富带头人的工作方案（试行）》（北组通〔2018〕103 号），以提高政治素质和“双带”能力为重点，着力把优秀青年农民培养成致富带头人、把致富带头人培养成党员、把党员致富带头人培养成村级后备力量。（责任单位：区委组织部，各街道党工委，区农业农村和水利局；时限要求：长期坚持）

（二十五）选树脱贫攻坚先进典型。开展脱贫攻坚先进典型示范引领行动，推荐选树一批脱贫攻坚好支书、好党员、优秀第一书记等，加大宣传力度，激励党员干部担当作为、决胜脱贫攻坚。（责任单位：区委组织部，区委宣传部，高德和驿马街道党工委；时限要求：长期坚持）

五、提升党建引领基层治理质量

（二十六）健全基层党组织领导下的基层组织体系。全面推行村（社区）党组织书记通过法定程序担任村（居）民自治组织、集体经济组织负责人，到 2021 年总体实现村（社区）党组织书记、村（居）委会主任“一肩挑”。推进村（社区）“两委”班子成员交叉任职，提高村（居）委会成员和村（居）民代表中党员的比例。加强村（居）务监督委员会建设，推动非村（居）民委员会成员的村（社区）党组织班子成员或党员兼任村（居）务监督委员会主任。（责任单位：区委组织部，区民政局，各街道党工委；时限要求：2021 年）

（二十七）强化基层治理工作机制。指导村党组织牵头制定或修订务实管用的村规民约和村级各类组织章程。落实“四议两公开两报告”机制，推行村级事务准入制度。深化“农事网通”“阳光红页”“一村一警一助理”及“城市党建 + 社区警务 +N”治理模式，整合综治网格、执法网格和党建网格，建立“社区大网格—片区中网格—楼栋小网格”三级管理模式，强化网格化管理。加强党员设岗定责、承诺践诺、结对帮扶等服务载体建设，构建人人参与的共建共治共享社会治理格局。（责任单位：区委组织部，区委编办、区民政局，北海市公安局海城分局、各街道党工委；时限要求：长期坚持）

（二十八）持续推进扫黑除恶专项斗争。深化基层组织参与扫黑除恶等乡村治理行动，持续开展村“两委”换届“回头看”，坚决清理受过刑事处罚、存在“村霸”“海霸”“渔霸”、涉黑涉恶等问题和不合格、不胜任、不履职的村干部。结合中央宗教工作督查整改，指导街道、村（社区）党组织做好信教群众工作，严肃处理信仰宗教和违纪违规参与宗教活动的党员。深挖彻查、坚决打击黑恶势力保护伞以及非法宗教和境外宗教渗透活动，大力培育文明乡风。（责任单位：区委政法委，区纪委监委、区委组织部、区委统战部，北海市公安局海城分局，各街道党工委；时限要求：长期坚持）

六、提升基层党建基础保障质量

（二十九）健全基层党建经费保障制度。从 2020 年开始，将村级办公经费提高到每村每年不低于 3 万元，村、社区党组织服务群众专项经费分别按不低于 10 万元、20 万元安排。村党组织活动经费、农村党员教育培训经费和村干部教育培训经费分别按照农村党员年人均不低于100元、200元和村干部年人均不低于1000元核定,自治区、北海市、县(区)财政按2∶4∶4承担。强化村党组织评星定级结果运用,对自治区党委组织部命名的五星级、四星级、三星级党组织分别给予不少于1万元、7000元、5000元的党建工作经费支持;对于通过核验的已命名星级党组织所在村,按在现有基础上五星级、四星级、三星级分别上浮20%、15%、10%的标准落实年度村级办公经费。(责任单位:区委组织部,区财政局,各街道党工委;时限要求:2020年底前完成,并长期坚持)

(三十)完善村级组织活动场所建设。用好上级扶持资金,加大对改造提升村级组织活动场所的资金资源整合投入力度,进一步规范和优化功能室设置。推进驻村干部公寓标准化建设。积极推进有条件的自然村建设党组织活动场所。全面完成城市社区党群服务中心标准化建设。(责任单位:区委组织部,区财政局,各街道党工委;时限要求:2021年)

(三十一)进一步提高村(社区)干部待遇。从2020年起,村党组织书记的年基本报酬按不低于我区上一年度农民人均可支配收入的2.5倍确定,其他纳入补贴范围村干部的年基本报酬按不低于村党组织书记基本报酬的60%确定;正常离任村干部补贴标准提高到任期每满一年50元/月(村定员半额补贴干部的补贴标准减半)。星级党组织所在村的村干部报酬适当提高。除“两委”正职(报酬待遇已达初任公务员标准)外的社区干部报酬待遇,落实每年增资一次,月平均增资300元。(责任单位:区委组织部,区财政局,各街道党工委;时限要求:长期坚持)

(三十二)统筹安排村级组织有关人员的误工补贴。村监委主任误工补贴标准按1200元/年发放。对于没有享受财政补贴的村“两委”成员、村监委成员、村民小组长、村党组织下设党支部书记误工补贴,由街道根据实际发放。其他有关人员的误工补贴所需经费,原则上由村级集体经济收入予以保障,区财政视情况给予补助。(责任单位:区委组织部,区民政局,区财政局,各街道党工委;时限要求:长期坚持)

(三十三)大力发展壮大村级集体经济。区财政每年设立发展壮大村级集体经济专项资金,并建立逐年增长机制。设立集体经济发展专项奖补资金,对发展集体经济措施得力、成效显著的街道、村(社区)按村级集体经济发展奖励补助办法规定进行奖补。所有村(社区)集体经济年收入达到5万元以上,打造一批集体经济示范村。(责任单位:区委组织部,区农业农村和水利局,区财政局,各街道党工委;时限要求:长期坚持)

(三十四)提高基层党建信息化水平。推广应用“学习强国”“八桂先锋”“北海先锋”“海城先锋”系列平台,加大探索创建兼具党建工作、公共服务、便民服务和社会治理等功能的基层党建信息化平台力度。(责任单位:区委组织部,区委宣传部;时限要求:长期坚持)

北海市海城区人民政府
关于切实做好全区企业复工复产协调调度有关工作的通知

北城政发〔2020〕1号

区辖各街道办事处、区直各有关单位:

为贯彻落实党中央、国务院的决策部署,贯彻落实《广西壮族自治区人民政府关于切实做好全区企业复工复产协调调度有关工作的紧急通知》(桂政电〔2020〕7号)、《北海市新型冠状病毒肺炎疫情防控工作领导小组指挥部令(第 2 号)》《北海市人民政府关于切实做好全市企业复工复产协调调度有关工作的通知》(北政发〔2020〕4 号)等精神,在确保严格落实疫情防控措施、风险可控的前提下,切实做好全区企业复工复产协调调度,确保经济平稳运行。经研究,成立北海市海城区企业复工复产协调调度领导小组(以下简称“领导小组”),现就做好相关工作通知如下:

一、领导小组机构

组　长:裴相春　区长

副组长:白银冰　区委常委、常务副区长

(领导小组下设 8 个复工小组,由分工对口副区长担任组长)

第一复工小组(重大项目)组长:白银冰

第二复工小组(服务业)组长:白银冰

第三复工小组(金融业)组长:白银冰

第四复工小组(文化旅游业)组长:叶卫国　区委常委、宣传部部长、副区长

第五复工小组(建筑工程业和交通运输业)组长:邓章辉　副区长

第六复工小组(政法领域项目)组长:陈征全　副区长、海城公安分局局长

第七复工小组(农业)组长:龙少云　副区长

第八复工小组(工业、商贸业和区海洋产业园等项目)组长:周　畅　副区长

成员由区发改局、工信局、教育局、公安分局、财政局、人社局、住建交通局、农业农村和水利局、商投局、卫健局、文体广电旅游局、市场监管局、统计局,各街道办事处主要领导组成。

各复工小组分别由对应部门牵头负责:第一、第二复工小组(重大项目、服务业)由区发改局牵头;第三复工小组(金融业)由区财政局牵头;第四复工小组(文化旅游业)由区文体广电旅游局牵头;第五复工小组(建筑工程业和交通运输业)由区住建交通局牵头;第六复工小组(政法领域项目)由海城公安分局牵头;第七复工小组(农业)由区农业农村和水利局牵头;第八复工小组(工业、商贸业和区海洋产业园等项目)由区工信局、商投局牵头。

领导小组下设办公室在区发改局,办公室主任由区发改局局长陈东明兼任,办公室副主任由区发改局副局长颜新、区工信局副局长翟荣护、区住建交通局副局长朱懋萍、区商投局副局长黄旭文、区农业农村和水利局副局长陈金阳、区文体广电旅游局副局长陈延倡、区财政局副局长陈家冠、区统计局副局长黄宏梅兼任。

各牵头单位负责我区本行业领域企业复工复产的统筹调度,收集和分析企业复工复产情况及主要问题、对策建议。

二、工作职责

领导小组负责全区企业复工复产的统筹协调,研究解决遇到的困难和问题。裴相春区长负责全区企业复工复产全面协调调度工作;白银冰协助区长负责总体协调调度,并具体负责服务业和金融业企业复工复产及重大项目建设协调调度;叶卫国负责文化旅游业企业和妇女儿童领域项目复工复产协调调度;邓章辉负责建筑工程和交通运输领域企业和项目复工复产协调调度;陈征全负责政法领域项目复工复产协调调度;龙少云负责大农口企业和民政领域项目复工复产协调调度;周畅负责工业和商贸业企业及区海洋产业园等项目复工复产协调调度。

各分管领导和牵头部门主要负责人要到企业和项目一线指导和帮助开展复工复产工作,及时协调解决复工复产过程中存在的问题和困难。加强疫情防控宣传,落实复工复产疫情防控“十严

格”。遇到跨领域、跨行业的重大事项及问题,可由领导小组组长或副组长主持研究协调。

复工小组牵头部门分别负责指导本领域行业企业复工复产工作,收集和分析本领域行业企业复工复产情况及主要问题、对策建议。

区辖各街道办事处要落实属地主体责任,加强对本辖区内复工复产企业的排查、协调、调度,对于本辖区与抗疫直接相关的、影响力大、经济贡献较大的企业要重点服务。

三、主要工作任务

(一)协调解决企业突出问题。各复工小组、各街道办事处要对企业复工复产的问题进行收集整理,研究解决企业复工复产遇到的困难和问题,包括解决企业员工紧缺问题,解决企业防疫物资短缺问题,解决企业原材料供应问题,解决交通运输物流问题,解决企业资金周转困难问题,解决企业复工复产其他问题。

(二)加强复工企业数据采集。各复工小组、各街道办事处要加强对本辖区、本行业复工的情况掌握,了解企业复工的动态和走势、人员到位情况、企业产能、复工企业员工健康信息情况,特别要及时分析疫情对企业生产经营造成的影响,为有针对性地帮扶企业提供基础数据支撑。

(三)强化对复工企业指导检查。在强化属地责任的同时,各行业主管部门要强化对各类复工后企业的指导检查,结合疫情防控实际,紧盯重点行业领域,创新监管检查方式,综合运用信息化、大数据、远程监管、群防群治等方式组织开展相关行业领域企业复工复产指导检查工作。

四、工作要求

(一)明确专人负责。各复工小组、各街道办事处要高度重视,主要领导亲自抓,分管领导具体抓,明确专人落实收集、分析及报送工作,于 2020 年 2 月 21 日 18：00 前通过电子邮件向领导小组办公室报送主要领导、分管领导及联络员名单及联系方式。

(二)迅速开展调查、协调、调度工作。各复工小组、各街道办事处立即组织到企业、项目工地进行全面调查、协调、调度,一周内把负责领域的企业、项目调查到位。

(三)建立日报制度。报告内容:包括企业清单及基本信息、恢复生产企业清单、复产企业的生产情况、未复产企业未复产原因等情况,分析企业复工复产存在的问题,提出应对措施;在建重大项目清单及基本情况,停工的在建项目复工情况,存在问题、应对措施等,形成每日要情简报。报送时间:8 个复工小组牵头单位、各街道办事处务必每日一报、于每日 9：00 前将前一天企业复工复产情况相关材料向领导小组各副组长汇报后,以电子邮件的形式报领导小组办公室(区发改局:张洁,电话:2097842、13977960210,电子邮箱:hcqfgj@126.com),需按自治区或北海市要求上报的,由各复工小组自行按时上报。

(四)建立会商制度。领导小组办公室要组织区工信局、人社局、住建交通局、农业农村和水利局、商投局、文体广电旅游局、卫健局、财政局、统计局等部门,采取合适途径对全区各行业企业复工复产情况进行综合分析、会商会诊,密切跟踪对经济运行的影响,形成周报。

(五)其他事项。请各部门严格按照《海城区新型冠状病毒感染的肺炎疫情防控指挥部关于做好疫情防控期间复工复产工作的通告》要求,做好对企事业单位复工复产的备案审批和监督管理。因工作需要,领导小组及其办公室由区发改局代章,此项工作完成后,领导小组及其办公室自行撤销,不另行发文。

北海市海城区人民政府

2020 年 2 月 21 日

北海市海城区人民政府
关于做好我区第七次全国人口普查工作的通知

北城政发〔2020〕2 号

各街道办事处，区人民政府各部门，区直各事业、企业单位，各有关单位：

为贯彻落实《自治区人民政府关于做好我区第七次全国人口普查工作的通知》（桂政发〔2019〕56 号）和《北海市人民政府关于做好我市第七次全国人口普查工作的通知》（北政发〔2020〕2 号）精神，切实做好我区第七次全国人口普查工作，现将有关事项通知如下：

一、普查的目的和意义

第七次全国人口普查是在中国特色社会主义进入新时代开展的重大国情国力调查，将全面查清我国人口数量、结构、分布、城乡住房等方面情况，为完善人口发展战略和政策体系，促进人口长期均衡发展，科学制定国民经济和社会发展规划，推动经济高质量发展，开启全面建设社会主义现代化国家新征程，向第二个百年奋斗目标进军，提供科学准确的统计信息支持。全区各级各部门要充分认识人口普查的重要意义，以高度负责的态度，扎实做好我区第七次全国人口普查工作。

二、普查的对象、内容和时间

第七次全国人口普查的对象是普查标准时点在中华人民共和国境内的自然人以及在中华人民共和国境外但未定居的中国公民，不包括在中华人民共和国境内短期停留的境外人员。普查的内容是调查人口和住户的基本情况，包括：姓名、居民身份证号码、性别、年龄、民族、受教育程度、行业、职业、迁移流动、婚姻生育、死亡、住房情况等。

普查标准时点是 2020 年 11 月 1 日零时。

三、普查的组织实施

（一）加强组织领导。第七次全国人口普查涉及范围广、参与部门多、技术要求高、工作难度大。全区各级各部门要按照“统一领导、部门分工协作、地方分级负责、各方共同参与”的原则，认真做好普查的宣传动员和组织实施工作。

为加强组织领导，区人民政府决定成立北海市海城区第七次全国人口普查领导小组（以下简称领导小组），负责普查组织实施中重大问题的研究和决策。领导小组办公室设在区统计局，具体负责普查的组织实施，办公室主任由区统计局局长高志亮同志兼任。

各街道办事处要在 2020 年 3 月底前设立相应的普查领导小组及其办公室，认真做好本辖区普查的组织实施工作，及时采取措施解决普查工作中遇到的困难和问题。村（居）民委员会要在 2020 年 5 月底前成立普查工作小组。

全区各级机关、企业、事业单位也要落实人口普查责任部门及责任人，积极参与并认真做好普查一线工作。

（二）明确部门工作职责。领导小组各成员单位要按照工作职责，各负其责、通力协作、密切配合，共同做好普查工作。

区委宣传部负责组织协调配合市级以上主要新闻媒体及区本级以上政务新媒体做好人口普查的宣传工作。

区发展和改革局负责协调普查方案与国民经济和社会发展规划及有关专项规划的衔接工作。

海城公安分局负责组织开展户口清理整顿工作，指导全区各级公安机关协助开展登记对象身份信息比对工作，协调普查登记阶段涉及户籍方面的工作。

区卫生健康局负责制定有利于普查工作的相关政策，开展普查登记信息与卫生健康相关行政记录比对工作，协助配合普查登记阶段相关工作。

区教育局负责协调在校学生信息提供及普查宣传工作。

区财政局负责协助做好区本级普查工作经费保障，指导及监督区本级普查经费使用管理。

区人力资源和社会保障局负责做好参加社保人员、参加社保人员死亡人口信息提供等工作。

区民政局负责做好行政区划方面的协调配合工作，协助提供死亡人口殡葬、困难群体、养老服务等相关行政记录。

区自然资源局负责协调提供普查制图所需的地理信息资料。

区住建交通局负责配合做好普查登记阶段相关工作。

领导小组其他成员单位要按照工作职责，配合做好相关政策协调和普查登记等工作。

（三）组建普查队伍。全区各级普查机构可根据工作需要，招聘或从有关单位借调符合条件的普查指导员和普查员。要充分发挥街道办事处、村（居）民委员会的作用，可从街道办事处、村（居）民委员会的干部和脱贫攻坚（乡村振兴）工作队员、驻村挂点人员中选调普查指导员和普查员。按照各方共同参与的原则，充分调动各方人员积极参与普查工作，从村（居）民小组长、物业管理人员、志愿者等群体中选聘普查员，鼓励有条件的街道办事处采取政府购买服务的方式选聘普查员。为稳定普查工作队伍，确保普查工作顺利进行，应及时支付招聘人员的劳动报酬，保证借调人员在原单位的工资、福利及其他待遇不变，并保留其原有工作岗位。要根据普查指导员、普查员在普查工作中承担的工作任务，以及工作的特殊性，按照有关规定从普查经费中安排适当资金作为劳动报酬。

四、普查的经费保障

按照国发〔2019〕24号文件关于普查所需经费的规定，将普查所需经费列入区本级、各街道办事处相应年度的财政资金安排，按时拨付，确保到位。

五、普查的工作要求

（一）坚持依法普查。全区各级各部门要按照《中华人民共和国统计法》《中华人民共和国统计法实施条例》《全国人口普查条例》等法律法规要求，认真做好普查各项工作。普查取得的数据，严格限定用于普查目的，不得作为任何部门和单位对各级行政管理工作实施考核、奖惩的依据。普查中获得的能够识别或者推断单个普查对象身份的资料，不得作为对普查对象实施处罚等具体行政行为的依据。全流程加强对公民个人信息的保护，全区各级普查机构及其工作人员必须严格履行保密义务，严禁向任何机构、单位、个人泄露或出售公民个人信息。

（二）确保数据质量。建立健全普查数据质量追溯和问责机制，全区各级统计机构要加大对普查工作中违纪违法行为的查处和通报曝光力度，坚决杜绝人为干扰普查工作的现象，确保普查工作顺利进行和普查数据真实准确。对普查中发现应当给予党纪政务处分或组织处理的统计违纪违法责任人，由统计机构按规定提出处分处理建议并及时移送任免机关、纪检监察机关或组织（人事）部门。

（三）提升信息化水平。原则上采用电子化的方式进行普查数据采集。采取普查员个人实名认证的智能手机登记普查对象信息并联网实时上报，或由普查对象通过互联网自主填报等方式进行。广泛应用部门行政记录，推进大数据在普查中的应用，提高普查数据采集处理效能。

（四）广泛宣传动员。全区各级普查机构要会同宣传部门认真做好普查宣传的策划和组织工作。采用多种手段，广泛深入宣传第七次全国人口普查的重要意义和要求，引导广大普查对象依法配合普查，如实申报普查项目，为普查工作顺利实施创造良好舆论环境。

附件：北海市海城区第七次全国人口普查领导小组组成人员名单（略）

北海市海城区人民政府

2020 年 2 月 28 日

北海市海城区人民政府办公室
关于印发《北海市海城区新型冠状病毒感染的
肺炎疫情联防联控工作方案》的通知

北城政办〔2020〕2 号

各街道办事处，区政府各部门，区直各事业、企业单位，各有关单位：

《北海市海城区新型冠状病毒感染的肺炎疫情联防联控工作方案》已经区人民政府同意，现印发给你们，请认真贯彻执行。

北海市海城区人民政府办公室

2020 年 1 月 23 日

北海市海城区新型冠状病毒感染的肺炎疫情联防联控工作方案

根据《中华人民共和国传染病防治法》《突发公共卫生事件应急条例》《国家卫生健康委办公厅印发新型冠状病毒感染的肺炎诊疗和防控等方案》等有关法律法规及工作方案，为切实做好我区新型冠状病毒感染的肺炎疫情防控工作和应急处置工作，有效防范疫情输入和传播扩散，切实保护人民群众身体健康。根据国家卫生健康委和自治区人民政府、自治区卫生健康委、北海市人民政府等有关文件精神和工作部署，结合我区实际，特制定本方案。

一、工作原则

在区委、区政府的统一部署下，坚持卫生健康部门牵头、属地管理、部门协作、分级控制、快速反应、科学防治的工作机制，确保第一时间发现、报告、隔离、诊断、治疗病例，并科学、规范、高效地开展处置应对，控制疫情传播和蔓延，最大限度减少疫情对公众健康的影响，切实保护人民群众生命安全，维护北海经济社会发展和稳定。

二、组织领导

为切实加强我区新型冠状病毒感染的肺炎疫情防控工作，在区卫生健康系统成立防控工作领导小组的基础上，区政府决定成立海城区新型冠状病毒感染的肺炎疫情联防联控工作领导小组（以下简称领导小组），领导小组成员名单如下：

组　　　长：裴相春　区长

常务副组长：叶卫国　区委常委、宣传部部长、副区长

副　组　长：李穗军　区政府办主任
　　　　　　罗思平　区政府办副主任
　　　　　　梁嘉鳃　区卫健局局长
成　　　员：胡荣健　区委宣传部副部长、新闻办主任
　　　　　　包基丹　区人社局局长
　　　　　　沈　恒　区教育局局长
　　　　　　何开华　区工信局局长
　　　　　　莫肇元　区财政局局长
　　　　　　颜训青　区自然资源局局长
　　　　　　叶固禄　区应急管理局局长
　　　　　　谢石真　区商投局局长
　　　　　　蔡卓岳　区农业农村和水利局局长
　　　　　　庞海涛　区市场监督管理局局长
　　　　　　陈丹玲　区文体广电旅游局局长
　　　　　　梁　源　区住建交通局局长
　　　　　　张一鹏　海城公安分局副局长
　　　　　　陈　红　市医保局海城分局局长
　　　　　　郭一舟　东街街道办事处主任
　　　　　　李天骄　中街街道办事处主任
　　　　　　龚敬锦　西街街道办事处主任
　　　　　　陈克泽　海角街道办事处主任
　　　　　　陆振冲　地角街道办事处主任
　　　　　　陈均昌　高德街道办事处主任
　　　　　　郑小春　驿马街道办事处主任

领导小组办公室设在区卫健局，承担领导小组的日常工作，办公室主任由梁嘉鳃兼任，办公室副主任由李杜、张云担任。办公室主要负责：会商研判疫情发展趋势，研究确定不同疫情形势下疫情防控工作策略和重大措施，完善应对预案，统筹协调和指导各相关部门、各街道办事处落实各项防控措施，组织对疫情防控和应对工作落实情况开展督导检查。

三、各成员单位职责和分工

（一）各街道办事处　制定本辖区疫情防控工作方案，开展辖区范围内的疫情防控工作，组织辖区村（社）区，按照工作职责落实相关工作。一是排查辖区内从武汉回北海的返乡人员及各类酒店、宾馆、民宿的武汉游客和“候鸟”人员，通过上门、电话等形式做好宣传等服务，了解上述入住人员有无发热等症状，对到达北海不足 14 天的人员及其密切接触者进行统计登记，并把相关信息报送区卫健局，如出现发热等症状，立即联系基层医疗卫生机构转送市人民医院进行进一步诊治；二是印制发放疫情防控宣传资料，通过社区、居委会向市民群众发放，广泛开展爱国卫生运动，发动群众积极参与到环境卫生整治行动中来；三是会同区市场监管局加强辖区内的临时便民市场、活禽交易市场管理，组织辖区村（社）区加强对上述区域的环境卫生整治，建立定期巡查机制。

（二）区卫健局　依据新型冠状病毒感染的肺炎医疗救治和防控技术方案，成立防控工作领

导小组，开展医疗技术人员的培训，统一组织协调实施医疗救治和疫情防控措施；开展新型冠状病毒感染的肺炎的监测、评估、预测、预警；根据疫情防控工作需要，现场协助开展病人诊断、救治、疫情处理工作；协助开展可疑病例的隔离治疗、流行病调查、密切接触者医学观察等工作；充分发挥中医药在新型冠状病毒感染的肺炎临床诊疗和预防控制等方面的积极作用；开展健康教育；为联合交通检疫检测工作提供现场体温检测技术支持和管理，对体温异常人员临时留置并进行现场初步检查，转运可疑患病人员并开展进一步的检查，负责现场体温异常的人员信息统计和报告。根据国家卫生健康委办公厅通知精神，及时稳妥做好信息发布和信息上报工作，做好舆情应对工作。

（三）区委宣传部　根据权威部门（卫健部门）信息发布做好疫情防控工作重要措施、新型冠状病毒、呼吸道传染病防护等健康科普信息的宣传报道，配合做好新型冠状病毒感染的肺炎舆论引导工作。

（四）区网信办　开展网络舆情监控和引导工作，及时发现和掌握互联网上动态性、苗头性和预警性信息，加强分析研判，配合公安部门对不实信息和谣言进行查删，澄清事实，消除不良影响。舆情事件发生后，第一时间配合相关部门发布权威信息，积极做好舆情引导稳定公众情绪，掌控舆论主导权和话语权。

（五）区教育局　组织开展学生健康监测和管理工作，并建立监测信息报告制度，督促各学校、幼托机构、教辅机构严格落实防控措施，加强对学生、托幼儿童及家长相关防病知识的宣传教育工作。指定专人负责疫情的管理工作，建立消毒隔离制度，严防疫情在学校发生与传播。为学校配置手提式测温仪对返校学生进行测温，如发现发热学生，按照《传染病防治法》进行管理。动员出现发热的学生尽快到医疗机构就诊，并把相关信息报送区卫健局和市疾控中心。

（六）区工信局　做好相关急救药品、预防性口服用药、个人防护用品等相关应急物资储备、调拨等工作，保障通讯联络畅通。

（七）海城公安分局　配合做好相关病例和密切接触者的追踪、排查以及隔离管理，提供从武汉进入北海的人员信息，打击造谣、传谣行为，维持社会秩序。24 小时派驻交警、公安人员值守，维护联合交通检疫检测工作现场秩序、拦截检查入境北海的车辆及有关人员，处置突发状况。

（八）区财政局　统筹上级补助和本级财力解决疫情防控、检疫、应急处置和医疗救助物资保障专项资金，确保疫情防控相关措施有效落实；做好经费使用情况监督检查工作，确保疫情防控相关措施有效落实；指导卫健部门和医疗机构简化相关采购流程及程序，保障应急物资及时完成采购并投入使用。

（九）区应急管理局　做好应急管理相关物资配置，做好全区疫情应急预案，负责检测点检测工作的管理。

（十）区住建交通局　加强人员和物资运输卫生安全管理，保障疫情防控相关应急物资优先运输，协助做好相关病例及密切接触者的追踪、排查，开展交通工具和场所通风、消毒处理。

（十一）市医保局海城分局　按照“两个确保”做好救治保障，确保患者不因费用问题得不到及时救治，确保定点医疗机构不因医保总额预算管理规定影响救治。要将国家卫生健康委《新型冠状病毒感染的肺炎诊疗方案》覆盖的药品和医疗服务项目，全部临时纳入医保基金支付范围。保证及时支付患者费用，特别是发挥医疗救助资金的兜底保障作用，打消患者就医顾虑。对异地就医患者先救治后结算，报销不再执行异地转外就医支付比例调减规定，减少患者流动带来的传染风险。对集中收治的医院，医保部门将预付资金减轻医院垫付压力，患者医疗费用不再纳入医院总额预算控制指标。

（十二）区农业农村和水利局 要组织做好家畜家禽疫病及相关人畜共患病的监测和管理，及时通报信息，协助做好相关的疫情调查、处置工作。

（十三）区自然资源局 加强野生动物保护与管理，严厉打击野生动物盗捕、盗猎和走私、贩运，联合市场监管局，严厉打击野生动物盗捕、盗猎和走私、贩运。

（十四）区文体广电旅游局 部署各旅游行业、景区景点的防控措施，组织做好来自武汉市旅游团组及人员的宣传、登记、观察工作，外地游客在北海旅游期间，如有发热情况，及时送往就近医疗机构就诊。负责组织通过旅游大巴进入北海的武汉籍游客的管理，及时了解、通报相关信息，通知辖区旅行社主动停靠接受检测点关口人员的检测。做好各景区游客集散地、等候大厅、旅游运输车辆等人员密集场所环境消毒工作，减少大型集会活动；通过传统传媒方式和新媒体等多种渠道，正确报道疫情防控工作，引导公众科学认知，避免引起社会恐慌；协助相关部门宣传新型冠状病毒感染的肺炎防控知识。

（十五）区市场监督管理局 加强农贸市场监督管理，重点做好农贸市场、集贸市场的环境卫生整治，要求活禽、鲜活动物经营户做好戴口罩、勤洗手等个人防护工作。维护药品、食品经营秩序，协助做好疫情与市场相关的调查、处置工作，负责对查获来自武汉的活禽进行处理，联合市自然资源局、森林公安局等部门，严厉打击野生动物贩卖行为。

（十六）区机关后勤服务中心 协调车辆、人员负责转运北海港（海角路港区）等检测点发热病人。

（十七）医疗卫生机构 区辖各医疗卫生单位，在春节期间除了落实领导带班的 24 小时值班制度外，单位正职、业务副职在防控期间不得离开北海。凡设有预检分诊、发热门诊、呼吸内科、感染科、儿科、全科的医疗机构需正常开诊，上述科室医务人员在防控期间原则上不得离开北海，接诊来自武汉的发热患者时，做好就诊记录和流行病学史记录，利用单位或区政府指定专车送达市人民医院进行排查，就诊与运送过程按照国家卫健委办公厅印发的《新型冠状病毒感染的肺炎诊疗和防控等方案》操作。在防控工作期间，要做好一级防护，并指导检疫检测点工作人员做好自我防护，杜绝工作人员被感染现象。

其他有关部门和单位根据《北海市突发公共卫生事件应急预案》等的有关文件要求，各负其责，各尽其职，共同做好各项防控工作。

四、预防和控制措施

（一）加强城区各出入口体温监测工作，落实医疗机构预检分诊工作。区卫生健康局、区辖各医疗卫生机构要按“分级防控”和“首诊负责制”，必须加强发热门诊和预检分诊工作。在门诊急诊就诊时，务必了解病人的体温、近 2 周武汉市旅游史或居住史、接触新型冠状病毒感染的肺炎病例史等情况。体温在 37.3℃以上的患者，应立即预检分诊或到专门的发热门诊就诊；如不能排除疑问时，则必须先行就地安排隔离病房（或送附近有隔离条件的医院），逐级组织专家组会诊，并立即报市疾控中心到场开展病人流行病学调查工作。

（二）加强疫情监测和预警。要加大财政投入力度，加强检测仪器、试剂的准备工作，加强对来自武汉市的发热肺炎样病例的监测。社区卫生服务机构、街道卫生院、村卫生室要加强医护人员对发热病人的诊治，发现可疑肺炎病例尤其是来自武汉市的肺炎病例，要及时报告并就近转至有隔离条件的医院开展下一步救治，做到“早发现、早报告、早诊断、早隔离、早治疗”。区卫健局配合市疾病预防控制机构做好对全区发热病例情况的动态监测，收集各种疫情信息，进行综合分析判断，做出疫情的预测预警。

（三）制定疫情防控工作方案，突出抓好重点时期、重点地区（场所）、重点人群和重点环节的疫情防控。

1. 印发北海市海城区新型冠状病毒感染的肺炎疫情联防联控工作方案，切实做好春节假期及其前后的疫情防控工作。有重大活动任务的部门要做好预案，完善跨部门信息通报和协调机制。各部门、各街道办事处要加强应急值守、应急队伍和技术、物资准备、应急物资调用等工作。要加强对农村和城市社区的疫情防控工作领导，努力减少疫情对正常生产生活秩序的影响。各大型活动主办单位，坚持"谁主办谁负责"的原则，组织者要制定新型冠状病毒感染的肺炎防控方案，做好体温检测，发现体温≥ 37.3℃且来自武汉的人员，要及时引导就医，不得参加集会。

2. 各学校、托幼、教辅机构要充分认识新型冠状病毒感染的肺炎防控工作的重要性，指定专人负责疫情的管理工作，建立消毒隔离制度，加强对学生和托幼儿童及家长相关防病知识的宣传教育，搞好学校内的环境卫生，保持教室、宿舍等场所的通风和清洁。各级教育主管部门要经常深入学校，加强监督检查，督促学校严格落实防控措施，严防疫情在学校发生与传播。

春节前，学校要加强与学生的联系，加强新型冠状病毒感染的肺炎防控知识宣传工作，提示学生及家长做好个人防护及卫生，尽量避免前往武汉旅行；主动掌握学生的旅行史，尤其是途经武汉的旅行史。

节假日期间，学校一律停止组织学生参加一切集会活动，各商场避免组织开展大型商家宣传介绍产品活动，尽量减少各类庆典和游客集中用餐活动，以降低人群密集程度。集会活动尽量在室外开阔地方进行。

节假日结束后，学生返校当天，要严格落实对学生和教职员工的体温监测和肺炎样症状监测，发现体温≥ 37.3℃，并伴有干咳、乏力等症状时，及时就医，并报告疾病预防控制机构。寒暑假结束前，可要求学生提前一周返校注册，提前了解学生的健康状况，对可疑患病学生提前实施隔离医学观察治疗措施，避免影响学校正常教学活动。

（四）把控舆论导向，加大宣传教育力度，切实提高群众的防病意识。区卫健局、区委宣传部要依照防控工作和疫情发展需要，及时制订、完善舆论引导方案和工作预案。坚持依法公开透明、及时客观地报道疫情和防控工作，大力宣传前一阶段防控工作所取得的成效和意义，宣传完善调整各项措施的科学性和必要性，引导公众正确理解、积极配合、科学参与当前疫情防控。继续加强疫情防控风险沟通，掌握舆论引导主动权。深入开展对群众的宣传教育工作，利用报纸、广播、电视等大众媒体广泛宣传新型冠状病毒感染的肺炎预防知识，让群众了解新型冠状病毒感染的肺炎可防、可控、可治，消除群众的恐慌心理，增强自我防病意识，做到群防群治。同时，要深入组织挖掘、采访报道一线救治、防控工作人员的先进事迹、感人故事，弘扬新时代乐于奉献的精神风貌。

（五）强化活禽市场管理，严厉打击野生动物买卖。加强农贸市场监督管理，重点做好农贸市场、集贸市场的环境卫生整治，要求活禽、鲜活动物经营户做好戴口罩、勤洗手等个人防护工作。做好家畜家禽疫病及相关人畜共患病的监测和管理，及时通报信息、协助做好相关的疫情调查、处置工作。对查获来自武汉的活禽进行处理。加强野生动物保护与管理，严厉打击野生动物盗捕、盗猎和走私、贩运。

（六）加强专业技术人员培训，提高应对疫情流行的能力。要进一步组织对各医疗卫生、联合交通检疫检测等防控工作技术人员培训，使其掌握新型冠状病毒感染的肺炎相关防控方案，熟悉病例症状、表现、个人防护用品穿戴、感染管控、流行病学调查等工作流程及工作措施，强化一线人员“五早”能力，及时妥善应对处置相关疫情。

（七）切实加强防控药械的监督检查和防控应急物资储备，有效应对疫情流行。市场监管、医疗保障、工信等部门要加强新型冠状病毒感染的肺炎防控药品、医疗器械、防护物资、生活物资等生产、经营、储备和使用环节的监督检查。坚决打击和查处四种行为：一是借预防新型冠状病毒感染的肺炎之名，生产销售假劣防控药械和相关疫苗行为；二是无证生产经营中药饮片违法行为；三是宣称可以防治新型冠状病毒感染的肺炎或者增强免疫功能的药械广告；四是抢购囤积防控药械，哄抬物价的行为。

各部门、各单位也要根据疫情防控的需要，认真做好自用应急物资储备。落实人员 24 小时在岗值班，做到准备有序，应对及时，控制有力。

（八）疫情报告。制定疫情信息报告制度，各医疗卫生机构和卫生人员，发现新型冠状病毒感染的肺炎疑似或确诊病例，必须按《新型冠状病毒感染的肺炎诊疗方案（试行第二版）》《全国各省（区、市）首例新型冠状病毒感染的肺炎病例确认程序》《国家突发公共卫生事件相关信息报告管理工作规范（实行）》的有关规定，进行确认并立即向区卫健局和市疾控中心报告；各部门、各单位和学校发现新型冠状病毒感染的肺炎疫情也应立即向区卫健局和市疾控中心报告，同时配合市疾控中心开展流行病学调查、密切接触者搜寻、调查等工作。区卫健局接到报告后，要按规定向市卫健委和区人民政府报告。

（九）疫情控制。

1. 疫情调查与处理。

(1) 一旦出现疫情，要在海城区新型冠状病毒感染的肺炎联防联控工作指挥部的组织领导下，整合全区资源，迅速成立公共卫生、物资与后勤保障、宣传教育、社会安全等防控工作组，各部门、各单位要迅速跟进，发挥联防联控工作机制作用，各司其职，各负其责联合开展疫情调查处理和控制工作。

(2) 迅速开展应急处置工作，组织落实可疑病例和密切接触者的流行病学调查、隔离观察、追踪管理和环境消毒处理，同时做好流调、消杀人员的个人防护。

(3) 根据疫情实际情况，划定疫点、疫区范围，必要时报请市人民政府批准对疫区实施管制。

(4) 密切接触者采取集中医学观察，地点拟选一家三星级宾馆，地点待定，由酒店负责接触者住宿、餐饮，由区卫健局落实医护人员负责密切接触者的随访、医学观察工作。

(5) 各医疗机构配合疾控机构对新型冠状病毒感染的肺炎样病例进行标本采集，市疾病控制中心负责检测。

2. 医疗救治。

制定成立新型冠状病毒感染的肺炎医疗救治工作预案，各医疗机构要成立新型冠状病毒感染的肺炎临床救治指导小组。发热门诊、预检分诊处要配备有一定临床经验、经过传染病知识培训的主诊医师，对发热病人要进行甄别和鉴别诊断。认真做好诊疗工作记录，严格落实消毒隔离和个人防护等措施。一旦明确疑似或确诊病例，指导做好病例转运，并负责转运调度工作。开展必要的培训，提高病例发现、诊治能力，同时加大传染病防治监督执法力度。

（十）广泛动员，深入开展爱国卫生运动。各街道办事处、各单位要按照《北海市爱卫办关于加强冬春季爱国卫生运动做好传染病防控工作的通知》（北爱办发〔2020〕1 号）相关要求，认真扎实开展冬春季爱国卫生运动，做好传染病防控工作。要加强冬春季重点传染病健康教育宣传，在汽车站、火车站、客运码头、公园、广场以及商场超市等人群聚集场所，广泛普及重点传染病防控知识，提高群众卫生保健意识和自我防护能力。

五、工作要求

（一）提高思想认识。各街道办事处、各相关部门要充分认识有效应对新型冠状病毒感染的肺炎疫情的重要意义，树立大局意识，切实加强领导，各有关单位要把新型冠状病毒感染的肺炎防控工作作为当前一项重要工作来抓，进一步提高思想认识，克服麻痹大意的思想和消极厌战的情绪，确保打赢这场新型冠状病毒感染的肺炎防控攻坚战、持久战。

（二）强化责任落实。各街道办事处、各有关单位要严格落实新型冠状病毒感染的肺炎疫情防控工作政府负总责、主要负责人是第一责任人的属地管理责任，对辖区防控工作实施集中统一领导，加强工作督导。各有关部门要严格落实部门防控责任，强化工作措施，密切协作，加强各环节的衔接，强化跨部门跨区域信息沟通和协调配合，形成工作合力，做好疫情防范和应对准备工作，确保防控措施有序有效开展。

（三）强化措施落实。各街道办事处、各有关单位要围绕方案中的工作任务，进一步明确责任人，细化工作措施，制定工作目标，落实人员值班安排及物资储备，不折不扣地完成方案中的各项工作任务。

（四）加强监督检查。各街道办事处、各有关单位要加强防控工作措施成效的监督检查，不定期对工作开展情况进行检查，存在工作不到位的及时提出整改意见，对工作责任落实不到的要严肃追责问责，确保各项防控措施落地生效。

北海市海城区人民政府办公室
关于印发《北海市海城区农用地安全利用工作实施方案》的通知

北城政办〔2020〕13 号

高德、驿马、地角街道办事处，区政府各部门，各有关单位：

《北海市海城区农用地安全利用工作实施方案》已经区人民政府同意，现印发给你们，请认真组织实施。

北海市海城区人民政府办公室

2020 年 5 月 19 日

北海市海城区农用地安全利用工作实施方案

为全面贯彻党的十九大精神，落实《广西壮族自治区人民政府办公厅关于印发广西农用地安全利用工作实施方案的通知》（桂政办函〔2019〕38 号）、《自治区生态环境厅　自治区农业农村厅关于下一阶段农用地安全利用等有关目标任务的函》（桂环函〔2019〕2608 号）和《北海市人民政府办公室关于印发北海市农用地安全利用工作实施方案的通知》（北政办〔2020〕13 号）等文件精神，做好我区农用地（主要适用于耕地，不包括园地、林地）安全利用工作，逐步改善土壤环境质量，从源头上保障农产品质量安全，保障人民群众身体健康，促进农业可持续发展，制定本工作方案。

一、目标要求

以习近平生态文明思想为指导，统筹粮食安全、农产品质量安全与农产品产地环境安全，以农用地土壤环境质量类别划定的安全利用耕地为重点区域，按照“分类施策、农用优先，预防为主、治用结合”的原则，加强适用受污染耕地安全技术示范推广，切实解决当前面临的农产品质量安全问题，不断满足人民群众需要。

二、工作任务

到2020年底，我区农用地安全利用率达到85%以上，基本形成我区农用地安全利用工作机制体制。

三、主要工作

（一）划分耕地土壤环境质量类别。

根据广西农产品产地土壤重金属污染普查结果、农用地土壤污染状况详查初步结果、国家土壤环境监测网农产品产地土壤环境监测等调查监测数据，结合利用方式、地形地貌、污染程度、集中连片等因素，以街道为单元，统筹开展耕地土壤环境类别划分，按照《土壤污染防治行动计划》要求全面划分为优先保护、安全利用和严格管控三个类别。（区农业农村和水利局、海城生态环境局牵头，区自然资源局、发改局配合，街道办事处负责实施）

（二）推进农用地安全利用工作。

1. 落实农用地安全利用工作任务。根据2017—2018年广西农用地污染状况详查结果及桂环函〔2019〕2608号文件工作要求，确保到2020年底，完成我区农用地安全利用任务120亩，农用地安全利用率达标。（海城生态环境局、区农业农村和水利局牵头；区自然资源局、发改局配合，街道办事处负责实施）

2. 制定农用地安全利用工作实施方案。及时制定本级实施方案，明确目标任务、职责分工，建立健全农用地安全利用工作机制，强化工作统筹与技术支撑。（区农业农村局和水利局牵头；海城生态环境局、区自然资源局、发改局，街道办事处配合）

3. 筛选适宜的农用地安全利用技术。为切实推进轻中度污染农用地安全利用，结合《农业农村部办公厅关于印发轻中度污染耕地安全利用与治理修复推进技术名录(2019年版）的通知》（农办科〔2019〕14号）等有关技术规范，运用轻中度污染耕地安全利用与治理修复推荐技术，因地制宜采取酸化土壤调节、优化施肥、品种调整、水分调控、叶面调控、深翻耕等农艺调控措施，减少污染物向作物特别是可食部分的转移。结合地方种养特色，推广“稻—鱼、稻—虾”等生态种养模式，发展富硒稻米产业。（区农业农村局和水利局牵头；海城生态环境局、区自然资源局、发改局配合，街道办事处负责实施）

4. 加快推进农用地安全利用。立足本地资源禀赋和比较优势，严格开展安全利用工作。以村为基础单元，建设农用地安全利用推进区。严格按照有关规定，推进农用地安全利用工作。（区农业农村和水利局牵头；海城生态环境局配合，街道办事处负责实施）

5. 建立综合效果监测点。根据上级部署安排，建立农用地安全利用水稻示范区，在示范区内建立综合效果监测点，每100—1500亩中稻或晚稻建立1个综合效果监测点，对土样和稻米进行重金属污染物检测。（区农业农村和水利局牵头；海城生态环境局配合，街道办事处负责实施）

6. 开展示范区安全利用效果评价。建立健全农用地安全利用效果评价机制，委托第三方评估机构，按照《耕地污染治理效果评价准则》(NY/T3343-2018）对农用地安全利用效果进行评估并编制评价报告。评价报告分别于2020年12月底报上级农业农村部门和生态环境部门备案，

作为农用地安全利用率的核算依据。(区农业农村和水利局、海城生态环境局牵头,街道办事处负责实施)

(三)强化重金属等污染源监管。

1. 深入推进涉镉等重金属重点行业企业排查整治,打击非法排污行为,切断镉等重金属污染物进入农田的污染途径,切实防止边治理边污染。(海城生态环境局牵头;区农业农村和水利局、自然资源局、发改局配合,街道办事处负责实施)

2. 对于难以有效切断重金属污染途径,且土壤重金属污染严重、食用农产品重金属超标问题突出的农用地,应当加快采取种植结构调整或退耕还林还草等严格管控措施,降低食用农产品超标风险。对土壤重金属污染较轻的农用地,建立健全科学施肥(药)管理和技术体系,持续推进化肥、农药减量增效。大力治理白色污染,加强秸秆资源化利用,推进畜禽粪污资源化利用,促进养殖生产清洁化和产业模式生态化。(区农业农村和水利局、自然资源局牵头;海城生态环境局、区发改局配合,街道办事处负责实施)

(四)建立农用地安全利用工作台账。

及早做好迎接国家对广西农用地安全利用工作目标任务完成情况考核检查的准备,完善实施方案,建立工作台账,及时总结工作。(区农业农村和水利局牵头;海城生态环境局配合,街道办事处负责实施)

(五)核算农用地安全利用率。

根据《受污染耕地安全利用率核算办法(试行)》,对本地农用地安全利用率开展自评估,并以区为单位分别于 2020 年初、2020 年底,将年度农用地安全利用率与核算过程报送市农业农村局和生态环境局。(区农业农村和水利局、海城生态环境局牵头,街道办事处配合)

四、技术措施

为扎实推进 2020 年度我区农用地安全利用工作,根据土壤污染状况详查成果,做好我区农用地安全利用工作,可采取以下安全利用类措施,有效控制农用地的环境风险。

(一)推广测土配方施肥技术。

指导农户重视有机肥和无机肥的配合施用,适当增加中微量元素肥料特别是硅、钙、硼、锌等的施用,依据土壤中富磷的实际,按照作物的需肥规律,合理调整氮、磷、钾及中微量元素肥料的比例,实施测土配方施肥等先进的科学施肥技术。推广应用生物有机肥、水稻专用肥等,提高肥料使用效益和肥料利用率。

(二)实施有机肥替代化肥技术,增施有机肥。

一是恢复发展绿肥生产,逐步推行粮—肥型种植模式,稳步提高绿肥种植面积。二是发展畜牧业,通过养畜来积肥。三是抓好各类作物的秸秆还田技术,禁止焚烧秸秆,积极推广秸秆切碎和堆腐还田技术。四是因地制宜,利用房前屋后的杂草等,积好火土灰等农家土杂肥。

(三)培肥改土。

针对部分农田如旱改水和部分土地平整田等农田的表土层瘠薄、肥力差等情况,实施增加肥沃的客土和增施有机肥的办法,加深农田耕作层厚度,提高肥力水平。

(四)适施土壤调理剂、石灰等措施。

针对部分耕地土壤偏酸情况,通过施用土壤调理剂、石灰等调节土壤酸碱度,同时对盐渍化严重的土壤推广水旱轮作技术,以减少病虫为害,有利于改善土壤的理化性状。提倡采用冬耕晒伐等措施,提高土壤温度和加速有机质矿化,防止土壤板结。

五、保障措施

（一）加强组织领导。

街道办事处要严格按照《中华人民共和国土壤污染防治法》和《土壤污染防治行动计划》要求，加强组织领导，切实落实主体责任，及时研究解决工作过程中遇到的问题困难，统筹推进农用地安全利用工作。各级有关部门要按照职责分工抓好工作落实，加强协调联动，建立农用地安全利用工作协调机制。强化协同配合，形成农用地安全利用工作合力。

（二）加大资金投入力度。

通过现有政策和资金渠道加大受污染耕地安全利用资金支持。统筹整合财政涉农资金，探索建立健全公共财政、企业自筹和社会资金共同参与的多元化投入机制，落实有利于农用地土壤环境保护和综合治理产业发展的税收、信贷、补贴等政策，积极发展绿色金融，发挥政策性和开发性金融机构引导作用，为重大农用地安全利用项目建设提供支持。

（三）提升技术支撑水平。

整合各种力量开展农用地污染监测、污染源解析、污染物迁移转化、土壤与作物污染相关性等基础研究，加强农业投入品减施、水分管理、土壤调理、品种替代、污染超标农产品安全利用等实用技术研发，尽快形成一整套适合我区的农用地安全利用技术模式与体系。

（四）加强宣传力度。

充分利用广播、电视、报刊、互联网等媒体，加大相关土壤污染防治法律法规的宣传培训力度。提升种粮大户、家庭农场、专业合作社等新型经营主体耕地安全利用技术水平，充分尊重社会群体的意愿，引导群众自觉开展农用地安全利用，不断提升农民群众的参与度，形成推动农用地安全利用、共同保障农产品质量安全的良好局面。

北海市海城区人民政府办公室
关于印发《北海市海城区房地一体农村宅基地和
集体建设用地使用权确权登记发证工作方案》的通知

北城政办〔2020〕28号

各街道办事处，区人民政府各部门，区直各事业、企业单位，涠洲镇政府及各有关单位：

《北海市海城区房地一体农村宅基地和集体建设用地使用权确权登记发证工作方案》已经区人民政府同意，现印发给你们，请认真组织实施。

北海市海城区人民政府办公室

2020年10月27日

北海市海城区房地一体农村宅基地和集体建设用地使用权确权登记发证工作方案

为全面贯彻落实中共中央和国务院有关坚持农业农村优先发展做好“三农”工作的文件精神和国家“十三五”有关目标任务要求，进一步加强农村土地产权制度建设，加快我区农村不动产确权登记发证工作，根据《自然资源部关于加快宅基地和集体建设用地使用权确权登记工作的通知》

（自然资发〔2020〕84号）、《广西壮族自治区自然资源厅关于进一步做好农村不动产确权登记工作的通知》（桂自然资发〔2019〕57号）、《北海市人民政府办公室关于印发北海市房地一体农村宅基地和集体建设用地使用权确权登记发证工作方案的通知》（北政办〔2020〕50号）等文件要求，结合我区实际，制定本工作方案。

一、指导思想

全面贯彻党的十九大和十九届二中、三中、四中全会精神，以习近平新时代中国特色社会主义思想为指导，以维护农民和集体经济组织合法产权为出发点，本着自愿申请、尊重历史、符合事实、依法登记的原则，通过稳步开展农村不动产确权登记工作，建立健全“归属清晰、权责明确”的农村产权制度，切实维护农村集体和农户的合法权益。

二、基本原则

（一）统筹兼顾，加快推进

按照不动产登记制度建设和宅基地制度改革的要求，统筹兼顾，在已开展的农村宅基地和集体建设用地使用权确权登记地籍调查的基础上，根据实际情况，制订工作方案，调整工作计划，加快推进农房等集体建设用地地上建筑物、构筑物所有权确权登记发证工作。

（二）规范调查，依法登记

以“权属合法、界址清楚、面积准确”为原则，依据相关技术要求，查清每一宗农村宅基地和集体建设用地和房屋的权属、界址、面积和用途等，形成完善的地籍和房屋调查成果，为房地一体农村宅基地和集体建设用地使用权确权登记发证提供依据。并在此基础上，严格按照不动产登记规定的内容、程序和要求，依法办理相关登记。

（三）自愿申请，严格审查

农村宅基地以户为单位申请确权，集体建设用地以村集体经济组织为单位申请确权。

（四）便民利民，维护稳定

在权属调查和纠纷调处工作中，尽可能考虑各方利益，化解矛盾，解决争议。充分发挥基层群众自治组织和农村集体经济组织的作用，建立健全农村土地权属纠纷调处工作机制，切实保护群众合法利益，维护农村社会稳定。

（五）房地主体一致原则

遵循产权明晰、房屋所有权人与房屋占用范围内的土地使用权人保持一致的原则，确定权利主体进行登记。

三、工作目标

结合第三次国土调查，充分利用农村宅基地和集体建设用地确权登记发证已有成果，在开展不动产权籍调查基础上，全面开展全区房地一体农村宅基地和集体建设用地使用权确权登记发证工作。到2020年底，完成全区农村不动产权籍调查，完成符合登记发证条件的农村宅基地和集体建设用地登记颁证率90%以上，基本实现“应登尽登”，农村不动产登记数据库基本建成，初步实现数据汇交，农村不动产纳入不动产登记日常业务，基本实现不动产登记城乡全覆盖。

四、工作任务

（一）开展房地一体农村不动产权籍调查

结合我区实际，坚持需求导向，按照权籍调查有关要求，以满足房地一体农村宅基地和集体建设用地使用权登记需求为目的，按照总调查的模式，采用解析法或图解法开展权籍调查，实现农村不动产权籍调查全覆盖。

（二）依法依规确权登记发证

辖区相关部门要配合市不动产登记机构严格按照相关法律法规及政策文件要求，根据“一户一宅”“权属合法、界址清楚、面积准确”的标准，依法确权，规范登记，一户土地面积不超过 100 平方米。要取消无法律法规无依据的环节，精简申请材料，按照“应发尽发、能发尽发”的原则颁发不动产权证书。对于已登记的农村宅基地、集体建设用地，按照“不变不换”的原则，之前颁发的证件继续有效，不再重新登记。已组织完成房地一体权籍调查，符合房地一体不动产登记规定的，由申请人向市不动产登记机构申请，换发房地一体不动产权证书。宅基地已登记、农房没有登记，群众有换发不动产权证意愿的，申请人可提交农房补充调查信息，向市不动产登记机构申请办理房地一体的不动产登记。

（三）配合建立完善农村不动产登记数据库

在已有农村宅基地及集体建设用地数据库的基础上，根据《不动产登记数据库标准（试行）》及已有不动产登记信息平台的要求，配合建立完善农村不动产登记数据库，及时将不动产权籍调查信息录入数据库，实现数字化管理和信息化应用，并结合日常调查做好数据库的更新维护，确保权籍调查成果的现势性和准确性，满足农村不动产登记日常管理要求。按照不动产登记信息互通共享的要求，加强与有关部门的沟通衔接，推动农村不动产数据信息的互通共享，确保农村不动产数据准确入库，快速查询，互通共享，为国家实施乡村振兴战略提供基础保障。

（四）妥善处理历史遗留问题

结合现实、尊重历史，妥善处理农村不动产确权登记中遇到的历史遗留问题。

1. 对于缺乏土地权属来源材料、“一户多宅”、超占地面积等问题，按照国土资发〔2011〕178 号、国土资发〔2016〕191 号等文件规定处理，确定其土地使用权。

⑴ 对于缺乏土地权属来源材料的宅基地，要查明土地历史使用情况和现状，由村委会出具证明并公告 15 天无异议，经街道办事处审核，申请人属于本村集体经济组织成员、符合“一户一宅”条件、且在村庄建设用地范围内的，报区人民政府审定，确定宅基地使用权。

⑵ 对于“一户多宅”问题。宅基地使用权应按照“一户一宅”要求，确权登记到“户”。1 户农民拥有 2 宅以上宅基地的，只能确权登记 1 宅。符合当地分户建房条件未分户，但未经批准另行建房的，其新建房屋占用的宅基地符合相关规划，经本农民集体同意并公告无异议的，经审核符合规定的，依法予以确权登记。

⑶ 对于超占地面积问题。1 户用地面积不得超过 100 平方米，超过 100 平方米的只确权登记 100 平方米，不足 100 平方米，按实际面积确权登记。

⑷ 对于经征地拆迁工作中“一户多宅”已安置回建地的，不得对其他房屋申请确权。

2. 对于无规划报建手续的房屋，按以下规定区分不同情况进行处理。

⑴ 在城市、镇总体规划确定的建设用地范围之外，没有规划手续的宅基地上的农房，经村委会公告 15 天无异议的，办理确权登记时可不提供房屋规划和建设的相关材料。

⑵ 对于城市、镇总体规划确定的建设用地范围之内，没有规划手续的宅基地上的农房，有村庄规划的，要按规定完善相关报建验收手续，方可确权登记；没有村庄规划且没有列入城中村改造的农房，参照城市、镇总体规划确定的建设用地范围之外的情况处理。

3. 确权登记的房屋层数、建筑面积原则上不得超 4 层、400 平方米。超过规定的只登记合法部分，不足 4 层的，按实际层数及面积确权登记。

4. 对乱占基本农田建房、违反生态保护红线管控要求建房的，要依法依规处理。严禁通过不动产登记将农村违法用地合法化，严禁为“小产权房”办理不动产登记。对于占用一般耕地建房的，待农村乱占耕地建房状况调查结束，出台相关处理政策后，再另行研究解决办理。

五、时间安排

2020 年底基本完成全区农村宅基地和集体建设用地使用权确权登记工作；2021 年以后，通过补充完善的方式逐步实现全区全覆盖的工作目标。

（一）前期准备阶段（2019 年 12 月—2020 年 9 月）

收集材料、拟订工作实施方案、编制项目经费预算等。

1. 资料收集。收集辖区范围内土地、房屋现有调查、登记资料，村庄规划资料以及户籍人口等相关信息，制订工作方案。

2. 成立工作领导小组及领导小组办公室。成立海城区房地一体农村宅基地和集体建设用地使用权确权登记工作领导小组及领导小组办公室，明确工作职责、制定工作计划、编制经费预算报区政府批准，落实工作经费等工作。

3. 宣传动员。通过各种媒体，全面宣传房地一体农村宅基地和集体建设用地使用权确权登记发证工作的重要意义、工作目标和政策要求，营造良好的舆论环境和工作氛围。

4. 确定技术队伍。采取公开招投标的方式，选择技术能力强、信誉高、业绩突出的技术单位作为项目承担单位。

5. 开展业务培训。对参与该项工作的工作人员，进行相关专业知识和调查、测量方法培训。

（二）全面实施阶段（2020 年 9 月—2020 年 11 月）

1. 调查测量。按自然资登记函〔2019〕6 号文件等有关规定，逐村逐户开展权籍调查，包括权属调查和不动产测量。通过开展权籍调查，查清宗地和房屋的权属状况、测准宗地界址、算准宗地面积、房屋占地及建筑面积等，做到界址清晰、产权明确，形成房地一体农村地籍调查成果。

2. 建设数据库。配合建设农村权籍调查数据库，实现对农村权籍调查成果涉及的图形、属性、档案等信息进行一体化存储、管理与应用，并与市不动产统一登记信息化建设相衔接，建设不动产登记数据库。

3. 公示公告。在查清农村宅基地使用权及房屋所有权、集体建设用地使用权及建筑物、构筑物所有权基础上，对有关成果进行审核公示公告，公示 15 个工作日。

4. 确权登记发证。以不动产单元（有房屋等建筑物的，以该房屋等建筑物与土地权属界线封闭的空间为不动产单元）为基本单位进行确权登记发证。经区人民政府审核，对权属合法，界址清楚，面积准确的宅基地使用权及房屋所有权，集体建设用地使用权及建筑物、构筑物所有权，下达确权批复，由市不动产登记中心依据确权批复统一登记发证。

（三）检查验收阶段（2020 年 11 月—2020 年 12 月）

北海市海城区房地一体农村宅基地和集体建设用地使用权确权登记工作领导小组办公室将按照相关检查验收办法对辖区的成果进行检查验收并提交北海市验收；各街道办事处按照有关的检查验收要求，做好自查工作。

（四）补充完善、全面覆盖阶段（2021 年后）

通过补充完善的方式逐步实现全区农村不动产确权登记全覆盖。

六、保障措施

（一）加强组织领导

成立北海市海城区房地一体农村宅基地和集体建设用地使用权确权登记工作领导小组，由分管副区长任组长，区政府办协助分管的副主任和区自然资源局局长任副组长，海城生态环境局、海城公安分局、区司法局、民政局、财政局、住建交通局、农业农村和水利局、统计局、各街道办事处、涠洲镇人民政府等相关单位主要领导为成员。形成政府统一领导，自然资源部门牵头、其他相关部门参与配合的工作机制。领导小组下设办公室在区自然资源局，办公室主任由区自然资源局主要领导兼任。办公室具体负责组织、指导、协调和监督、解决重大问题、检查验收等相关工作。

（二）落实工作经费

房地一体农村宅基地和集体建设用地使用权确权登记工作所需经费由各级财政承担，要严格按照国家有关规定执行，不得收取任何费用。根据自然资登记函〔2019〕6号、桂自然资发〔2019〕57号、北政办〔2020〕50号文件精神，开展该项工作所需经费，由市自然资源局向市财政部门申请纳入财政预算予以足额保障。市自然资源局根据下达给我区的工作任务制订资金分解使用方案报市财政局审定，市财政局按北财非税函〔2020〕56号文以补助方式拨付给我区政府用于开展权籍调查和确权审核等工作，不足部分由我区政府解决，其中涠洲镇不足部分由涠洲岛旅游区管委会解决。

（三）明确职责分工

各街道办事处、各相关部门要高度重视房地一体农村宅基地和集体建设用地使用权确权登记发证工作，认真履职尽责，密切沟通协调，共同做好房地一体农村宅基地和集体建设用地使用权确权登记发证工作。

区自然资源局是房地一体农村宅基地和集体建设用地使用权确权登记工作的牵头部门，负责组织落实辖区（含涠洲镇）的房地一体农村宅基地和集体建设用地使用权确权登记发证工作。负责配合房地一体农村宅基地和集体建设用地使用权确权登记数据库建设工作，统一建设辖区农村不动产登记数据库。做好宣传动员、资料收集工作，开展招投标落实作业队伍，开展本行政区域内的农村不动产权籍调查等工作。

海城公安分局配合协助调查户籍相关工作。

区司法局负责指导处理房地一体农村宅基地和集体建设用地使用权确权登记历史遗留问题。

区财政局负责协调落实我区房地一体农村宅基地和集体建设用地使用权确权登记经费保障工作，并协调涠洲岛落实房地一体农村宅基地和集体建设用地使用权确权登记经费保障工作。

区住建交通局配合协助房屋调查认定工作。

区农业农村和水利局指导依法开展宅基地分配、使用、流转、纠纷仲裁管理和宅基地合理布局、用地标准、宅基地违法用地查处、闲置宅基地和闲置农房利用、农村宅基地现状和需求情况统计调查等工作。

各街道办事处（涠洲镇人民政府）发挥好国土规建环保安监站作用，负责配合技术队伍开展辖区内房地一体农村宅基地和集体建设用地的权籍调查工作；负责房地一体农村宅基地和集体建设用地确权审批的受理、调查、初审等工作，经街道办事处（镇人民政府）审核后依法上报海城区自然资源局。

村（居）民委员会、村民小组负责认定本村集体经济组织成员身份，核实是否符合“一户一宅”条件、做好公示公告等工作。

区民政局、区统计局、海城生态环境局、北海市综合行政执法局辖区执法大队等各单位按照各自职能配合做好相关工作。

中标的技术队伍负责调查测量，按自然资登记函〔2019〕6号文件等有关规定，逐村逐户开展权籍调查，包括权属调查和不动产测量。

（四）加强信息报送

在摸清农村不动产的基础上，建立工作台账，实行挂账管理。同时，要完善工作进度月报制度，每月月末及时填报工作进度表，逐级汇总上报。在2020年11月1日前分别将工作开展情况和工作总结以书面形式报市自然资源局。

（五）做好宣传工作

结合不动产统一登记制度建设的要求，组织开展形式多样的宣传活动，通过报纸、电视、广播、网络等媒体，大力宣传房地一体农村宅基地和集体建设用地使用权确权登记发证工作的重要意义、工作目标和法律政策，争取广大农民群众和社会各界的理解支持，提高农民群众主动配合和积极申请办理不动产登记的积极性，创造良好的舆论环境和工作氛围，保障工作顺利推进。

2020年自治区级以上报刊网站刊发海城区文章标题

序号	文章标题	刊发时间	刊发媒体	备注
1	驿马村有支文艺宣传队	2020年1月6日	《广西日报》	传统媒体
2	北海市海城区驿马村"扶贫爱心超市"搭建社会扶贫平台	2020年1月6日	人民网	网络媒体
3	北海市海城区银湾社区举办腊八节健康膳食活动	2020年1月8日	人民网	网络媒体
4	北海市海城区一干部为群众制作"线上买菜"教程	2020年2月7日	人民网	网络媒体
5	北海市海城区一教师给街道捐200个口罩却不愿留名	2020年2月7日	人民网	网络媒体
6	北海市海城区发布"红色招募令"	2020年2月7日	人民网	网络媒体
7	北海市海城区中街街道织密"红色网格"筑牢战"疫"防线	2020年2月8日	人民网	网络媒体
8	北海市海城区全力打通"宣传最后一公里"	2020年2月8日	人民网	网络媒体
9	北海市海城区高德街道多举措织牢农村疫情防控网	2020年2月9日	人民网	网络媒体
10	北海市海城区物业企业：采取封闭防控模式加强外来人员管控消息	2020年2月9日	人民网	网络媒体
11	北海市海城区出台十项措施激励党员干部冲锋战"疫"	2020年2月9日	人民网	网络媒体
12	北海市海城区海角街道"三走进"为民服务显实效	2020年2月10日	人民网	网络媒体
13	海城区五支队伍合力宣传防疫	2020年2月11日	《广西日报》	传统媒体
14	北海市海城区六项措施夯实脱贫致富基础推动乡村振兴	2020年2月14日	人民网	网络媒体
15	北海市海城区"以购代捐"缓解贫困户农产品滞销困境	2020年2月20日	人民网	网络媒体
16	北海市海城区一位农民捐近6000公斤蔬菜支援战"疫"	2020年2月21日	人民网	网络媒体
17	北海市海城区夫妻档一线战"疫"	2020年2月21日	人民网	网络媒体
18	北海市海城区爱心蔬菜送到困难群众家中	2020年2月21日	人民网	网络媒体
19	北海市海城区海角街道：建立"三动"机制抗击疫情　织牢基层一线防护网	2020年2月21日	人民网	网络媒体
20	北海市海城区"三无小区"成"三有小区"疫情防控实招不断	2020年2月21日	人民网	网络媒体

续表

序号	文章标题	刊发时间	刊发媒体	备注
21	开足马力　各地项目生产忙	2020年2月28日	《广西日报》	传统媒体
22	北海市海城区防疫脱贫“同频共振”	2020年3月2日	人民网	网络媒体
23	北海市高德滨海文旅综合体项目复工忙	2020年3月2日	人民网	网络媒体
24	既是夫妻，也是战友！海城公安最美守护	2020年3月2日	人民网	网络媒体
25	北海市海城区规模以上工业企业100%复工	2020年3月2日	人民网	网络媒体
26	北海市海城区多措并举促进贫困劳动力稳定就业	2020年3月3日	人民网	网络媒体
27	海城区：防疫脱贫同频共振	2020年3月5日	《广西日报》	传统媒体
28	赤西村助贫困户战“疫”促销	2020年3月17日	人民网	网络媒体
29	赤西村产业扶贫基地爱心援驰武汉	2020年3月17日	人民网	网络媒体
30	锦旗背后的故事	2020年3月17日	人民网	网络媒体
31	北海海城公安：助力企业按下复工复产“加速键”	2020年3月17日	人民网	网络媒体
32	北海市海城区防疫脱贫“同频共振”	2020年3月21日	广西电台	传统媒体
33	海城区委召开2019年度区辖党工委书记落实管党治党主体责任述职评议会议	2020年4月8日	人民网	网络媒体
34	海城区：出台措施稳固脱贫成果	2020年4月10日	《广西日报》	传统媒体
35	北海市海城区：“十个一”决战脱贫攻坚	2020年4月11日	广西电台	传统媒体
36	涠洲岛旅游区医院扎紧织密贫困群众疫情防控“安全网”	2020年4月15日	人民网	网络媒体
37	海城区：固定帮扶日　暖了群众心	2020年4月15日	《广西日报》	传统媒体
38	赤西村带动村民“吃上旅游饭”	2020年4月17日	人民网	网络媒体
39	北海市海城区贫困户疫情期间就业有保障	2020年4月17日	人民网	网络媒体
40	北海市海城区推出系列新措施新制度决战脱贫攻坚	2020年4月17日	人民网	网络媒体
41	海城区“五个一律”严明六类责任主体脱贫攻坚纪律	2020年4月17日	人民网	网络媒体
42	海城区设立帮扶日等四项扶贫帮扶工作制度	2020年4月17日	人民网	网络媒体
43	海城区：给扶贫责任主体戴上“紧箍咒”	2020年4月17日	《广西日报》	传统媒体
44	广西北海涠洲岛旅游区开发扶贫公益性岗位助推脱贫攻坚	2020年4月20日	人民网	网络媒体
45	北海市海城区：4年投入1600万元完善基础设施　助力脱贫攻坚	2020年4月21日	广西电台	传统媒体
46	教育精准扶贫　爱心送教上门	2020年4月21日	人民网	网络媒体
47	海城区：“旅游+扶贫”捧红赤西村	2020年4月22日	广西电台	传统媒体
48	海城区启动“史上最严”港口管制行动	2020年4月22日	人民网	网络媒体
49	海城区精准施策解决贫困户“看病难”	2020年4月22日	人民网	网络媒体
50	海城区清理廉州湾海域非法用海设施	2020年4月22日	人民网	网络媒体
51	北海海城区精准施策解决贫困户“看病难”	2020年4月24日	广西电台	传统媒体
52	北海市海城区：给六类责任主体戴上“紧箍咒”　确保如期打赢脱贫攻坚战	2020年4月29日	广西电台	传统媒体
53	北海市海城区精准施策解决贫困户“看病难”	2020年4月30日	人民网	网络媒体
54	海城区：738名贫困户获个人缴费全额补助18.45万元	2020年5月3日	广西电台	传统媒体
55	广西北海市海城区首个社区国学馆启用	2020年5月8日	人民网	网络媒体
56	北海市海城区谋乡企合作文章推进脱贫攻坚乡村振兴	2020年5月13日	人民网	网络媒体

续表

序号	文章标题	刊发时间	刊发媒体	备注
57	海城区“两会”确定今年发展目标在六方面着力谱写高质量发展新篇章	2020 年 5 月 15 日	人民网	网络媒体
58	海城区社会力量以商招商助力脱贫攻坚	2020 年 5 月 19 日	人民网	网络媒体
59	助残脱贫服务走进赤西村	2020 年 5 月 19 日	人民网	网络媒体
60	加大救助力度解决看病难	2020 年 5 月 19 日	中国新闻	传统媒体
61	海城区投资 260 万元打造赤西村食用菌种植产业示范点，引导贫困户走上致富路。（图片新闻）	2020 年 5 月 19 日	中国新闻	传统媒体
62	数百名贫困孩子的“田爸爸”——记第五届自治区道德模范田本乾	2020 年 5 月 19 日	《广西日报》	传统媒体
63	项目业主送来感谢信	2020 年 5 月 20 日	《广西日报》	传统媒体
64	写好民生答卷　让群众更幸福 海城区财力向民生领域倾斜	2020 年 5 月 27 日	《广西日报》	传统媒体
65	防疫脱贫同频共振	2020 年 5 月 29 日	中国新闻	传统媒体
66	北海东盟国际商贸城家居建材广场试营业	2020 年 6 月 2 日	《广西日报》	传统媒体
67	发展乡村旅游　助农脱贫增收	2020 年 6 月 3 日	中国新闻	传统媒体
68	海城区：助残脱贫服务走进赤西村	2020 年 6 月 7 日	广西电台	传统媒体
69	投入 2500 多万元完善基础设施	2020 年 6 月 12 日	中国新闻	传统媒体
70	北海市海城区：系列措施保障贫困学生“零辍学”	2020 年 6 月 13 日	广西电台	传统媒体
71	海城区：义务教育阶段贫困生“零辍学”	2020 年 6 月 19 日	《广西日报》	传统媒体
72	海城区：落实教育政策保障贫困学生不因贫辍学	2020 年 6 月 23 日	广西电台	传统媒体
73	义务教育阶段贫困户学生零辍学	2020 年 6 月 24 日	中国新闻	传统媒体
74	海城区：投入 4 亿元增加学位 1 万个	2020 年 6 月 24 日	《广西日报》	传统媒体
75	北海市海城区精准优势发展壮大村级集体经济	2020 年 6 月 26 日	人民网	网络媒体
76	“容颜”美了　游客来了　村民富了	2020 年 7 月 10 日	《广西日报》	传统媒体
77	传承红色基因　弘扬革命精神	2020 年 7 月 15 日	人民网	网络媒体
78	海城区：义务教育阶段贫困学生“零辍学”	2020 年 7 月 21 日	人民网	网络媒体
79	海城区：投入 2500 多万元完善基础设施助推精准脱贫	2020 年 7 月 21 日	人民网	网络媒体
80	发展乡村旅游　助农脱贫增收	2020 年 7 月 21 日	人民网	网络媒体
81	海城区北部湾社区：“一轴六驱”模式提升社区治理能力水平	2020 年 7 月 21 日	人民网	网络媒体
82	海城区：农村四类重点对象实现安居梦	2020 年 7 月 24 日	《广西日报》	传统媒体
83	重温长征路　勇担新使命	2020 年 7 月 31 日	人民网	网络媒体
84	传承红色传奇　分享我们的故事	2020 年 7 月 31 日	人民网	网络媒体
85	志愿服务常态化　文明实践遍开花	2020 年 8 月 2 日	《广西日报》	传统媒体
86	海城区：投入 4000 多万元改造升级社区	2020 年 8 月 2 日	《广西日报》	传统媒体
87	海城区农村四类重点对象实现“安居梦”	2020 年 8 月 6 日	人民网	网络媒体
88	海城区“三推动三转变”　交好脱贫攻坚到乡村振兴接力棒	2020 年 8 月 6 日	人民网	网络媒体
89	海城区中街街道北部湾社区“五步微协商”促解百姓“三事”	2020 年 8 月 6 日	人民网	网络媒体
90	农村四类重点对象实现安居梦	2020 年 8 月 6 日	中国新闻	传统媒体
91	容貌美了　游客来了　村民富了	2020 年 8 月 10 日	中国新闻	传统媒体

续表

序号	文章标题	刊发时间	刊发媒体	备注
92	涠洲岛旅游区　多措并举培养脱贫攻坚明白人	2020年8月11日	中国新闻	传统媒体
93	海城区休渔期足球赛开赛	2020年8月11日	《广西日报》	传统媒体
94	实现脱贫户稳定就业	2020年8月12日	中国新闻	传统媒体
95	海城区加大社会保障力度　提高贫困群众生活水平	2020年8月12日	人民网	网络媒体
96	海城区抓好转移就业确保脱贫户稳定就业	2020年8月12日	人民网	网络媒体
97	“容颜”美了　游客来了　村民富了 ——北海的“后花园”赤西村见闻	2020年8月12日	人民网	网络媒体
98	贫困户医保养老参保全覆盖	2020年8月14日	中国新闻	传统媒体
99	海城区:配套资金50多万　确保贫困户住房安全	2020年8月15日	广西电台	传统媒体
100	财政兜底+社会资助　海城区贫困户实现“安居梦”	2020年8月15日	广西电台	传统媒体
101	北海市涠洲岛鼓励复耕复种　加快以奖代补扶贫项目验收进度　发展农业产业　保障稳定脱贫	2020年8月18日	中国新闻	传统媒体
102	涠洲岛旅游区开发扶贫公益性岗位　助推脱贫攻坚	2020年8月20日	中国新闻	传统媒体
103	涠洲岛产业扶贫见实效83户贫困户获分红	2020年9月4日	中国新闻网	网络媒体
104	北海市《红色传奇》进校园系列活动走进民办学校	2020年9月11日	人民网	网络媒体
105	北海市海城区多措并举推进消费扶贫	2020年9月17日	人民网	网络媒体
106	引入“三企入桂”项目　北海海城区签约96亿元	2020年9月18日	《广西日报》	传统媒体
107	“红色歌曲”在北海校园广为传唱	2020年9月18日	人民网	网络媒体
108	海城区多措并举为贫困户看病“兜底”获好评	2020年9月22日	人民网	网络媒体
109	海城区新签约26个“三企入桂”项目	2020年9月22日	人民网	网络媒体
110	海城区开展国家网络安全宣传周活动	2020年9月22日	人民网	网络媒体
111	北海市海城区光明学校举行“红色诵读”主题阅读活动	2020年9月23日	人民网	网络媒体
112	看病有“兜底”　群众无顾虑	2020年9月28日	《广西日报》	传统媒体
113	北海市海城区精准上“码”提升脱贫攻坚工作透明度满意度	2020年10月11日	人民网	网络媒体
114	北海市海城区:兜底补助政策　有效缓解贫困户“看病难”	2020年10月17日	广西电台	传统媒体
115	邀请艺术家驻村创作	2020年11月6日	《广西日报》	传统媒体
116	海城区召开2020年度市级绩效考评指标任务推进会	2020年11月11日	人民网	网络媒体
117	北海市海城区:研学旅游助力脱贫攻坚	2020年12月7日	人民网	网络媒体
118	北海市海城区赤西村脱贫户争当“明白人”	2020年12月7日	人民网	网络媒体
119	贫困户苏耀安看病记	2020年12月7日	人民网	网络媒体
120	研学旅游助力脱贫攻坚	2020年12月8日	中国新闻	传统媒体
121	乡村研学旅游带动脱贫户增收	2020年12月8日	《广西日报》	传统媒体
122	广西北海市海城区驿马村 建强党组织　发展有底气	2020年12月13日	《人民日报》	传统媒体
123	脱贫户争当“明白人”	2020年12月14日	《广西日报》	传统媒体
124	海城区:共建共治共享　激发社区治理活力	2020年12月22日	《广西日报》	传统媒体
125	海城区:企村结对帮扶产业发展	2020年12月22日	《广西日报》	传统媒体
126	海城区首个景区“解忧超市”启用	2020年12月30日	《广西日报》	传统媒体
127	北海海城区举办“三事”宣传主题晚会征集老百姓“三事”	2020年12月31日	人民网	网络媒体

机构全称与简称对照表

（排名按文稿刊出先后为序）

全称	简称
中国共产党北海市海城区委员会办公室	区委办
北海市海城区人民代表大会常务委员会办公室	区人大办
北海市海城区人民政府办公室	区政府办
中国人民政治协商会议北海市海城区委员会办公室	区政协办
北海市海城区发展和改革局	区发改局
北海市海城区财政局	区财政局
北海市海城区民政局	区民政局
中国共产党北海市海城区委党史研究室	区委党史研究室
北海市海城区地方志编纂委员会办公室	区志办
北海市海城区农业农村和水利局	区农水局
北海市海城区统计局	区统计局
北海市海城区民族宗教侨务局	区民宗侨务局
北海市海城区商务和投资促进局	区商投局
北海市海城区精神文明建设委员会办公室	区文明办
中国共产党北海市海城区委员会组织部	区委组织部
中国共产党北海市海城区委员会全面深化改革委员会办公室	区委改革办
中国共产党北海市海城区委员会宣传部	区委宣传部
中国共产党北海市海城区委员会统一战线工作部	区委统战部
中国共产党北海市海城区委员会老干部局	区委老干部局
中国共产党北海市海城区直属机关工作委员会	区直属机关工委
中国共产党北海市海城区委员会机构编制委员会办公室	区委编办
中国共产党北海市海城区委员会北海市海城区人民政府督查绩效考评办公室	区委区政府督查绩效办
中国共产党北海市海城区委员会北海市海城区人民政府信访局	区信访局
中国共产党北海市委党校海城区分校	市委党校海城区分校
北海市海城区机关后勤服务中心	区机关后勤服务中心
北海市海城区政务服务中心	区政务服务中心
北海市海城区土地房屋征收中心	区土地房屋征收中心
北海市海城区退役军人事务局	区退役军人事务局
北海市海城区应急管理局	区应急管理局
北海市海城区消防救援大队	区消防救援大队
北海市海城区人力资源和社会保障局	区人社局

续表

全称	简称
中国共产党北海市海城区纪律检查委员会北海市海城区监察委员会	区纪委监委
中国共产党北海市海城区委员会巡察工作领导小组办公室	区委巡察办
北海市海城区总工会	区总工会
中国共产主义青年团北海市海城区委员会	团区委
北海市海城区妇女联合会	区妇联
北海市海城区科学技术协会	区科协
北海市海城区残疾人联合会	区残联
北海市海城区工商业联合会	区工商联
中国共产党北海市海城区委员会政法委员会	区委政法委
北海市公安局海城分局	海城公安分局
北海市海城区人民检察院	区检察院
北海市海城区人民法院	区法院
北海市海城区司法局	区司法局
中国人民解放军广西北海市海城区人民武装部	区人武部
北海市海城区人民防空和海防办公室	区人防海防办
北海市海城区工业和信息化局	区工信局
北海廉州湾投资开发有限公司	北海廉投公司
广西喷施宝股份有限公司	喷施宝公司
广西北海利博盛安全用品有限公司	北海利博盛公司
北海市海城区自然资源局	区自然资源局
北海市海城区扶贫开发和水库移民工作局	区扶贫移民局
北海市海城区海洋局	区海洋局
北海市海城区住房城乡建设和交通局	区住建交通局
中国邮政集团有限公司北海市分公司	邮政北海市分公司
北海市海城区文体广电旅游局	区文旅局
北海市海城生态环境局	海城生态环境局
中国电信股份有限公司北海市分公司	电信北海市分公司
中国移动通信集团广西有限公司北海城区分公司	移动北海城区分公司
中国联合网络通信有限公司北海市分公司	联通北海市分公司
北海市海城区政府采购中心	区政府采购中心
国家税务总局北海市海城区税务局	区税务局
中国银行股份有限公司北海分行	中行北海分行
中国建设银行股份有限公司北海分行	建行北海分行
北海市区农村信用合作联社	市区农村信用社
中国人寿保险股份有限公司北海分公司	中国人寿北海分公司
中国太平洋财产保险股份有限公司北海中心支公司	中国太保财险北海中支
北海市海城区审计局	区审计局
北海市海城区市场监督管理局	区市场监管局

续表

全称	简称
北海市海城区科学技术局	区科技局
北海市海城区教育局	区教育局
北海市海城区档案局	区档案局
北海市海城区档案馆	区档案馆
北海市海城区卫生健康局	区卫健局
北海市海城区医疗保障局	区医保局
中国共产党北海市海城区委员会台湾工作办公室 北海市海城区人民政府台湾事务办公室	区台办
北海市海城区涠洲镇人民政府	涠洲镇政府
北海市海城区人民政府东街街道办事处	东街办
北海市海城区人民政府中街街道办事处	中街办
北海市海城区人民政府西街街道办事处	西街办
北海市海城区人民政府海角街道办事处	海角办
北海市海城区人民政府地角街道办事处	地角办
北海市海城区高德街道办事处	高德办
北海市海城区人民政府驿马街道办事处	驿马办

索 引

索引说明

一、本索引采用主题分析索引方法。正文（包括条码、文献、资料、图片和表格）中凡具有独立检索意义的完整资料，均可通过本索引进行检索。少数条目名因语言环境需要，在名称前或者名称后酌加修饰词；有的条目名称动词置后；有的条目名称重复的动词作省略；有的条目名称作简化。为突出图片主题，有的图片文字说明作简略处理。

二、索引按汉语拼音字母（同声字按声调）升序排列。类目、分目、次分目作索引款目用黑体字排印，其余均用宋体字排印。表格、图片在其款目后分别注明“表”“图”。

三、索引款目后的阿拉伯数字和拉丁字母(a，b，c)分别表示内容所在的页码和栏别（即左、中、右栏）。

四、索引空两字位起排的款目为上一主题的“附见”。同一主题的“参见”只标页码。为便于读者检索，内容有交叉的款目，在本索引中重复出现。

五、“编辑说明”“大事记”等栏目不作索引，阿拉伯数字开头的款目排在索引的前面。

C

D

J

Q

R